POLITICS AND THE LAW IN
LATE NINETEENTH-CENTURY GERMANY
THE ORIGINS OF THE CIVIL CODE

《德国民法典》起源

十九世纪末德国政治与法律

[英]迈克尔·约翰（Michael John） 著 罗浏虎 周密 译

法律出版社 LAW PRESS·CHINA
北京

Politics and the Law in Late Nineteenth-Century Germany: The Origins of the Civil Code
by Michael John

著作权合同登记号
图字：01-2019-4400

译者简介

罗浏虎

荷兰马斯特里赫特大学法学院及Ius Commune研究联盟博士研究员、西南政法大学中国信息法制研究所研究员、中国信息通信研究院个人信息保护合规审计小组专家成员、北京市元宇宙与数字经济委员会专家委员、知名互联网企业首席隐私保护官。

发表多篇中英文学术论文及近百篇法律随笔，部分译文获《新华文摘》以及中国人民大学书报资料中心《复印报刊资料　民商法学》全文转载；主持或参加国家社科基金等7项科研课题。

周　密

广东大观律师事务所合伙人律师、第八届清远市政协委员、中国民主促进会广东省委会青年工作委员会委员、中国民主促进会清远市基层委员会青年工作委员会主任、清远市律师协会常务理事。深耕民商事法学理论与实务，多次荣获律师行业奖项。

致我的父母

致　谢

在写作本书的过程中，我对许多人心存感激。首先且最需要感谢的是哈特穆特·波格（Hartmut Pogge），是他最先告诉我《德国民法典》可能是一个重要的议题，并乐意担任我的博士研究生导师。就本书的写作而言，他对本研究的尖锐批评、体谅以及热情都是不可或缺的。我也应感谢我的博士研究生答辩老师奥诺雷（A. M. Honoré）教授、乔纳森·斯坦伯格（Jonathan Steinberg）教授所提出的甚有助益的反馈意见。我从与许多学友的讨论中获益匪浅，特别是大卫·布莱克本（David Blackbourn）、约翰·布鲁伊利（John Breuilly）、杰夫·埃利（Geoff Eley）、理查德·埃文斯（Richard Evans）、伊恩·克肖（Ian Kershaw）、罗丝·麦基宾（Ross McKibbin）、托尼·尼科尔斯（Tony Nicholls）、吉姆·里塔莱克

(Jim Retallack)、尤尔根·蒂梅(Jürgen Thieme)以及沃尔特·威廉(Walter Wilhelm)。特别需要提到的是,维尔纳·舒伯特(Werner Schubert)极慷慨地允许我借阅重要的研究资料,并为我在基尔大学提供工作场所。科林·马修(Colin Matthew)阅读了论文稿件,并给予了诸多有益的建议。《历史杂志》(*The Historical Journal*)与《古今》(*Past and Present*)的编辑们亲切地允许我使用首刊于这两个杂志的文章材料。

本书的大部分研究都得益于教育与科学部以及汉堡阿尔弗雷德·托普弗基金会(FVS Stiftung)的资助。英国理事会(British Council)在1981年年末为我提供了为期3个月的资助,使我得以获取到收藏于民主德国的重要研究文献。我想感谢本书参考文献中所列举的档案馆的职员以及汉堡国家与大学图书馆(Staats-und Universitätsbibliothek)、联邦德国国家图书馆、民主德国国家图书馆的馆员。我感激牛津大学纳菲尔德学院(Nuffield College)、剑桥大学耶稣学院(Jesus College)的同事及研究生们,感谢牛津大学莫德林学院(Magdalen College)院长以及同事们的支持。正是在他们的帮助下,我才有机会将此前仓促成稿的博士学位论文转化成本书。

借此机会,我要感谢我的许多朋友,他们对我关于《德国民法典》的研究容忍了太长时间了。亚历克斯·霍尔克罗夫特(Alex Holdcroft)不仅阅读了手稿,为完善稿件提供了建议,而且在我写作本书时,让生活得以继续。最后,我要感谢我的父母的支持与关注,并将本书献给他们。

迈克尔·约翰

1988 年 1 月

目　录

缩略语　001

第一章　研究导引　001

第二章　民法典编纂的理论与实践:1814 ~ 1867 年　021

第三章　法律统一的政治维度:1867 ~ 1873 年　061

第四章　民法典编纂的进路:1874 ~ 1888 年　108

第五章　公众反响与法律改革运动:1888 ~ 1896 年　152

第六章　威廉德国与《德国民法典》修订:1888 ~ 1896 年　233

第七章　《德国民法典》的终点之旅:1895 ~ 1896 年　292

第八章　结论　359

参考文献 383

主要索引 406

学思译程 419

缩略语

AcP Archiv für die civilistische praxis《民法实务档案》

ADB Allgemeine deutsche Biographie《德意志人物志》

AH Lübeck Archiv der Hansestadt Lübeck 汉萨同盟吕贝克城市档案馆

BA Bundesarchiv 联邦档案馆

BHStA Bayerisches Hauptstaatsarchiv 巴伐利亚中心档案馆

CEH Central European History《中欧历史》

DJZ Deutsche Juristenzeitung《德国法学家报》

EHQ European History Quarterly《欧洲史季刊》

GLA Generallandesarchiv 国家一般档案馆

GstA *Geheimes Staatsarchiv Preußischer Kulturbesitz* 普鲁士文化

遗产基金会国家机密档案馆

HA Cologne Historisches Archiv Stadt Köln 科隆历史档案馆

HStA Hauptstaatsarchiv 州中心档案馆

HZ Historische Zeitschrift《历史杂志》

JMH Journal of Modern History《近代史杂志》

JuS Juristische Schulung《法学教育》

NStA Niedersächsisches Staatsarchiv 下萨克森州国家档案馆

NSUUB Niedersächsische Staats-und Universitätsbibliothek 哥廷根大学兼下萨克森州州立图书馆

Quad. fior. Quaderni fiorentini per la storia del pensiero giuridico moderno《佛罗伦萨现代法律思想史笔记》

SBRT Stenographische Berichteüber die Verhandlungen des Reichstags《德意志帝国国会辩论速记报告》

StA Staatsarchiv 国家档案馆

ZRG GA Zeitschrift der Savigny-Stiftung für Rechtsgeschichte Germanistische Abteilung《萨维尼基金会法律史杂志:日耳曼分部》

ZRG RA Zeitschrift der Savigny-Stiftung für Rechtsgeschichte Romanistische Abteilung《萨维尼基金会法律史杂志:罗马分部》

ZStA Zentrales Staatsarchiv 德意志民主共和国国家档案馆

第一章　研究导引

本书以1896年《德意志帝国民法典》(Bürgerliches Gesetzbuch,以下简称《德国民法典》)为研究对象,以反映德国19世纪的政治文 1
化发展图景。与其说《德国民法典》预示着一个崭新时代的开端,莫若说它见证了19世纪的落幕。围绕《德国民法典》的起草历史,人们可以在一个相对独立的历史背景下研究第二帝国,而无须穿梭第三帝国的历史隧道来对第二帝国进行回眸。[1] 就德国如何解决现代性问题而言,自由主义、民族主义以及国家形成学说等一系列传统对此产生了决定性影响。本书因而尝试观察这些传统在19世纪的发展与变迁轨迹。正如许多作者所揭示的,1933年希特勒上台后所带

---

〔1〕 R. J. Evans, 'Introduction', in Evans (ed.), *Society and Politics in Wilhelmine Germany* (London, 1978), 35-6.

来的阴影仍然挥之不去,而笔者希望这种影响会逐渐消失。

不过,本书并非在一般意义上研究立法史,也并非沉溺于对关涉法律变迁的具体细节的分析,而是将侧重点放在人们对法律制度的立场变化之上。诚然,对法律发展的一切细节予以忽视的做法是不恰当的,也是不可能的。如其不然,研究本身便会偏离那些形塑了决策者所具备的知识与所处的政治气候的问题,而这是难以使人满意的。鉴于此,本书在核心部分(关于 1874 ~ 1896 年的描述)详细考察了一些具有政治性争议的民法问题,比如,土地与继承法、合同自由的某些问题、社团法等。借由这种平衡,笔者希望在避免过多纠缠于法律技术的前提下,阐明关乎德国政治发展的一些重要议题。

随之而来的问题是,为何选择从《德国民法典》立法史的角度来研究这一历史学家颇感兴趣的宏大议题?在关于这一时期的一般性论述作品中,即使对 19 世纪末的法律统一问题有所着墨,顶多寥寥数语。〔2〕 例外的情形是,在最近关于德国就现代化所选择的特定道路的讨论中,论者才将法律制度视作国家政治发展的重要组成部分予以检视。在大家真正讨论法律时,一般会谈及国家在适用刑法时(特别是在面对工人运动之时)存在的阶级偏见。人们常常将俾斯麦和威廉二世对待工人运动的态度当成德国政治现代化的失败例证。

〔2〕 See e. g. G. A. Craig, *Germany* 1866 – 1945 (Oxford, 1978), 66; W. Carr, *A History of Germany 1815 – 1985* (3rd edn.; London, 1985), 122.

法律制度因而成了统治阶级或精英阶层镇压自下而上的抗争的工具。在德意志法治国(Rechtsstaat)传统全然得不到重视的地方,人们的惯常论调是,法治国理念让狭隘的独裁主义传统在国家政治实践中得以苟延残喘。〔3〕

然而,法律不应该被贬抑为统治的工具。在19世纪末的德意志,确实存在一些当权者故意操纵法律的某些面向来对付特定群体 2
的事实;关于这方面论述的文献汗牛充栋,并给人一种确实像那么回事的错觉。那些用来约束社会民主党或天主教政治活动的举措被普遍当成例外之法(Ausnahmegesetze),而这使人质疑法律的性质问题。难道不是因为法律制度的标准原则无法提供周延的保护,人们才认为有必要创设例外规则吗?无论在何种情形下,这种看法都忽视了民法的广泛外延。就反映瞬息万变的社会所造成的矛盾而言,外延问题之于民法的重要性不亚于刑法。合同关系、财产权利、家庭关系以及继承关系等构成了民法的基础,并都体现立法者对现代社

〔3〕 See D. Blackbourn and G. Eley, *The Peculiarities of the German State* (Oxford, 1984), 190–4, 221–4; cf. D. Grimm, 'Bürgerlichkeit im Recht', in J. Kocka (ed.), *Bürger und Bürgerlichkeit im* 19. *Jahrhundert* (Göttingen, 1987), 149–88; H.-U. Wehler, *The German Empire 1871–1918* (Leamington Spa, 1985), 127 ff.; K. Saul, *Staat, Industrie, Arbeiterbewegung. Zur Innen-und Sozialpolitik des Wilhelminischen Deutschland 1903–1914* (Düsseldorf, 1974);参见克尔(E. Kehr)的重要文章'Zur Genesis der preussischen Bürokratie und des Rechtsstaats', in Kehr, *Der Primat der Innenpolitik. Gesammelte Aufsätze zur preussisch-deutschen Sozialgeschichte im* 19 *und* 20 *Jahrhundert*, ed. H.-U. Wehler (Frankfurt, 1965), 31–52。

会的基本制度的关切。在这些制度上所发生的变化,都与现代化进程紧密相关,如社会福利项目的兴起、国家征税权力的增加、物权法与劳动法方面的权利演进、妇女权利的扩大等。无疑,这些变化都与工业化下的社会与经济变迁相关联。民法是这样的领域:需要持续地对演进中的经济关系进行规制。事实上,之所以对19世纪的法律统一问题赋予如此多的重要分量,是因为人们相信法律统一将惠及经济发展。人们关于民法的观点反映了他们对未来德国社会的看法,因为他们试图调和公共利益与私人经济活动之间的利益冲突。到了19世纪末期,这些问题成了高度分化的政治争议的中心议题。诸如公共利益的性质、社会利益的定义等成了威廉德国时代的主要特征。本研究的主要目标之一,就是探讨围绕这些争议所形成的政治分歧。

3 研究以上问题的第二个原因在于,德国法律思想与传统本身独具特色,并对国家政治文化产生了较大影响。法律人以鲜明的姿态活跃在当时的主要政治运动(尤其是自由民族主义运动)之中。而且,专业法律人垄断了官僚机构的主要职位,并使法律作为学术科目的地位得以加强。这意味着,法学学术的发展将直接影响德国政府官员和政治家的立场;而在其他欧洲国家,这是难以达到的程度。人们可以经常感受到19世纪中叶德意志政治文化中所存在的抽象的法条主义(legalism),但就德意志大学的法学院与法条主义之间的关联性问题尚缺乏令人满意的解读。可以肯定的是,19世纪中叶德意志法学关于实证主义传统的研究成果很重要,并决定了人们思考国家管制与个体自由之间关系的方式。在非参与性的(non-participatory)、计划经济式的自由主义的发展方面,德意志民法学起主要的促进作用,而这也是经济发展的必然结果。[4]《德国民法典》在很大程度上就是这种具体类型的自由主义的一种表达。

关于这种自由主义改革的突出特征是,对待民事关系的方式产
生了新变化。19 世纪上半叶见证了德意志从国家社会(ständestaat) 4
走向现代公民社会(bürgerliche Gesellschaft)的大部分的关键时刻。在后拿破仑时代发生的这一转变的核心特征是,依据人人平等的理念建立起法律秩序,并打破对社会团体的行为自由的限制。这意味着废除了农奴身份以及作为旧制度的基本特征的封建领主权利。在民法领域,人们尊崇个体的自由(合同自由、财产处分自由、继承自由等)以及基本规范(fundamental norm)的地位。在那时,人们几乎将这些自由视作绝对的自由。在面对国家或同胞时,自由所具有的神

---

〔4〕 See J. Brecuilly, 'Civil Society and the Labour Movement, Class Relations and the Law', in J. Kocka(ed.), *Arbeiter und Bürger im 19. Jahrhundert* (Munich, 1985), 287 – 318; H.-E. Mueller, *Bureaucracy, Education, and Monopoly Civil Service Reforms in Prussia and England* (Berkeley/Los Angeles/London, 1984); R. M. Unger, *Law and Modern Society* (New York, 1976), 181 – 92. 关于这方面的概述,参见 L. Krieger, *The German Idea of Freedom. History of a Political Tradition* (Chicago/London, 1957), 252 ff., chs. 7 – 9。

圣性为个体自由提供了实质保障。[5]

在德意志帝国统一之前,这些原则在德意志法学中开始占据统治性的地位,并逐渐支配各邦国的民事立法活动。然而,到了19世纪60年代,人们普遍觉得仅仅确立这些原则还是不够的。1848年之后的数十年见证了人们对法律确定性的持续性渴求。在德意志的语境中,法律确定性具有多种不同内涵或特点。其一,法律确定性反映了人们创建法治国的诉求。在法治国的架构下,国家有义务以特定的方式对待人民,并在违反相应义务时需要承担责任。其二,法律确定性意味着,对经济活动进行韦伯式的计算和预测:公民只有在能够以合理的确定性预测法律的未来适用结果之时,才能就其行为作出合乎其最佳利益的、理性的决定。法律确定性的此种内涵似乎与第一种类似,不过此处所强调的是个体之间的民事关系而非国家权力问题。其三,法律确定性具有强烈的地域性。对于那些本身未建立统一的法律体系的邦国来讲,要保证法律的确定性是极困难的。在此种情形下,所产生的问题是,国家司法机关被要求实施内容各异的法律,而这将不可避免地阻碍国家机构对统一政府的追求,也会妨碍个体对其行为结果进行预测。

---

〔5〕 See M. Riedel, 'Bürger, Staatsbürger, Bürgertum', in O. Brunner *et al*. (eds.), *Geschichtliche Grundbegriffe*, i (Stuttgart, 1972), 702 – 25; Riedel, 'Gesellschaft, bürgerliche' and D. S. Schwab, 'Eigentum', in ibid. ii (Stuttgart, 1975), 719 – 800 and 65 – 115.

无疑,这些担心为19世纪的法典化运动提供了充分说明。德意志的各大主要邦国都或多或少存在法律的不统一问题。除了奥地 5
利,1815年之时的北德意志邦联(North German Confederation)存在共同法、[6]普鲁士法和法国法三大法律体系。更令人惊讶的是,这些法律经常同时适用于同一邦国。而且,本地或区域性的特别法交织其中。例如,在普鲁士王国,相较于地方法律的管辖权,1794年《普鲁士国家一般邦法》(Allgemeines Landrecht für die Preußischen Staaten)在波美拉尼亚(pomerania)、勃兰登堡(Brandenburg)、西里西亚(Silesia)和萨克森(Saxony)部分地区仅处于附属地位。就那些深刻影响社会正常节奏的法律部门(如土地法、家庭法和继承法)而言,它们更被打上了地区差异性的烙印。[7] 赖因哈德·科塞雷克(Reinhart Koselleck)关于普鲁士官僚体制的研究揭示了《普鲁士国家一般邦法》在法律统一方面的局限性,而地方性法律制度的存在也在"三月革命"前的时期掣肘了官僚机制功能的发挥。[8] 在诸如巴

---

[6] 本研究在大陆法意义上使用共同法(common law)这一术语,亦即其为"gemeines recht"一语的翻译。就语义而言,它相当于拉丁语版的"jus commune"以及法语版的"droit commun"。与英语的用法相反,这一术语用来指称经由改良的罗马法律制度,亦即自德意志在16世纪继受罗马法之后,方在大学里发展起来的概念。F. Stier-Somlo and A. Elster, *Handwörterbuch der Rechtswissenschaft*, ii (Berlin/Leipzig,1927), 685 f.

[7] H.-G. Mertens, *Die Entstehung der Vorschriften des BGB über die gesetzliche Erbfloge und das Pflichtteilsrecht* (Berlin, 1966), 3 ff. 据默滕斯估计,在彼时的德国,实际适用而内容存在差异的继承法超过100部。ibid. 3 and n. 3.

[8] R. Koselleck, *Preussen zwischen Reform und Revolution* (Stuttgart, 1967), esp. 44–51.

伐利亚等邦国,情况更糟糕。1815～1871 年,这些邦国的立法者不断地尝试通过编纂法典来解决这个问题,然而,他们等来的却是不断的失败。从 1803～1815 年,地方革命的影响力越大的邦国(尤其是德意志的中部和南部邦国),它们所面临的如何解决法律区域性所引起的问题的困难也越为艰巨。法律的不安定性给政府和个体都造成了负面影响,这也导致邦国在吸纳新领土进入既存体系时面临政治困难。如本书第二章所述,人们将法典化视作解决这些问题的一个办法。

在这种背景下,人们普遍将法典编纂活动视作国家形成的进程里不可缺乏的内容。政府官员们从 18 世纪的先人那儿借用了这个点子,以应对在后拿破仑时期出现的问题。如果说官僚机构在对待法典编纂的立场上呈现延续性,那么他们所具备的知识和所处的政治环境却是变动不居的。在拿破仑战争结束的那一年,新的法律学
6 说有所涌现,而它们在许多方面对在启蒙运动后期完成编纂的法典存有敌意。[9] 这些学说因应法国大革命而产生,并与政治浪漫主义(romanticism)和历史决定论(historicism)等当代知识运动紧密相关。法学界的巨擘弗里德里希·卡尔·冯·萨维尼(Friedrich Carl von Savigny)(1779～1861 年)对德国人的法律思维模式的影响力之大,

〔9〕 亦即《普鲁士国家一般邦法》(1974 年)、《法国民法典》(1804 年) 以及奥地利《普通民法典》(1811 年)。

难以估量。特别是其关于法律性质、立法者角色和成功编纂法典的可能性的观点决定了公众关于这些问题的态度，而这种影响力持续到了19世纪末。

萨维尼的此类作品产生于1812年之后。在那时，民族主义热潮席卷德意志，不断有人呼吁起草一部国家法典来促进德意志的统一。一般认为，萨维尼成功地推翻了支持法典编纂的理论基础；而在随后的几十年间，萨维尼的大名屡屡被那些试图抨击法典编纂者的立场的人所引用。[10] 然而，萨维尼的遗产是具有矛盾性的。在王政复辟的政治背景下，他的观点受到保守派政治家的欢迎，并被用作抗击自由主义、激进主义和民族主义的知识堡垒。我们将会看到，那些为保守派政治家所反对的一个或多个学派的信徒，恰好就是截至1848年之前的法典编纂活动中的弄潮儿。然而，早在19世纪40年代，就有人基于萨维尼的学说提议编纂全国性法典；而在1848年之后，萨维尼的学说观点又成了自由主义者以及民族主义者所秉持的常规立场。就德意志法律制度在1871年之后的统一方式而言，萨维尼的影响是极为深远的。

自19世纪以降，法典编纂问题便与民族主义如影随形。然而，二者之间的联系并非那样简单，因其涉及一系列领土主权方面的问 7
题。大多数政治家会将法律统一当作一种强大的国家统一力量；而

〔10〕 例如，参见1888年6月4日的《十字架报》(*Kreuzzeitung*)。

这种共识却忽视了一个问题,即对哪个邦国的法制进行统一。之所以在 1815 年就领土划分问题签订《维也纳条约》,是为了在中欧构建防御自由主义和民族主义力量的政治藩篱。如果德意志邦联里的邦国越强大,那么依据自由主义推进国家法制统一的可行性就越小。邦国的法典化运动之于德意志的法典编纂活动而言,并非互补关系。相反,二者在政治效果方面恰恰是相互对立的。大多数自由主义者在 1840 年意识到,那些有助于加强个体邦国的力量的举措恰好会阻碍德意志的统一。从那时起,关于法典化的主要问题便与以下“德意志之问”所缠绕的问题一样——将主权划分给谁,而以何条件进行划分?正是由于这个原因(而非对法典化的必要性存在任何严重质疑),德意志人直到 1867 年后才得以解决法典编纂问题。

当然,尽管民族主义与国家形成学说在 19 世纪六七十年代密切相连,然而二者并非互相等同。民族主义者怀揣团结人民的心愿,其侧重点在于德国性(Germanness)所蕴含的种族性与文化性,而非重点关注国家形成方面的官僚政策。恰如一位学者所言,1870 年见证一个显著的转变,人们正接纳许多自由民族主义者念兹在兹的民族(Volk)以及民族精神(Volksgeist)概念。[11] 然而,“民族”这一概念与俾斯麦政府的基本理念之间的关系是紧张而模糊不清的。当一个

---

〔11〕 U. Tal, *Christians and Jews in Germany. Religion, Politics and Ideology in the Second Reich, 1870 – 1914* (Itachaca/London, 1975), 54f.

邦国内存在三种德意志民族以外的少数民族(这还排除了奥地利德意志人),邦国如何能被视作德意志精神的代表者?这个难题似乎被19世纪70年代的论战所忽视,而它仍会在十几年后重新冒出来。自由主义者忽视了族裔民族主义与国家形成之间的冲突关系;这使他们的立场易受攻击,而其选区的选民也在19世纪80年代开始分裂。早在1837年,格奥尔格·戈特弗里德·格维努斯(Georg Gottfried 8
Gervinus)就未卜先知地批评德意志人在政治上的不成熟:“我们拥有混乱的法律,而不存在政治学;如果我们过度地将政治上的该死的习惯带入法学专家应该发挥作用的领域,那么就会葬送一切。”〔12〕基于越来越清晰的原因,这番话同样适用于《德国民法典》的起草过程。正如那些在19世纪八九十年代所出现的政治问题,局部利益群体被鼓动起来对抗既存政治模式,而相伴而来的是民族主义统一理论一再地遭受攻击。恰如杰夫·埃利所言,后统一时代的主要悖论是:一方面,民族主义确实在社会层面泛滥;而另一方面,人们仍需就民族主义的具体内容和未来方向陷入激烈的争论。〔13〕毫不令人吃惊的是,德皇威廉二世时期的这一基本特征本应在关于《德国民法典》编

〔12〕 参见格维努斯在1837年9月2日写给格奥尔格·贝泽勒的信,转引自 C. E. McClelland, ‘History in the Service of Politics: A Reassessment of G. G. Gervinus’, CEH 4 (1971), pp. 385。

〔13〕 G. Eley, ‘State Formation, Nationalism and Political Culture in Nineteenth-Century Germany’, in R. Samuel and G. Stedman Jones (eds.), *Culture, Ideology and Politics. Essays for Eric Hobsbawm* (London, 1981), 291.

纂的论战中清楚显现,而许多政治评论者将此立法视作对民族的代表。

就德意志发展的独特性而言,学者间对俾斯麦和威廉二世在多大程度上操控公众意见存有分歧。历史学家汉斯·乌尔利希·韦勒(Hans-Ulrich Wehler)在其令人称赞的教科书中,对此进行了浓墨重彩的阐述。相反的是,诸如大卫·布莱克本和埃利等历史学家将19世纪90年代视作向群众政治进行过渡、对既有政治秩序造成极大破坏的时期,而且政治精英也无法通过操纵性策略来抑制其发展。依照这种观点,激进民族主义的兴起以及中下阶层的动员都是痛苦的政治重建过程的一部分,而重建所带来的失控性时常威胁到统治阶级的利益。在近来的著作中,布莱克本尝试探究如何在1900年之后防止这些具有破坏性的政治活动继续蔓延;而结论是右翼政党只有针锋相对地对威胁其利益的群体采取煽动策略,才能抑制威胁性力量的扩张。[14]

---

〔14〕 Wehler, German Empire, esp. pp. 90 – 136; G. Eley, *Reshaping the German Right. Radical Nationalism and Political Change After Bismarck* (New Haven/London, 1980). 此外,参见杰夫·埃利(G. Eley)发表的大量论文,其中大部分论文已经重刊于: Eley, *From Unification to Nazism. Reinterpreting the German Past* (London, 1986); D. Blackbourn, *Class, Religion and Local Politics in Wilhelmine Germany. The Centre Party in Württemberg before 1914* (New Haven/London, 1980) and id., 'The Politics of Demagogy in Imperial Germany', *Past and present*, 113 (1986), 152 – 84。关于此次辩论,可从以下文献得到有用的信息: R. G. Moeller, 'The Kaiserreich Recast? Continuity and Change in Modern German Historiography', *Journal of Social History*, 17 (1984), 655 – 83N; T. v. Gönner, *Ueber Gesetzgebung und Rechtsswissenschaft in unsrer Zeit* (Erlangen, 1815), passim。

就自下而上的运动如何挑战既有政治权力而言,《德国民法典》9 的编纂历史提供了充分的证据。《德国民法典》的编纂始于 1874 年,终于 1896 年;这一时间跨度是很值得关注的。因为正是在这些年份中,19 世纪六七十年代的政治模式受到了重创。1888 年,《德国民法典》第一草案颁布,这激起了一场关于民族法律制度的理论基础的全面论战。在这场论战的措辞的背后,潜伏着不同社会利益团体之间的激烈争斗,而这迫使帝国政府修正其早期关于《德国民法典》的编纂方式的立场。就帝国政府而言,当务之急是在编纂《德国民法典》的过程中,认真对待此前未有机会被听取的反馈意见。

另外,这些插曲对《德国民法典》的最终版本所产生的实际影响是微不足道的,本书第六章、第七章试图对此进行阐释。此时,有必要对德意志帝国的正式政治机构——帝国政府、联邦参议院(Bundesrat)和帝国国会(Reichstag)之间的关系进行探讨。遗憾的是,关于这个时期的编年史的研究著作忽略了对此种关系的研究。官僚机构对外界压力的回应远非铁板一块。帝国政府的不同机构在基本法律问题上存在冲突立场,而这反映了政府部门在政治上的分裂。但是首要的是,立法机关未能在 19 世纪 90 年代将主要的改革措施纳入《德国民法典》的原因是,法律官僚机构在挖掘民族主义的传统内涵以及对法律复杂性的掌握方面存有不足,使其无法应对外界的压力。[15]帝国司法办公室的继任者是经验老到的政治家;他们毫不迟疑地使用各种手段来孤立最难缠的《德国民法典》的批评者,并使之知难而退。在这方面,这些官员是成功的;但如果不是因为他们在其他方面所作出的让步,这种成功是不可能的。在19世纪90年代,关于《德国民法典》编纂的筹备工作喻示着,在威廉皇帝的政治理念里,自上而下的操纵与自下而上的动员并非在实质上互相排斥。[16] 相反,只是因为作出了一系列的妥协,才成功地进行了政治操控。换言之,这种成功并非理所当然的事情。19世纪90年代中期的政治动员发生在已然大变的环境之中——关于国家和民族主义的性质的老思维逐渐受到挑战但尚未被新思想有效取代。笔者致力于通过审视《德国民法典》的编纂过程,来理解所面临的挑战的复杂性以及政界在思想与实践上的回应。研究的逻辑是,如果忽略其中的任何一个面向,我们就无法理解另一个面向。

与本书的研究进路不同的是,现有关于《德国民法典》的研究文献似乎更倾向于从具体法律制度的视角进行研究。在某种程度上,这反映了对德意志法制史进行集中关注的研究传统,即致力于通过

---

〔15〕“法律官僚机构”(legal bureaucracy)一语所指称的是帝国司法办公室以及各邦国司法部的官员,而其中最重要的当数普鲁士司法部的官员。

〔16〕与激进民族主义动员有关的类似观点,参见 M. S. Coetzee, ‘The Mobilization of the Right. The Deutscher Wehrverein and Political Activism in Württemberg, 1912 – 1914’, *EHQ* 15(1985), pp. 431 – 52。

调查法源来追溯具体学说与制度的起源以及发展历程。[17] 另一个原因是，这些作品是出自经受法学专业训练的法律人之手，而他们的主要兴趣即研究现代德国法律制度的起源与演进。这方面的研究偏爱是能够让人理解的，特别是考虑到《德国民法典》在直面 20 世纪的挑战时所展现出的生命力。虽然《德国民法典》的关键性部分（如劳动法和公司法的部分）在 1900 年之后发生了翻天覆地的变化，但《德国民法典》依旧是现代德国民法的基石。基于这些原因，多数的学术论著都集中于研究《德国民法典》具体条款的解释、适用及其历史渊源。即使是在那些非实务类著作中，学者也经常会秉持这样的目标；而这决定了他们的研究方向，而且在内容上时常会超出执业律师的需求。

人们可以将关于《德国民法典》的现代编年史著作大致划分为三种。第一类作品关注社会变迁与法学思想之间的关系，代表学者是弗朗兹・维亚克尔（Franz Wieacker）。此类著作的一个典型特征是，其运用了功能主义方法，聚焦于研究民法如何在 19 世纪回应工业社会的需求。此类作品试图通过考察特定法律学说与主导特定阶段的社会发展（或特定团体）的理念之间的关联性，来揭示潜伏于法律制 11

〔17〕 关于此类研究所达致的水平，可以通过两本主要的学术期刊进行衡量：*Ius Commune and ZRG GA*。亦可参见以下论文合集：H. Coing and W. Wilhelm (eds.), *Wissenschaft und Kodifikation des Privatrechts im 19. Jahrhundert* (6 vols. Frankfurt, 1974 - 1982)。

度背后的“社会模型”。因此,19 世纪的许多法学作品集中关注合同自由与财产处分自由,是为了迎合资本主义创业型社会(entrepreneurial society)的需求。《德国民法典》确认了对这些自由的接纳,而这可被理解为德意志帝国的社会模型是属于个体企业家模式(individual entrepreneur)而非大规模企业经济模式(large-scale economic enterprise)。[18]

第二类作品聚焦于对特定法律制度的演进的细节化分析,以追溯立法的渊源与发展。此类研究通过广泛阅读相关法学文献,对重要的学说发展或特定问题的讨论过程进行描述,以呈现当时的法律文化图景。为了展示立法者是如何打造《民法典》最终文本的,研究者有必要彻底研究此前的《德国民法典(草案)》以及具体的法律条款。研究者希望尽可能完整地勾勒立法者的法学世界,并评估各类力量对特定法律内容的发展所起到的作用。[19]

第三种作品类型系自第二种类型的作品衍生而来。在 20 世纪 70 年代,学者们从德国中央和地方的档案中发现了一系列可以用

---

〔18〕 F. Wieacker, 'Das Sozialmodell der klassischen Privatrechtgesetzbücher und die Entwicklung der modernen Gesellschaft' (1953), in id., *Industriegesellschaft und Privatrechtsordnung* (Frakfurt, 1974), 14 and *passim*; cf. Wieacker, *Privatrechtsgeschichte der Neuzeit unter besonderer Berücksichtigung der deutschen Entwicklung* (2nd edn.; Göttingen, 1967), e. g. 441 f., 480 ff.

〔19〕 关于此类研究的两个开山之作为:Mertens, *Entstehung* 以及 W. Schubert, *Die Entstehung der Vorschriften des BGB über Besitz und Eigentumsübertragung. Ein Beitrag zur Entstehungs geschichte des BGB* (Berlin, 1966)。自此以后,还出现了其他研究成果。

作研究具体法律制度的演进的原始资料。这些档案不仅包括既有出版物所遗漏的大量细节，而且为研究非法学因素对法学发展所产生的影响提供了可能。学者此前当然也意识到这些影响，但是他们只是把这些当作背景因素来讨论。直到20世纪70年代，学者才开始运用这些档案资源来研究立法过程所显示的政治上的复杂性。[20]

在过去几十年间，这些发展所产生的结果是，许多专题论文不断涌现。法兰克福马克斯·普朗克欧洲法制史研究所(Max Planck 12
Institute for European Legal History)贡献颇巨，因其出版了许多探究法律发展与19世纪的社会运动的关系的著作。此外，该研究所所出版的多卷本关于现代欧洲私法史的教科书为理解现代研究成果提供

〔20〕 重要的扛鼎之作参见P. Kögler, *Arbeiterbewegung und Vereinstrecht. Ein Beitrag zur Entstehungsgeschichte des BGB* (Berlin, 1974); T. Vormbaum, *Die Rechtsfähigkeit der Vereine im 19. Jahrhundert* (Berlin/New York, 1976)。特别地，舒伯特(W. Schubert)已经演示过这一路径，而本书在参考文献部分已经列明其关于《德国民法典》以及相应立法的重要研究成果。其与雅克布斯(H. H. Jakobs)协作而迄未完成的以下论著——《民法典编纂建议——从未公开文献进行系统分析》[*Die Beratung des Bürgerlichen Gesetzbuchs' in systematischer Darstellung der unveröffentlichen Quellen* (Berlin/New York, 1978)]，对《德国民法典》每一部分内容演变进行了细致分析，而这几乎是不可能被超越。该系列作品对《德国民法典》编纂史进行了准确的概括性的描述，并对法典化过程中的政治发展进行了介绍。可参见以下文献：*Materialien zur Entstehungsgeschichte des BGB*, *Einführung*, *Bigraphien*, *Materialien* (Berlin/New York, 1978)——本书简化引用为Schubert, *Materialien*。作为比较，参见Wieacker, *Privatrechtsgeschichte*，该书第25章在内容上略显肤浅，而且有时对事实的描述不够精确。

了便利。〔21〕 归因于这些学术研究成果，关于 19 世纪的立法史的知识水准在近些年得到极速的提升。

相似地，本研究也致力于研究法律发展与社会、政治历史之间的关联性。法律(尤其是民法)被视作宽广的政治文化的一部分，而政治权力形塑并限制了立法者的行动。无论德意志帝国法学家是否情愿，对立法的完善以及法学纯净性的追求都一再地受到政治可行性的掣肘。无论是快速抑或缓慢，立法者都需要对社会的新需求予以回应。事实上，在 19 世纪末期所弥漫的气氛是，政治家所表达的诉求与法律人对法律的体系性优化的追求之间存在不少冲突。鉴于这些诉求的存在，《德国民法典》是如何最终形成了现在的文本？对于这个问题，此前的著作进行了不同程度的分析，而这为本研究提供了骨架。就以上问题而言，法史学家关于法学学说与政治决策机制之间的互动性的研究成果为此提供了分析的素材。

以下章节的分析便极大地受惠于这些学术成果，但是本书在
13 研究进路上也存在诸多重要的不同之处。法史学家的主要宗旨是阐释法律制度为何以特定方式演进。无论他们对政治、社会经济

〔21〕 与该机构相关的出版物包括：Coing and Wilhelm（eds.），*Wissenschaft und Kodifikation* and the journal Ius Commune. The multi-volume textbook is H. Coing（ed.），*Handbuch der Quellen und Literatur der neueren europäischen Privatrechtsgeschichte*（3 vols. Frankfurt，1973 – 82）。此类作品中的杰作之一是 S. Buchholz，*Abstraktionsprinzip und Immobiliarrecht. Zur Geschichte der Auflassung und der Grundschuld*（Frankfurt，1978）。

或其他因素的发展如何敏感,这个目标都成为其著作所谨守的边界。诚然,法律与这些因素的变化相关并受其影响,然而关于法律文化与政治文化之间的关系的系统研究成果却屈指可数。学者对立法委员会、司法部等机构进行了深入研究;而与之形成对照的是,学者对其他政坛角色的行为却只进行了简单勾勒。此类著作的典型特征是,其细致观察立法官僚机构的行为,并完全依靠帝国国会政党等群体的出版物。[22] 然而,此类研究几乎完全忽略了政治报刊的价值。因为这种失误,研究者把政治场域狭隘地当成了法律人大显身手的地方。虽然有部分学者提及了法律决策与社会或经济发展所存在的相互作用,但是他们很少对此进行系统性的分析。[23]

与此相反,本书尝试进行不同以往的论述。虽然本书的研究内容经常触及法史学家的研究领域,但是本书的主要侧重点与之不同。本书将法律制度视作观察德意志政治文化在 19 世纪下半叶所发生的重大变化的一种方式。在一定意义上,这是关于思想史的研究,即追溯民族主义、自由主义以及国家形成学说的变迁。

---

〔22〕 典型的例子,比如,舒伯特未予重视科隆历史档案馆所收藏的卡尔·巴赫姆(Karl Bachem)的重要文献以及经济利益团体的观点:Schubert, *Materialien*, *passim*。另请参见本书第六章、第七章。

〔23〕 一个例外是以下文章:T. Bark, *Vertragsfreiheit und Staat im Kapitalismus* (Berlin, 1978)。这是一篇针对 1850～1900 年的反高利贷法与利率的关系所做的研究。尽管题目名为"资本主义下的契约自由与国家",然而,作者仍未清晰地指出国家在经济利益团体与法律变更之间所扮演的中介角色。

此外,本书对政治变化的性质进行研究:这种变化既是涌现审视国家及其法律制度的新方法的原因,也是此类新方法所带来的结果。本书致力于对二者间的关系进行清晰的探究,并借助《德国民法典》起草历史来进行实质的论证。本书将二者的关系概括为一种复杂的互动关系,而正式或非正式的政治机构在此间开展活动。令人吃惊的是,人们对这些机构在 19 世纪八九十年代的发展却知之甚少。毋庸置疑的是,只有通过探究权力架构、社会变化与理论发
14 展之间的关系,人们才能最终对德国的“独特性”了然于胸。笔者希望能够对此略尽绵力。

第二章　民法典编纂的理论与实践:1814～1867 年

在 19 世纪的德国,政治辩论上最显著的特征之一是,各方热切
讨论国家法律制度的改革问题。在该世纪的前二三十年,法典化议 15
题吸引了黑格尔、萨维尼以及保罗·约瑟夫·安塞姆·冯·费尔巴哈(Paul Joseph Anselm von Feuerbach)等诸多学术巨擘的目光。1813～1867 年,从解放战争(Wars of Liberation)的爆发到北德意志邦联的成立,法律统一运动与自由主义/民族主义运动密切关联,并得以分享后者所产生的资源。在拿破仑战争末期尚且炽热的民族主义热情,却在 1820～1830 年经历了暂时的降温。1830 年年末,自由民族主义的复活促使民众重新关注法典编纂问题,这在德意志帝国南部以及西部地区尤其明显。1848 年革命以及 1849 年《法兰克福

宪法》昭示着人们对通过编纂法典以统一帝国法律制度的渴望。在1850年年初,邦联试图通过统一法律来增强对抗民族主义以及普鲁士扩张的力量。在这个时期,德国历史上第一部国家法典——伟大的1861年《德国商法典》(Handelsgesetzbuch)得以诞生。随后不久,德意志帝国开始了对刑法典、民法典和刑事诉讼法典的编纂,而且是在1867年之后极其不同的政治氛围中完成编纂工作。换言之,《德国民法典》的编纂活动完全为建立于1871年的德意志帝国所主导。

不过,《德国民法典》实质上是1867年之前的政治以及法学发展所孕育的果实。在1871年来临前,作为法典编纂主体的政治家、官僚以及法学家们,也逐渐成熟起来。如若我们不去考虑那个时期的特点,那么我们将无法理解他们所选择的法典编纂道路。法国大革命见证了普鲁士、法国以及奥地利三国所编纂的三部伟大的自然法法典的诞生,这些法典都对德国在19世纪的法典编纂论战产生了重大影响。1809年,在法国法的巨大影响下,巴登大公国颁布了《巴登土地法典》(Badisches Landrecht)。就黑森大公国以及巴伐利亚王国在1815年编纂法典的尝试而言,《法国民法典》所蕴含的理性政府内涵以及现代性令人鼓舞。法国法不仅对身处"三月革命前时期"(Vormärz)的政府存在影响,而且它的影响力深入西部和南部邦国民众之日常。就普鲁士而言,法国法在莱茵河南岸的影响是如此之大,以至于普鲁士从未敢在这些地区推行《普鲁士国家一般邦法》。相似地,巴伐利亚王国允许法国法继续适用于新占领的巴列丁奈特

(Palatinate)地区,而黑森 - 达姆施塔特大公国也允许其在 1815 年占领的莱茵黑森(Rheinhessen)地区继续适用法国法。然而,在上述情 16
形里,所在的统治当局都只是将保留法国法视作权宜之计,并不断地试图在 1848 年之前借由编纂新的法典以改善现状。然而,归因于当地民众的抵抗,这些尝试一般都失败了。[1]

因法国战争引起的变化,邦国政府加大了对法典化的推动力度。就对现状的恢复而言,1815 年的波旁王朝复辟革命实质上并没有复辟王政。在西部和南部邦国,拿破仑对弱小邦国的吞并以及世俗化彻底重绘了德意志版图;在催生了新的邦国的同时,也引发了政治融合的新问题。这些问题的存在促使邦国政府致力于对本邦行政以及政治架构进行现代化革新。在 1803 ~1815 年,新的改革派精英在这些邦国涌现,他们将自己视作国家统一这一利益的化身,促使国家依据理性以及现代原则而进行建设,而非重复旧体制在社会以及政治上

〔1〕 F. Wieacker, *Privatrechtsgeschichte der Neuzeit unter besonderer Berüksichtigung der deutchen Entwicklung* (2nd edn., Göttingen, 1967), ch. 19; B. Dölemeyer, 'Einflüsse von ALR, Code Civil und ABGB auf Kodifikationsdiskussionen und-projekte in Deutschland', *Ius Commune*, 7 (1978), 179 - 225; K.-G. Faber, *Die Rheinlande zwischen Restauration und Revolution* (wiesbaden, 1966), 118 - 86; E. Fehrenbach, 'Zur sozialen Problematik des rheinischen Rechts im Vormärz', in H. Berding *et al.* (eds.), *Vom Staat des Ancien Regime zum modernen Parteistaat. Festschrift für Theodor Schieder zum 70. Geburtstag* (Munich/Vienna, 1978), 197 - 212; W. K. Blessing, 'Staatsintegration als soziale Integration: Zur Entstehung einer bayerischen Gesellschaft im frühen 19. Jahrhundert', *Zeitschrift für bayerische Landesgeschichte*, 41 (1978), 688 - 98. 科因极好地勾勒了普鲁士、巴伐利亚以及黑森 - 达姆施塔特编纂法典的尝试。H. Coing (ed.), *Handbuch*, iii/2 (Munich, 1982), 1472 - 530.

17 的无序。这些精英引领了现代政治体制的发展,并在 1815 年之后的 5 年内,陆续在巴登大公国、符腾堡王国、巴伐利亚王国以及黑森大公国引入了议会代表制以及宪法。而且,截至 1820 年,南部大部分邦国的官僚职位都是由训练有素的法律人担任。鉴于这些政治精英对理性的系统化的政府的追求、法律人背景以及对政治融合的渴望,他们将编纂法典视作一项事业的做法并不令人感到意外。黑森 – 达姆施塔特大公在 1816 年 11 月 4 日颁布法令,要求起草德国民法典以及德国民事诉讼法法典。大公表示:"立法上的统一将有助于增进莱茵河两岸民众的团结。"这番话最能清楚地表明邦国政治精英支持法典编纂的立场。尽管这些新兴公国所在地区的法律制度呈现绝对的复杂性以及区域性,然而自 1815 年以降,它们在实现法律的现代化以及可理解性方面进行了一些尝试。实质上,这些在公国层面的法典化尝试大部分以失败告终,主要原因在于法律制度存在区域复杂性。比如,对于巴伐利亚王国来讲,这种复杂性似乎是不可逾越的。[2]

---

〔2〕 H.-U. Wehler, *Deutsche Gesellschaftsgeschichte*, i (Munich, 1987), 362 – 96; Blessing, 'Staatsintegration als soziale Integration', pp. 663 ff.; F.-L. Knemeyer, *Regierungs-und Verwaltungsreform in Deutschland zu Beginn des 19. Jahrhunderts* (Cologne/Berlin, 1970), 274 ff.; L. Krieger, *The German Idea of Freedom. History of a Political Tradition* (Chicago/London, 1957), 229 – 42; L. E. Lee, *The Politics of Harmony. Civil Service, Liberalism and Social Reform in Baden*, 1800 – 1850 (Cranbury, 1980), 17 – 59; L. Gall, *Der Liberalismus als regierende Partei. Das Grossherzogtum Baden zwischen Restauration und Reichsgründung* (Wiesbaden, 1968), 2 – 23. 以下文献引用了黑森 – 达姆施塔特大公的法令:I. Spangenberg, *Hessen-Darmstadt und der Deutche Bund 1815 – 1848* (Darmstadt, 1969), 13。

归因于各大邦国对法国法所进行的有计划移植，改革派精英得以在莱茵邦联涌现。这些移植计划将巴伐利亚王国的安塞姆·冯·费尔巴哈、尼古劳斯·塔德乌斯·冯·根纳（Nikolaus Thadäus v. Gönner）以及拿骚的路德维希·哈尔舍尔·冯·阿尔门丁（Ludwig Harscher von Almendingen）等人推至一线。尽管他们在意见上有相左之处，然而，他们都认为移植《法国民法典》的做法将有助于实现一定程度的宪政，以保障私法领域下的法律平等以及个人自由。这种设想存在限制，而且 1815 年后的政治条件也不成熟；故而人们可以谈论的至多就是关于创设“开明专制”以及早期“自由主义”的综合体的可行性问题。[3] 这在符腾堡王国体现得尤为明显。该邦国极度保守的司法部部长保罗·特奥多尔·尤金·冯·毛克勒（Paul Theodor Eugen von Maucler）男爵所提倡的开明专制政策赢得了温和自由主义者以及国家主义者的支持。[4]

海德堡法学教授安东·弗里德里希·尤斯图斯·蒂堡（Anton
Friedrich Justus Thibaut）对南方官僚改革家产生了巨大影响。1814 18
年，他发表了一篇呼吁立即统一全国民法的名作——《论制定一部德

---

〔3〕 E. Fehrenbach, *Traditionale Gesellschaft und revolutionäres und Recht. Die Einführung des Code Napoleon in den Rheinbuncstaaten* (Göttingen, 1974), 29－36, 57－69（引语出自第 69 页）.

〔4〕 关于自由主义阵营对毛克勒的回应，参见 R. v. Mohl, Lebenserinnerungen *1799－1875*, i (Stuttgart/Leipzig, 1902), 173; J. Rückert, *August Ludwig Reyschers Leben und Rechtstheorie*, 1802－1880 (Berlin, 1974), 261 f.。

意志统一民法典之必要性》。这是波旁王朝复辟时期著名的“为法典化而战”(Kodifikationsstreit)的先声。蒂堡主张制定一部“清晰、明确而详尽的”法典。这样一部法典将带来明显的商业和法制上的好处,并有助于使全国各界拧成一股绳。彼时的德国法律格局堪称一片“相互矛盾而无序的、没有边界的沙漠”;这加深了邦国之间的裂痕,并使法官和律师无法深刻理解法律。在蒂堡看来,通过法典化不仅可以保障法律的稳定性,亦可增进社会凝聚力,增加民众对君主的拥戴。[5]

在解放战争的热烈氛围下,蒂堡的文章引起了广泛共鸣。然而,若非柏林大学法学教授萨维尼对此写了一篇论战文章,蒂堡的文章也许很快就会被人忘记。萨维尼的回应所产生的影响不仅及于当时的论战,而且对德国法学研究以及 19 世纪法典化理论产生了极大影响。萨维尼不无担忧地认为,彼时的德意志尚不具备制定有价值的法典的能力。在评价普鲁士、法国以及奥地利法典之后,萨维尼认为这些法典都是失败之作,因为相应的立法者没有掌握充足的立法理论。然而,萨文之真正影响不在于其关于现存法典之评论,而源自其所倡导的法源理论,并深深影响了德国的下一代法律人。在萨维尼看来,法律是关于统一民族的不可分割的语言和文化上的表达——

---

〔5〕 A. F. J. Thibaut, ‘Ueber die Nothwendigkeit eines allgemeinen bürgerlichen Rechts für Deutschland’, 重刊于 H. Hattenhauer (ed.), *Thibaut und Savigny. Ihre programmatischen Schriften* (*Munich*, 1973), 61 – 94 (引语出自第 67 ~ 68 页)。

使之相系一体的乃是该民族之共同信仰、内在必须的共同情感，并排 19
除了任何偶然或任意的思想来源。像语言一样，在法律与民族的个性以及本质之间存在永续的有机联系。[6]

任意性（willkür）与内在需要（inner necessity）的并列是通往萨维尼法源理论的关键所在。其认为，那些在 18 世纪以及在 1814～1815 年呼吁创设法典的人所犯的错误是，夸大了制定法作为法源的潜能。萨维尼认为，当代法学的最大问题在于主张形式上的抽象化，并相信其可以摒弃所有实际的真实性。萨维尼进而清楚表明，实际的真实性不仅意味着对不同民族的特点的认同，而且反对借助抽象推理来包罗世间万象。在此意义上，萨维尼强调了特定国家内部不同民族之间的差异性。在任何有机整体内部，都有必要对不同部分进行平衡，而试图鲁莽地通过改变民法而摧毁个体关系的做法，将会产生一种危险的国家软弱性。避免产生这些困难的唯一路径是，借助对法律的历史渊源的深入研究，而改善德意志法学的质量。如此，方可对民族特性的内在发展以及文化传统进行识别。在 1815 年《历史法学杂志》（*Zeitschrift für geschichtliche Rechtswissenschaft*）的创刊序言中，萨维尼重申了进行历史研究以获得关于自身民族的真

〔6〕 F. C. v. Savigny, 'Vom Beruf unserer Zeit für Gesetzgebung und Rechtswissenschaft' (1814), in Hatten hauer (ed.), *Thibaut und Savigny*, pp. 95 – 192（引语出自第 102～103 页）.

实知识的必要性。[7]

毫无疑问,在波旁王朝复辟的政治环境下,萨维尼的学说极受保守派政治家欢迎;因为这些学说可被完美地用作抗击法典化运动背后所隐藏的民族自由主义的武器。而且,在整个世纪里,保守派们都试图攻击民族自由党对法典化的支持立场,而萨维尼的理论深深吸引着保守派。基于这层政治色彩,许多历史学家都将蒂堡和萨维尼视作引领彼时波澜壮阔的思潮的代表人物。在弗朗茨·维亚克尔看来,蒂堡及其追随者是新民主民族主义(democratic nationalism)的代表,而萨维尼及其追随者是正统主义者梅特涅(Metternich)之同盟。一些马克思主义学者将萨维尼视作封建阶级的喉舌,而将蒂堡视作迫切期待法律统一的资产阶级的代表。[8] 当然,也有学者对这种归类的贴切性以及有用性持质疑立场。尽管萨维尼的部分观点被用于维护保守派利益,然而,萨维尼与普鲁士改革派和民族主义者冯·施泰因(von Stein)男爵在观点上的相近性使之不像正统主义者。施泰

---

[7] F. C. v. Savigny, 'Vom Beruf unserer Zeit für Gesetzgebung und Rechtswissenschaft' (1814), in Hatten hauer (ed.), *Thibaut und Savigny*, 114 f., 121 f., 263.

[8] F. Wieacker, 'Aufstieg, Blüte und Krisis der Kodifikationsidee', in *Festschrift G. Boehmer* (Bonn, 1954), 44; K. Heuer, 'Wissenschaftliche Studentenzirkel an der juristischen Fakultät der Humboldt – Universität', *Staat und Recht*, 2 (1953), 509 – 15; H. Wrobel, 'Rechtsgeschichte, Wirtschaftsgeschichte, Sozialegeschite: die Thibaut-Savigny Kontroverse', *Kritische Justiz*, 6 (1973), 149 – 57. 以下文献提供了一个关于更令人满意的、马克思主义的分析:J. Kuczynski, *Studien zu einer Geschichte der Gechichte der Gesellschaftswissenschaften*, *vi* (Berlin-GDR, 1977), 149 ff.。

因以及萨维尼都憎恨法国大革命,并相信德意志民族会有独特的历
史发展道路;这与南方许多官僚改革者的看法截然不同。然而不可 20
否认的是,包括萨维尼在内的这些人都并非保守派。有进一步的证据表明,萨维尼以及蒂堡都对汉诺威的改良保守派代表奥古斯特·威廉·雷贝格(August Wilhelm Rehberg)产生了影响。雷贝格对《法国民法典》的抨击招致了蒂堡的反驳,并预示了萨维尼关于法律性质以及历史性演进的许多观点。[9]

此外,蒂堡与萨维尼在立场上具有共同点。蒂堡赞同萨维尼关于法律安定与和平的必要性的观点,并承认德意志地区的多元性,也认识到官僚集权或自由主义议会制的危险性。此外,两人都认为法典编纂并不意味着创设新法,而应委任最优秀的法学家而非政治机构来进行法典编纂工作。与萨维尼一样而与费尔巴哈不同的是,蒂堡也认为民法实质上与政治无涉。二者都重视自己对民族事业的投入,并反对各邦自主主义(particularism)。不过,他们的侧重点有所

---

〔9〕 K. Epstein, *The Genesis of German Conservatism* (Princeton, 1966), ch. Ⅱ;B. Vogel, 'Beamtenkonservatismus: sozial-und verfassungsgeschichtliche Voraussetzungen der Parteien in Pressen im frühen 19. Jahrhundert', in D. Stegmann *et al.* (eds.), *Deutscher Konservatismus im 19. Jahrhundert. Festschrift für Fritz Fischer zum 70. Geburtstag und zum 50. Doktorjubiläum* (Bonn, 1983), 27ff. G. Rexius, 'Studien zur Staatslehre der historischen Schule', *Historische Zeitschrift*, 107(1911), 513－33; H. Kantorowicz, 'Volksgeist und historische Rechtsschule', *Historische Zeitschrift*, 108(1908), 302 ff.; H.-U. Stühler, *Die Diskussion über die Erneuerung der Rechtswissenschaft von 1780－1815* (Berlin, 1978), 56－9. 关于萨维尼的政治观点,参见 C. Varrentrapp, 'Briefe von Savigny an Ranke und perthes', *Historische Zeitschrift*, 100(1908), 330f., 340 f.。

不同,这正恰如其分地表明了普鲁士以及南方邦国对法国大革命的不同态度。相较萨维尼,蒂堡更多地强调统一性,而较少突出地区差异性。萨维尼比蒂堡更多地宣扬“恐法症”(Francophobia)。然而,
21 这些实质上都属于广义上的温和派——从改良保守派(reforming conservatives)延伸至“三月革命”前时代的彻底的自由主义者(organic liberals)内部之分歧。〔10〕

接下来的问题是,当自由民族主义者在后来呼吁进行民法典编纂时,为何多数人都尊崇萨维尼的学说?原因固然众多,而不可忽略的一个因素是,萨维尼领衔的历史法学派迅速在北德意志大学的各大法学院奠定了自己的知识霸权。下文将考察这种主导性影响的具体表现,值得注意的是,萨维尼的法律起源学说(后来的民族精神说)并非完全排斥进行法典编纂的尝试。恰如皮奥·卡罗尼(Pio Caroni)所言,基于分析的需要将萨维尼的《论立法与法学的当代使命》分为两部分:第一部分致力于对那些恣意忽视民族品性的自然法法典的批判;第二部分着眼于展示制定法可以成为有效法源的方式。萨维尼罗列了一系列有助于成功编纂法典的原则。在其看来,成功

---

〔10〕 该段的主要文献来源包括:H.-P. Benöhr, ‘Politik und Rechtstheorie: Die Kontroverse Thibaut-Savigny vor 160 Jahre’, *JuS* 14 (1974), pp. 681 – 4; H. Kiefner, ‘Thibaut und Savigny: Bemerkungen zum Kodifikationsstreit’, in A. Buschmann *et al.* (eds.), *Festschrift für Rudolf Gmür zum 70. Geburtstag 28. Juli 1983* (Bielefeld, 1983), 53 – 85; J. Rückert, *Idealismus, Jurisprudenz und Politik be Friedrich Carl von Savigny* (Edelsbach, 1984), pt. 2, ch. 2。For Feuerbach, see Fehrenbach, *Traditoinale Gesellschaft*, p. 60.

的立法应包含一套内容齐备、系统、有逻辑的基本法律原则，同时为各地进行因地制宜的改变留有空间。要发现这些基本原则，就必须进行严格的历史研究，而这正是萨维尼认为当代法学所存在的薄弱 22
之处。[11]

回眸 1867 年，利奥波德·冯·兰克（Leopold von Ranke）谈到了哲学学派以及历史学派在复辟时期所发生的斗争。他将法律世界划分为历史法律人的世界以及非历史法律人的世界，这一分类与萨维尼的划分是相近的。[12] 实际上，这种划分可能恰如其分地描述了萨维尼与柏林大学爱德华·冈斯（Eduard Gans）等黑格尔派哲学家之间的斗争，[13] 然而未能充分地表达关于法典编纂的论战情形。在 1814 ~1816 年，就蒂堡、尼古劳斯·塔德乌斯·冯·根纳、费尔巴哈以及布尔夏德·威廉·普菲弗（D. Burchard Wilhelm Pfeiffer）等萨维尼的论战对手中，只有根纳承认自己忽略了历史。[14] 实际上，法伊弗的著作在许多方面与萨维尼的观点接近，而只是在是否需要编

---

〔11〕 P. Caroni, 'Savigny und die Kodifikation: Versuch einer Neudeutung des "Berufes"', *ZRG GA* 86 (1969), pp. 97 –176.

〔12〕 L. v. Ranke, 'Ansprache beim fünfzigjährigen Doktorjubiläum, 20. Febrauar 1867', in A. Dove and T. Wiedemann (eds.), *Leopold von Ranke's sämmtliche Werke*, li/lii (Leipzig, 1888), 588; Hattenhauer (ed.), *Thibaut und Savigny*, pp. 261 ff.

〔13〕 关于此点，参见 M. Lenz, *Geschichte der königlichen Friedrich-Wilhelms-Universität zu Berlin*, ii/i (Halle, 1910), 390 –3; J. E. Toews, *Hegelianism. The Path Toward Dialectical Humanism*, 1805 –1814 (Cambridge, 1980), 110 ff.。

〔14〕 N. T. v. Gönner, *Ueber Gesetzgebung und Rechtsswissenschaft in unsrer Zeit* (Erlangen, 1815), passim.

纂法典这一问题上各持己见。[15] 这些人所反对的是那些将哲学探究从法学中完全排除，而深陷“好古癖”(antiquarianism)的做法。蒂堡有理由否认对自己蔑视法制史的评价，因为他只是不相信单凭历史即可达致法律秩序所最珍视的确定性以及安全性。[16]

在随后的数十年，北方与南方、萨维尼与蒂堡间的分歧逐渐扩大。凭借自己在柏林大学所拥有的无与伦比的威望，萨维尼吸引了一大批认可其关于罗马法史的观点以及文献研究方法的追随者。与之相对，蒂堡在海德堡大学也名声日隆，并在关于罗马法渊源的教学中强调逻辑推演。[17] 在 1820 ~ 1830 年，德意志南方的一些学者对蒂堡关于建立简明易懂的民族法律制度的主张进行附和，而罔顾萨维尼的警告。著名的巴登大公国自由主义者卡尔·特奥多尔·冯·威尔克(Carl Theodor von Welcker)对蒂堡表达了支持，并呼吁起草简明的爱国主义法典。尽管有这样的连续性，有迹象显示在 1830 年年末还是出现了新问题。鉴于法律制度复杂性的不断增加，北方学者

---

〔15〕 关于法律起源与法制史研究的必要性，参见 D. B. W. Pfeiffer, *Ideen zu einer neuen Civil-Gesetzgebung für Teutsche Staaten* (Göttingen, 1815), e. g. 81f., 94 ff.。

〔16〕 A. v. Feuerbach, 'Einige Worte über historische Rechtsgelehrsamkeit und einheimische deutsche Gesetzgebung' (1816), in Hattenhauer (ed.), *Thibaut und Savigny*, pp. 223 ff.; Pfeiffer, *Ideen*, pp. 94ff.; *Thibaut und Savigny*, pp. 223 ff.; Pfeiffer, *Ideen*, pp. 95 ff.; Thibaut, 'Ueber die sogenannte Historische und Nicht-Historische Rechtsschule' (1838), in Hattenhauer (ed.), *Thibaut und Savigny*, pp. 282 ff.

〔17〕 Lenz, *Geschichte*, ii/2 (Halle, 1918), 1314; G. Weber, *Heidelberger Erinnerungen. Am Vorabend der fünften SäKularfeier der Universität* (Stuttgart, 1886), 134 ff.; Mohl, *Lebenserinnerungen*, i. 106.

倾向于认为蒂堡的观点有过分简单化之虞,故而他们乐于接受萨维 23
尼关于法学优先于立法的论断。[18] 作为萨维尼的学生、学者以及自由主义者,约翰·卡斯帕·布伦奇里(Johann Caspar Bluntschli)在1839年说到,在历史法学与非历史法学的论战中前者取得了胜利,而未来的论战是在历史法学派的罗马派学者(Romanist)与日耳曼派学者(Germanist)之间展开。而且,其认为萨维尼从未在原则上反对编纂法典。[19]

1840 年,历史法学派日耳曼法分支诞生,而这经常被视作德国 19 世纪法学历史上的重要事件。这个分支主要源自萨维尼及其主要追随者看似相悖的工作,即致力于通过研究主要的罗马法渊源来探寻真正的德意志法传统。事实上,早在 1814 年,萨维尼就呼吁对德意志以及罗马法传统进行研究,而《历史法学杂志》对杰出的德意

〔18〕 L. Minnigerode, *Bemerkungen über den Stand der Gesetzgebung und Jurisprudenz in Deutschland* (Darmstadt, 1836); C. v. Welcker, 'Gesetz', in C. v. Rotteck and C. v. Welcker (eds.), *Staatslexikon*, vi (Altona, 1836), 748 ff.; C. L. Runde, 'über die Ungewissheit des positiven bürgerlichen Rechts' (1827), in id., *Patriotische Phantasien eines Juristen* (Oldenburg, 1836); 255－69. 在明尼格罗德(Minnigerode)遭受看似荒唐的免职之前,他一直都是达姆施特塔皇家法院的院长,参见 S. Büttner, Die *Anfänge des Parlamentarismus in Hessen-Darmstadt und das du Thilsche System* (Darmstadt, 1969),118,在奥尔登堡、伦德(Runde)担任类似职位。

〔19〕 J. C. Bluntschli, Die *neueren Rechtsschulen der deutschen Juristen* (Zurich/Frauenfeld, 1841), 7, 15f., 28, 32. 关于萨维尼对布伦奇里的观点的认可,参见其在 1840 年 1 月 13 日写给布伦奇里的信:W. Oechsli (ed.), *Briefwechsel Johann Kaspar Bluntschlis mit Savigny, Niebuhr, Leopold Ranke, Jakob Grimm und Ferdinand Meyer* (Frauenfeld, 1915), 73 f.。

24 志法史学家卡尔·弗里德里希·艾希霍恩(Karl Friedrich Eichhorn)的吸纳足见其一片诚心。而在回应布伦奇里关于历史法学派的日耳曼法分支以及罗马法分支的论战的展望时,萨维尼一再强调这两个分支是互补的而非水火不容的。[20]

早在1820年,诸如卡尔·约瑟夫·安东·米特迈尔(Karl Joseph Anton Mittermaier)等日耳曼派学者就已主张创设独立的德意志法学史杂志,然而直到《德意志法与德意志法理学杂志》(*Zeitschrift für deutsches Recht und deutsche Rechtswissenschaft*)在1839年的创立,专门反对萨维尼及其追随者的德意志精神运动方才兴起。这在某种程度上反映了代际和职业上的分野。奥古斯特·路德维希·莱舍尔(August Ludwig Reyscher)创办了这份新杂志,并鼓励年轻的法律实务工作者参与其中,而非邀请艾希霍恩和米特迈尔那一代的学者。莱舍尔本人完全接受萨维尼关于法源的理论,并赞成开展详尽的法源上的历史研究的必要性。然而,早在1828年,他就呼吁进行"政治复兴",并将法律与生活之间的关联视作改革的积极动力。不过,这与萨维尼的立场区别不大,因为萨维尼将法律与现

---

〔20〕 Hattenhauer (ed.), *Thibaut und Savigny*, pp. 166 f.; Savigny to J. Grimm, 12 Oct. 1814, in A Stoll, *Fiedrich Karl v. Savigny. Ein Bild seines Lebens mit einer Sammlung seiner Briefe*, ii (Berlin 1929), 118; Savigny to Bluntschli, 7 Oct. 1839, 13 Jan. and 25 Nov. 1840, 23 Nov, 1841, in Oechsli (ed.), *Briefwechsel Johann Kaspar Bluntschlis*, pp. 67, 73 f., 79 f., 89. 关于日耳曼派学者的一般性介绍,参见 O. Gierke, *Die historische Rechtsschule und die Germanisten* (Berlin, 1903)。

实之间的联系视作阻止恣意的自由主义改革的屏障。[21]

毫无疑问，持续升温的德意志法学运动与在 1840 年早期高涨的民族主义有关联。如同莱舍尔在 1842 年所言，“学界在某种程度上推崇这一时代运动，并悄悄地为之做准备”。尽管并非所有情形皆如此，然而日耳曼派学者特别倾心于自由主义运动，而他们在罗马派学者阵营的对手——尤其是萨维尼以及格奥尔格·弗里德里希·冯·普赫塔（Georg Friedrich von Puchta）——却与政治保守主义密切联系在一起。在一定程度上，罗马派学者与日耳曼派学者的区别表现在，对政治改革以及立法过程存有迥异立场。激进的日耳曼派学者（如莱舍尔）认为，普赫塔所创立的极为复杂的概念法学产生了适得其反的效果，因为他所创设的法律制度疏离了普通民众。那些比莱舍尔温和的人也会怀有这种感觉。在这方面，格奥尔格·冯·贝泽勒（Georg von Beseler）的名篇《民族法与法学家法》（Volksrecht und Juristenrecht）是在德意志精神的形成过程中的又一里程碑之作。作为温和的自由主义者，贝泽勒也像莱舍尔那样，彻底接受民族精神说的正确性，而同时对法律人自由统治法律制度

〔21〕 A. L. Rcyscher (ed.), *Vollständige, historisch und kritisch bearbeitete Sammlung der württembergischen Gesetze*, i (Stuttgart/Tübingen, 1828), xii – xxxvii; Rückert, *Reyscher*, pp. 111, 150 ff., 194 – 200; Gierke, *Germanisten*, pp. 12 f.

的结果忧心忡忡。[22]

25 南方邦国早在1840年前后就已经开展法典化活动。这并不令人感到惊讶,因为南部一直都是法典化的炽热拥护者。1819年,巴登众议院呼吁统一德意志法律,并委任蒂堡和罗特克(Rotteck)着手进行准备工作。黑森-达姆施塔特大公国众议院也分别在1820年和1829年通过类似立法动议。[23] 安东·克里斯特(Anton Christ)曾是政府官员、巴登众议院的自由主义代表,并深受蒂堡影响。他在1842年出版了一部呼吁编纂民法典的重要著作。他对法律统一的渴望是源自其植根于内心的对国家统一与国家强大的追求。与日耳曼派学者一样,其也将历史方法视作进行立法准备的唯一恰当而有益的方法,不同的是其认为历史法学的优先性体现在法源上——民众的共同意志而非个人或个别邦国的意志。他认为,外国法(如法国法或罗马法)快要浇灭了德意志人的爱国热情,并与成为强国的愿望相违逆。而且,这种以外国腔调写成的法律,与普罗大众疏离,导致

〔22〕 A. L. Reyscher, 'Für und wider das deutsche Recht', *Zeitschrift für deutsches Recht*, 7 (1842), 141; Rückert, *Reyscher*, pp. 136 – 41, 157 ff., 218 f., 25 f.; G. Dilcher and B.-R. Kern, 'Die juristische Germanistik des 19. Jahrhunderts und die Fachtradition der Deutschen Rechtsgeschichte', *ZRG GA* 101 (1984), pp. 13 – 17; Gierke, *Germanisten*, pp. 19 – 27; G. Beseler, *Volksrecht und Juristenrecht* (Leipzig, 1843), 58 – 70; 关于贝泽勒的一般性介绍,参见 B.-R. Kern, *Georg Beseler. Leben und Werk* (Berlin, 1982)。

〔23〕 Coing (ed.), *Handbuch*, iii/2, p. 1423; Dölemeycr, 'Einflüsse', p. 205; R. Polley, *Anton Friedrich Justus Thibaut (AD 1772 – 1840) in seinen Selbstzeugnissen und Briefen*, i (Frankfurt, 1982), 42.

法律成为职业法律人的私产。[24]

像南方邦国中的大多数自由党人一样,克里斯特也对各邦国在 26
1840 年所兴起的法典编纂潮流深表忧虑。[25] 1840 年,许多邦国纷纷希望通过编纂法典而在不同程度上增强国力。自由党人本不应反对这一趋势,因为这种法典编纂活动至少在一定程度上维护了法律的稳定性。实际上,他们所忧虑的是,随着诸邦国的越发强大,这些区域性法典将有可能反过来削弱德意志的统一。自由党人相信,对德意志法所进行的编纂活动会对国家的统一产生极大影响。偶然地,也有学者认为这些法典将推动德意志法制的统一,但是这显然是少数派的立场。[26]

这在莱茵河左岸的黑森 - 达姆施塔特大公国尤为明显,该邦国比其他邦国在法典编纂上进展迅速。普鲁士莱茵兰以及巴伐利亚的贵族领地巴列丁奈特也存在类似的编纂计划。在这些地方,此类立法动议显然会妨碍法国法律制度在这些邦国的继续适用。这些立法

---

〔24〕 A. Christ, *Ueber deutsche Nationalgesetzgebung. Ein Beitrag zur Erzielung gemeinsamer für ganz Deutschland gültiger Gesetzbücher, und zur Abschaffung des römischen und des französischen Rechts insbesondere* (Karlsruhe, 1842), 4, 20, 42, 51, 57 – 65, 108 f.; H. Getz, *Die deutsche Rechtseinheit im 19. Jahrhundert als rechtspolitisches Problem* (Bonn, 1966), 59 – 63; 关于克里斯特(Christ),参见 Lee, Politics of Harmony, p. 203。

〔25〕 Christ, *Gesetzgebung*, pp. 112 f..

〔26〕 F. Purgold, 'Praktische Bemerkungen zu dem Entwurf eines bürgerlichen Gesetzbuchs für das Grossherzogtum Hessen. Theil 1, das Personenrecht enthaltend', *Zeitschrift für deutsches Recht*, 7 (1842), 347f.; Getz, *Rechtseinheit*, pp. 50 – 9.

提案在那些法国法占主导的邦国(如黑森－达姆施塔特)遭到了极大的反对。像早前在普鲁士莱茵兰所发生的情形一样,那些斗争运动表面上是为了保留当地的制度和反对官僚机构的集权计划,实际上是为了维护和散播法国法遗产中的积极内容。自1814年以降,《法国民法典》中的一些条款(如法律面前人人平等、财产与合同自由、公开与言辞审理、世俗婚姻等)就与德意志西南部地区的宪法理念紧密相系。[27] 19世纪40年代的主要时代特征之一就是,以德意志民族主义之名捍卫法国法。恰如黑森－达姆施塔特一位自由党人在1846年所言,尽管现在无人称颂法国,然而,不得不承认整个德意志都需要法国法。[28] 在1848年,一位作者更是说到,法国法的核心部分实际上是源自德意志。[29]

27 执业律师(practising lawyers)在这场公共论战中发挥了领导作用。一如海因里希·冯·加格恩在1845年所言,对于1830年巴伐利亚巴列丁奈特来讲,执业律师就是民众领袖,而且其强调了"公开

---

〔27〕 正如《美因茨时报》(*Mainzer Zeitung*)在1817年所言,"除了我们已然借由《黑森宪法》所获得的东西,我们别无他求"。See Fehrenbach, 'Zur sozialen Problematik', p. 197.

〔28〕 J. Brunk to H. v. Gagern, quoted in W. Schubert, 'Der Code Civil und die Personenrechtsentwürfe des Grossherzogtums Hessen-Darmstadt von 1842 bis 1847', *ZRG GA* 88 (1971), p. 171;关于一般性的介绍,参见 Dölemeyer, 'Einflüsse', pp. 199－207; Coing (ed.), *Handbuch*, iii/2, pp. 1518－30; Faber, *Rheinlande*, pp. 175－83; Getz, *Rechtseinheit*, pp. 42 ff.; Büttner, *Anfänge des Parlamentarismus*, pp. 207－20。

〔29〕 L. W. Fischer, 'Ueber die Reformfrage', *AcP* 31 (1848), p. 57.

确认执业律师的意见”之于自由民族主义事业的重要性。[30] 此处的主要问题并非在于国家法律统一，而在于程序法方面的改革需求——为了依照法国模式引入陪审团法庭（jury courts）、公开和言辞审理程序等。就德意志南部和西部地区民众而言，法国法中的这些自由主义面向正是吸引它们的主要原因之一。从执业律师的角度观之，更具吸引力之处在于，如果适用法国法，他们将可以向客户收取更多的费用。[31] 在 1844 年美因茨执业律师代表大会的准备过程中，这种自由主义需求与国家法律统一问题紧密相连。实际上，在黑森－达姆施塔特的保守派政府出现问题之后，它临时通知取消该代表大会。然而，正是从这时开始，执业律师成了借由编纂法典来推动自由化改革的先锋。[32]

随着民族主义运动在 19 世纪 40 年代中期的蓬勃发展，人们对一

---

〔30〕 Gagern to Hofmann, autumn 1845 (draft) and Gagern to R. Eigenbrodt, 18 Oct. 1843, in P. Wentzcke and W. Klötzer (eds.), *Deutscher Liberalismus im Vormärz. Heinrich von Gagerns Briefe und Reden 1815 – 1848* (Göttingen / Berlin / Frankfurt, 1959), 296, 267.

〔31〕 O. Bähr, *Erinnerungen aus meinem Leben* (Kassel, 1898), 61.

〔32〕 Getz, *Rechtseinheit*, pp. 72 – 101; Rückert, *Reyscher*, pp. 248 f.; D. Blasius, 'Der Kampf um die Geschworenengerichte im Vormärz', in H.-U. Wehler (ed.), *Sozialgesthichte Heute. Festschrift für Hans Rosenberg zum 70. Geburtstag* (Göttingen, 1974), 148 – 61; L. W. Fischer, *Das teutsche Justiz. Für die Freunde des Rechts und der nationalen Einheit, auch zur Verständigung über Zweck und Ziel der bevorstehenden Mainzer Advocatensammlung* (Stuttgart, 1844). 关于美因茨律师代表大会的取消情况的介绍，参见 Büttner, *Anfänge des Parlamentarismus*, p. 200; *Preussische Gerichts-Zeitung*, 3/20 (10 Feb. 1861), 77 f.。

28 部国家法典的渴望从南部散播到北部邦国。1846～1847 年这段时光是这个过程的反映，也见证了德意志不同邦国自由党人之间在制度联系上的加强。[33] 1847 年 7 月，报道民族主义运动的新闻机构——《德意志时报》（*Deutsche Zeitung*）成立，这是一个重要的历史事件。也许更重要的是，从 1846 年至 1847 年，日耳曼法学家代表大会相继在法兰克福以及吕贝克召开。在法兰克福会议上，诸如莱舍尔和克里斯特等激进的日耳曼派学者与雅各布·格林（Jakob Grimm）、米特迈尔等温和派学者在以下问题上争论不休——罗马派学者是否应该出席会议？罗马法在未来的《德国民法典》中应该扮演什么角色？可以明确的是，法律统一的倡议得到了广泛支持，而人们也在一定程度上接受民族精神说。[34]

萨维尼法源理论风行于世，这对法典的编纂方式产生了重大影响。尤其是，这意味着编纂者需要耗费大量时间对法源进行研究，并从德意志的不同邦国收集素材，以使地区上的差异不会影响法律的正义。恰如贝泽勒在吕贝克日耳曼派学者代表大会上所言，只有对区域性法律进行收集整理，并使民众易于获得法律，才能为统一德意

---

〔33〕 关于下文的论述，参见 T. Nipperdey, *Deutsche Geschichte 1800－1866*（Munich, 1983）, 387f.; Krieger, *German Idea of Freedom*, p. 286; I. Cervelli, 'Deutscher Liberalismus im Vormärz: Profil einer politischen Elite（1833－1847）', in W. Schieder（ed.）, *Liberalismus in der Gesellschaft des deutschen Vormärz*（Göttingen, 1983）, 330, 337 f.。

〔34〕 *Verhandlungen der Germanisten zu Frankfurt am Main am 24., 25. und 26. September 1846*（Frankfurt, 1847）, 16, 63－83, 109 f.

志法律制度做好准备。[35] 在 1848 年的环境下,这种呼吁所具有的力量是很明显的。法律统一的拥趸开始警告人们草率开展立法的危险性,认为这种鲁莽会摧毁那些由来已久的制度和实践。[36] 这正是历史法学派的真实心声,而这也得到了米特迈尔的强烈支持。在米特迈尔看来,成功的法典编纂活动需要具备两个条件:一是对素材进行令人满意的收集,而立法能否成功端看素材的完备程度;二是先从特定部分开始编纂法典。在米特迈尔向法兰克福议会所提交的立法报告中,他对这些观点进行了阐述。在报告里,米特迈尔重申了支持编纂法典的立场,也强调了对立法素材进行长期研究和采集的必要性,并呼吁邀请帝国各地的执业律师参与编纂法典。首要的是,米特迈尔坚持认为,《德国民法典》关涉地方事务,而这是国民大会(national assembly)无权进行划一调整的事务领域。这一论证得到了德意志帝国司法部(Reichsjustizamt)部长罗伯特·冯·莫尔(Robert von Mohl)的支持,并阻止激进派提请成立法典第一委员会以马上开展编纂活动的动议。在议会总结论辩时,米特迈尔断言,只有实现了德意志政治上的统一之后,才有可能进行全面的法典 29

〔35〕 *Verhandlungen der Germanisten zu Lübeck am 27., 28. und 30. September 1847* (Lübeck, 1848), 194.

〔36〕 Fischer, 'Ueber die Reformfrage', p. 35.

编纂。[37]

在1848年前后,德意志法学界对待法典编纂的态度发生了转变。正如贝泽勒所指出的,这一年所发生的事情消弭了其著作《民族法与法学家法》所激起的部分敌意。自那以后,反对进行法典编纂的声音庶几消失无踪。[38] 那"流产"了的1849年《法兰克福宪法》在第64条承诺编纂一部民法典,而对如何进行此类法典编纂却保持缄默。从事后来看,似乎出现了一种新的共识。在此前,许多人都赞成"德意志法学的真正归宿在于历史法学派"的论断,而认为蒂堡所倡导的人人皆可感知的简易法典无非痴人说梦。[39] 现在,除了历史法学派关于立法的观点(所有的立法都是关于个人意志的主观作品,而世代相袭的习惯法才处于更高的层级),人们普遍都能接受历史法学派的信条。诸如米特迈尔、盖布(Geib)和奥斯卡·冯·怀登布鲁克(Oskar v. Wydenbrugk)等学者更是在1848年之后形成了标准的温

---

〔37〕 K. J. A. Mittermaier, 'Ueber die nothwendigen Vorarbeiten zur Verwirklichung einer allgemeinen deutschen Gesetzgebung mit besonderer Beziehung auf die Bearbeitung eines allgemeinen Gesetzes über eheliche Güterrechte', *AcP* 31 (1848), pp. 110 – 11; F. Wigard (ed.), *Stenographische Berichte über die Verhandlungen der deutschen constituirenden Nationalversammlung*, viii (Frankfurt / M., 1850), 5588 – 94; Getz, *Rechtseinheit*, ch. 4; G. Wesenberg, 'Die Paulskirche und die Kodifikationsfrage', *ZRG RA* 72 (1955), pp. 359 – 65.

〔38〕 G. Beseler, *Erlebtes und Erstrebtes 1809 – 1859* (Berlin, 1884), 52; Getz, *Rechtseinheit*, p. 135.

〔39〕 G. Geib, *Die Reform des deutschen Rechtslebens* (Leipzig, 1848), 15; O. v. Wydenbrugk, *Briefe über deutsche Nationalgesetzgebung* (Jena, 1848), 33.

和派自由党人立场,即在接受萨维尼法源理论的同时,摒弃其关于立 30
法的消极观点。正是这个立场变化打破了历史法学派与政治保守主义之间的联系。恰如盖布所言,“我们对法律的立场正是自由主义者对政治的诉求”。[40]

布伦奇里相信,如果回过头来看这些事情,虽然罗马派学者在学术上比日耳曼派学者更胜一筹,然而这场论战却得以让新一代的罗马派学者从“法学(Legaljurisprudenz)的学术信条”中解放出来。在布伦奇里看来,这些新生代学者对正“开始成长的年轻的国家法”具有更好的理解。[41] 其中一个例子便是罗马派学者卡尔·格奥尔格·冯·瓦赫特(Carl Georg von Wächter)。他在 19 世纪 40 年代早期反对过于仓促地出台法典,并主张暂时先进行局部的改革。[42] 到了 1847 年,他对邦国编纂法典的危害极为担忧,并呼吁在南方邦国建立法典编纂的联合委员会,以建立类似于关税同盟(Zollverein)的立法同盟。就瓦赫特而言,从 1847 年到 1853 年这段时间是一个“分水岭”。1847 年召开了一次邦联部长会议,最终促使通过一部统一的票据法法案。在瓦赫特的协助下,符腾堡政府带头推动在邦联建立统一的法律格局。在同年举行的日耳曼派学者代表大会上,瓦赫

---

[40] Geib, *Reform*, p. 24; Wydenbrugk, *Briefe*, pp. 7 – 10.

[41] Bluntschli, *Denkwürdiges aus meinem Leben*, i (Nördlingen, 1884), 201.

[42] C. G. von Wächter, 'Die neuesten Fortschritte der Civilgesetzgebung in Württemberg, mit legislativen Bemerkungen und vergleichende Rücksicht auf das gemeine Recht', *AcP* 23 (1840), pp. 33 ff.

特就编纂《德国民法典》的必要性与罗马派学者达成了一定的共识。6 年之后，萨克森起草完成第一版《萨克森民法典》草案，但该草案却遭到广泛批评。一方面，有人依据萨维尼关于立法对法学的损害的观点，来反对此类法典编纂的原则。〔43〕另一方面，《萨克森民法典》草案在内容上具有不充分性；这再次凸显了赋权给部分邦国编纂法典的危险性，这已在 1840 年前后引起了自由主义者的担忧。瓦赫特甚至通过批评《萨克森民法典》草案，来论证编纂一部德意志民法典的可行性与必要性。9 年之后，他在《国家辞典》（*Staatslexikon*）第三版的一篇文章里宣称："要坚决有力地为编纂《德国民法典》而战！"他强调，一部真正的法典并非为了抛弃过去，而应尽可能地容纳现有法律。与此同时，卡尔·特奥多尔·冯·威尔克（Carl Theodor von Welcker）重申其对编纂"简易而爱国的法典"的呼吁，然而，他也认为法典应该保存"历史法学"中的精华。〔44〕

31 19 世纪 40 年代见证了德意志法律统一的政治论战与转变。在

---

〔43〕 C. F. F. Sintenis, *Zur Frage von den Civilgesetzbüchern. Ein Votum in Veranlassung des Entwurfes eines bürgerlichen Gesetzbuchs für das Königreich Sachsen* (Leipzig, 1853).

〔44〕 C. G. Von Wächter, *Der Entwurf eines bürgerlichen Gesetzbuches für das Königreich Sachsen* (Leipzig, 1853). Welcker, 'Gesetz'; Wächter, 'Gesetzgebung', *Staatslexikon*, vi (3rd edn. Leipzig, 1862), 479 f., 482 – 517. Gierke, *Die historische Rechtsschule und die Germanisten*, pp. 29 f., Dölemeyer, 'Einflüsse', pp. 217 – 23; F. Elsener, 'Carl Georg von Wächter (1797 – 1880) und die Bemühungen Württembergs um eine Vereinheitlichung des Privat-und Prozessrechtes in der Zeit des Deutschen Bundes (1847/48)', in K. Ebert (ed.), *Festschrift Hermann Baltl* (Innsbruck, 1978), 193 – 209.

此前,人们对编纂法典的态度反映其政治立场。最近的研究表明,在法兰克福议会内部,自然法学者往往信仰民主共和主义,而历史法学派学者往往遵行温和立宪主义。不过,前一阵营在法兰克福议会是少数派,而温和立宪自由主义者往往主导了关于民法典编纂、宪法以及基本权利等问题的讨论。诸如弗里德里希·达尔曼(Friedrich Dahlmann)和格奥尔格·贝泽勒等温和、彻底的自由主义者往往拥护历史法学派的大部分观点,比如,他们都关心与抽象的假设的原则相对的历史法律制度、地域的差异性以及固有权利。就法典编纂而言,这意味着需要耗费大量时间来收集与校勘现行法法源,并需要缓和保守派对法典可能给社会和政治关系造成激进影响的恐惧心理。[45]在此后的40年间,这两个方面都是德意志人编纂《德国民法典》的理论基础。

因此,从19世纪50年代的情形来看,尽管人们在法典的编纂方式以及哪一部分最适于进行统一等问题上尚有分歧,然而人们增强了对法律统一的必要性的信念。反对法律统一的保守派普遍接受了

〔45〕 关于基础性文献,参见W. Siemann, *Die Frankfurter Nationalversammlung 1848/49 zwischen demokratischem Liberalismus und konservativer Reform. Die Bedeutung der Juristendominanz in den Verfassungsverhandlungen des Paulskirchenparlaments* (Frankfurt, 1976), esp. pt. 2。希曼(Siemann)认为,历史法学派的追随者是"保守的",而其反对者是左翼自由主义者、民主主义者,这导致政治没有任何真正的中心。这种观点是不全面的。恰恰相反的是,历史法学派中的日耳曼派学者通常是温和的、自由主义的立宪主义者,而那些几乎全员缺席法兰克福议会会议的老派的罗马派学者才是保守的。See Dilcher and Kern, 'Die juristische Germanistik', pp. 24－9.

32 萨维尼的法源理论,并逐渐发展出新的法典编纂理论。在 1853 年,萨维尼的学生莫里茨·奥古斯特·冯·贝特曼·霍尔维格(Moritz August von Bethmann-Hollweg)所负责的普鲁士《政党周刊》(Wochenblattpartei)认为,虽然大众理应接受萨维尼的民族精神学说,但是不应附和萨维尼关于立法的价值的消极态度以及历史法学派作品中固有的政治宿命论。当然,这并不是说法律统一事业不再与更激进的自由民族主义者相关联。〔46〕 随着温和自由民族主义在 19 世纪 40 年代得以复兴,那个时代的许多诉求也开始涌现。1859 年,《普鲁士年鉴》(Preussische Jahrbücher)重申了传统的自由主义立场:赞同德意志进行法典编纂的重要性,并警惕个别邦国编纂法典的危害性。这本杂志宣称,普鲁士是最适于为日后的《德国民法典》进行铺垫立法的邦国。19 世纪 50 年代末期,保守主义者开始尝试利用法典编纂之机来增强统治,他们认为编纂法典将有利于邦联对抗革命民族主义力量的冲击。〔47〕

---

〔46〕 关于《政党周刊》,参见 M. Behmen, *Das Preussische Wochenblattpartei* (*1851 - 1861*)。*Nationalkonservative Publizistik gegen Ständestaat und Polizeistaat* (Göttingen, 1971), 165 - 71;参见克里斯特在 1850 年关于立即启动民法典编纂的再次呼吁:*Die Verwirklichung der deutschen Nationalgesetzgebung* (Stuttgart / Tübingen, 1850), esp. 13 ff.。

〔47〕 'Das preussische Recht und das Rechtsstudium', *Preussische Jahrbücher*, 3 (1859), 35 f., 57; F. Noellner, *Die deutschen Einheitsbestrebungen im Sinne nationaler Gesetzgebung und Rechtspflege. Mit Benutzung amtlicher Urkunden* (Leipzig, 1857), esp. v - vii, 13 f.

政治上对法律统一的支持得以扩大的原因有两方面。

第一，随着人们强调编纂大众化的、简易的法典，此前那套老旧的、“南方邦国的”立法传统逐渐衰落。这些传统具有（或被认为有） 33
激进的影响力，这引起了保守派政治家和思想家的反感。1848年见证了这种思想在政治表达上的最后余光。鉴于法兰克福议会的政治构成，激进派是没有希望获得多数票的。在他们看来，对萨维尼学说的选择性运用——去除“民族精神”中对立法存有敌意的内容——将不会让人产生过多的忧虑。无论是对于邦国政府，抑或是温和保守派思想家来讲，情形都一样。这使这一时期的许多学者都相信，萨维尼拒绝承认立法是时代使命的思想已然失去影响。[48]

第二，德意志邦联的举措强化了政治上对法典编纂活动的支持。在1848年之前，德意志邦联竭力避免卷入任何会被认为是促进民族主义目标的事项，它在这方面的不情愿是出了名的。关税同盟迟至1847年之后方才获得成功，而在那时才最终通过一部统一的《德国票据法》。在很多方面，这一成功都成了一个转折点。巴伐利亚国王顺应法典化之潮流，而符腾堡政府开始呼吁统一商法以及债法。在1848年之后，南方邦国意识到法律改革与增强邦联实力之间的关联

〔48〕 例如，Wächter, ‘Gesetzgebung’, pp. 500 ff.; J. C. Bluntschli, ‘Der bayerische und sächsische Entwurf eines bürgerlichen Gesetzbuchs’, *Kritische Vierteljahresschrift für Gesetzgebung und Rechtswissenschaft*, 3 (1861), 421; L. Goldschmidt, ‘Der Entwurf eines Handelsgesetzbuch für die Preussischen Staaten’, *Kritische Zeitschrift für die gesammte Rechtswissenschaft*, 4 (1857), 105。

性,因而重拾统一法律之梦。1851 年,巴伐利亚、萨克森、符腾堡牵头劝说德意志邦联部长会议编纂商法典,并进行统一度量衡等事项的改革。[49] 这些所谓中间邦国(middle states)在 19 世纪 50 年代的政策就是,通过加强邦联的力量来使其在普鲁士与奥地利之间保持独立性。无论德意志众邦国内部反对改革的势力多么强大,在那时,人们广泛地接受三月革命前时期自由民族主义的一个核心内容:就保障邦联的政治一体化以及抗击民族主义力量而言,进行法典化是至关重要的。如同弗里德里希·诺尔纳(Friedrich Noellner)在回顾 19 世纪第二个十年中所发生的论战时所言,"就统一的方式而言,没有哪种统一像法律或立法统一那样保守。统一运动本身夹杂着反对君主制度与民主情绪的自由理念。而正是因为这个问题,立法的统一永不可能实现"。[50] 这些中间邦国面临来自普鲁士以及自由民族主义的威胁。在此背景下,诸如弗里德里希·诺尔纳等保守派清晰地感觉到,有必要改变三月革命前时期的反对改革的政治立场。如果可以阻止自由主义者对诸邦国的法律体系进行"革命性"变革,那么就会有越来越多的人相信,可以通过有选择性的法律统一来实现保守派更广泛的利益。

---

〔49〕 Coing (ed.), *Handbuch*, iii/2, pp. 1476 f.; F. Laufke, 'Der Deutsche Bund und die Zivilgesetzgebung', in P. Mikat (ed.), *Festschrift der Rechts-und Staatswissenschaftlichen Fakultät der Julius-Maximilians-Universität Würzburg zum 75. Geburtstag von Hermann Nottarp* (Karlsruhe, 1963), 5 ff.

〔50〕 Noellner, *Die deutschen Einheitsbestrebungen*, p. 42.

毫不令人惊讶的是，德意志邦联的目光首先投向商法。关税同 34
盟的存在给了那些寻求促进成员国之间贸易的人一个有力论据，而且他们极关注因为不同邦国对 1847 年《德国票据法》所作诠释的差异性而导致的贸易障碍。[51] 在自由民族主义的前途似乎比较暗淡之时，对牵涉实质利益的领域进行统一的倡议就变得极具吸引力。恰如莱温·戈尔德施米特（Levin Goldschmidt）在 1857 年所言，"这一代人对成功进行政治统一的概率越是感到悲观，他们要求实现实质性统一的紧迫感就越强烈。关税领域的统一的程度越深，能够获取的共同经济利益就越多。然而，这也说明法律规范的不一致性更加具有破坏性，会损害贸易关系的稳定性与确定性。人们普遍感受到在这个领域进行法律统一的必要性"。[52]

莱温·戈尔德施米特在后来成为帝国国会民族自由党（National Liberal）的代表，并成为《德国民法典》最有影响力的支持者之一。在其看来，人们的上述情绪显然是受到 1856 年德意志政治环境的影响。在编纂完成《德国商法典》之后，他写道："在那时，那些关于编纂一部包罗万象的《德国民法典》的呼吁，实际上就相当于拒绝在商

〔51〕 例如，K. J. A. Mittermaier，'Die neuesten Gesetzgebungsarbeiten auf dem Gebiete der Civilgesetzgebung etc'，*AcP* 36（1853），pp. 96 f.；Coing（ed.），*Handbuch*，iii/3（Munich，1986），2945。

〔52〕 Goldschmidt，'Der Entwurf eines Handelsgesetzbuchs'，p. 105.

法领域进行任何形式的统一。”[53]另外,对于那些渴望支持邦国反击民族主义势力的人而言(与戈尔德施米特相反),对具有实质利益的领域进行统一的政治倡议具有明显的吸引力。

35 在1856年2月,巴伐利亚再次牵头呼吁德意志邦联起草一部商法典。正如巴伐利亚首席部长路德维希·冯·德尔·普福尔登(Ludwig von der Pfordten)所言,此举是为了臣服小邦国,而使德意志邦联变成巴伐利亚据以活动的更广阔的政治舞台。起草商法典的倡议即为巴伐利亚维护其独立于普鲁士与奥地利的地位并扩大其影响力的策略之一。然而,仅仅用时两个月,普鲁士就已成功杯葛了巴伐利亚的计划,以便为其完成《普鲁士商法典》的编纂争取时间。普鲁士之心昭然若揭。那些中间邦国久存改革邦联之志,这隐隐地威胁到普鲁士对关税同盟的控制。随着汉诺威和奥尔登堡(Oldenberg)大公国在19世纪50年代加入关税同盟,这一组织的影响力与日俱增。在普鲁士看来,更大的危险在于德意志经济政策的领导权将从柏林移至法兰克福,从普鲁士移交给奥地利。从1851年到1859年年初,俾斯麦担任普鲁士派驻德意志邦联的大使,他的应对之策是拒绝从组织架构上加强邦联的实力。然而,因为所拒绝的是一个广受欢迎的立法动议,而且这个动议与巴伐利亚国王紧密相

---

[53] P. Raisch, *Die Abgrenzung des Handelsrecht vom Bürgerlichen Recht als Kodifikationsproblem im 19. Jahrhundert* (Stuttgart, 1962), 132.

连,所以普鲁士不得不承担相当大的政治风险。因此,普鲁士寻求通过起草本邦国的商法典来攫取统一邦联商法的领导权。普鲁士可以收一举两得之效:不仅可以满足改革普鲁士法律制度的需要,而且可以为未来德意志帝国的立法提供一个蓝本。当《普鲁士商法典(草案)》在 1856 年年末颁布之时,起草一部帝国商法典的主要政治障碍已被扫除,而各邦国的代表在 1857 年春齐聚纽伦堡参加预备会议。普鲁士将统一法律视作增强普鲁士霸权的重要举措,而这并非它最后一次这么做。[54]

1859 年,意大利战争的爆发证明了邦联在军事上的羸弱,而中间邦国在此后的行动促使邦联的改革进程有所加速。可以说,普鲁士与奥地利之间的对抗削弱了邦联的军事力量,而中间邦国将邦联在应对民族主义势力方面的无能视作影响其内外安全的因素。意大利战争更让德意志的民族主义运动重获新生,而人们怀疑普鲁士是幕后推手。中间邦国缺乏安全感,这使它们重燃对邦联进行体制改

---

〔54〕 Coing (ed.), *Handbuch*, iii/3, 2948 – 56; Laufke, 'Der Deutsche Bund und die Zivilgesetzgebung', pp. 5 – 11, 28 – 35; Getz, *Rechtseinheit*, pp. 136 ff.; E. Wadle, 'Der Zollverein und die deutsche Rechtseinheit', *ZRG GA* 102 (1985), pp. 99 – 129; 关于普鲁士政策,参见 E. E. Kraehe, 'Practical Politics in the German Confederation: Bismarck and the Commercial Code', *JMH*, 25 (1953), pp. 13 – 24; R. v. Delbrück, *Lebenserinnerungen* 1817 – 1867, ii (Leipzig, 1905), 90 ff.。关于路德维希·冯·德尔·普福尔登,参见 W. D. Gruner, 'Die Würzburger Konferenzen der Mittelstaaten in den Jahren 1859 – 1861 und die Bestrebungen zur Reform des deutschen Bundes', *Zeitschrift für bayerische Landesgeschichte*, 36 (1973), 186 – 9。

革的愿望,这得到了奥地利的强力支持。在 1859 年 11 月 3 日,邦联成立了一个委员会以论证设立最高法院的可行性。这直接促成了历史上著名的维尔茨堡会议在 1859 年 11 月的召开,参会方包括巴伐利亚、萨克森、维尔茨堡、黑森、梅克伦堡以及其他来自德意志中部的小邦国。虽然这些邦国在其他事项上存在分歧,它们却很容易地就对创设德意志邦联的最高法院以及对刑法和民法进行统一立法达成了共识。[55]

此时,普鲁士的反对立场便开始暴露。普鲁士一再讥讽中间邦
36 国的政策,认为它们的宣传运动只是为了迎合民众渴望法律统一的心理,以便赢取公众的支持。然而,正是基于这种观察,普鲁士感觉不能对法律统一进行公开的反对,而是应集中火力对一些重要问题进行发难,尤其是质疑邦联没有宪法根据来进行统一的立法。19 世纪 60 年代早期一再见证了普鲁士与其他较大邦国就法律的统一问题所展开的斗争,而问题的关键在于普鲁士能否在邦联里得到多数票。最终,在 1862 年 2 月,汉诺威和德累斯顿各自成立了委员会来分别进行民事诉讼法典和债法典的编纂。与其持与 1856 年《商法典》相反的态度,普鲁士拒绝加入这两个委员会,并转而埋头起草普

〔55〕 Gruner, 'Die Würzburger Konferenzen', pp. 189 – 218; Laufke, 'Der Deutsche Bund', pp. 7, 28 ff., 42 – 7.

鲁士自己的法律。[56]

抛开这些政治分歧不论,到 19 世纪 50 年代末,公众似乎普遍接受了统一法律的必要性与可行性。日耳曼派学者代表大会(Deutscher Juristentag)在 19 世纪 60 年代的创立,正是标志着德意志 37
法律共同体内部逐渐就法律统一达成共识。在 1860 年 3 月 10 日举行的柏林法学会(Berlin Law Society)会议上,主旨发言人霍尔岑多夫(Holtzendorff)指出时下所采纳的共同立法举措之不足,并认为应该将注意力集中于关系经济生活的实质利益方面,而非纠结于何为德意志人所共有的法律意识等问题。两个月后,日耳曼派学者代表大会正式宣告成立,以促进德意志民事、刑事与程序法的统一。[57]

与其他在那个时期所成立的组织一样,这个新组织在为德意志知识分子阶层搭建一个关于民族主义的交流系统的过程中影响颇巨。日耳曼派学者代表大会的许多成员与民族协会(National Association)过从甚密。就 1858 年成立的德意志经济人代表大会(Congress of German Economists)而言,它明确表明法律统一目标与民族主义政治运动的广泛关注点是一致的。这两个组织都倡导设立

---

〔56〕 Laufke,'Der Deutsche Bund', pp. 14 – 17; Getz, *Rechtseinheit*, pp. 149 – 52; J. W. Hedemann, *Der Dresdner Entwurf von 1866. Ein Schritt auf dem Wege zur deutschen Rechtseinheit* (Berlin, 1935), 8 – 12. 关于普鲁士的回应的例子,可参见施莱尼茨(Schleinitz)在 1860 年 6 月 6 日发出的《通知照会》(Circular Note):BA Koblenz, Kl. Erw. 319 – 7, fos. 8 ff.; Delbrück, *Lebenserinnerungen*, ii, pp. 229 f.。

〔57〕 参见 *Preussische Gerichts-Zeitung*, 2. 13 (28 Mar. 1860), 52 and 2. 20 (15 May 1860), 77。

一个全国性的立法机构来准备或推动相应的改革。[58] 然而,日耳曼派学者代表大会并不仅仅是"小德意志"(kleindeutsch)政治活动所在的阵地。实际上,秉承萨维尼关于"语言与法律是民族精神的表达"的立场,奥地利的德意志法律工作者也受邀参加这个组织。至少在一个观察者看来,这马上使相应的辩论具备(包括奥地利在内的)大德意志(grossdeutsch)的意味。[59] 1862 年,关于在奥地利召开日耳曼派学者代表大会的决定引起了广泛的担忧,人们担心大会或将支持奥地利关于德意志邦联的政策。即使是大会提出了不排斥任何德意志地区、保留共同的德意志品性、超越党派政治等主张,然而这也无法减少公众的担忧。[60]

38 因此,尽管日耳曼派学者代表大会谈到了法律统一与国家统一的关系,然而它在关于这些关系的具体细节的立场上并不清晰。在这方面,日耳曼派学者代表大会是那个时代政治发展的缩影:虽然对法律统一的必要性达成了共识,然而对如何实现这个目标却莫衷一

〔58〕 关于二者之间的关联性,参见 T. Offermann, *Arbeiterbewegung und Liberales Bürgertum in Deutschland 1850 – 1863* (Bonn, 1979), 165 – 71; T. S. Hamerow, *The Social Foundations of German Unification, 1858 – 1871*, i (Princeton, 1969), ch. 8; V. Böhmert, *Rückblicke und Ausblicke eines Siebzigers* (Dresden, 1900), 21 – 6; J. C. Bluntschli, *Denkwürdiges aus meinem Leben*, ii (Nördlingen, 1884), 294 – 5; ibid. iii (Nördlingen, 1884), 52。

〔59〕 Bähr, Erinnerungen, p. 66; 关于将奥地利纳入进来的决定,参见 Bluntschli, *Denkwürdiges*, ii. 285。

〔60〕 Bluntschli, *Denkwürdiges*, iii. 46; *Deutsche Gerichts-Zeitung*, 3. 47 (17 July 1861), 185 f.; 3. 58 (25 Aug. 1861), 234 f.; 4. 50 (10 Sept. 1862), 205 f.

是。在三月革命前时期,人们的主要疑问是“编纂法典是否合乎时宜”,而日耳曼派学者代表大会迅速将侧重点移转到探究“应从哪一部分法律进行统一”上来。在这时,历史法学派再一次发挥了自己的影响力。1860 年 3 月,霍尔岑多夫在柏林法学会上的发言中强调,代表大会的中心职责之一就是避免盲目的中央集权化,并须确保将单纯涉及地方事务的法律领域留给地方邦国来调整。对于地方多元性的关注即为脱胎于历史法学派的学说的核心特征之一,而代表大会屡屡为之争论。代表大会亦曾在例会上谈论婚姻法中的财产问题,并认为这部分法律深植大众意识之中,而将任何一个单一的法律规则强加给别的邦国都是不妥的。[61] 在巴伐利亚首席部长路德维希·冯·德尔·普福尔登为巴伐利亚政府准备的一份备忘录中,其就国家立法的范围表达了相似的观点。与其政治策略相契合,他认为法律统一潮流是不可阻挡的,并对统一债法表示支持。然而,他认为土地法方面的统一是相当艰难的,而家庭法和继承法的统一是绝对不可能实现的。这一观点并未能促使人们支持代表大会的立场,但是在起草《德国民法典》的 19 世纪六七十年代,这种观点一直

---

〔61〕 *Preussische Gerichts-Zeitung*, 2.13 (28 Mar. 1860), 52; 2.54 (29 Dec. 1860,) 214 f.; 3.9 (20 Feb. 1861), 33 f.

存在。[62]

到19世纪60年代初期,人们就民法进行统一的可能性和可行性达成了广泛的共识。就是否进行法律统一而言,这是从德意志邦联创立伊始就深受政治影响的决策问题。在1848年前,政治上的保
39 守主义催生了人们对起草《德国民法典》的敌意。与之相反的是,关于编纂《德国民法典》的承诺是自由主义政治的"试金石"。从总体上看,保守派从萨维尼关于法源以及法律性质的学说中获得强劲支持。在法国大革命的余波中,人们将依据"普遍原则"(universal principles)进行的草率的立法活动视作对传统政治和社会关系造成破坏的危险溶剂。就三月革命前时期的保守人士而言,萨维尼对近代启蒙运动的立法实践所进行的批评为反对类似立法打下了基础。

到19世纪40年代,形势开始发生变化。复苏了的自由民族主义开始抛弃萨维尼对立法的可能性价值所作出的消极评价,但依然广泛接受萨维尼关于法律性质的学说。这里面蕴含了关于如何进行立法的见解,比如,要对法源进行详尽的历史研究,并关注具体的历史制度。这些立场也是法兰克福议会的多数立场,而且这种立场有

---

〔62〕 L. v. d. Pfordten, 'Gutachten, gemeinschaftliche Civil-und Criminal-Gesetzgebung für die deutschen Bundesstaaten betr.', 12 June 1861, BHStA Munich, MA 76158; H. Conrad, 'Der Deutsche Juristentag 1860 – 1960', in E. v. Caemmerer *et al*. (eds.), *Hundert Jahre Deutsches Rechtslebens. Festschrift zum hundertjährigen Bestehen des Deutschen Juristentages* 1860 – 1960, i (Karlsruhe, 1960), 17.

助于抑制人们仓促着手编纂法典的冲动。

就这些发展而言,19 世纪四五十年代是很关键的时期。尽管仍然存在反对历史法学派的声音,然而他们毕竟是少数派。[63] 如果人们仍然相信国家法律统一与民族自由事业存在广泛联系,这种确信现在已经开始赢得那些本与约翰内斯·冯·米克尔(Johannes von Miquel)成立的德意志民族联盟(Nationalverein)所追求的目标毫无关系的人的支持,路德维希·冯·德尔·普福尔登以及瓦赫特便是其中的典型例子。在汉诺威,作为在 1867 年之后反对编纂《德国民法典》的领导者,中央党的领袖路德维希·温特霍斯特(Ludwig Windthorst)却是在德意志邦联推进法律统一的狂热支持者。[64] 只有普鲁士试图阻碍国家法律统一的进程。当然,普鲁士并非真的反对编纂《德国民法典》,而是害怕其权力被削弱,因而决心去阻止任何有可能剥夺其在德意志事务上的话语权的举动。与之针锋相对的是,这些让普鲁士担心的事情正是那些呼吁改革德意志邦联的人所期待发生的。

毫无疑问,法律统一的支持者对萨维尼理论进行了选择性利用,而这产生了巨大影响。从后续的章节可以看到,诸如对法源的研究与对本土条件的尊重等理论,有力地保证了法典化并非激进变革亦

---

〔63〕 C. J. Seitz, *Das praktische Bedürfniss der Rechtsreform gegenüber der historischen Schule* (*Erlangen*, 1865).

〔64〕 M. L. Anderson, *Windthorst. A Political Biography* (Oxford, 1981), 53 f., 69.

非盲目中央集权。要想在 19 世纪 70 年代破解保守派的抵抗运动，这个保证就是至关重要的。然而，这个保证并非消除法律统一的障碍的唯一因素，亦非最重要的因素。首先，德意志邦联内部大规模经济活动有所增长，而这确实揭示了德意志邦国之间的法律差异性所造成的困境。为解决这些问题，人们编纂了票据法典和商法典。这些法典也许比任何东西都更能证明，萨维尼对法学界可以成功编纂法典的能力的质疑是站不住脚的。这些法典聚焦于商人和企业家息
40 息相关的法律领域，而这些领域是此前未曾统一的。这就可以解释为何邦联在 1862 年决定继续推进债法典和民事诉讼法的编纂，因为这些都与商事利益直接相关。

然而，比这一经济动机更重要的是源自邦国政府的政治压力。德意志邦联在 1815 年成立时就已见识了区域性法典的综合威力，但是除了黑森－达姆施塔特大公国，其他邦国在编纂地方法典方面毫无建树。在 19 世纪 50 年代，诸如萨克森和巴伐利亚对这个问题倾注了很多的精力。它们是最重要的两个中间邦国，并在 19 世纪五六十年代领导了德意志邦联的改革运动。萨克森更是在 1866 年之前就成功地颁布了一部民法典。这些在 19 世纪 60 年代进行的立法使人们想起了在 19 世纪 40 年代时所具有的担忧——这些邦国立法可能使统一德意志法律制度的日子姗姗来迟。不过，也有人认为这是杞人忧天；他们强调法典的编纂者有自我克制的素养，而这可以防止

在不同的法律制度间造成较大差异性。[65]

首要的是,德意志邦联政治环境在19世纪50年代发生的变化预示着,中间邦国不再将本国的法典化活动视作编纂全国性法典的替代方案。相反,这被视作对中间邦国地位的巩固而须作出的努力,它们相信一部统一民法的特定领域的国家法典也会有助于 41
维护邦国的地位。诸如路德维希·冯·德尔·普福尔登等政治家呼吁针对"实质利益"进行立法,这展示了保守派政治家在多大程度上认识到法制统一与政治力量加强之间的关联性。尽管法学家代表大会对关系德意志未来的基本事项的立场模糊不清,然而在任何情形下,都没有任何德意志邦国胆敢反对法学家代表大会决定实现的目标。[66]现在,对法典化的支持成了政治争论中的通行的"共同货币",而反对者屈指可数。人们的分歧转而集中于细节上,比如,如何实现法律统一、谁来担任法典的编纂者、哪一领域的法律应该留给邦国自我起草等。这些问题实际上是政治问题,人们关于这些重要问题的分歧在19世纪60年代至70年代初期一直存在。尽管各邦国极为赞成在民法领域进行全国法制统一,然而,这

---

〔65〕 相反的观点,参见戈特利布·普朗克的文章:'Der Hannoversche Entwurf einer Hypothekenordnung', *Preussische Gerichts-Zeitung*, 3. 19 (17 June 1861), 75 f.; F. Purgold, *Das nationale Element in der Gesetzgebung. Ein Wort zur deutschen Rechtseinheit* (Darmstadt, 1860), 3 f.。

〔66〕 参见普鲁士、奥地利、巴伐利亚、符腾堡、萨克森司法部部长关于支持法学家代表大会的公开声明:*Preussische Gerichts-Zeitung*, 2. 25, 2. 28, 2. 29 (20 May, 4 and 11 July 1860), 98, 112, 116。

也无法完全掩盖它们所存在的分歧。因此,在普鲁士于 1866 年推翻了德意志邦联的组织架构后,相关讨论正是主要依据这些细节问题来展开。

第三章　法律统一的政治维度：1867～1873年

到1867年,法律统一运动在德意志境内获得了更广泛的支持。 42
北德意志邦联在同年成立,而德意志帝国国会扮演着国家论坛的角色;这两个因素彻底改变了法典化论战的氛围。尽管日耳曼派学者代表大会的地位依旧举足轻重,其观点也广泛流传;然而,它不再是进行国家法律统一的唯一倡导者。[1] 现在,关于《德国民法典》编纂的讨论环境有所变化,具体表现为,诸政党所讨论的主要问题是俾斯麦政治的有效性问题。就应如何建立一个联邦国家而言,各方具有不同的见解。主要的问题不是国家立法的优劣,而是宪法性争议,即

---

[1] J. C. Bluntschli, *Denkwürdiges aus meinem Leben*, iii (Nördlingen, 1884), 178.

1867 年特别是 1871 年所达成的宪法性共识在多大程度上是暂时的。帝国国会以及新闻媒体对此存在尖锐的分歧,并导致了“各邦自主主义”(particularism)与“全国统一主义”(unitarism)的互相攻讦。在 1866 年之前,普鲁士通过质疑宪法基础来阻挠统一德意志法律的行动。自此之后(尤其是在 1871 年之后),情形开始反转:普鲁士极力推进法律统一,而巴伐利亚、符腾堡以及萨克森奋力抵制法律统一运动。虽然具体实施者是民族自由党及其议会同盟;但是重要的决定是由联邦参议院作出的,而且经过了中等邦国一系列复杂的精推细算。就未来的《德国民法典》而言,这是极为重要的。

1867 ~ 1873 年,帝国国会的多数党是民族自由党。尽管民族自由党从未获得过绝对的多数票;然而该党关于法律统一的理想深深体现于其政治纲领之中,并从一开始就强调通过加强和扩张宪法的权限以应对国民关心的所有事项的必要性。[2] 这勾勒出自由主义传统的一条强有力的线索,并将邦国的行动视作德意志社会强大而潜在的进步力量。这个时期的政党的核心任务在于探究民族统一与实现自由主义目标之间的关联性,而这可以浓缩为一句著名的标语——“从统一到自由,这就是我们的党纲”。[3] 借助统一法制,可

---

〔2〕 参见该党在 1867 年 6 月 12 日的成立宣言中的相关表述:W. Treue, *Deutsche Parteiprogramme 1861 – 1954* (Göttingen, 1954), 50。

〔3〕 H. A. Winkler, *Preussischer Liberalismus und deutscher Nationalstaat* (Tübingen, 1964), 78.

以调和民族统一与实现个人自由这两大需求间的冲突。如同 19 世纪 60 年代的其他人一样,民族自由党人确信法制统一将极大地增强民族与国家的力量。在这个时期,这个信念犹如老生常谈一般,而这也无法减少其出现在自由主义党的辩论之中的频率。另 43
外,编纂国家法典将意味着引入制定法,以限制侵入个体自由的恣意与范围。成文法典的存在表征国家对个体权利的正式承认,也意味着通过程序来保护这些权利免受他人或国家的侵犯。因此,法典化无论是对增强新的邦联的力量,还是实现法治国的目标,都有所贡献。就自由主义者而言,这些目标互不冲突,是互相补充的。巴伐利亚的一位评论家在点评将宪法扩张至涵盖民法的全部范畴这一动议时说道:“我不相信自由主义者会拒绝这样的提议。”[4]因此,当民族自由党的鲁道夫 · 冯 · 格奈斯特(Rudolf von Gneist)在 1871 年的日耳曼派学者代表大会上强调建立法治国与加强法制统一二者间的关联性时,就不使人感到惊讶了。他断言道:“即使是打了漂亮的胜仗或者取得令人瞩目的外部成功,也不会改变我们对构建安全的法律制度并促使政界参与法律重构的渴求。”[5]实际上,自由主义者也许实现了第一个目标,但是并未实现第二个目标。兴许,他们也从未真正认真地为实现第二个目标而努力。原因在于,在俾斯麦政府早

---

〔4〕 Völderndorff to Hohenlohe, 1 Nov. 1871, BA Koblenz, Hohenlohe-Schillingsfürst Papers 572, fo. 116.

〔5〕 *Verhandlungen des Neunten Deutschen Juristentages*, iii (Berlin, 1871), 8 f.

期,各种政治力量需要保持平衡,而且需要避免给政党施加过大的压力。

那些希望看到创设一个国家民法体系的人首先需要应对的是,
44 1867 年《北德意志邦联宪法》所规定的立法权限的局限性问题。这一条文限制了北德意志邦联在债法、刑法、商法、票据法以及庭审程序方面的权限。在 1867 年,民族自由主义政治家约翰内斯·米克尔提议修订该条文,以使北德意志邦联能够拥有涵盖民法所有分支以及法院组织的立法权限。这一动议即为著名的拉斯克－米克尔议案(Lasker-Miquel motion)。随后,这个议案分别在 1869 年和 1871 年被旧事重提,而其修订后的版本分别出现于 1872 年和 1873 年。在那时,这个议案才最终被联邦参议院采纳。[6] 下文介绍政界围绕这个议案所发生的争论。

虽然因为缺少投票名单表而导致无法准确计算支持者的数量,但是可以肯定的是,拉斯克－米克尔议案逐渐在帝国国会获得多数票的支持。截至 1873 年,只有天主教中央党(Catholic Centre Party)反对该议案。[7] 然而,这些令人印象深刻的跨党派的多数票,并没有反映出一丁点支持者们会就重要的细节问题达成全体一致意见的

〔6〕 A. Laufs, 'Die Begründung der Reichskompetenz für das gesamte bürgerliche Recht', *JuS* 12 (1973), pp. 740－4.

〔7〕 代表是来自汉诺威的各邦自主主义者海因里希·埃瓦尔德(Heinrich Ewald), 参见 K. A. Maass, *Fündzwanzig Jahre Reichs-Gesetzgebung* (Leipzig, 1892), 458 n. 1; *Schulthess' Europäischer Geschichtskalender*, 14 (Nördlingen, 1874), 107。

迹象。其中一个问题是:法律统一的目的为何?另一个问题是:法律统一应采取何种方式,编纂法典是否是统一法律的最佳方式?对这些问题的解答,无疑会对德意志法律制度的未来发展具有积极的启发意义。

如前一章所述,1840 年后,越来越多的国家法律统一的支持者接受萨维尼历史法学派的学说。在 1860～1870 年,拉斯克－米克尔议案的支持者倾向于否认萨维尼对法典化的敌意,然而,在其内部,他们依然在总体上认为萨维尼是对法典化抱有负面评价的。戈特利布·普朗克(Gottlieb Planck)是一位来自汉诺威的民族自由党党员,他在起草《德国民法典》的过程里影响颇巨。他说道:“除了共同的语言,一个统一的国家法律体系就是代表(显示出民族的创造性力量的)国家统一的最为显著的标志。”当然,就语言文字与法律皆是一国文化的表达方式的观点而言,这是萨维尼知识遗产的重要内容。诸如爱德华·拉斯克(Eduard Lasker)等民族自由党党员也屡屡提及语言与法律之于文化表达的内在关联。[8]

毫无疑问,拉斯克－米克尔议案的支持者对外界基于萨维尼理论提出的反对意见相当敏感,并急切地防止发生此类异议。这类争 45
议偶尔也会出现,尤其是保守派会提及在区域条件下某些法律领域

〔8〕 *SBRT*, 28 Apr. 1869, p. 650 (Planck); ibid., 19 Apr. 1869, pp. 467 f. (Lasker).

的深层次根源问题。[9] 然而，就帝国国会里拉斯克-米克尔议案的反对者而言，这个论据是次要的，而天主教中央党的发言人更是从没有认真地对此予以说明。[10] 就反对派而言，更重要的问题是邦国依据宪法享有何种权力，以及自由主义者消除仅存的迈向“单一国家”的壁垒的愿望在多大程度上驱动了拉斯克-米克尔议案。温特霍斯特及其同盟者屡屡批评民族自由党试图剥夺邦国所享有的自由以及议会代表的权利。尽管天主教中央党赞成“德意志需要实现最大限度的法律统一”的说法，但它还是始终反对拉斯克-米克尔议案所具有的中央集权影响。[11]

民族自由党意识到这可能引起外界尤其是南方邦国的担心，因而小心谨慎地否认它们试图剥夺邦国的独立权力。正如米克尔和拉斯克所反复强调的，如果议案得以通过，那么各邦国对民法的各领域都拥有自由立法权。帝国的优先的事项不是创立一个单一的国家，而是希望得到不受违宪指控所掣肘的就帝国共同事项进行立法的权

---

〔9〕 即家庭法、土地法以及继承法等领域，参见 *SBRT*, 19 Apr. 1869, pp. 453 f. (Zehmen) and 28 Apr. 1869, p. 648 (Bassewitz); ibid., 9 Nov. 1871, p. 214 (Helldorf); ibid., 31 May 1872, pp. 631 f. (Rittberg)。

〔10〕 在这方面，唯一的例外人物是奥古斯特·赖辛施佩格(August Reichensperger)，参见 *SBRT*, 9 Nov. 1871, pp. 209 ff.。

〔11〕 中央党的领袖路德维希·温特霍斯特的演讲便是最好的例子：*SBRT*, 15 Nov. 1871, p. 280; ibid., 31 May 1872, pp. 617-20, ibid., 2 Apr. 1873, pp. 170 ff.。温特霍斯特相信，联邦制是捍卫宪法自由的最佳方式，参见 M. L. Anderson, *Windthorst. A Political Biography* (Oxford, 1981), 110 ff., 237。

力。在这一点上,民族自由党的发言人极为重视民法的不可分割性(indivisibility)。例如,债法原则已彻底贯穿于德意志土地法之中。 46
这个论据被用来反击保守派对在该领域进行统一立法的异议,保守派强调德意志法制发展所具有的地方差异性。鉴于对民法部门进行划分的技术困难,保守派认为 1871 年《德意志帝国宪法》第 4 条的抽象性将很可能一直成为立法起草工作的绊脚石。[12]

在重新评估萨维尼的著作和学说的过程中,人们普遍对这个关于立法技术的观点给予支持。有人认为,萨维尼对法典化的反对是不再合乎时宜的。然而正是因为萨维尼的学说,德意志法学界才能在今天成功地开展立法活动;如果萨维尼在世,他会转而支持编纂国家法典的。米克尔尤其喜爱谈论这个话题。在重新评估萨维尼功过的过程中,这得到了许多人的确信。在 19 世纪 70 年代出版的许多著作(不仅是源自民族自由党阵营的著作)认为,作为历史法学派的先驱,萨维尼关于法源理论的学说是正确的,但是他低估了诸如立法者的角色等主观因素的作用。这一论断得到了萨维尼的追随者的支持,如伯恩哈德 · 冯 · 温德沙伊德(Bernhard von Windscheid)认为,"历史法学派关于立法的立场的转变,仅仅是反映了学者对历史发展

〔12〕 特别地,参见 *SBRT*, 9 Nov. 1871, pp. 207 ff. (Miquel); ibid., 15 Nov. 1871, pp. 284 – 8 (Lasker); ibid., 29 May 1872, pp. 607 ff. (Römer); *Wochenschrift der Fortschrittspartei in Bayern*, 12 Nov. 1871, BA Koblenz, Hohenlohe-Schillingsfürst Papers 1330, fos. 28 f. 。

中不同因素的价值赋予的不同,实际上并未脱离历史法学的范畴”。1876 年,萨维尼的另外一位追随者 M. A. 冯·贝斯曼 - 霍尔维格(M. A. Von Bethmann-Hollweg)认为,萨维尼对蒂堡的异议并非反映了萨维尼对法制统一存有敌意,而且法典化是不可避免的。这个关于萨维尼遗产的观点主宰了那时的德意志法学界。这个观点有力反驳了拉斯克 - 米克尔议案的反对者反对统一法律的理据。在这方面,其重要性是无可估量的。[13]

47 民族自由党及其同盟敏锐地察觉到,如果外界关于中央集权论的担心将危及它们的事业,那么它们可以转而攻击反对者所主张的各邦自主主义。拉斯克暗自抱怨其反对者所持有的政治动机;而另一个支持者认为,“毫不意外,反对国家立法的人必然是德意志帝国与之势不两立的敌人”。[14] 面对这一指控,反对派难上加难;因为萨

---

〔13〕 *SBRT*, 20 Mar. 1867, pp. 285 ff. and 9 Nov. 1871, p. 208 (Miquel); B. Windscheid, 'Die geschichtliche Schule dcr Rechtswissenschaft' (1878), in id., *Gesammelte Reden und Abhandlungen*, ed. P. Oertmann (Leipzig, 1904), 73; M. A. v. Bethmann-Hollweg, *Ueber Gesetzgebung und Rechtswissenschaft als Aufgabe unserer Zeit* (Bonn, 1876), 2, 4; 其他持有该观点的人参见 C. G. Bruns, *Zur Erinnerung an Friedrich Carl von Savigny* (Berlin, 1879), 15 ff.; H. Brunner, 'Die Rechtseinheit' (1877), in K. Rauch (ed.), *Abhandlungen zur Rechtsgeschichte. Gesammelte Aufsätze von Heinrich Brunner*, ii (Weimar, 1931), 372 ff.; L. Enneccerus, *Friedrich Carl von Savigny und die Richtung der neueren Rechtswissenschaft nebst einer Auswahl ungedruckter Briefe* (Marburg, 1879), 23 ff., 28 f., 34 f., 40 – 3; A. Brinz, 'Die Savigny-Feier am 21. Februar 1879', *Kritische Vierteljahresschrift für Gesetzgebung und Rechtswissenschaft*, *Neue Folge*, 2 (1879), 471 – 90。

〔14〕 *SBRT* 29 May 1872, pp. 596 f. (Lasker); L. Goldschmidt, *Die Nothwendigkeit eines deutschen Civilgesetzbuches* (Berlin, 1872), 18.

维尼的法源理论强调“民族性”（Volk），而这恰好成为对手借以反驳各邦自主主义的论据。在任何可信的材料中，“民族”以及“民族精神”概念都是指向德意志人（Germans）而非巴伐利亚人等，所以这就可以理解为何民族主义作家极为重视这一点。就如同莱温·戈尔德施米特在 1872 年所言，“如果在时下的语境中引用萨维尼的语句，特别是用他的话来捍卫地方邦国法典，并反击编纂共同的德意志法典的计划，这势必会使人们误解这位伟大的法学家”。

另一位民族自由党党员路德维希·艾纳瑟鲁斯（Ludwig Enneccerus）甚至认为，萨维尼实际上是推崇国家法律统一而反对编纂地方邦国法典的。1814 ~1815 年，人们关于策略选择的功利心态左右了对萨维尼观点的解读：“反对者是基于各邦自主主义来反对编纂《德国民法典》，然而萨维尼基于学理和民族主义的立场而反对各邦自主主义。萨维尼意识到普鲁士和奥地利绝不会抛弃其刚刚编纂完成的法典，所以他反对那些支持国家编纂法典的人所声称的引入中央与地方立法权力划分的提议。”[15]

在萨维尼百年诞辰之际，对萨维尼法学遗产的重新评估宣告完成。现在，人们将萨维尼视作编纂国家法典的先驱而非其敌人。此前，萨维尼的学说为攻击各邦自主主义者此一“帝国的敌人”提供了丰富的弹药，而现在这种可能性已经不再存在。一如爱德华·赫尔

---

〔15〕 Goldschmidt, *Nothwendigkeit*, p. 16; Enneccerus, *Savigny*, p. 43.

德(Eduard Hölder)在后来所评述的那样,"萨维尼之所以存在异议,仅仅是因为他渴望以萨维尼的权威来统一我们时代的立法脉搏的节律"。[16]

不过,在另一个重要方面,艾纳瑟鲁斯对萨维尼的重新评估体现了
48 民族自由党的立场。他接受民族精神说,但其如同萨维尼所确信的,认为法律根植于民族的意志(will)而非其意识(Bewusstsein)。他认为,一个革新性的立法者需要走在其民族意识的演进之前。另一位评论者鲁道夫·索赫姆(Rudolf Sohm)更是认为,根本不可能通过整理习惯法和发布司法解释来实现必须的改革,而萨维尼对这些方面是如此的重视。索赫姆说道:"民族意志是法律的唯一创造力,而法官的思维方式决定了其不会承认民族意志是通向法律管理的路径。因此,我们的时代需要依靠立法者的意志来创造法律。"[17]这些关于立法的潜在创新功能以及立法者的意志的观点,与民族精神说以及萨维尼关于理想法典的立场有些别扭地共存在一起。

再一次地,就那个时期的政治斗争而言,这些进展是很重要的。我们可以看见,关于拉斯克-米克尔议案的异议,大部分都围绕着一个宪法性问题——如何在帝国以及地方邦国之间划分主权?自由主

[16] E. Hölder, *Savigny und Feuerbach, die Koryphäen der deutschen Rechtswissenschaft. Vortrag gehalten in Erlangen* (Berlin, 1881), 29.

[17] Enneccerus, *Savigny*, pp. 37 f.; R. Sohm, 'Die deutsche Rechtsentwicklung und die Codificationsfrage', in C. S. Grünhut (ed.), *Zeitschrift für das Privat-und öffentliche Recht der Gegenwart*, i (1874), 265.

义阵营的反对者认为,1867 年《北德意志邦联宪法》和 1871 年《德意志帝国宪法》犹如在缔约国之间达成一个合同。任何关于宪法条款的变更,都要求以合法的方式重新谈判合同内容,并须得到邦国议会机构的同意。19 世纪 60 年代末,这个立场得到进一步的发展,例如,温特霍斯特将北德意志邦联比作一家股份公司。在梅克伦堡以及普鲁士的参议院,保守派试图仰仗邦国议会间的共识来改革北德意志邦联的宪法。如果这获得成功,那么就意味着 1867 年之后的政治安排与克尼格雷茨战役(the battle of königgrätz)之前存在的情形一样。如果没有成为一个联邦国家(Bundesstaat),那么北德意志邦联或许已经成为一个邦国的联合体(Staatenbund)——在这个框架下,邦国有权否决任何其所厌恶的变革。

这是民族自由党及其同盟所难以接受的。他们的回应是,在 1869 年 11 月将一个改良版的拉斯克 - 米克尔议案引入普鲁士的众 49
议院,而这个议案获得了普鲁士政府以及多数代表的支持。1869 年 11 月 24 日,米克尔在演讲中明确地阐述了其所在政党的立场。他认为,关于宪法改革的步骤已在 1867 年为各邦所接受,而北德意志邦联在联邦事务上的权力完全独立于邦国的权力。[18] 这成了民族自

〔18〕 *SBRT*, 19 Apr. 1869, p. 458 (Windthorst);关于普鲁士所发生的事情,参见 H. v. Poschinger, *Fürst Bismarck und die Parlamentarier*, ii (Breslau, 1895), 68 ff. ;关于米克尔的演讲,参见 W. Schultze and F. Thimme (eds.), *Johannes von Miquels Reden*, i (Halle, 1911), 371 - 82; H. Herzfeld, *Johannes von Miquel. Sein Anteil am Ausbau des Deutschen Reiches bis zur Jahrhundertwende*, i (Detmold, 1938), 122 ff. 。

由党对其反对者进行回应的外交辞令。

1871 年,南方邦国重新提起这个问题。在萨克森与巴伐利亚,议会机构里的各邦自主主义者力量极为强大,因而这两个邦国政府不得不小心处理任何可能使人担忧其主权受到限制的事项。二者都认为,有必要将其关于拉斯克－米克尔议案的政策提交议院批准。跟之前相比,在 1871 年之后的时期,俾斯麦在处理地方邦国的类似疑窦方面更积极,并且极为留意各邦自主主义在南方邦国所引起的问题。然而,就民族自由党人而言,这是原则问题。如果帝国是一个独立的国家,那么任何促使地方议会插手国家事务的做法都带有些各邦自主主义的意味。[19] 在他们看来,新的国家是一个独立的主体,借由行使权力来表达人民的意志。海因里希·布伦纳(Heinrich Brunner)对此表述得很清晰,他在 1877 年说道:"政治上的变化为实现由来已久的法律统一梦创造了途径,这反映了民族的意志和需要,也是对民族统一意志的不变的、直接的表达。"[20]

就自由主义者而言,针对各邦自主主义所发生的斗争是有重要意义的。人们就地方邦国所享有的宪法权力的大小发生了争议,而这些争议反映了各界关于地方政治权力定位的基本分歧。人们常常可以发现,民族自由党以能够代表民族为傲。然而,实际上他们对德

---

〔19〕 R. v. Friesen, *Erinnerungen aus meinem Leben*, iii (Dresden, 1910), 267－81;关于此事项的材料,亦可参见 BHStA Munich, MA 76158。

〔20〕 Brunner, 'Die Rechtseinheit', pp. 365, 375.

意志政治体系的贡献,主要体现在巩固俾斯麦政府的中心权力。民 50
族自由党常常对“国家团结的力量”与“邦国的权力”不作区分。艾纳瑟鲁斯通过一个鲜明的例子形容这种思维模式:“宪法上的改革确保了因民众信任法律而带来的影响力,但最重要的是新诞生的德意志帝国及其强大的中央集权的作用。正是这一因素才确保了一部真正属于全德意志的《德国民法典》的诞生。”

拉斯克表达了极相似的观点,并认为:问题的关键在于借助德意志帝国的具体化,来实现德意志的国家团结。[21] 拉斯克的说法相当于,将新成立的帝国所具有的宪法权力视作德意志民族的自我表达的需要。乌列·塔尔(Uriel Tal)贴切地将之称作自由主义者对国家的认同感,即假定存在一种民众可以自发认同的“统一的国家意志”。[22]

拉斯克 - 米克尔议案的支持者尤为关注法律统一的正式内容,这是因为以下原因。首先,拉斯克 - 米克尔议案的支持者的意见对法制统一的展现方式产生了巨大影响。民族自由党的主要目标是,在帝国国会尽可能地争取到关于该议案的多数票支持。这一策略与帝国的宪法架构有关,即联邦参议院仅需要 14 张反对票即可杯葛宪

〔21〕 Enneccerus, *Savigny*, p. 45; E. Lasker, *Die Zukunft des Deutschen Reiches* (5th edition., Leipzig, 1884), 11.

〔22〕 U. Tai, *Christians and Jews in Germany. Religion, Politics and Ideology in the Second Reich*, 1870 – 1914 (Ithaca / London, 1975), 38, 78 ff.

法修改计划。鉴于联邦参议院的反对姿态,民族自由党不得不竭力在帝国国会争取最大多数的多数票支持结果。这样做的一个额外好处是,有助于将他们一贯呼吁的主张变成"公众意见"的真正表达。温特霍斯特抱怨,在帝国国会所举行的辩论,其结果是确定无疑的,因而通过这种方式来检验民族自由党能否在构建广泛联合战线方面取得成功无疑是浪费时间的。[23]

尽管如此,这也需要付出一定的代价。为了构建联合战线,民族自由党不得不和右翼政党结盟,特别是自由保守党(Free Conservative Party)。就此点而言,拉斯克遗作对该时期的政治生态的记录显得相当具体。他记录到,因为中央党与保守党的性质,民族自由党不得不转而寻求与进步党(the Progressives)和自由保守党结盟。民族自由党跟这些政党进行了充分接触,并能够在不损害其政党基本原则的前提下达成临时共识。实际上,如果俾斯麦愿意,他可以在19世纪70年代依靠这些政党轻而易举地取得长期的、具有优势的多数票。拉斯克写道:"在那时,公众可以明显感受到一种坚定的民族主义者与温和自由主义者相联合的局面,而这是无论在德意志或普鲁士都未曾有过的。这种局面的形成有赖于民族自由党、自由保守党以及进步党等三大政党的协力。在此背景下,帝国政府可以无可非议地将这些政党所共同持有的观点当作真正的公众意见而

〔23〕 *SBRT*, 15 Nov. 1871, p. 280.

采纳。"[24]

这产生的影响是,要想代表公众意见,民族自由党与保守党就得 51
围绕国家统一政策成功建立同盟关系。19 世纪 70 年代早期,国家政治生态中存在的核心问题是 1871 年《德意志帝国宪法》的有效性问题,这在反对各邦自主主义的论战中有所提及。为了在一个多党派的体系里组建一个民族联盟,对该协议有效性问题的探讨自然成了优先事项。

此外,不同政党在帝国国会所获得的席位数不同,而文化斗争(kulturkampf)亦愈演愈烈。这两大因素都趋向于促使民族主义政党通过结盟来抗衡各邦自主主义者。这不仅是经过政党领袖策略性深思熟虑的结果,而且也反映了自由民族主义者在德意志各地区的分布情况。在诸如巴伐利亚和符腾堡等邦国内,当地的自由主义者都联合起来反对各邦自由主义,而当它们进入帝国国会这个场合,它们却分属于自由保守党和进步党等不同党派。恰如一位巴伐利亚的自由主义者在 1869 年所言,"自由主义者只是在反对神职人员时进行结盟,除此之外,他们毫无联合之实"。[25] 在被普鲁士于 1866 年吞并

〔24〕 E. Lasker, *Fünfzehn Jahre parlamentarischer Geschichte* (1866 – 1880), ed. F. Hertnech (Berlin, 1901), 91.

〔25〕 Dr Buttenwieser to Heinrich v. Marquardsen, 25 May 1869; ZStA Potsdam, Marquardsen Papers 30, fo. 182. F. Frhr. v. Rummel, *Das Ministerium Lutz und seine Gegner 1871 – 1882* (Munich, 1935), 36; D. Langewiesche (ed.), *Das Tagebuch Julius Hölders 1877 – 1880* (Stuttgart, 1977), 16 f.

52 了的汉诺威,民众深陷怨恨之中,而当地执政者胸有成竹地说:“在汉诺威民族自由主义者中,一大部分人在通常情形下都是温和的保守派而非自由主义者。而在此刻,所有赞同时下政治局面的人都是民族主义者。”因而,自由主义者与保守派的结盟既并非仅出于策略性考量,也并非自由主义者屈服于保守派的例证。这种结盟其实是与19世纪70年代德意志的政治生活的性质有关系。[26]

尽管国家统一、邦国权力与自由的保障三者之间的确切联系令人生疑,这种内在关联却是德意志民族主义的核心内容。也许正是因为自由/民族主义者阵营认为三者间的关联是理所当然的,所以才使拉斯克-米克尔议案的支持者没有过度地困扰于增加邦国权力与维护德意志民族利益之间的关系问题。然而,这一问题的另外一面也说明,要想构建跨党派的同盟,势必要进行一番妥协。鉴于帝国国会政治的性质,可以预见到:各大政党进行妥协的基础是,彼此首先就国家统一事项达成共识。正是在这些事项上,民族自由党、进步党以及自由保守党能够达成一致。

历史学家对民族自由党偏向于与俾斯麦进行妥协的做法评价不高,而他们主要关注妥协的内容,如1867年《赔偿法案》(Indemnity Bill)以及1874年的7年军事预算计划。这些都被当成民族自由党

---

〔26〕 关于该论证的详情,参见M. John, ‘Liberalism and Society in Germany, 1850-1880: The case of Hanover’, *English Historical Review*, 102 (1987), 579-98。该引用出自:Stolberg, report of 6 Dec. 1867, HStA Hanover, Hann. 122a I no. 5, fo. 4。

忽视其真正的宪法性原则的例证。[27] 这些妥协并非不存在问题，德意志自由主义在 19 世纪 70 年代的历史也许可以被形容为：左翼政党存在偏爱妥协的固执，这导致其与进步党在 1876～1877 年因法院程序和组织法问题而心存嫌隙，并导致民族自由党左翼势力也在 1880 年退出政党。[28] 但是，有人雄辩地指出，妥协是至关紧要的策略，因为民族自由党正是希望借此来证明其对于政府而言是不可或 53
缺的。这一策略的目的在于巩固该党在政治上的中间立场，以此来促使俾斯麦将宪法改革视作政府的逐渐议会化。[29] 作为策略的一部分，民族自由党试图寻求在那些承认 1871 年《德意志帝国宪法》的政党间达成最大限度的联合。

拉斯克－米克尔议案的支持者总是在《德国民法典》编纂的必要性与可行性上存有分歧。米克尔坚持认为民法是一个有机的整体因而是不可分割的，而其他民族自由党人不同意这种立场。1867 年，拉斯克认为扩张立法权力以涵盖民法的全部领域是没有必要的。尽管他在 1869 年改变了看法，但是他依然对立即进行法典编纂的提议

---

〔27〕 关于该观点的经典表述，参见 F. C. Sell, *Die Tragödie des deutschen Liberalismus* (Stuttgart, 1953)。

〔28〕 J. J. Sheehan, *German Liberalism in the Nineteenth Century* (Chicago/London, 1978), 137－40, 191－5.

〔29〕 J. F. Harris, 'Eduard Lasker and Compromise Liberalism', *JMH* 42 (1970), pp. 342－60; G. Schmidt, 'Die Nationalliberalen-eine regierungsfähige Partei? Zur Problematik der inneren Reichsgründung 1870－1878', in G. A. Ritter (ed.), *Die deutschen Parteien vor 1918* (Cologne, 1973), 208－23.

态度冷淡。诸如戈特利布·普朗克和卡尔·布劳恩(Karl Braun)等党内的其他人建议暂时搁置法典编纂活动,卡尔·布劳恩更是认为民族自由党仅仅是希望"挣脱束缚我们在起草特定领域法律时被套上的枷锁"。党内的奥托·巴哈尔(Otto Bähr)对法典化提议进行了更强烈的批评,他强调道:"目前的关键问题不是编纂法典,而是移除宪法对政府在回应社会共同的需求时所面临的权力限制。"他认为,"编纂综合性法典的做法总是令人生疑的"。[30]

如果民族自由党对于法典编纂的益处都莫衷一是,那么作为同盟者的其他党派对此将会更怀疑。1867 年,瓦赫特以及卡尔·弗里德里希·冯·戈伯(Carl Friedrich von Gerber)对扩大立法权限的提议表示强烈支持,他们都热切希望保留地方邦国的主权,而在其他多数事务上与民族自由党针锋相对。一位民族自由党的评论者更是将瓦赫特描写为"德意志最大的敌人"。[31] 这两个人都认为,无法在可以预见的未来完成《德国民法典》的编纂。事实上,正是因为戈伯不

〔30〕 *SBRT*, 20 Mar. 1867, pp. 285 f. (Miquel); ibid., 28 Apr. 1869, pp. 652 f. and 31 May 1872, p. 623 (Lasker); ibid., 28 Apr. 1869, p. 650 (Planck); ibid., 19 Apr. 1869, p. 462 (Braun); ibid., 28 Apr. 1869, p. 647 (Bähr); O. Bähr, *Der Rechtsstaat. Eine publicistische Skizze* (Kassel/Göttingen, 1864), 9.

〔31〕 Hans Blum, *Auf dem Wege zur deutschen Einheit. Erinnerungen und Aufzeichnungen eines Mitkämpfers aus den Jahren* 1867 *bis* 1870, i (Jena, 1893), 16 f.; *Carl Georg von Wächter. Leben eines deutschen Juristen dargestellt von O. v. Wächter* (Leipzig, 1881), 160 f.; 'Aus den Briefen Carl von Gerbers vom konstituierenden Reichstag des Norddeutschen Bundes', *Neues Archiv für Sächsische Geschichte*, 60 (1939), 224–79.

同意米克尔的观点,戈伯才论及拉斯克 - 米克尔议案。尽管存在这些分歧,二人都乐意支持该议案。[32] 54

民族自由主义右翼阵营越来越积极支持拉斯克 - 米克尔议案,而这其中依然存在分歧。在 1869 年,自由保守党的鲁道夫 · 弗雷登塔尔(Rudolf Friedenthal)对这个议案表示支持,但是反对编纂一部由政府而非帝国国会主导的法典。弗里德里希 · 冯 · 施瓦策(Friedrich von Schwarze)博士是来自萨克森的自由保守党党员,他反对这个议案,理由是没有必要对那些因为其自身的历史重要性和历史发展而不适宜进行统一的法律领域进行整合。在 1871 年,他改变了主意而选择支持议案,理由是一部统一的法律可以在新的帝国里扮演多方面的角色。但是,他依然反对编纂《德国民法典》。与一些民族自由主义党人的观点相呼应,他认为拉斯克 - 米克尔议案的作用仅仅是赋予一种宪法权力,以使立法者可以在那些明显有共同诉求的领域进行立法。[33]

要想争取到这些人的支持,必须在措辞与论据方面细加琢磨。关于拉斯克 - 米克尔议案的一个主要异议是,它将法院的组织体制问题纳入帝国的立法权内。路德维希 · 温特霍斯特在 1871 年声称,

---

〔32〕 *SBRT*, 20 Mar. 1867, p. 288 (Wächter); ibid., 20 Mar. 1867, pp. 290 f. (Gerber); 'Aus den Briefen Carl von Gerbers', p. 257.

〔33〕 *SBRT*, 19 Apr. 1869, p. 452 (Friedenthal); ibid., 19 Apr. 1869, p. 469 and 9 Nov. 1871, p. 218 (Schwarze). 当时,施瓦策是联邦宪法协会(Bundes-Konstitutionelle Vereinigung)中的各邦自主主义者,并在 1871 年加入帝国自由党(Liberal Imperial Party)。

就对邦国内部事务所进行的干预而言，议案的这一部分内容比其他内容都更不合理。路德维希·温特霍斯特所表达的观点，超出了天主教中央党立场。他总结道："议案的支持者渴望剥夺邦国权力的心机昭然若揭"。[34] 最终，当议案在 1872 年 5 月再次被提交审议时，删除了"包括法院的组织体制"的表述。

55 无疑，这一变化标志着邦国的态度转变，也有助于平息邦国关于议案可能产生的集权化之恐惧。就像巴伐利亚司法部部长约翰内斯·冯·法尤斯特尔(Johannes von Fäustle)所言，"我不能隐瞒的事实是，法律统一与法院体制之间的联系问题是前一版本的拉斯克-米克尔议案最暧昧的部分。如果帝国攫取了规定法院体制的权力，那么邦国将会最终失去司法权"。[35]

然而，这一变化并非为了向联邦参议院进行妥协，而是为了争取各类中间派别(middle parties)对议案的支持，以巩固同盟者阵营。[36] 尽管拉斯克没有透露是哪一个同盟者迫使修改议案，人们都知道是自由主义帝国党(Liberale Reichspartei)发挥了作用。这一小党成立于 1871 年 3 月，主要由南方温和派自由主义者以及少数萨克森人组

〔34〕 *SBRT*, 15 Nov. 1871, p. 280.

〔35〕 *SBRT*, 29 May 1872, p. 601.

〔36〕 正如以下文献所揭示的那样：W. Schubert, 'Franz von Kübel und Württembergs Stellung zur Erweiterung der Reichskompetenz für das gesamte bürgerliche Recht', *Zeitschrift für württembergische Landesgeschichte*, 36 (1977), 169 and H. Getz, *Die deutsche Rechtseinheit im 19. Jahrhundert als rechtspolitisches Problem* (Bonn, 1966), 160 f.。

成,其宗旨是在民族自由主义党孜孜以求的集权化愿景与盛行于南方邦国的各邦自主主义之间寻找一条中间道路。[37] 其党魁霍恩洛厄 – 席林斯亲王克洛德维希(Chlodwig zu Hohenlohe-Schillingsfürst)强调了维护宪法所具有的联邦性质的必要性,并反对对宪法进行任何改变。尽管如此,他还是支持将帝国的权力扩展至对付其所称的“不正当的各邦自主主义”。

1871 年 11 月,霍恩洛厄与其党内同事奥古斯特·冯·贝尔努特(August von Bernuth)都赫然位于拉斯克 – 米克尔议案的提案人之列。在 1871 年 10 月 29 日的党内会议上,在经过激烈辩论之后,自由主义帝国党赞成霍恩洛厄的做法。然而,1872 年 5 月,事态发生了变化。霍恩洛厄肯定与巴伐利亚政府进行了某种沟通,因为他坚持只有删除关于法院组织体制的条款后,才会继续支持该议案。出乎其意料的是,拉斯克同意修改议案以满足各方的要求。[38]

就拉斯克而言,自由主义帝国党对议案的支持是极重要的,原因不言而喻。尽管该党人数不多,然而党员皆是举足轻重的人物。就 56
像当时流行的一句玩笑话所描述的,“这个党的成员要么曾经是部

---

〔37〕 关于该党,参见 G. Fesse, ‘Liberale Reichspartei’, in D. Fricke *et al.*, *Die bürgerlichen Parteien in Deutschland*, ii (Berlin-GDR, 1970), 320 f.; G. Stoltenberg, *Der Deutsche Reichstag 1871 – 1873* (Düsseldorf, 1955), 31; *Memoirs of Prince Chlodwig of Hohenlohe Schillingsfuerst*, ed. F. Curtius, ii (London, 1906), 38 ff.。

〔38〕 *Memoirs*, ii. 64, 72. 鉴于巴伐利亚国王反对提案中涉及法院组织体制的内容,霍恩洛厄也对此持反对立场。

长,要么就是梦想着成为部长的人"。[39] 这个政党主要由南方邦国人士组成,而其对建立联邦帝国的炽热支持立场,使之成为那些将法律统一与普鲁士集权化联系起来的批评者的强劲对手。就像霍恩洛厄所反复强调的,他并非"单一制国家"的拥趸。[40] 民族自由主义党自然是对自由主义帝国党所作出的让步满不在乎,它宣称司法程序方面的立法权包括对法院体制进行立法。实际上,关于这个问题的争执在未来还要上演。[41] 对议案所进行的修改至少对"国家对司法的控制"与"广义的关于民法统一的问题"进行了区分。尽管民族自由主义党对此矢口否认,然而,这一修正案还是与该党所主张的帝国在所有法律领域占主导地位的信条相抵牾。虽然这一议案获得大多数票支持是没有疑问的,但是拉斯克还是愿意向这一颇有影响力的小党作出让步,这显然证明他非常希望争取到最广泛的支持。

因此,从拉斯克-米克尔议案支持者所使用的论据可以看出,各界就一些细节问题存在相当大的分歧。参与论战的人虽然极有可能接受天主教中央党的说辞(立法权应集于新帝国之手,这将有利于促

---

〔39〕 J. Ziekursch, *Politische Geschichte des neuen deutschen Kaiserreiches*, ii (Frankfurt, 1927), 219.

〔40〕 关于该问题的演讲草稿,参见 BA Koblenz, Hohenlohe-Schillingsfürst Papers 1330, fos. 4-27。

〔41〕 Lasker, *SBRT*, 29 May 1872, p. 596; 关于该问题的一般性介绍,参见 W. Schubert, *Die deutsche Gerichtsverfassung* (*1869-1877*) (Frankfurt, 1980), 59-86, 406-22, 511-18, 616-741。

进国家统一），但依旧对如何实现法律统一保持各自的立场。就像米 57
克尔在帝国国会所承认的那样，大众对法典化与特别立法二者中哪种才是最佳的法律统一方式众说纷纭。在 19 世纪 70 年代早期，就已出现了关于这方面的重要的学术争论，而即使在立法者作出了选择后，人们依然对此争论不休。[42] 与 1849 年《法兰克福宪法》相反，拉斯克－米克尔议案在措辞上删除了关于承诺进行法典编纂的表述，这有助于争取最大多数的支持者。通过聚焦于新帝国的中心权力，并回避关于是否有必要立即编纂《德国民法典》这一争议性问题，民族自由主义党与民族主义阵营中相对保守的力量缔结了持久的同盟。在哪部分法律不适宜进行全国性立法方面，人们也存在类似的分歧。诸如普朗克等一些民族自由主义者，会乐意看见就哪种法律领域应留给邦国调整列举一份长长的清单。所有政党的发言人都强调他们无意利用该议案来消除所有区域性或本土性的特色。[43] 再一次地，该议案只强调邦国所享有的权力而非干预邦国对权力行使的方式，这样做是为了避免出现严重分歧。正是因为弥合了分歧，才能持续地给联邦参议院施加压力。

---

〔42〕 *SBRT*, 29 May 1872, p. 606 (Miquel); H. Fitting, 'Ueber die Mittel zur Erzielung der Einheit des Privatrechtes im deutschen Reich', *AcP* 54 (1871), pp. 263－79; H. Bürkel, 'Ueber die Erzielung der Einheit des Privatrechts', *AcP* 55 (1872), pp. 145－66; P. von Roth, 'Unifikation und Codifikation', *Hauser's Zeitschrift für Reichs-und Landesrecht*, 1 (1873), 1－27.

〔43〕 *SBRT*, 28 Apr. 1869, p. 650 (Planck); ibid., 9 Nov. 1871, p. 208 (Miquel).

不过,该议案的支持者并未排除彻底变革法律的可能性。一位发言人说,这一议案是为允许引入强制性婚姻登记制度而设计,而拉斯克对此的否认显得闪烁其词。拉斯克一再表达了将《德国工业化法典》(Gewerbeordnung)的劳动保护条款扩大适用至处于弱势的农村劳动者的愿望。[44] 而且,相较于其绝大多数同事,拉斯克更强烈地希望确保大众对立法设计的参与度。在人们忆念格奥尔格·贝泽勒所处的19世纪40年代时,拉斯克表示:“绝不支持将编纂一部伟大法典的工作仅仅授予几位理论家的做法,我认为立法程序存在的瑕疵使现行的立法包含极少的民族法(Volksrecht)。”诸如此类的言辞反映了19世纪40年代所具有的激进性。就拉斯克而言,进行特别立法是产生一部真正的德意志法典的最佳方式。另一个民族自由主义者卡尔·布劳恩是日耳曼派学者阵营的人,他也认为特别立法是确保未来的法典与真正的民族需求而非仅是理论体系的要求相契合的最佳途径。[45]

58 然而,这些观点都是零散的,而且在辩论中扮演次要的角色。民

---

〔44〕 *SBRT*, 9 Nov. 1871, p. 215 (Herz); ibid., 15 Nov. 1871, p. 285; ibid., 29 May 1872, p. 598; ibid., 31 May 1872, p. 622 (Lasker).

〔45〕 *SBRT*, 31 May 1872, p. 623 (Lasker); ibid., 31 May 1872, p. 630 f. (Braun); 关于拉斯克、布劳恩与日耳曼学派(Germanist school)的联系,参见 G. Dilcher and B.-R. Kern, 'Die juristische Germanistik des 19. Jahrhunderts und die Fachtradition der deutschen Rechtsgeschichte', *ZRG GA* 101 (1984), pp. 28 – 9; B.-R. Kern, 'Studien zur politischen Entwicklung des nassauischen Liberalen Karl Braun', *Nassauische Annalen*, 94 (1983), 185 – 201。

族自由主义者辩称:社会变化催生了一种对法律制度进行改革的客观需求,但是他们通常没有说法律统一应被视作实施社会改革的工具。毫无疑问,大多数德意志帝国法学家对激进的法律变革都抱有审慎的心态,并接受萨维尼的观点——成功的立法有赖于进行详尽的历史研究。拥护扩张帝国立法权限的人认为,进行司法体制的立法是理所当然的,并集中关注新帝国权力的核心问题。正是在这一点上,自由主义者与保守主义者联盟找到了表达的地方。议案没有说明应以何种方式实现法律统一,也没有说明新的国家立法应包括哪些内容。议案的支持者强调新帝国的宪法性权力以及法律的历史演进。1874 年,诸如拉斯克等更激进的人物依然呼吁让大众更多地参与法典的起草工作;然而随着控制权转移到联邦参议院手中,拉斯克就被孤立了,这一变化将对未来法典起草工作产生极大的影响。[46]

民族自由主义党在拉斯克 - 米克尔议案上成功地争取到了跨党派支持,这是对联邦参议院的反对派进行反击的关键因素。1872 年 12 月,巴伐利亚司法部部长报告称:“关于法律统一的呼吁没有丝毫停歇的迹象,而‘现行政治有机体系帝国对德意志民族的紧密团结’的言论更是不断地对此‘火上浇油’。”1873 年 2 月,他认为:“很难再

〔46〕 参见拉斯克在 1874 年 2 月 14 日向柏林法学会所作的演讲:‘Einheitliches bürgerliches Recht: Eine Festrede Eduard Lasker's und eine Preisaufgabe’, in G. Hirth (ed.), *Annalen des Deutschen Reichs*, 7 (1874), 743 -8。

59 在拉斯克－米克尔议案这一议题上争取到什么。相反,这会导致失去政治声望和信用,而这些对于未来的国家事务是很重要的。因此,我同意在民族主义的方向上尽快解决这个问题。”〔47〕

巴伐利亚、符腾堡与萨克森成了拉斯克－米克尔议案的主要反对者。这些国家在联邦参议院中掌控着14个席位,这使他们可以根据《德意志帝国宪法》第78条阻止修宪动议。为了使拉斯克－米克尔议案获得成功,无论如何都有必要打破这三个最大的中间邦国的联合。有证据显示,在1872年年末,南方的政治家意识到他们不可能永远杯葛这个议案。若非帝国国会持续地施加压力,否则很难想象这些邦国会如此快速地转变立场。

1872年年末发生的政治动员的背景是,南方邦国就法律统一的必要性达成了一般性共识。1869年,萨克森提议在北德意志邦联建立一个最高商事法院。萨克森政府认为,存在这样的危险:1863年《萨克森民法典》的替代者可能是一部仓促完成的粗制滥造的全国性法典。1870年颁布的《国家刑法典》(Strafgesetzbuch)加深了这种担忧,因为该法典试图在萨克森重新引入死刑,而这招致了萨克森人的极度不满。然而,萨克森宰相理查德·冯·弗里森(Richard von Friesen)对议案表示支持,特别是在这样做的好处显现时——一部编

〔47〕 Fäustle to the King of Bavaria, 7 Dec. 1872, BHStA Munich, MA 76158; Fäustle to Mittnacht, 2 Feb. 1873, HStA Stuttgart, E 130a no. 819 (41).

纂得宜的法典将可以使邦国摆脱普鲁士官僚机构的束缚。[48] 在 60
1871 年的法学家代表大会上,符腾堡的重磅政治人物赫尔曼·冯·米特纳赫特(Hermann von Mittnacht)表达了对法律统一的支持,同时,他也格外小心地避免违背其政府在宪法权力议题上的立场。早在 1870 年 10 月,就有传言称,米特纳赫特倾向于支持扩大帝国的立法权力,但是这并不包括法院体制方面的立法权力。[49] 人们也普遍认为,巴伐利亚政府支持法律统一。巴伐利亚的主要政治人物如法尤斯特尔与约翰·冯·卢茨(Johann von Lutz)男爵,与自由主义领袖来往密切,而拉斯克显然希望在 1871 年年末与巴伐利亚政府达成共识。因此,巴伐利亚在 1871 年 12 月的消极立场无疑令许多观察者感到吃惊。[50]

在 1871 ~1872 年进行的一系列谈判中,米特纳赫特与法尤斯特尔重申了统一法律的必要性以及《德意志帝国宪法》第 4 条在表

---

〔48〕 Paumgarten, report of 7 Nov. 1871, BHStA Munich, MA 111 2844; Friesen, *Erinnerungen*, iii. 98, 266 ff.; W. Schubert, 'Der Ausbau der Rechtseinheit unter dem Norddeutschen Bund: Zur Entstehung des Strafgesetzbuchs von 1870 unter besonderer Berücksichtigung des Strafensystems', in A. Buschmann *et al*. (eds.), *Festschrift für Rudolf Gmür zum* 70. *Geburtstag* 28. *Juli* 1983 (Bielefeld, 1983), 157 ff.

〔49〕 *Verhandlungen des Neunten Deutschen Juristentages*, iii (Berlin, 1871), 4 f.; Lasker to Forckenbeck, 6 Oct. 1870 (copy), ZStA Potsdam, Bennigsen Papers 98, fos. 18 ff.

〔50〕 *National-Zeitung*, 22 Aug. 1871; Spitzemberg, report of 24 Nov. 1871, HStA Stuttgart, E 73 no. 61, fos. 115 f.; Liebe, report of 19 Dec. 1871, NStA Wolfenbüttel 19 B Neu 464; Otto Elben to Lasker, 11 Dec. 1871, ZStA Potsdam, Lasker Papers 69, fo. 4.

述上的不完善性。这些人并非各邦自主主义者,而当巴伐利亚驻柏林大使对帝国发表消极看法时,他受到了其政府的斥责。[51] 米特纳赫特在1871年12月对拉斯克－米克尔议案进行反对,这与其对“不成熟的法律统一行动将催生符腾堡的各邦自主主义”的担心有关,而斯图加特的各邦自主主义者对其极不信任。[52] 虽然民族自由主义党指责诸如米特纳赫特这样的人是各邦自主主义者,但是南方邦国的反对并非因其对柏林或1871年《德意志帝国宪法》心存愤懑。

南方邦国的反对立场主要体现在两个相互关联的问题上:各邦自由主义者在南方邦国的力量以及南方邦国在柏林的影响力大小。前述三个南方邦国的政府都处于尴尬的境地;因为尽管它们都拥护1871年《德意志帝国宪法》,然而,其国内的各邦自主主义情绪使其有必要与柏林保持距离。相反地,俾斯麦对待这三个邦国(尤其是巴伐利亚)的政策是减少普鲁士的主导性干预。这一政策可以从1871年宪法给予巴伐利亚著名的特权(Reservatrechte)以及普鲁士在联邦参议院的政策一窥端倪。米特纳赫特以及巴伐利亚长期派驻柏林的大使康特·莱兴费尔德(Count Lerchenfeld)

---

〔51〕 Ministry of State to Perglas, 18 Dec. 1871, BHStA Munich, MA 111 2651.

〔52〕 Rosenberg, report of 13 Dec. 1871, ZStA Merseburg, Rep. 81 Stuttgart 1 no. 71, fo. 99; Koenneritz, report of 11 Mar. 1872, StA Dresden, Gesandtschaft Stuttgart 14.

都对俾斯麦尊重它们国家在联邦参议院的意愿感到满意。[53] 俾斯麦适时地注意到,维持米特纳赫特以及卢茨等人在南方邦国的权力符合其利益,而这些人之所以能保持政治生命长青,很大部分得益于 61
俾斯麦的支持。[54] 这种支持意味着,俾斯麦得避免出台一些拆南方邦国政府台的政策。

南方邦国对拉斯克 - 米克尔议案的回应是与其国内立场紧密相关的。1869 年 5 月,随着自由主义者在邦国议会败给反普鲁士爱国党(anti-Prussian Patriotic party)而失去其多数党地位,巴伐利亚政府面临着特别的困难。一个观察者记录道:令人讶异的是,巴伐利亚政府转而反对拉斯克 - 米克尔议案,这是萦绕于其国民的新的焦虑与不信任情绪所导致的结果。[55] 文化斗争的爆发增加了这个问题的复杂性。1871 年 10 月,卢茨在与巴伐利亚天主教会的斗争中开辟了一个新阶段,他呼吁柏林政府引入刑法来惩治构成爱国主义组织的骨架的牧师。这一举动是可以理解的,因为政府担心不能在慕尼黑

---

〔53〕 H. v. Mittnacht, *Erinnerungen an Bismarck* (6th edn.; Stuttgart and Berlin, 1904), 20 ff.; Hugo Graf Lerchenfeld-Koefering, *Erinnerungen und Denkwürdigkeiten* 1843 *bis* 1925 (Berlin, 1935), 192 f.

〔54〕 H.-O. Binder, *Reich und Einzelstaaten während der Kanzlerschaft Bismarcks 1871 - 1890. Eine Untersuchung zum Problem der bundesstaatlichen Organisation* (Tübingen, 1971), 173 ff.

〔55〕 Liebe, report of 19 Dec. 1871, NStA Wolfenbüttel, 19 B Neu 464; 关于该党,参见 F. Hartmannsgruber, *Die Bayerische Patriotenpartei* 1868 - 1887(Munich, 1986)。

的议会推进立法,以反对因文化斗争而重获新生的爱国主义政党。[56] 不过,这确实意味着拉斯克-米克尔议案与一系列因为反对罗马天主教教会而产生的斗争相关。

对于许多巴伐利亚人来说,立法权限的扩张问题首先是与关于强制性婚姻登记制度的自由主义核心需求相联系的。正如巴伐利亚内政部部长西格蒙德·冯·普佛伊费尔(Sigmund von Pfeuffer)所言,将拉斯克-米克尔议案与这个问题相区分是必需的。巴伐利亚首相赫格嫩伯格(Hegnenberg)谈论到:如果巴伐利亚不在柏林反对这一议案,那么就会立即有传言称,政府试图利用国家立法来攻击天主教教会。他说到,政府确信这个议案最终一定会被采纳。如果卢茨在柏林对议案表示反对,那么原因就是“本国内部环境的特殊性”。不伦瑞克(Brunswick)在柏林的代表弗里德里希·奥古斯特·冯·利伯(Friedrich August von Liebe)认为,1871年12月的消极投票结果是盛行于南方的各邦自主主义所导致的。在1872年6月,法尤斯特尔相信“在巴伐利亚,众议院、公众以及国王都强烈反对扩张帝国的立法权限”。在这一立场背后,所缠绕的既有宗教感情,亦有各邦自由主义

〔56〕 关于巴伐利亚文化斗争,参见D. Albrecht,‘Von der Reichsgründung bis zum Ende des ersten Weltkrieges (1871 - 1918)’, in M. Spindler (ed.), *Handbuch der bayerischen Geschichte*, iv/1 (Munich, 1974), 321 ff.; Hartmannsgruber, *Patriotenpartei*, pp. 193 ff.。

情绪。[57]

巴伐利亚政府为大量的国内问题而焦头烂额,而其他南方邦国 62
并没有遇到那么多困难。与其他南方邦国相比,巴伐利亚的教会与国家间的冲突更严重,反对自由主义寡头政治的浪潮更巨大。在斯图加特,政府部门所享有的决策自由也受到了下议院以及法院的各邦自由主义的严重限制。然而,米特纳赫特的立场比巴伐利亚的同事更强硬;这不仅是源于他在下议院依靠民族自由主义党的爱德华·赫尔德小组而得到极大的支持,而且是因为斯图加特并没有发生世俗与教会之间的文化斗争。这带来的结果是,尽管有人试图鼓动大家反对 1871 年《德意志帝国宪法》,斯图加特政府从未需要面对巴伐利亚政府所遇上的那样大规模的群众动员活动。类似的情形也发生在符腾堡。因为没有发生关于与信仰有关的问题的争执;符腾堡仅需将拉斯克 - 米克尔议案视作宪法性权力的提议,而无须像巴

〔57〕 Pfeuffer to Marquardsen, 25 Oct. 1871, in J. Heyderhoff and P. Wentzscke, *Deutscher Liberalismus im Zeitalter Bismarcks. Eine politische Briefsammlung*, ii (Bonn, 1926), 30 f.; Koenneritz, report of 3 Nov. 1871, StA Dresden, Gesandtschaft München 79; Liebe, reports of 19 Dec. 1871 and 12 June 1872, NStA Wolfenbüttel, 19 B Neu 464; Hartmannsgruber, *Patriotenpartei*, p. 373, and Rummel, *Ministerium Lutz*, pp. 38 ff.

伐利亚一样考虑其所带有的宗教寓意。[58]

在这些地方的政治环境下,南方邦国的回应符合中央的政策精神。如前所述,诸如米特纳赫特与卢茨等人从俾斯麦处获得了相当多的政治支持。然而,这种关系并非纯然是单方面的,因为俾斯麦能
63 够从与米特纳赫特等人在联邦参议院所进行富有成效的合作中获得巨大利益。在民族主义者与各邦自主主义者在国家建设方面存在对抗的背景下,俾斯麦政府借以对抗各邦自主主义的最好手段就是与南方邦国在联邦参议院中达成良好工作关系。这样,俾斯麦既能抗击各邦自主主义,又能避免完全依赖帝国国会的自由主义党。在这方面,需要指出的是,俾斯麦与米特纳赫特越来越亲密的关系也发挥了作用,但是这种个人关系偶尔也会在米特纳赫特过于鼓吹各邦自主主义时变得冷淡。[59]

南方邦国在1871~1872年花了大量的时间来摸索一个对待柏

---

〔58〕 关于符腾堡的特殊神宠论(particularism),参见Krüger to the Bremen Senate, 11 Dec. 1871, StA Bremen, 2 – M. 6. b. 3; G. H. Kleine, *Der Württembergische Ministerpräsident Freiherr Herrmann von Mittnacht* (1825 – 1909) (Stuttgart, 1969), 13。关于亲政府力量在议会中的联合,参见Kleine, *Mittnacht*, pp. 30 ff.; Langewiesche (ed.), *Tagebuch Julius Hölders*, pp. 12 – 29。关于缺少本土化文化斗争的问题,参见D. Blackbourn, *Class, Religion and Local Politics in Wilhelmine Germany: The Centre Party in Wüttenberg before* 1914 (New Haven / London, 1980), 62, 75。

〔59〕 Lerchenfeld, *Erinnerungen*, p. 203;该引语取自法尤斯特尔在1873年3月所作的一段评论:Binder, *Reich und Einzelstaaten während der Kanzlerschaft Bismarcks*, 1871 – 1890. *Eine Untersuchung zum Problem der bundesstaatlichen Organisation* (Tübingen, 1971), 61 f.。关于政府授意媒体攻击米特纳赫特,参见Spitzemberg, report of 4 June 1872, HStA Stuttgart, E 74 I no. 26 A 11, 5。

林的统一立场。它们很快就意识到，只有联合起来，才能在柏林得到较高的地位。在 1871 年 9 月，理查德 · 冯 · 弗里森甚是强调上述三大邦国之间的政治联系；而在同年 12 月，符腾堡派驻柏林的大使受命营建符腾堡与巴伐利亚、萨克森间的良好关系。[60] 其主要问题在于，巴伐利亚政府的一些官员偏爱通过与俾斯麦进行单方面接触，以寻求解决国内问题的途径。1871 年 12 月，萨克森派驻慕尼黑的大使呼吁对巴伐利亚首相进一步施加压力，以阻止个别的巴伐利亚部长将重心转向柏林。[61] 但是，这一政治提议只能起到预防的作用。根据《德意志帝国宪法》第 78 条的规定，只要有 14 票反对修改宪法，那么就意味着宪法修正案没有获得通过。换言之，南方邦国所持有的 14 票投票权足以杯葛任何的宪法改革议案。一位联邦参议院的观察者认为，南方邦国之所以在 1871 年反对拉斯克 – 米克尔议案，是基于团结一致的需要；因为只有团结，《德意志帝国宪法》第 78 条所规定的修宪否决权对于他们来讲才是有意义的。[62] 当然，这并非参与国家政治的积极方式。米特纳赫特与法尤斯特尔在 1872 年的政策基调就是，千方百计增加本国在柏林的实际影响力。

---

〔60〕 Paumgarten, report of 2 Sept. 1871, BHStA Munich, MA 111 2844; H. Fenske, 'Reich, Bundesrat und Einzelstaaten 1867 bis 1914. Ein Literaturbericht', *Der Staat*, 13 (1974), 269.

〔61〕 Koenneritz, report of 2 Dec. 1871, StA Dresden, Gesandtschaft München 79; Binder, *Reich und Einzelstaaten*, pp. 39 f.

〔62〕 Krügcr to the Bremen Senate, 11 Dec. 1871, StA Bremen, 2 – M. 6. b. 3.

同样重要的是,关于帝国的立法权限的争论所发生的背景是,因为民法典、刑事诉讼法典、法院组织法的起草问题,现行法律起草程序已经成为公众密切批评的对象。1872 年早期,米特纳赫特抱怨普鲁士司法部部长阿道夫·莱昂哈特(Adolf Leonhardt)在立法起草上未给予符腾堡更重分量的角色。在 1872 年的 4 月和 5 月,他与法尤斯特尔对现行立法实践进行了全面的抨击。[63] 他们先是在联邦参议院尔后在帝国国会陈述了自身立场,而这些观点在很大程度上决定了《德国民法典》的未来。从长远来看,拉斯克-米克尔议案正确地指出了宪法的无法实施性,但议案的措辞包含极大的危险性(尽管其排除了关于法院体制的立法问题)。关键的是,该议案没有对法典
64 编纂与特别立法进行区分。米特纳赫特与法尤斯特尔都强调,就像议案的几位支持者在帝国国会所提议的那样,"特别立法"仅仅会增加现行法律制度的混乱。另外,米特纳赫特集中关注的危险是,某国(显然说的是普鲁士)会在他国没有有效参与的情形下将本国的法典强加给他国。他认为,诸如《德国民法典》这样的复杂立法会对各邦国产生深远的影响,这就需要从一开始就给予这些邦国以参与的机会。[64]

---

〔63〕 Rosenberg, report of 19 Jan. 1872, ZStA Merseburg, Rep. 81 Stuttgart I no. 74, fos. 11 ff.

〔64〕 参见联邦参议院在 1872 年 4 月 9 日所制作的备忘录:Schubert, *Materialien*, pp. 136 ff.; *SBRT*, 29 May 1872, pp. 601 ff. (Fäustle) and 610 ff. (Mittnacht)。

这些抱怨是帝国政府所采纳的立法程序引起的后果。即使是自由主义阵营的《国家时报》(National-Zeitung)也承认，米特纳赫特的观点具有一定的合理性(尽管该报一如既往地抨击其对帝国抱有的敌意)。可以预见的是，巴伐利亚的反对立场被认为是“教皇至上主义”所导致的结果。[65] 这些抨击无的放矢(也许是故意的)，因为米特纳赫特企图通过在柏林捍卫符腾堡的正当利益的方式，来缓和斯图加特各邦自主主义者的反对立场。起草国家立法的一般方式是，首相办公室负责起草工作，而这主要依赖普鲁士的相关部长来具体准备。1872 年，普鲁士司法部部长参与了关于法院程序与司法组织的立法编纂工作。1870 年《德国刑法典》也是以相同方式进行起草 65
的；同样的情形也存在于《德国破产法》的起草过程中，而普鲁士几乎没有对其于 1855 年颁布的《德国破产法》进行实质修改。[66] 这些法典是在 19 世纪 60 年代末期开始编纂的，当时普鲁士强大到可以让其他邦国对其在北德意志邦联中的立法实践不敢评头论足。就这

---

〔65〕 *National-Zeitung*, 1 June 1872; H. v. Poschinger, Fürst Bismarck und der Bundesrat, ii (Stuttgart, 1898), 149 n. 1; Perglas, report of 1 June 1872, BHStA Munich, MA 111 2652.

〔66〕 P. Landau, ‘Die Reichsjustizgesetze und die deutsche Rechtseinheit’, *Vom Reichsjustizamt zum Bundesministerium der Justiz. Festschrift zum* 100 *jährigen Gründungstag des Reichsjustizamts am* 1. *Januar* 1877 (Cologne, 1977), 168 ff.; Schubert, ‘Der Ausbau der Rechtseinheit unter dem Norddeutschen Bund’, pp. 149–89; J. Thieme, ‘Zur Entstehung der Konkursordnung’, in *Einhundert Jahre Konkursordnung* (Cologne, 1977), 51 ff.; Schubert, *Gerichtsverfassung*, pp. 65–83.

样,一个常规的法典编纂模式得以形成,而南方邦国逐渐下决心进行抵制。这在关于《德国民法典》的编纂上更明显,因为法典的复杂性意味着只有从法典编纂之初就参与进来才是有意义的。米特纳赫特切实地感觉到,如果法典文本是普鲁士所起草完成的,那么联邦参议院对立法草案进行修正的权力便是没有实际效用的。从这一角度来看,便能理解他为何对拉斯克说"南方邦国希望获得的保证是,对邦联立法起草过程享有真实的而非表面上参与的权利"[67]了。

实际上,所存在的真正危险是普鲁士政府可能独断专行。在1871 年年末,普鲁士司法部的一位主要官员弗朗茨·福斯特(Franz Förster)呼吁编纂一部《普鲁士民法典》:一方面是为了解决普鲁士在1866 年之后开疆拓土所产生的法律不确定性问题;另一方面是为起草最终的《德国民法典》而奠基。如其所述,"一部《普鲁士民法典》无疑将会迅速扩张适用至整个德意志,因而即使是从现在开始就编纂法典也不会与帝国的未来立法相抵牾,也不会导致普鲁士被孤立"。[68] 这一备忘录是在其未与其他邦国进行任何交流的情形下起草的,而早在拉斯克-米克尔议案于1871 年11 月出现之前就已完成。普鲁士司法部很可能企图强迫南方邦国接受拉斯克-米克尔议

[67] Mittnacht to Lasker, 19 May 1872, HStA Stuttgart, E 130a no. 819, fo. 16.

[68] GStA Dahlem, Rep. 84a 11772, fos. 13-26(引语出自第24页). 该档案材料部分重刊于:W. Schubert, 'Preussens Pläne zur Vereinheitlichung des Zivilrechts nach der Reichsgründung', *ZRG GA* 96(1979), pp. 243-56。

案,并且渴望维持普鲁士官僚机构的其他权力。[69] 也许正是这种渴望促使鲁道夫·冯·德尔布吕克(Rudolf von Delbrück)出人意料地坚持要求联邦参议院的相关委员会在圣诞节来临之前讨论相关事项,而在讨论中普鲁士对拉斯克-米克尔议案极力支持。[70]

南方邦国政府所真正忧心的正是普鲁士这种在特定事项上的集 66
权化野心。1870 年 5 月,阿道夫·莱昂哈特在普鲁士枢密院(Crown Council)的演讲中说道:"统一法律将有助于扩张普鲁士的权力范围"。正如理查德·冯·弗里森随后所言,"许多人尤其是普鲁士高官都极不情愿开展显然是艰难而耗时的法典编纂工作。对于一些人来讲,关于宪法修订的倡议活动更像是为了撤销给予邦国的某些权力,而非为了给整个德意志民族创设统一的法律"。[71]

然而,普鲁士的集权化拥趸们发现,他们在柏林有一个强大的敌手——普鲁士首相俾斯麦。当然,很难获取到关于俾斯麦对待法律统一的立场的直接证据。阿达尔贝特·福克(Adalbert Falk)断言,俾斯麦怀疑统一法律对民族主义事业的作用,并认为军队的组织以及对待主权原则的态度更重要。[72] 没有证据表明俾斯麦试图转移帝

〔69〕 Schubert, 'Preussens Pläne', p. 245.

〔70〕 Krüger, report of 9 Dec. 1871, AH Lübeck, 13 w 1 vol. A, fasc. 6.

〔71〕 Schubert, 'Der Ausbau der Rechtseinheit unter dem Nord-deutschen Bund', p. 182; Friesen, *Erinnerungen*, iii. 267.

〔72〕 ZStA Potsdam, Rep. 92 Falk no. 92 vol. x, fo. 3145;不过,俾斯麦也曾发表过显然更持赞成性立场的评论:H. v. Poschinger, *Fürst Bismarck und die Parlamentarier*, i (Breslau, 1894), 50。

国国会对拉斯克－米克尔议案的注意力；而如果有这样的行为，那也是注定会失败的。不过，确实有证据表明，从1872年年初开始，他就热衷于怂恿联邦参议院里的大邦国去反对民族自由主义党引入更进一步促进集权化的举措。1872年2月，俾斯麦告诉符腾堡驻柏林大使："他的立场使其很难反对统一的趋势，或者打击他在德意志事务上需要依赖的自由主义党派。北德意志邦联的当务之急是加强地方邦国的君主制。因而，对一元论者（unitarist）的抵制必须通过加强帝国宪法来实现，而其中最强有力的壁垒就是联邦参议院。"与此同时，俾斯麦在媒体上撰文赞颂诸如卢茨以及米特纳赫特等人对民族主义事业的贡献。[73]

尽管缺乏直接证据，然而有可能正是因为俾斯麦为了维持与较
67 大邦国的良好关系，才致使普鲁士政府中主张中央集权的官员败下阵来。法尤斯特尔在1873年4月的报告中称：俾斯麦赞同他对立法起草过程所具有的隐秘性的抱怨，正是这种隐秘性使联邦参议院无法积极地参与立法。与此同时，在拉斯克－米克尔议案于1873年4月获得了联邦参议院的法定的多数票支持后，鲁道夫·冯·德尔布吕克特意避免否定巴伐利亚的立场。[74] 俾斯麦采纳这一路线是为

〔73〕 Spitzemberg to Wächter, 25 Feb. 1872, reprinted in Binder, *Reich und Einzelstaaten*, p. 193; M. Busch, *Bismarck: Some Secret Pages of His History*, ii (London, 1898), 148 f.

〔74〕 Fäustle to the King of Bavaria, 2 Apr. 1873, BHStA Munich, MA 76158.

了达到两个目的:一是捍卫相对友好的南方邦国反对国内各邦自主主义的立场;二是在民族自由主义党对议会的依赖与其作为联邦参议院独立的权力实体之间进行平衡。巴伐利亚以及符腾堡在 1872 年所颁布的政策具有鼓励性,并有助于俾斯麦实现这两个目标。正如俾斯麦所意识到的,联邦主义(federalism)是对议会化(parliamentarization)进行反击的最好方式。就民法的统一而言,民族自由主义党的议案最终得以通过,而帝国国会的各党派在事实上被排除出《德国民法典》起草的最重要的初始预备阶段。

在 1872 年 5 月 29 ~30 日举行的帝国国会辩论上,法尤斯特尔以及米特纳赫特都表明,他们将法典化视作统一法律制度的手段,并非常反对进行特别立法。这一态度具有两方面的作用:一方面,它向帝国国会的大部分代表伸出了"橄榄枝",有助于弥合代表们在何为法律统一的最佳方式问题上的分歧;另一方面,它给予了南方政府一个反对各邦自主主义的强劲理由。就巴伐利亚而言,这是千真万确的。巴伐利亚耗费了 19 世纪的大部分时光,却依旧无法成功编纂一部民法典。诸如法尤斯特尔等人认识到,北德意志邦联所进行的中央层面的立法可能有助于为巴伐利亚法律体系引入梦寐以求的改革。恰如其在 1872 年 12 月对国王所禀告的,法律的统一极有可能增强巴伐利亚的实力。不过,这一令人满意的结论有一个前提,即对拉斯克－米克尔议案的支持会产生一部经过细致打磨的法典。[75]

最重要的是,关于法典化的承诺意味着,需要跋涉漫漫长路才能实现法律的统一,而那时,自由主义者在帝国国会的主导性地位也许早已结束了。特别立法存在的问题是,立法者可以很快就完成立法,人们因此担忧帝国会通过扩张立法权限来实现激进的法律改革目标。就拉斯克－米克尔议案的反对者而言,这种可能性是极明显的,他们将拉斯克对于法典化的矛盾心理解读为一种渴望将"现代性"(modern ideas)引入法律制度的心理。天主教政治家克特勒
68 (Ketteler)主教甚至说,将民族自由主义党的政策引入民法的行为无异于发动一场革命。[76]

而且,普鲁士在立法方面的发展令人忧虑。普鲁士在 1872 年 5 月 5 日关于地产的取得、土地登记簿的设立、担保等方面的立法意味着,比起南方邦国,德意志最大的邦国在土地法立法上更向自由主义靠拢。此外,自由主义公法学家公开赞同将普鲁士视作"基础法"(organic laws)的发源地,并强调称普鲁士立法是德意志迈向法律统一的重要一步。[77] 在此情形下,关于法典化与特别立法的选择就不

---

〔75〕 Fäustle to the King, 7 Dec. 1872, BHStA Munich, MA 76158.

〔76〕 W. E. Frhr. v. Ketteler, *Die Centrums-Fraction auf dem ersten Deutschen Reichstag* (2nd edn., Mainz, 1872), 104; 温特霍斯特关于现代性的评论意见,参见 *SBRT*, 15 Nov. 1871, pp. 282 f.。

〔77〕 *National-Zeitung*, 1 June 1872; W. Endemann, 'Uebersicht der Thätigkeit der Justizgesetzgebung im Norddeutschen Bunde während des Jahres 1869', in Hirth (ed.), *Annalen*, 3 (1870), p. 18.

仅仅是一个立法技术的问题或者是邦国的参与权问题了,尽管人们的讨论是在这些措辞下展开的。通过特别立法,立法者可以借由普鲁士的强迫以及帝国国会的多数票支持,实现自由主义改革。在此时,人们对"普鲁士化"(Prussianization)与"现代性"(激进的自由主义的思想)的担忧实际上是一枚硬币的两面。只有在起草《德国民法典》时对南方邦国的法律制度的历史演进给予充分的考虑,才能较好地避免这些风险。因此,关于《德国民法典》立法程序的选择问题,也隐含着对未来法典的内容的选择。[78]

在符腾堡,米特纳赫特及其顾问得出了相似的结论。在 1873 年 1 月 24 日,他已经准备支持拉斯克 - 米克尔议案。在听从了其中一位顾问的建议并与当地民族自由主义党达成一项共识之后,他呼吁本国政府接受该项动议,而这也迫使巴伐利亚在这一方面采取行动。[79] 于是,联邦参议院的僵局得以有效打破。1873 年 4 月,鲁道

〔78〕 关于特别立法与自由主义改革之间的关联,参见 Schubert, 'Franz von Kübel', pp. 179 ff.。

〔79〕 Schubert, Materialien, pp. 146 f.; Gasser, report of I Feb. 1873, BHStA Munich, MA Ⅲ 3033; Binder, Reich und Einzelstaaten, p. 61. 虽然原则上表示同意,法尤斯特尔还是希望推迟作出一项正式决定,直到法院的组织问题得到解决。尽管米特纳赫特并不将这个问题当作核心问题,然而他还是在 1872 年 10 月对此表示同意;因为符腾堡并未设立本邦国的最高法院,而巴伐利亚却拥有这一建制。参见 Schubert, *Materialien*, p. 142。在米特纳赫特于一月作出声明前,他确实征询了法尤斯特尔的意见。See Rosenberg, report of 25 Jan. 1873, ZStA Merseburg, Rep. 81 Stuttgart no. 75, fo. 79. 然而,似乎清晰的是米特纳赫特的声明表征着,他不再想去阻止那些巴伐利亚同事追逐自己的利益。

夫·冯·德尔布吕克便宣布接受该议案。[80]

69 可以预见的是,有人将在联邦参议院所取得的突破,视作民族自由主义者及其同盟的伟大胜利。然而,这一胜利的取得方式也揭示了政党在19世纪70年代早期掌控联邦参议院方面的局限性。正是帝国国会一再发生的多数票投票结果促使南方邦国相信,如果继续反对该议案,则不仅争取不了什么利益,反而会失去更多。实际上,德意志的多数政治家很可能都支持统一法律;而主要的困难体现在两个明显相互关联的问题上:一是如何维护地方邦国的权力,二是如何避免法律统一成为一个将现代性的改革引入法律体系中的途径。归功于1872年至1873年的政治发展成果,联邦参议院得以依据萨维尼关于法律的历史发展的理念来主导《德国民法典》的起草过程,并巧妙地寻找到解决这两个问题的方法。

在更一般的意义上,这些争论揭示了19世纪70年代的政治生态的许多面向。文化斗争便是关涉1871年《德意志帝国宪法》的合法性问题而进行的重要抗争之一,特别是就其对各邦自主主义的抗击而言。这就解释了为何俾斯麦乐于制定反天主教的政策,即使这使其冒着依赖民族自由主义党及其在议会中的同盟者的风险。诸如文化斗争以及普鲁士地方政府在19世纪70年代进行改革等事件,

---

〔80〕 *SBRT*, 2 Apr. 1873, p. 169. 联邦参议院最终在1873年12月12日接受该议案。导致迟延的原因是,巴伐利亚政府试图在秋天将议案提交慕尼黑下议院(chamber of deputies)投票。

都与民族自由主义者希望逐渐实现议会化的诉求有关，亦即希望巩固执政党的地位。[81] 现代学者倾向于认为，文化斗争是民族自由主义精英对自下而上的群众运动的防御性回应。[82] 俾斯麦自 1872 年以来的政策都清楚地表明，他意识到：如果柏林继续推进中央集权化，就会使其自己落入民族自由主义者之手；相反地，唯有建立一个温和的、非各邦自主主义的联邦制，才是避免政治体系逐渐议会化的最佳途径。这就解释了俾斯麦一系列的立场变迁：他在 1872 年春怂 70
恿南方邦国抵制中央集权，在 19 世纪 70 年代中期反对设立独立的帝国部长职位，在 1874 年选举后渴望放缓推进文化斗争的步伐，并在 1879 年接受明显带有联邦制色彩的弗兰肯斯坦条款（Franckenstein clause），以解决帝国的财政问题。因而，俾斯麦在 19 世纪 70 年代所采纳的政策的核心特征就是，联邦主义、反议会制等理念蕴含其中。[83]

表面上，俾斯麦与南方邦国的政治家在目标上具有一致性，然而

〔81〕 特别参见 Schmidt, 'Die Nationalliberalen-eine regierungsfähige Partei?', pp. 213 f.。

〔82〕 L. Gall, 'Die partei-und sozialgeschichtliche Problematik des Kulturkampfes', *Zeitschrift für die Geschichte des Oberrheins*, 113 (1966), 151－96; M. L. Anderson, 'The Kulturkampf and the Course of German History', *CEH*, 19 (1986), pp. 82－115.

〔83〕 M. Rauh, Föderalismus und Parlamentarismus im Wilhelminischen Reich (Düsseldorf, 1973), 48 f., 65 f. 另参见温德尔（Windell）在下文中所表达的重要而非常微妙（subtle）的观点：G. G. Windell, 'The Bismarckian Empire as a Federal State, 1866－1880: A Chronicle of Failure', *CEH* 2 (1969), pp. 291－311, pp. 299－306。

他们还是具有本质区别。在应对联邦制的问题上,俾斯麦实质上采纳的是工具主义进路:对于帝国国会的辩论,俾斯麦的策略可以充当一个平衡之物,为其所自称的“君主制原则”进行辩护。与之相反的是,诸如米特纳赫特等人渴望确保较大的邦国能够在国家事务上获得与其实力相称的影响力。这种心理体现在许多方面,如米特纳赫特希望用议会制的参议院来取代帝国国会,而诸如巴伐利亚等邦国喜欢绕过联邦参议院而直接与普鲁士政府进行外交接触。这些行为所带来的结果是,联邦参议院作为一个独立的政府机构的地位受到贬抑,而且限制了联邦制在普鲁士与较大邦国的产生。[84]

从下文可知,这些政治发展对《德国民法典》的编纂产生了重要影响。虽然拉斯克-米克尔议案被通过了,但是议案将帝国国会的
71 政党排除出了法典起草的预备阶段(至少是重要的初始阶段)。符腾堡掌握了主动权,并确保法典编纂活动将会依循萨维尼所倡导的路线开展,即法典化是对德意志现有邦国的法律制度所进行的系统化汇编。保守党以及天主教中央党的担忧——法典化意味着立法者会通过引入现代性思想而对法律制度进行“革命”,是没有根据的。在1884年,即使是温特霍斯特都准备称赞《德国民法典》的起草工作,

---

〔84〕 关于米特纳赫特对上议院的偏爱,参见 J. Jolly to H. Baumgarten, 23 Feb. 1872, reprinted in W. P. Fuchs (ed.), *Grossherzog Friedrich I. von Baden und die Reichspolitik* 1871 – 1907, i (Stuttgart 1968), 79 f.; Rauh, *Föderalismus und Parlamentarismus*, pp. 52 – 5, 91 ff.; Binder, *Reich und Einzelstaaten*, pp. 63 f., 188。

并承认其早期的担忧完全是杞人忧天。[85]

民族自由主义党乐意接受这一类型的法典化,并把此类法典视作一个胜利。这种态度似乎在很大程度上说明了德意志自由主义在19 世纪 70 年代的性质。它是人们广为接受萨维尼关于法律起源的理论(民族精神说)的结果,尽管这一学说与其他强调国家意志的学说一起别扭地共同存在。而且,许多自由主义者倾向于认为,一部成功的法典必须反映德意志在社会与政治结构上的瞬息变迁。这种心思也反映在 1874 年的拉斯克身上。他在当年的 2 月曾经提议让商业利益团体参与立法,并代表其利益起草《德国民法典》,不过这并没有成功。就像拉斯克与其他人在这些辩论过程中所清晰表达的,对法律的历史演进学说的接受并非等同于保持法律现状。

另外,自由党与保守党缔结了支持拉斯克 - 米克尔议案的议会同盟,并集中强调新帝国所拥有的应对各邦自主主义的权力。在帝国的许多领域(尤其是在 1866 年之后的普鲁士),议会同盟几乎等同于构成民族自由主义党权力基础的政治组织联盟。法律统一的支持者有意淡化联盟内部的分歧,如围绕法典化是否是统一法律的最佳方式这一问题而产生的争执。民族自由主义党的最大担忧是,它们有可能会被一个由保守党与天主教中央党基于各邦自主主义而缔

〔85〕 *SBRT*, 12 Dec. 1884, p. 329.

结的同盟所取代。[86] 在帝国的早期,虽然这种可能性在一定程度上被夸大了,但是指明了一条关于法律统一的途径——突出其对于国家形成的贡献,而不纠缠于那些关涉自由主义改革的具体倡议。

然而,民族自由主义党对具体改革需求的沉默,并非仅是其混杂
72 的政治构成所导致的,亦非其接受某些保守派的法律思想的结果。南方邦国尤其是巴伐利亚所处的政治环境是极为脆弱的。在1871年与1872年的冬天,越来越可能发生的是,扩张宪法的权限会致使神职人员和各邦自由主义者对(实质上是拥护柏林的、温和自由主义的)南方邦国政府进行攻击。[87] 就他们对在这些政府中存在的各邦自主主义而言,民族自由主义党真切地意识到这个问题。所存在的风险是,如果一味扩张宪法性权力,民族自由主义党会让其在慕尼黑的盟友下不了台,而这会使政府部门陷入困境。如同拉斯克在1870年所意识到的,符腾堡的自由主义事业主要依靠民众,而巴伐利亚的自由主义事业更多是仰仗政府。[88] 这更多反映了自由主义者在面对敌对的群众动员时的弱点,而非反映了其献身于真正的自由主义事业的弱点;这些忧虑也致使公众小心谨慎地对待法律统一运动。

---

〔86〕 关于此种顾虑,参见 M. Stürmer, *Regierung und Reichstag im Bismarckstaat* (Düsseldorf, 1974), 52。

〔87〕 *Allgemeine Zeitung*, 22 Dec. 1871.

〔88〕 Lasker to Bennigsen, 24 Oct. 1870, ZStA Potsdam, Bennigsen Papers 98, fos. 21 f.

然而,正是这种必要的审慎促使起草者带着保守主义的影响开始《德国民法典》的编纂工作。这样一部强调国家的形成与法律制度化的法典,必然带着19世纪70年代早期的印记。

第四章　民法典编纂的进路：1874～1888年

73 帝国国会最终在1873年12月通过了拉斯克－米克尔议案，这揭开了《德国民法典》编纂的新篇章。大众对立即开始法典编纂工作已无异议，然而，还较少探讨应该以何种方式编纂法典这一问题。在普鲁士政府内部确实存在提议（与福斯特等人的主意相关），然而这导致南方邦国担心可能存在“现代化”与“普鲁士化”的双重危险。在具有决定意义的1874年的前几个月，南方邦国的方针就是竭力避免这种危险的产生。再一次地，这些讨论所具有的一个重要特征是，这些邦国意识到，法典的编纂方法将对所准备的法典的类型起至关重要的决定作用。

在1873年12月末，信奉自由主义的《国家时报》发表了一篇匿名文章,文章认为如果不将编纂法典的使命赋予单个个体,那么法典编纂工作将会以失败告终。任何被任命来编纂法典的委员会都不可避免地屈服于各邦自主主义,并只会掩盖住工作进展相当迟缓这个事实。南方邦国怀疑这篇文章得到了官方的授意。将编纂工作授予一人,这将符合普鲁士的利益诉求,因为这个编纂者铁定是普鲁士人,否则那是不可想象的。而且,在文章最后,作者褒扬普鲁士司法部在起草其他法律上的卓越功绩。让事态更糟的是,普鲁士司法部副部长(under-secretary)海因里希 · 冯 · 弗里德贝格(Heinrich von Friedberg)向巴伐利亚大使表示,这一进路具有许多优点。似乎早在1月,普鲁士就开始向地方邦国的政府代表进行施压。[1] 从一开始,南方邦国就被迫进行抗争,以确保在《德国民法典》起草事宜上使自己的利益得到代表。对于它们来讲,这比其他事情都重要,这也促使他们在早期反对拉斯克 - 米克尔议案。

为了解决这个争议,政府最终在 1874 年 2 月任命一个由 5 人组
成的预备委员会(Vorkommission),而其职责是为将来成立的《德国 74
民法典》第一起草委员会(以下简称第一委员会)制定指引。[2] 起

〔1〕 *National-Zeitung*, 31 Dec. 1873; Perglas to Pfretzschner, 31 Dec. 1873 and 10 Jan. 1874, BHStA Munich, MA 76158 and MJu 16107.

〔2〕 H. -P. Benöhr, 'Die Grundlage des BGB: Das Gutachten der Vorkommission von 1874', JuS 17 (1977), pp. 79 –82; Schubert, *Materialien*, pp. 33 ff.

初,符腾堡和萨克森对此表示反对,二者都拥有自己的民法典。[3] 特别是符腾堡,它担心这一组织将轻易被普鲁士把持,而在未来也无法成立规模更大的第一委员会。与此相反,巴伐利亚倒是对这个提议深感高兴,因为南方的三大邦国有机会在这个委员会取得多数票。[4]

从中可以看出,普鲁士与其他较大南方邦国之间的政治关系决定了这个第一委员会的组织架构。就像梅克伦堡驻柏林的大使所报告的,他希望巴伐利亚和萨克森的代表可以抑制委员会主席莱温·戈尔德施米特(Levin Goldschmidt)引人注目的统一化倾向(unitarist tendencies),并反对将编纂法典的职责专门授予戈尔德施米特的任何尝试。[5] 事实上,尽管戈尔德施米特认为巴伐利亚和符腾堡的代表所支持的各邦自主政策收效甚微,然而这些南方邦国还是对议程产生了巨大影响。[6] 尤其是,符腾堡的代表弗朗茨·冯·库贝尔(Franz von Kübel)成功提议将法典的编纂工作分配给不同的编纂

---

〔3〕 M. Behn, 'Das Generalbericht der Badischen Kommission zur Begutachtung des Entwurfs eines Bürgerlichen Gesetzbuches für das Deutsche Reich: Ein Beitrag zur Mitwirkung der Bundesländer bei der Ausarbeitung des Bürgerlichen Gesetzbuches', *ZRG GA* 99 (1982), pp. 122 f.

〔4〕 Krüger, report of 8 Feb. 1874, AH Lübeck, Senatsakten Ⅷ 3a/1; Fäustle to the King, 8 Feb. 1874, BHStA Munich, MA 76 707/1. 预备委员会由帝国政府、普鲁士、巴伐利亚、符腾堡与萨克森各出一名代表组成。

〔5〕 Bülow, report of 8 Feb. 1874, StA Schwerin, Ministerium der Justiz 282, fo. 48.

〔6〕 Goldschmidt to Jolly, 9 Apr. 1874, cited in Schubert, *Materialien*, p. 35 n. 42.

者，这就使戈尔德施米特以及普鲁士代表的愿望落空。[7] 就委员会的规模而言，库贝尔与巴伐利亚代表希望将成员限定为7人或5人，以期减少普鲁士的干预。不过，这没有得到萨克森的支持，而各邦国同意建立一个由9人组成的委员会。最后，库贝尔在《德国民法典》 75 是否需要紧贴现行法这一问题上取得了关键的胜利。据库贝尔所言，戈尔德施米特希望对方方面面都进行彻底的革新。不过，这句话的真实性难以评判，因为现世并没有留存预备委员会的会议备忘录。[8]

预备委员会的报告是决定以何种方式编纂《德国民法典》的最重要的文件。秉承历史法学派的理念，报告建议：如果未来的《德国民法典》忠于业经证明的共同法制度以及德意志现行法所蕴含的原理，那么它应该只服务于德意志民族的正当愿望、所有邦国的利益、法学与法律实践的需求。

在法律制度存在分歧的地方，起草者将首先根据"什么是必须具

[7] 关于库贝尔，参见 W. Schubert, 'Franz von Kübel und Württembergs Stellung zur Erweiterung der Reichskompetenz für das gesamte bürgerliche Recht', *Zeitschrift für württembergische Landesgeschichte*, 36 (1977). 167-98。

[8] Kübel to Mittnacht, 28 Mar. and 18 Apr. 1874, HStA Stuttgart, E 130a no. 819 (62) and (65); Neumaier to Fäustle, 14 Apr. 1874, BHStA Munich, MJu 16107. 通过比较戈尔德施米特的报告草案与预备委员会的最终报告可知，库贝尔的改变不仅是形式上的而且是实质上的。连同注释在一起的库贝尔报告被重刊于以下文献，并显示了其与戈尔德施米特草案所存在的差异性：Schubert, *Materialien*, pp. 170-85。不过，这并不意味着库贝尔在此前的辩论中就已获得胜利。

备的"来作决定,继而根据法学逻辑来决断。预备委员会的报告强调,法典的编纂既要满足现实的需求,亦必须考虑现行法与"当地特定环境"之间的关联性。[9]

也许正是因为库贝尔的坚持,戈尔德施米特才在报告中使用了"当地特定环境"这样的措辞,而这也是为了避免在对现行法进行系统编纂时,这一起草工作变成一种损害南方邦国的特定利益的手段。在婚姻法中的财产问题上,这体现得尤其真切,因为地方的多元性促使预备委员会建议在编纂法典时吸纳两三个不同的法律体系的规则。预备委员会坚持认为,《德国民法典》应该涵盖所有民法部门,但同时也建议规定一定的例外情形。比如,纵然有必要在全国这个层面上统一商法和采矿法,但是鉴于其特殊性,不适宜将之纳入《德国民法典》。对于那些调整过时的封建遗迹(如世袭职位、地租以及家庭继承)的法律而言,这应该留给邦国来自我调整。最后,预备委员会意识到有些领域的法律超越了公法和私法的界限,因此也不适宜将之纳入《德国民法典》中。[10]

预备委员会的报告因而具有许多重要的特征。首先,聚焦于现行法,尊重地方利益。鉴于19世纪70年代的政治和知识环境,这并
76 不令人吃惊。库贝尔写道:"法典化并非为了创造新的法律,而是针

---

[9] Schubert, *Materialien*, p.170.

[10] 此时,预备委员会所思考的是狩猎、森林、河流使用、建筑以及家庭佣人所涉及的法律问题。

对法律制度的现状以某种方式整合德意志的现行法。”[11] 库贝尔此言有点老生常谈的味道。此外,符腾堡决心维持其影响力,因而主导了关于拉斯克 - 米克尔议案的辩论。它的其中一个策略是促使法典编纂者承诺尊重地方情势,并从广为接受的历史法学派学说中找到了正当化的依据。但是这个报告具有一个显著特征,即有意避免束缚未来的法典编纂者,尤其是不就法典的实质内容作出规定。报告认为法典化主要是为了呈现程序化的、技术性的条款,并认为法典编纂的主要问题是调和德意志法律发展的地方多元性与系统地统一法律的需求二者间的关系。正如莱昂哈特所言,预备委员会主要是考虑了法典编纂的程序性内容。[12] 也许最重要的是,报告者清晰地预言了德意志共同法(common law)可以为委员会的工作提供基本架构。基于显而易见的原因,任何其他程序模式——如像海因里希·冯·戴恩伯格(Heinrich von Dernburg)所建议的,将《普鲁士国家一般邦法》作为《德国民法典》的骨架——都是南方邦国所不能接受的。[13] 不过,这些决定强调了德意志法律统一的程序与技术性,这对于未来的法典化都是极重要的。戴恩伯格悲观地预测,法典的编纂者很难受到欢迎,因为无法仅仅依靠一些程序性的措辞来应对那

---

〔11〕 Schubert, ‘Franz von Kübel’, p. 186.

〔12〕 Benöhr, ‘Die Grundlage des BGB’, p. 80.

〔13〕 F. Frensdorff, *Gottlieb Planck, deutscher Jurist und Politiker* (Berlin, 1914), 311 f.

77 些给国家社会状况带来很深影响的问题。[14] 在19世纪90年代,这个观点的支持者众多。

报告仅仅聚焦于程序性问题,人们常常认为这是日后的法典编纂者无法解决社会改革问题的败因所在。[15] 在一定程度上,这个观点是正确的。对系统化、协调化与精确性的要求的确让一些改革者感到沮丧,而一些在19世纪八九十年代所提出的改革措施也无法落地。另外,虽然预备委员会没有就细节规定更为严格的指引,但是这方面的犹豫也给予了编纂者诸多的裁量空间。在一些事项上,编纂者甚至觉得他们可以推翻预备委员会的特定建议。就这点而言,也许更大的原因是,帝国国会在遴选第一委员会以及决定其工作方式方面缺乏话语权。下文将主要研究第一委员会的组建及其工作方式。

1874年4月19日,预备委员会将报告呈递联邦参议院。在整个6月,这份报告都是颇费周折的政治谈判的主题。而在这个过程中,普鲁士与南方邦国所进行的利益交换以及小邦国的利益所受损害的程度之深,便愈加显现。联邦参议院的司法委员会(justice

〔14〕 参见戴恩伯格以下书籍的1874年版的前言:*Lehrbuch des Preussischen Rechts und der Privatrechtsnormen des Reichs*, i (3rd edn. Berlin, 1881), viii。

〔15〕 主要参见 Schubert, *Die Entstehung der Vorschriften des BGB über Besitz und Eigentumsübertragung. Ein Beitrag zur Entstehungsgeschichte des BGB* (Berlin, 1966), ch. 2; H. Thieme, 'Aus der Vorgeschichte des Bürgerlichen Gesetzbuchs: Zur Gesetzgebung des Positivismus', *DJZ* 39 (1934), pp. 968 –71。

committee)在其撰写的一份报告里对预备委员会的工作表示特别的肯定,而同时也对一些地方提了修改建议。这份报告的作者弗里德里希·奥古斯特·冯·利伯试图淡化预备委员会对编纂一部“理论的、系统的甚至是艺术品一样的《德国民法典》”的强调,并排斥将法典化视作“纯然实证的程序”。[16] 然而,更直接而重要的是,第一委员会的成员由 9 名扩大到 11 名。因此,人们将注意力转到《德国民法典》第一委员会席位的分配上来,恰如利伯所言,政治考量在其中起很大的作用。[17]

如何解决上述事项是有导向性的,并会对联邦体系在 19 世纪 70 年代的运行方式产生影响。如果像民族自由党或其他派别所坚持的,帝国是作为一个独立的国家来起草法律,那么就需要根据对不同法律制度进行整合的需求,而非单一邦国的利益,来决定第一委员会 78
的人员构成。在 1870 年之前,在编纂《德国刑法典》时,普鲁士对此表示赞同,因为那时的工作重点在于代表人选的问题,而非在于哪个邦国进入委员会的问题。[18] 这类提议的难处在于,它在实践中使普鲁士主导了法典的编纂,而不可避免地与南方邦国的利益产生冲突。

---

〔16〕 关于利伯的报告,参见 H. Rassow, ‘Die Verhandlungen der Kommission zur Ausarbeitung eines bürgerlichen Gesetzbuchs für Deutschland’, *Gruchots Beiträge zur Erläuterung des Deutschen Rechts*, 21 (1877), 195－214 (引语出自第 207 页以下)。

〔17〕 Liebe, report of 2 July 1874, NStA Wolfenbüttel, 19 B Neu 464.

〔18〕 J. Thieme, ‘Zur Enstehung der Konkursordnung’, in *Einhundert Jahre Konkursordnung* (Cologne, 1977), 64 f.; Krüger to the Mayor of Hamburg, 30 June 1869, StA Hamburg, Archiv des Bevollmächtigten zum Bundesrat X1, 1.

帝国政府的策略是避免这种利益冲突，并与巴伐利亚以及符腾堡进行合作，所以人们就不会奇怪1874年夏季会议会给这些邦国的利益予以相当重视。

然而，法典编纂过程的真正输家是德意志北部和中部的小邦国，这揭示了联邦体系所具有的局限性。梅克伦堡请求在第一委员会拥有自己的代表，而这被直接无视了。弗里德里希·奥古斯特·冯·利伯也未能代表图林根获得第一委员会的席位。[19] 当汉堡要求获得代表席位时，最大的问题出现了，这与赖昂哈特所主张的抛弃法国法的立场存在冲突。赖昂哈特这样认为的原因是相当清晰的。他的候补者古斯塔夫·德沙伊德（Gustav Derscheid）是来自特里尔（Trier）的莱茵兰人，并被科尔马（Colmar）上诉法院聘为顾问。赖昂哈特明显是试图借助委员会来使阿尔萨斯－洛林（Alsace-Lorraine）以及莱茵兰（Rhineland）脱离法国法。有人说小邦国利益没有得到表达，而南方邦国的利益得到了过度的表达，但这个观点也被联邦参议院所忽略。这揭示了普鲁士在联邦参议院运作政治活动的方式。汉堡对代表席位的争取是有积极意义的，这也获得了萨克森以及联邦参议院里所有小邦国的支持。巴伐利亚大使承认他同情汉堡，但是他被迫支持普鲁士在7月2日的立场，因为巴伐利亚的诉求得到

---

〔19〕 StA Schwerin, Ministerium der Justiz 282, fos. 59, 69; GStA Berlin-Dahlem, Rep. 84a 11772, fos. 73 f.; Liebe, report of 30 June 1874, NStA Wolfenbüttel, 19 B Neu 464.

了诸如海因里希 · 冯 · 弗里德贝格等人的友好对待。[20] 这一较大 79
的南方邦国也许认为,普鲁士会比较克制地使用联邦参议院的委员会体系来践踏他们的利益。确实,如果小邦国的利益受到严重损害,普鲁士会很热衷于推翻联邦参议院的某一委员会的决定。这似乎是印证着以下观点:米特纳赫特关于扩大立法参与度的运动仅是有限意义上的"联邦制"。事实上,这个运动的意义主要是,将南方邦国纳入令人着迷的俾斯麦帝国早期的决策圈。

在联邦参议院于 1874 年所举行的辩论中,阿道夫 · 莱昂哈特反复强调,如果第一委员会想获得成功,那它就应该充分反映现行法的各个面向。一位学者将这种担心称为在委员会的全体成员间推动德意志各邦法律制度的"制度化"(institutionalization),即促使委员会将这些法律制度当成工作的起点。[21] 所以,在许多方面,第一委员会的构成及其初始工作都是库贝尔在预备委员会的工作结果。预备委员会采纳库贝尔的建议,认为法典的准备工作也许应该在 5 个主要的编纂者之间进行分配。当预备委员会的主席在 1874 年 9 月任命这些编纂者时,普鲁士占了两个席位,而巴伐利亚、符腾堡以及巴登各占 1 个席位。

---

〔20〕 关于这些发展,参见 the reports of Krüger, 30 June, 1 July and 2 July, 1874, StA Hamburg, Senatskomm. für die Justizverwaltung 1 A a 1 vol. 1, nos. 17, 18, and 20; Perglas, reports of 30 June and 2 July 1874, BHStA Munich, MA 76 707/1; Turckheim reports of 30 June and 2 July 1874, GLA Karlsruhe, Abt. 233/13989。

〔21〕 Behn, 'Generalbericht', p. 133.

第一委员会的组织架构对未来产生了深远影响。1881 年之前，第一委员会成员很少碰头，而编纂者专注于从德意志不同地区收集法律材料。除每年的秋季所召开的第一委员会全体会议外，在大多数的时间里，委员会成员缺乏真正的接触机会。召开第一委员会全体会议的目的是规定基本的原则，以及解决不同编纂者之间就权限问题发生的争议等。否则，编纂者们将在其负责起草的部分的内容上享有极大的自由裁量权。[22]

尽管库贝尔还没有完成债法的编纂，然而从 1881 年 10 月开始，
80 全体委员会就对编纂者的工作进行了辩论。此时，第一委员会的其他成员（尤其是著名学者伯恩哈德·冯·温德沙伊德）开始起重要作用。温德沙伊德主要关注体系上的严谨性以及内容上的精确性。即使是其在 1883 年 9 月从第一委员会辞职，他的影响力依然继续存在。[23] 评论者认为，主要是因为他，第一委员会的成果才呈现极端的抽象性而且在表述上经常是非常令人费解的。另外，相较于南方

---

〔22〕 参见 Schubert, *Materialien*, pp. 40 ff.; Schubert, *Entstehung*, ch. 3。编者的分工如下：巴登的艾伯特·盖哈德负责总则部分，符腾堡的弗朗茨·冯·库贝尔负责债法部分，普鲁士的莱因霍尔德·乔霍负责物权法，普鲁士的戈特利布·普朗克负责家庭法，巴伐利亚的戈特弗里德·冯·施密特负责继承法，赖昂哈特的最初建议是来自汉诺威的普朗克应该负责物权法，不过这个建议未被采纳，原因是人们认为这一至关重要的职位应由一位老普鲁士人所担任。参见 Frensdorff, *Planck*, p. 310。

〔23〕 W. Schubert, 'Windscheids Briefe an Planck und seine für Planck bestimmten Stellungsnahmen zum Schuldrechtssystem und zum Besitzrecht der 1. BGB-Kommission', *ZRG RA* 95 (1978), pp. 283–326; G. Planck, 'Windscheid als Mitarbeiter am Bürgerlichen Gesetzbuche', *DJZ*, 14 (1909), pp. 951–4.

邦国的代表，普鲁士具有明显的知识优越感（intellectual superiority），这与温德沙伊德对法学的技术提纯相比至少是一样重要的。第一委员会的主席海因里希·冯·佩普（Heinrich von Pape）既是富有技巧和经验的政治谈判家，也是一位有足够的才干来赢得温德沙伊德和普朗克赞赏的法律人。在温德沙伊德辞职后，他的影响力得到提升，因为第一委员会的规模缩减到 10 人，这使他具有决定票，而南方邦国的代表者便变成了少数派。在第一委员会的审议过程里，温德沙伊德从外部给予支援的 5 个普鲁士人发挥着主导作用。[24]

在许多方面，佩普都是个有趣的人物。他在 19 世纪 30 年代中叶前往波恩和柏林的大学学习法律。在那时，萨维尼在柏林大学的影响力正值巅峰。他是来自威斯特法利亚（Westphalia）的罗马天主教徒，供职于普鲁士的官僚机构，并在 19 世纪六七十年代密切参与了其他许多法律的编纂工作。最重要的是，他是促进了国家法律统一的官僚法律人的一个代表，他所关注的是对法律进行详尽的实证研究、概念的精确性以及表达的准确性。为了达到这些目的，他有时不惜牺牲表达的流畅性。至少，他强化了诸如温德沙伊德和普朗克等人的理念，此二人将这些目标视作立法者的主要职责。在一些学

---

〔24〕 Schubert, *Materialien*, pp. 47 ff.；关于温德沙伊德对普鲁士人的支持，参见 Windscheid to Planck, 21 Dec. 1886, reprinted in Schubert, ‘Windscheids Briefe an Planck’, p. 306。

81 者看来,在决定第一委员会的最终成果方面,他要比温德沙伊德和普朗克更有影响力。[25]

佩普对第一委员会的主要贡献之一是在委员会内实现了对5位编纂者的分工。他的出发点是对帝国存在的主要法律制度进行均衡考虑,但他主要是通过采纳使南方邦国能够接受的方式来实现这种平衡。所以,尽管他赞同利用业经罗马化的共同法为统一法律提供一定的框架,然而他认为,共同法已然历经不同邦国的长期修订与重新设计,因此,有必要委任符腾堡法与巴伐利亚法专家作为法典编纂者。此外,他认为有必要委任普鲁士法专家以及对普鲁士自1866年以降占领的新的普鲁士州的法律熟知的专家。最后,他认为将巴登的代表艾伯特·盖哈德(Albert Gebhard)任命为第一委员会成员是一个令人满意的让法国法得以发声的方式。似乎很明显的是,这一手段强调了较大邦国的利益,并减少了他人反对库贝尔的可能性。无论如何,第一委员会没有任何异议的欣然接受了佩普关于编纂者的遴选建议。[26]

然而,随着工作的开展,越来越清晰的是,佩普对编纂者的遴选方式使某类法典得到更多的青睐,并严重打乱了南方邦国的如意算盘。就土地法而论,这是千真万确的。普鲁士在1872年颁布土地

〔25〕 H.-G. Mertens, 'Heinrich Eduard Pape (1816 – 1888)', in R. Stupperich (ed.), *Westfälische Lebensbilder*, xi (Münster, 1975), 153 – 71.

〔26〕 Pape to Bismarck, 2 Oct. 1874, reprinted in Schubert, *Materialien*, pp. 274 f.

法，以期实现土地取得与抵押的自由化。这部法律对于编纂《德国民法典》有重要作用。佩普将起草《德国民法典》的土地法部分的任务委托给普鲁士人赖因哈德·乔霍（Reinhard Johow），因为佩普确信普鲁士土地法应该成为《德国民法典》中相应内容的骨架。正如他向俾斯麦所解释的那样："对于我来说，将物权法的起草工作委任给乔霍是很合适的，因为普鲁士法是现代德意志土地法的基础。在这个领域，在进行了综合的准备的前提下，普鲁士实现了土地法律改革目标，这对于《德国民法典》的编纂而言是价值连城的，也应当为我们所认真考虑。"〔27〕

19 世纪六七十年代，人们普遍觉得民法中的某些领域不适宜由 82
《德国民法典》调整。例如，因为地方的差异性，土地法中的部分内容（尤其是涉及抵押的内容）、家庭法、继承法都不适宜在全国范围内进行统一。早在 1874 年之前，南方和北方在这些法律领域上存在的分歧就已引人担心，而在第一委员会成立之后，这种担心并没有消失。在 1881 年，巴伐利亚司法部部长在慕尼黑成立了一个委员会，以检视《德国民法典》的编纂者是否在家庭法和继承法方面引入了可能会与巴伐利亚人的法律意识相抵牾的条款。〔28〕 随着编纂工作的深入，人们发现，尽管预备委员会坚持尊重地区的差异性，然而德意志法律

〔27〕 Pape to Bismarck, 2 Oct. 1874, reprinted in Schubert, *Materialien*, 275 f.

〔28〕 这恰如法尤斯特尔在 1884 年 3 月 28 日写给符腾堡司法部部长的一封信中所解释的那样，参见 BHStA Munich, MJu 16110。

的差异性使单纯将现行法编纂为法典是难以实现的。[29] 第一委员会有时需要推翻预备委员会的建议，一个绝佳的例子是婚姻法中的财产问题。巴伐利亚的代表保罗·冯·罗斯(Paul von Roth)最终投票支持对两三个地方的法律制度进行统一。[30] 在其他情况下，如担保法，第一委员会最终同意对四个不同法律制度进行统一，以调和不同地区的利益。

这里的重要问题是以下二者的关系问题——法律的正式系统化与对德意志不同地区的历史特性的保留。虽然萨维尼的作品涵盖了这两方面的因素，但是要处理好二者的关系还是相当困难的。那时的主流法律实证主义者极为推崇“法律的确定性”价值，而法律的确定性与历史法学派的法源理论具有隐约的关联。[31] 这正是本书最后一章所论及的平行问题(parallel problem)——在民众的法律意识与作为法源的立法者意志二者之间发生的潜在冲突。普朗克相当忧心地说：立法者可能通过变革来克服地区的差异性，人们可以期待在统一的立法之中生成统一的法律意识。立法者的建构性角色引领着民族走向统一，而这也与以下话语相印证：“德意志民族对统一民法

〔29〕 H. Coing's introduction to *J. von Staudingers Kommentar zum Bürgerlichen Gesetzbuch*, i (12th edn. Berlin, 1980), 17 ff.

〔30〕 P. v. Roth, 'Ueber den Stand der Bearbeitung des deutschen Civilgesetzbuchs, Sommer 1876', in G. Hirth (ed.), *Annalen des Deutschen Reichs*, 9 (1876), 932 f.

〔31〕 甚至有一位学者声称，历史法学与概念法学这两种关于法学的进路是矛盾而不相容的，参见 W. Wilhelm, *Zur juristischen Methodenlehre des* 19. *Jahrhunderts* (Frankfurt, 1958), 79。

的需求脱胎于国家政治需求。”佩普似乎对此表示赞同，基于体系性清晰的考虑，他倾向于对地方传统进行限制。如其在 1884 年给俾斯 83
麦的信中所言：“如果说民法的法典化不仅是对现行法律规则进行系统性汇编，那么只要是以新的方式对素材进行编纂，就不可避免地需要进行一系列的实质性的法律革新。其他引起革新的原因包括消除现有立法中的不协调性，甄别争议性问题，并填补漏洞等。最后，我们不能忽视所涌现的新需求与法律实践的发展。”

当然，这并非说佩普对法律的历史性脉络不敏感，而温德沙伊德曾经挖苦道：佩普并非法律革新之友。〔32〕但是，佩普关于国家法典的编纂理念强化了诸如温德沙伊德和普朗克等人的编纂方法——使用通常是深奥难懂的概念法学（Begriffsjurisprudenz）技巧来创设法律的确定性，即从有限的数种基本规则推导出法律制度细节的逻辑来源。〔33〕

概念法学的统治性是预备委员会以及联邦参议院对法典化进程

〔32〕 普朗克关于婚姻中的财产法的论证，参见 W. Schubert, *Die Vorlagen der Redaktoren für die erste Kommission zur Ausarbeitung des Entwurfs eines Bürgerlichen Gesetzbuches. Familienrecht*, i (Berlin / New York, 1983), 440 f.; Pape to Bismarck, 5 July 1884, ZStA Potsdam, RJM 3810, fo. 122; Windscheid to Planck, 13 Jan. 1886, reprinted in Schubert, ‘Windscheids Briefe an Planck’, p. 305。

〔33〕 茨威格特与克茨对法典体系进行了介绍，参见 K. Zweigert and H. Kötz, *An Introduction to Comparative Law*, i (2nd edn. Oxford, 1987), ch. 12; H. G. Isele, ‘Ein halbes Jahrhundert deutsches bürgerliches Gesetzbuch’, *AcP* 150 (1949), pp. 3 – 7; F. Schmidt, ‘The German Abstract Approach to Law: Comments on the System of the Bürgerliches Gesetzbuch’, *Scandinavian Studies in Law*, 9 (1965), 131 – 58。

所采取的组织方式所派生的结果。联邦参议院坚持认为,第一委员会理应将德意志境内使人困惑的法规以及习惯法整合成协调的体系,这促使联邦参议院青睐精致的立法技术。另外一个原因是,出于
84 政治上的考虑,人们反对将诸如《普鲁士国家一般邦法》以及《萨克森民法典》等既存的法典作为法典第一委员会的工作基础。共同法在大学系统里的主导地位以及其所具有的出众的进行概念化的可能性都或多或少地使其成为法典编纂的基础。此外,在 1848 年之后的 1/4 世纪里,此前关于罗马派学者与日耳曼派学者的斗争大体上已然不复存在。但在 1880 年之后,这样的斗争会在那截然不同的政治环境下重新上演。[34] 最迟到 1870 年,概念法学(法律实证主义的基本技术)在立法技术方式上拥有了主导地位。

鉴于这一进路对于立法的重要性,我们有必要对此进行相对细致的研究。法律实证主义发展成了一个系统化的法学技术,而非一个关于法律制度内容的指南针。它不仅不否认历史法学派的法源理论,而且它就是对萨维尼学说进行重新评估的重要参与者。温德沙伊德相信,共同法为在历史的框架内产生的相应的立法进展打下了基础。外界批评第一委员会对共同法过于偏爱,而普朗克曾对此进

〔34〕 O. Gierke, *Die historische Rechtsschule und die Germanisten* (Berlin, 1903), 31 f.; K. Kroeschell, 'Zielsetzung und Arbeitsweise der Wissenschaft vom gemeinen deutschen Privatrecht', in H. Coing and W. Wilhelm (eds.), *Wissenschaft und Kodifikation des Privatrechts im 19. Jahrhundert*, i (Frankfurt, 1974), 260 ff.

行了著名的回应。他赞成历史法学派所说的观点：《德国民法典》在本质上理应反映现行法，而只在以下情形进行法律革新才是正当的——法律的发展趋势是明显的；发展的条件以及各方主张都是清晰的，人们甚至对规则的类型与形式都不再严重顾虑。但是，他也强
调共同法在19世纪德意志快速变迁的社会中为立法者解决相应重 85
大难题做出了巨大贡献。[35] 20年之后，在谈及温德沙伊德对第一委员会的工作的贡献之时，普朗克重申道：温德沙伊德对概念法学的应用仅仅是一个技术性问题，“他并没有渴望让所有法律条款的内容排他性地或主导性地来源自罗马法”。[36]

这种观点认为，概念法学只是限定了立法的形式与技术而非内容，这有其正确的一面，但也具有误导性。诸如普赫塔和戈伯等概念法学的创立者都在实际上抛弃了萨维尼关于法律与社会的有机关系的理论，而是强调借由对概念的法源研究而生发出新的法律。概念法学将法学的任务范围界定得很狭小，它认为学科的目的不是引起社会变革或获得合乎伦理的社会秩序。相反，依据萨维尼的晚期著作《当代罗马法体系》（System des heutigen Römischen Rechts），法理

〔35〕 G. Planck, 'Zur Kritik des Entwurfes eines bürgerlichen Gesetzbuches für das deutsche Reich', *AcP* 75 (1889), 331 ff.（引语出自第332页）. 从普朗克前述关于变革措施的可接受性的观点来看，每当外界对纳入某种进步性社会改革措施存在质疑，他便对历史法学派关于反对编纂民法典的理据加以利用。在那些可以促进统一事业而非区域多元性的问题上，他时刻思忖着如何进行变革。

〔36〕 Planck, 'Windscheid als Mitarbeiter am Bürgerlichen Gesetzbuche', p. 952.

学的使命在于开创一个由互相联系的概念组成的理性体系,而这个体系是社会中立的、与政治无涉的。这种对政治和社会中立的强调促使一位历史学家语出惊人:"法律实证主义致力于生产机械的而且抛弃了道德的法律制度。"〔37〕

然而,对于温德沙伊德来讲,这些坚持法学独立于政治的学者并非不担心政治和社会问题,而只是认为法学不能等同于立法。他还特别强调称,法学在法律起草过程中所起到的只是非常有限的作用。他认为,"在许多情形下,立法都取决于道德、政治或经济上的考虑,而这并非法学家所关心的"。法学的真正贡献是,为成功地进行立法活动,而科学地提供关于现行法的基础理论。〔38〕 由此看来,普朗克坚持对立法技术与内容进行区分,实际上是对 19 世纪德国最具有影响力的法学家观点的忠实的反思。

86 不过,将立法技术与内容进行区分的做法亦具有误导性。部分原因是,要想彻底地区分开形式与内容是不可能的。在《德国民法典》的历史上,并不缺乏因为担心引入法律改革而摧毁法典体系上的

〔37〕 J. Caplan, 'The Civil Servant in the Third Reich', D. Phil. thesis (Oxford, 1973), 36. 关于法律实证主义发展的一般性介绍,参见 Wilhelm, *Methodenlehre*, pp. 70–87; F. Wieacker, *Privatrechtsgeschichte der Neuzeit unter besonderer Berücksichtigung der deutschen Entwicklung* (2nd edn., Göttingen, 1967), ch. 23; G. Dilcher, 'Der rechtswissenschaftliche Positivismus: Wissenschaftliche Methode, Sozialphilosophie, Gesellschaftspolitik', *Archiv für Rechts-und Sozialphilosophie*, 61 (1975), 497–528。

〔38〕 Windscheid, 'Die Aufgabe der Rechtswissenschaft', in *Gesammelte Reden und Abhandlungen*, ed. P. Oertmann (Leipzig, 1904), 112 ff. (引语出自第 112 页)

协调性，继而放弃相应改革的例子。也许，这就是为何从一开始，《德国民法典》就仅是由立法官僚、法官、法律学者组成的第一委员会所开展的狭隘的法律实践，而且第一委员会并没有吸纳政党和经济组织的代表。这使法典的起草者无须考虑 19 世纪 80 年代的政治与社会发展情境，而他们只是依靠 1874 年以前的材料来建构一个德意志法律体系。

但是，当概念法学试图从基本规则中推导出法律制度的细节，这就牵涉价值判断了，而且是一种明显关涉社会与政治的价值判断。就萨维尼及其拥趸而言，私法体系由单个法律主体构成，而他们可以自主地行使意志。民法以及程序法的角色在于，在不同法律主体的意志存在冲突之时，发挥其调整作用。恰如温德沙伊德所言：法律为每个个体创设了一个舞台，在这个舞台上，个体就是自己的主宰，而其他个体不得施加阻碍。法律首先是对人的自由的承认而非限制，而且限制的存在也仅是为了保证相对方的自由。[39]

时常被提及的一点是，概念法学依靠罗马法将这些理念（最终源自康德）糅合在一起，而且被视作个体自由的纯粹法律表达。在选取理论素材时所进行的价值判断便被转变成第一原则，并从中推导出德意志民法基本原理。所以，在合同法、物权法等领域，个体自由的正当性须通过一个强调法律主体是否可以自主做出个人选择的法哲

〔39〕 Windscheid, op, cit., pp. 101 f.

87 学原理来证明。[40] 在19世纪的德意志,所有权被视作个人对物的完全支配,所有权人的权利被认为是绝对的权利。萨维尼及其追随者(尤其是温德沙伊德)不赞同对所有权所派生的其他权利进行列举。[41] 最晚到19世纪60年代,一直主导着德意志法学理论的是对所有权的绝对性及其对所有权人的自由处分权的强调。实际上《萨克森民法典》就遵循这一立场,规定所有权人享有不受限制的自由。[42] 19世纪七八十年代的立法者放弃这一自由个人主义的高点,而对所有权人的自由设定了一系列的限制。但是,人们将这些限制视作原则的例外情形,而非对所有权自由的抛弃。乔霍完全接受所有权的完全支配性,他说道:"《德国民法典(草案)》试图规定所有权人的实质权利,而非仅仅是界定所有权的内涵。依据《德国民法典(草案)》,所有权人所享有的排他的处分权仅仅在某些情形下受到

---

〔40〕 Dilcher, 'Der rechtswissenschaftliche Positivismus', p. 518; H. Coing, 'Bemerkungen zum überkommenen Zivilrechtssystem', in E. v. Caemmerer *et al.* (eds.), *Vom deutschen zum europäischen Recht. Festschrift für Hans Dölle*, i (Tübingen, 1963), 25–40; H. Kiefner, 'Der Einfluss Kants auf Theorie und Praxis des Zivilrechts im 19. Jahrhundert', in J. Blühdorn and J. Ritter (eds.), *Philosophie und Rechtswissenschaft. Zum Problem ihrer Beziehung im 19. Jahrhundert* (Frankfurt, 1969), 3–25.

〔41〕 D. Schwab, 'Eigentum', in O. Brunner *et al.* (eds.), Geschichtliche Grundbegriffe, ii (Stuttgart, 1975), 65–115; W. Wilhelm, 'Private Freiheit und gesellschaftliche Grenzen des Eigentums in der Theorie der Pandektenwissenschaft', in Coing and Wilhelm (eds.), *Wissenschaft und Kodifikation*, iv (Frankfurt, 1979), 19–26.

〔42〕 J. W. Hedemann, *Die Fortschritte des Zivilrechts im XIX. Jahrhundert*, ii/1 (Berlin, 1930), 124.

限制,这一条文的消极意义远大于其所具有的积极意义。”[43]

相似的情况也存在于继承法中。《德国民法典》继承法部分的起草者戈特弗里德·冯·施密特(Gottfried von Schmitt)不认为国家有权创设新的继承法,并拒绝通过改革法律来促使社会进步。施密特认为继承法系以“人的意志的独立性”为基础,这促使他将遗嘱自由视作法律的基础。这在第一委员会内存在争议,一些成员试图推翻施密特关于遗嘱继承的优先效力的见解。不过,第一委员会最终还是几乎原封不动地接受了施密特起草的条款,而这也被纳入《德国民法典(草案)》中。[44]

起草者从意思自治中推导出的第三个重要原则是合同自由原 88
则。为了防止权利滥用,这个原则的适用需要满足一定的条件以及限制。就合同法而言,不受限制的个体自由的社会危害性是最明显的。在 19 世纪末,欧洲的立法者都开始意识到某些类型的交易自由会与公共利益相抵触。不过,与物权法的情形一样,起草者承认合同自由的绝对性,而仅在法律存在特别规定的情形下才进行一定的限制。再一次地,起草者依赖法律制度以前的发展成果,这使一个学者

---

〔43〕 B. Mugdan (ed.), *Die gesammten Materialien zum Bürgerlichen Gesetzbuch*, iii (Berlin, 1899).《德国民法典(草案)》第 848 条规定:物权所有人有权依其意愿排他地行使物之处分权,只要法律或第三人没有对该处分权作出限制。

〔44〕 H.-G. Mertens, *Die Entstehung der Vorshcriften des BGB über die gesetzliche Erbfolge und das Pflichtteilsrecht* (Berlin, 1970), ch. 2 (引语出自第 25 页); W. Schubert, *Vorlagen. Erbrecht*, i (Berlin / New York, 1984), xii – xv; R. Schröder, *Abschaffung oder Reform des Erbrechts* (Ebelsbach, 1981), 17 – 30.

将他们的起草工作评价为“仅仅是对早期立法的复制”。[45]

也就是说,第一委员会在意思自治与个体自由的领域都接受了早期的法律发展成果。在其他两个基本的方面,《德国民法典(草案)》是19世纪世界范围内法学成果的代表。其一,草案对公法与私法进行了严格的区分,这是从世纪初的封建主义与专制主义的废墟中涌现的现代市民社会(Bürgerliche Gesellschaft)的重要内涵。[46]广义地说,公法调整个人(或法人)与国家间的事务,而私法调整个人之间的事务。在19世纪70年代之后,对于那部分“国家只被允许在个体自由得以实现的范畴内建立架构”的法律制度,人们在此领域将民法和私法等而视之。

人们时常会注意到,公法和私法的区分是德意志自由主义法治国理论的核心组成部分。[47] 在19世纪60年代,德意志自由主义思
89 想的主要学者倾向于认为,国家存在的目的是确保个人权利可以在一个确定以及安全的法律秩序中得到畅通无阻的行使。宪法的主要

---

〔45〕 Hedemann, *Fortschritte*, i (Berlin, 1910), 123.

〔46〕 M. Riedel, 'Bürger, Staatsbürger, Bürgertum' and 'Gesellschaft, bürgerliche', in Brunner *et al.* (eds.), *Geschichtliche Grundbegriffe*, i (Stuttgart, 1972), 672 – 725 and ii, 719 – 800; Jürgen Habermas, *Strukturwandel der öffentlichkeit. Untersuchungen zu einer Kategorie der bürgerlichen Gesellschaft* (11th edn. Darmstadt / Neuwied, 1980), esp. ch. 3.

〔47〕 L. Krieger, *The German Idea of Freedom. History of a Political Tradition* (Chicago/London, 1957,) 252 – 61, 430 ff.; H. Boldt, *Rechtsstaat und Ausnahmezustand. Eine Studie über den Belagerungszustand als Ausnahmezustand des bürgerlichen Rechtsstaates im 19. Jahrhundert* (Berlin, 1967), ch. 5.

功能就是对行政权力进行法律上的约束,以确保国家机构不会蚕食个人的自治权利。在19世纪六七十年代,自由主义者倾注了许多心血来探究如何才能最好地实现对行政权力的法律控制。[48] 对于那时的很多自由主义者来讲,法治国的功能在本质上是消极的——防止行政机关逾越应与私人保持的界限,而不是积极地为在国家内进行行政权力的交接提供基础。对公法和私法所进行的严格区分是与法治国概念相契合的,是保护个体自由的屏障。[49]

历史学家很快就发现,法治国的消极性观点是导致德意志自由主义化在19世纪70年代的失败的重要原因。起草者强调物权是私人的、与政治无涉的,也很重视法律的正式确定性,然而这是以放弃理想与道德为代价的。这也预示着自由主义者为了资产阶级的利益转而关注秩序与社会和平,进而放弃了进一步促进解放的抱负。此外,这也是自由主义政治"去政治化"的一个表现,法律实证主义在其中扮演了重要角色。就博尔特(Boldt)而言,在左翼自由主义(left-liberalism)于19世纪60年代将保护私人财产作为个人自由的核心内容之后,左翼自由主义便被政府化了。法律实证主义以及法治国学说对公私法进行了区分,并强调个体自主在私法领域的优先性,因

---

〔48〕 相反的观点,参见O. Bähr, *Der Rechtsstaat. Eine publicistische Skizze* (Kassel / Göttingen, 1864) and R. Gneist, *Der Rechtsstaat* (Berlin, 1872)。

〔49〕 关于国家与社会、公法与私法这两对关系之间的等同关系,参见Boldt, *Rechtsstaat und Ausnahmezustand*, p. 184。

而它们被认为是起到抵消自由主义对政治秩序的威胁的作用。用社
90 会政治学的话说,它们将自由主义的资产阶级整合进了俾斯麦政府
之中。[50]

19世纪70年代的民族自由主义党确实更在意法律统一的程序性而非法律的内容。相似地,联邦参议院将有历史基础的系统化的法典编纂视作阻止进一步的自由主义改革的途径。不过,所谓去政治化是令人质疑的。首先,前面的章节展示了“法律统一”这一议题在多大程度上反映了德意志各邦在国家统一问题上的分裂性。然而,各邦自主主义的势力是如此顽强,而各邦又没有提出关于国家法律制度统一的替代性的积极建议,这让法律统一的支持者陷入束手束脚的窘境。其次,无法知晓自由主义是否在19世纪60年代从解放的传统遁入纯粹保守的对财产秩序的维护之中。可以确定的是,自由主义者强调财产是现有秩序的基础,但是这一信条确未排除对改革政策的阐明,因而易于在财产利益的确切定义上产生分歧。

关于意见分歧的一个典型例子是普鲁士土地法改革。普鲁士从19世纪60年代开始起草土地法,并最终在1872年通过立法。[51] 这一立法激起了许多保守地主的敌意,这不仅是因为该立法被视作对

---

〔50〕 Boldt, *Rechtsstaat und Ausnahmezustand*, pp. 172 – 80(引语出自第178页). 近来关于该论点的最强有力的表述,参见 M. Gugel, *Industrieller Aufstieg und bürgerliche Herrschaft* (Cologne, 1975), 81 – 91, 188 – 202。

〔51〕 关于该立法,参见 Buchholz, *Abstraktionsprinzip und lmmobiliarrecht. Zur Geschichte der Auflassung und der Grundschuld* (Frankfurt, 1978), ch. 5。

现行社会秩序的威胁,而且这一立法被认为为资本主义在将来渗入农村开了后门。当然,保守派无法在那时赢得这场斗争。正值地价 91
攀升以及农产品的价格上扬之时,诸如此类因素都削弱了地主的反抗力量。在此情形下,地主阶级迫切需要大量的资本借贷,以应对不断增加的债务。不容置疑的是,地主应该和城市群体一样有进入资本市场的平等渠道。[52] 关于这种必要性的讨论在19世纪60年代和70年代都分别出现过,尽管两个时期的社会环境截然不同。问题的关键在于,普鲁士的改革建基于一种坚持——在法律上平等对待土地与其他形式的财产。这一依据概念法学发展而来的概念与在法律上给予土地所有权以特别地位的根深蒂固的德意志传统抵牾甚深。法学理论的发展所带来的政治影响力似乎是显而易见的。地主只能用花言巧语来辩解道:如果土地所有权是社会与政治秩序的唯一基础,那么土地所有权便应该获得特别对待。自由主义者不认同地主的这个假定,因而拒绝在法律制度中给予土地所有权特殊的地位。[53]

---

〔52〕 例如,参见 E. I. Bekker, *Die Reform des Hypothekenwesens als Aufgabe des norddeutschen Bundes* (Berlin, 1867); Buchholz, *Abstraktionsprinzip*, pp. 359 – 65; M. Weyermann, *Zur Geschichte des Immobiliarkreditwesens in Preussen mit besonderer Nutzanwendung auf die Theorie der Bodenverschuldung* (Karlsruhe, 1907), 193 – 208; H. Kleine, *Die historische Bedingtheit der Abstraktion von der causa* (Berlin-GDR, 1953), 40 ff.。

〔53〕 K. Kroeschell, ‘Zur Lehre vom “Germanischen” Eigentumsbegrif’, in *Rechtshistorische Studien. Hans Thieme zum 70. Geburtstag zugeeignet von seinen Schülern* (Cologne/Vienna, 1977), 45 f.

立法者主要通过采纳无因性理论(Abstraktionsprinzip)来拒绝给予土地所有权以特殊的地位。依据该理论,无须考虑合同主体缔结合同的具体环境,即可认定特定的交易的有效性。这类交易比如票据流转和通过转易契(conveyance)所进行的土地转让。[54] 如同19世纪德意志法律的其他许多重要发展一样,这一理论可在萨维尼的著作中寻得根源,而且也是19世纪末的债法与土地法的核心内容。随着奥托·贝尔在1855年出版了其在该议题上的著名论著,这个理论终于获得了突破。贝尔认为如果现代债法的基础是不受阻碍的意思自治,那么个体就有权隔开允诺(promise)与其法律原因(cause)之间的关联。[55] 因此,与个体自主等其他居于概念法学中心的因素一样,无因性理论在私法关于自主意志的行使不受限制这方面找到了其正当性。

在将无因性理论应用至股票以及其他金融工具时,这个理论也没有问题,因为资本的流动性对于德意志资本主义经济发展来讲是
92 基础性的。然而,如果将这个理论纳入普鲁士土地法改革之中,并将其作为土地移转以及债务体系的基础,那就有点不同了。普鲁士土地改革具有双重目的:一是去除土地债务所存在的使其在资本家眼

---

〔54〕 在此情形,例如,某人只要签署了一份关于债务的确认书,他就受之约束,即使他未在实际上收到该笔借款。在法律上,这种交易被称为“纯理论的”(abstract)而非存在有原因的(causal)的交易。

〔55〕 O. Bähr, *Die Anerkennung als Verpflichtungsgrund* (Kassel, 1855).

里具有低于类似投资的价值的特质,二是使土地债务在拥有大量资本的资本市场上具有可转让性。[56] 普鲁士参照了汉萨同盟城镇以及梅克伦堡此前的发展模式,并致力于为地主建立一个可转让信用票据的大市场。[57] 在 19 世纪,这是南方邦国与北方邦国出现鲜明的分歧的一个法律领域。乔霍为普鲁士立法所起到的积极作用,也反衬了南方代表在第一委员会里的尴尬地位。正如戈特弗里德·冯·施密特在 1886 年向慕尼黑报告的那样:北方与南方立法者各说各话。[58] 为保护南方邦国的利益,南方邦国的代表者可以作出的最大努力就是,争取在法典中纳入四种不同类型的担保制度而非乔霍所提议的两种担保类型。通过这种技术方式,概念法学可以创造一个框架,让土地所有权全方位地进入由现代资本主义的金融机制所决定的市场之中。自由主义者希望在一个统一的物权法体系中平等地对待土地以及其他形式的资本,这反映了自由主义者迫切废除地主贵族依据现有政治体系而享有优待的心理。在现代的资本主义经济形态下,无因性理论确保了平等对待土地以及其他财产的可能性。

上文相当详细地论述了土地法方面所引起的争议,这是因为它 93

[56] Bekker, *Reform des Hypothekenwesens*, p. 13.

[57] 主要参见 Buchholz, *Abstraktionsprinzip*, pp. 321 ff.。土地债务(Grundschuld)的基本原则是,它免除了债务人的个人责任,并只针对土地进行单独的收费。

[58] Schmitt to Fäustle, 29 Dec. 1886, BHStA Munich, MJu 16110. 关于乔霍著作所具有的普鲁士法根源,参见 Schubert, *Entstehung*, p. 27 and Buchholz, *Abstraktionsprinzip*, ch. 8。

与自由主义者在法律统一的时期的关注点具有关联性。有一种分析认为,19世纪中叶的德意志无须建立自由主义即可施行自由主义的社会政策,这些分析似乎是相当可信的。人们只需要将梅克伦堡以及南方邦国在此问题上的立场进行比较,即可见端倪。极端保守的梅克伦堡在19世纪对担保法的自由化起了领导作用,而南方邦国虽然在政治上是更自由主义的,但是其在这个问题上相对保守。[59] 最近的关于俾斯麦政府的历史编纂学对此却甚少着墨。人们普遍认为,普鲁士所领导的统一运动为自由主义资产阶级输送了很多社会和经济利益,以换取它们对实质政治权利的让步。而且,大部分历史学家会同意容克贵族的农业生产所具有的资本主义性质,这被视作俾斯麦政府所倚重的封建贵族与自由主义资产阶级的阶级联盟的基本构成因素。[60] 近来还有分析认为,这两个阶级都臣服于资本主义生产和销售方式,这使二者具有了利益上的一致性。[61] 就那些批评德意志自由主义在政治上失败的人而言,他们几乎未经多想就肯认资产阶级在发展自由主义式的土地法方面的显著成功。对资本主义信用工具的采用可以被视作资金的必要扩张:在一个地价以及农产

〔59〕 Buchholz, *Abstraktionsprinzip*, ch. 3; Hedemann, *Fortschritte des Zivilrechts*. ii/2. 249 ff.

〔60〕 经典文献参见 H. Rosenberg, 'Die Pseudodemokratisierung der Rittergutsbesitzerklasse', translated in G. G. Iggers (ed.), *The Social History of Politics* (Leamington Spa, 1985), 81 – 112, esp. 92 – 107。

〔61〕 L. Machtan and D. Milles, *Die Klassensymbiose von Junkertum und Bourgeoisie* (Frankfurt / Berlin / Vienna, 1980), 30.

品价格都很高的时期，让地主可以得到资金的支持。担保法的自由化可以被视作不受限制的容克贵族的经济力量的产物。[62]

诚然，19 世纪 60 年代的容克贵族的福利是得到政治保障的，而且这种经济利益对于他们接受担保法改革也许是不可或缺的。不过，这并非在构建法律制度时将容克贵族的利益放在首位的原因。94
这可能只是城市与农村土地所有权人在利益上所存在的偶然而短暂的一致性，而城市土地所有权人是先锋。毕竟，正是自由主义法学家促进了无因性理论的发展，并将之作为后封建时代、走向工业化而城市利益不可忽视的时代的法律顶层设计的一部分。[63] 地主为市场利益这根“萝卜”所吸引，并渴望挣脱高地价以及信用短缺的泥淖，所以他们跟随这种并非他们所引领也并非为其而设的风潮。当农产品价格在 19 世纪 70 年代中叶下降之时，正是现在这一拨儿地主试图带头推翻这些法律改革。他们认为，这些改革是引起东埃尔比亚以及其他地方的无可忍受的土地债务的罪魁祸首。尽管多有波折，法律人还是在 19 世纪 90 年代成功地对地主的行动进行了反击。

因此，我们可以说，19 世纪 60 年代的自由主义概念法学所掀起的去政治化浪潮被夸大了。也许是人们对法律实证主义的社会与政

---

〔62〕 这恰恰跟威勒（H.-U. Wehler）在发表一般性评论意见时所体现的口吻一样。参见 H.-U. Wehler, *The German Empire 1871 – 1918* (Leamington Spa, 1985), 9 – 31, esp. 12 f.。

〔63〕 关于诸如弗朗茨·福斯特（Franz Forster）等自由主义官僚在普鲁士立法过程中所起到的领导作用，参见 Buchholz, *Abstraktionsprinzip*, pp. 365 ff.。

治中立性问题太想当然了。对这一法律思想的分析是为了揭示法学制度背后的独特的社会和政治假设(例如,法律面前人人平等、个体的财产自由、合同自由)。也许正是基于这些假设,维亚克尔将《德国民法典》视作“古典自由主义的晚生子”。[64]

自由主义与法律实证主义之间的关系并非偶然。德意志自由主义思想极为重视普遍性、无阶级的社会统一的公众意见的代表性问题。自由主义党在1880年后遭遇了许多选举上的失势困境,而这与在其选民中出现的利益团体有关。[65] 概念法学巧妙地将这方面的自由主义与其所强调的社会中立、对利益团体的敌意以及应对这种利益冲突的困难(当这种冲突是经济发展的结果时)结合起来。[66]在这两种情形下,普遍性主义与社会中立立场掩饰并合法化了围绕着中产阶级重铸社会的意图。

95 可见,自由主义充当了法律实证主义的基础。不过,即使有这方面的积极意义,也不应否认将概念法学作为支撑持续进步的改革工具的不足。德意志民法学者曾指出概念法学在面对社会不公之时的

---

〔64〕 F. Wieacker, *Industriegesellschaft und Privatrechtsordnung* (Frankfurt, 1974), 22.

〔65〕 特别参见 L. Gall, ‘Liberalismus und “bürgerliche Gesellschaft”: Zur Charakter und Entwicklung der liberalen Bewegung in Deutschland’, *HZ* 220 (1975), pp. 324–56; J. J. Sheehan, *German Liberalism in the Nineteenth Century* (Chicago/London, 1978), pt. v。

〔66〕 Wieacker, *Privatrechtsgeschichte*, pp. 439 ff.

无力感。[67] 法律实证主义在回应社会问题时具有两个特征。而这对未来的《德国民法典》具有重要影响。第一,法律实证主义强调借由系统研究现行法而推导出新的法律规则,这意味着法律是独立于社会变迁的。这并不意味着立法者应忽略社会和政治上的发展,温德沙伊德对法学与立法的区分就足以说明这一点。实际上,第一委员会进行了许多社会、经济和政治方面的参照和考虑。[68] 但总体而言,起草者关于该事项的观点并非基于同时代的经济学家和社会改革者的成果而来。人们正是首先从社会问题的立场对概念法学的教义进行根本的批评。1890 年之前,除了鲁道夫·耶林(Rudolph Jhering)等少数学者,共同体的大部分法律人都或多或少地忽略了社会问题。因为第一委员会没有包含政党或经济利益团体的代表,所以该委员会没有办法对职业法律人忽略那个时代的非法学领域的发展的倾向进行自我纠正。[69]

第二(也许是最重要的),概念法学的特征是,它对公私法进行了严格区分。遵循预备委员会的建议,乔霍利用这一理由来将某些法 96
律制度(主要是具有公法特性的封建法律残余)驱逐出《德国民法典

---

〔67〕 除了维亚克尔的著作,另参见 G. Dilcher, 'Das Gesellschaftsbild der Rechtswissenschaft und die soziale Frage', in K. Vondung (ed.), *Das wilhelminische Bildungsbürgertum. Zur Sozialgeschichte seiner Ideen* (Göttingen, 1976), 53－66。

〔68〕 Wieacker, *Industriegesellschaft und Privatrechtsordnung*, pp. 62 f.

〔69〕 Schubert, *Entstehung*, p. 29; Wilhelm, 'Private Freiheit und gesellschaftliche Grenzen', pp. 27 ff.;参见社会政策协会(*Vereins für Sozialpolitik*)关于继承法的讨论以及它对保留农民阶级的呼吁, xxi (Leipzig, 1882) and xxviii (Leipzig, 1884)。

(草案)》。有人认为,将只具有区域意义或正衰亡消失的法律规则纳入全国性的《德国民法典》中是不适宜的,这似乎支持了乔霍的做法。[70] 因为起草者将这些法律领域留给了地方邦国来调整,这限制了《德国民法典》中自由主义原则的适用范围。正是起草者将封建法律残余排除出《德国民法典》,这才使这些法律制度得以在地方邦国苟延残喘。鉴于此,维亚克尔将《德国民法典》视作自由法律实证主义与保守独裁主义的混合物。[71]

然而,也许会有人说,虽然《德国民法典》未能彻底驱逐封建主义,但这也无关紧要,因为资本主义生产关系主导了 19 世纪的德意志。此外,公私法的区分以及将仅有地方意义的法律排除出《德国民法典》的做法意味着起草者可以避免卷入政治上的争议或陷入困境。所以,第一委员会接受了联邦参议院的建议:应该将涉及佣仆(domestic servants)的立法权限留给邦国,这是因为德意志不同地区在这个问题上的立法差别太大。这个问题具有极重要的社会意义,毕竟将某个群体界定为佣仆通常是令人感到羞耻的,尤其是在将农场工人列为佣仆的普鲁士东部地区。在国家统一时期,这一群体的
97 法律地位持续地恶化,如 1869 年的工业法规就没有像对待其他劳动群体一样给予农场工人结会权(right of coalition)。在 19 世纪 80 年

[70] Mugdan (ed.), *Materialien*, iii. 2 f.

[71] Wieacker, *Privatrechtsgeschichte*, pp. 471 f., 479 f.; id., *Industriegesellschaft und Privatrechtsordnung*, p. 22.

代，佣仆在社会保险法中也没有像其他劳动者一样享有平等的权利。保守派团体与联邦参议院以及帝国政府勾结并一再地阻挠改善佣仆地位的计划，他们希望借此将城市阶级间所存在的冲突赶出农村。通过将上述事宜交由地方邦国调整，第一委员会得以有效地巩固其在雇佣法方面的独裁主义，因为它保留了许多现代化之前的因素和社会等级制度，这是一个在理论上依循合同自由的制度。[72] 关于佣仆的法律规则反映了概念法学在促进自由主义改革方面的局限性。立法者未能在以上领域进行法律统一，这意味着通过法律实现社会现代化的设想失败了。

在其他领域也存在这种情形，公私法的划分给自由主义改革事业造成了消极影响。在这之中，最重要的无疑是关于社团的规制问题。社团法兼有公法和私法的面向。就其公法面向而言，社团法调整市民基于公共目的而组建社团的权利，并规定其在政府当局监督下进行运行的条件。1848年之后，许多邦国立法限制妇女、儿童、学徒加入所谓“政治协会”，并限制社团之间开展的联络活动。此类立法授予国家机关解散违反法律规定的社团组织的权力，这种情形一

〔72〕 T. Vormbaum, *Politik und Gesinderecht im 19. Jahrhundert* (*vornehmlich in Preussen 1810–1918*) (Berlin, 1980), chs. 6–7, 9–10. 该书在第271～281页讨论了民法典委员会的问题。

直持续到19世纪末。[73] 此外,社团法也具有私法的面向,如规定社团取得或丧失法律资格的条件。[74]

《德国民法典》起草者所面临的困难是,对公私法予以区分是为
98 了保障个体在没有明显的政治意义的生活里的个体自由。然而,一般认为,在社团的情形下,私权利的获得具有直接的公共意义或政治意义。人们普遍认为,赋予个体拥有土地的权利或要求其承担合同债务的重要性,丝毫不亚于国家与颠覆力量之间的斗争。在所谓的"特许制度"(Konzessionssystem)下,国家有权随意决定是否授予民众这些权利,而社团法常常成为一种排挤体系中的异议者的政治工具。例如,威斯特法利亚农民协会(Westphalian Peasants' Association)1862年成立,而罗马天主教会员占绝大多数。因为政府怀疑其政治可靠性,所以在1862~1891年都没有授予其法律上的权利。[75] 到了1908年,这种政治考量才变得清晰起来了。那些在柏林登记的社团,只要它们与政治有一丁点儿的瓜葛,都将自我定位为

---

〔73〕 关于此类发展的情况概述,参见 A. Hueber, 'Das Vereinsrecht im Deutschland des 19. Jahrhunderts', in O. Dann (ed.), *Vereinswesen und bürgerliche Gesellschaft* [HZ, Beihcft 9 Neue Folge] (Munich, 1984), 115-32。关于1850年普鲁士法与巴伐利亚法的情况,参见 W. Albrecht, *Fachverein-Berufsgewerkschaft-Zentralverband. Organisationsprobleme der deutschen Gewerkschaften 1870-1890* (Bonn,1982), 34-7。

〔74〕 这至少意味着,协会对财产拥有独立的财产权,并可在豁免协会成员个人责任的前提下,对外签订债务协议。

〔75〕 M. Erdmann, *Die verfassungspolitische Funktion der Wirtschaftsverbände in Deutschland 1815-1871* (Berlin, 1968), 70 ff.

保守派。[76]

这一政治实践产生的原因是官僚政府对其公民所自发进行的政治活动心存敌意。这就解释了拥有悠久官僚自由主义(bureaucratic liberalism)传统的巴登大公国为何如此敌视社团立法,特别是在立法会削弱特许制度的功能之时。[77] 19 世纪 70 年代后,归因于社会和经济的变迁,社团在规模以及种类上急速增长,而这亟须进行立法规范。[78] 因为依据私法所成立的社团在感官上具有的政治相关性,当局特别注意到以下两方面问题:用哪一法律制度来界定法律上的社团,以及如何依据社团所声称的宗旨对其进行分类?

就社团的法律性质而言,19 世纪德意志法学界有两种不同观点。一方面,依据罗马法上的法人理论,社团被认为是出于民法目的而特有的、由其个体会员享有权利的组织。这个观点所蕴含的动机 99
是,因应不时组织集体行动的社会情态,来改造本质上是秉承个人主

---

〔76〕 这些社团包括农民联盟的分支机构、基夫豪森老兵联盟(the Kyffhäuser League of Veterans),以及一些产业工人协会。参见 A. Thorndike, *Zur Rechtsfähigkeit der deutschen Arbeiterberufsvereine. Die Lage dieses Problems aus seiner Geschichte entwickelt* (Tübingen, 1908), 81 n. 1。

〔77〕 T. Vormbaum, *Die Rechtsfähigkeit der Vereine im 19. Jahrhundert. Ein Betrag zur Entstehungsgeschichte des BGB* (Berlin / New York, 1976), 192.

〔78〕 K. Tenfelde, ' Die Entfaltung des Vereinswesens während der Industriellen Revolution in Deutschland (1850 – 1873)', in Dann (ed.), *Vereinswesen*, pp. 51 – 114;关于大卫·布莱克本的评论,参见 D. Blackbourn & G. Eley, *The Peculiarities of German History: Bourgeois Society and Politics in Nineteenth-Century Germany* (Oxford, 1984), 195 ff.。

义的罗马法。萨维尼发展了这一观点,而这经常为特许制度的支持者所拥护。在19世纪上半叶,共同法的立场是,法人的创设依赖于国家履行一定的行为。另一方面,诸如奥托·冯·基尔克(Otto von Gierke)等人提出了日耳曼派学者的理论:社团是拥有不同于其个体成员的权利的真正的集体人(realer Gesamtperson)。这一理论常常与"自由创设公司"(freie Körperschaftsbildung)学说相联系,该学说认为,社团仅仅因为其存在即可获得法律能力。此外,在19世纪中叶出现了一种折中的"规范条件说"(Normativbestimmungen),认为社团应满足特定条件(如提交章程或会员名单)才能获得法律能力。[79]

到了1860年,规范条件说几乎成为通说。大多数邦国都在立法规范社团权利时采纳这一学说。《萨克森民法典》一开始就保留了特许制度,不过萨克森在5年之后也引入了这一学说,以规范追求经济目的或"理想目标"的社团。后一种社团是指不参与公共事务的社团。1869年,巴伐利亚基于规范条件说而针对非政治社团出台了一系列法律。同年,普鲁士左翼自由主义者赫尔曼·冯·舒尔茨-德利奇(Hermann von Schulze-Delitzsch)开始漫长的游说历程,以说服帝国国会依据规范条件说来改革涉及社团的所有私法。不过,其未

〔79〕 关于这一立法背景,参见Vormbaum, *Rechtsfähigkeit*, chs. 1-2; P. Kögler, *Arbeiterbewegung und Vereinsrecht. Ein Beitrag zur Entstehungsgeschichte des BGB* (Berlin, 1974), pts. 1-2。

能说服帝国国会将立法改革措施扩展至政治社团、宗教社团以及工会。[80] 此时，人们讨论的是社团所具有的私法面向，而不是讨论已然成为公法的基础的政治组织与非政治组织的区分问题。

1874 年，民法典预备委员会以及联邦参议院司法委员会建议第一委员会将社团法纳入《德国民法典（草案）》中。然而，1879 年 11 月，第一委员会接受了盖哈德的建议，将这一领域留给各邦国来调整。1884 年，还没有等到进入辩论，这一立场便已经为各方接受。100
盖哈德的建议显然是受政治上对依据规范条件说来引入全国性法律的质疑的驱动，也是因为他试图代表其所在的巴登大公国的利益。他对联邦参议院的建议的无视，更凸显了在这个问题上区分公私法的弊端。[81]

尽管没有直接证据，有人说第一委员会的决定反映了社会民主党（Social Democrats）以及工会运动的力量增长。[82] 诚然，在工会组织的法律权利上这一问题上，19 世纪 70 年代的立法者采纳了比 19 世纪 60 年代更具限制性的立场。但是这一转变以及频频发生的使用警察力量来对付工会运动的情形，都被认为是对 19 世纪 70 年代

---

〔80〕 Kögler, *Arbeiterbewegung*, pp. 23 f. , 49 f. ; *Vormbaum*, *Rechtsfähigkeit*, pp. 79 – 89, 109 – 14.

〔81〕 Kögler, *Arbeiterbewegung*, pp. 58 ff. , 68 ft. ; Vormbaum, *Rechtsfähigkeit*, pp. 130 ff. ; 关于盖哈德的推理，参见 W. Schubert, *Vorlagen. Allgemeiner Teil*, i (Berlin / New York, 1981), 552 – 64。

〔82〕 Kögler, *Arbeiterbewegung*, pp. 70 – 5.

早期罢工浪潮中的工人激进主义以及巴黎公社等国际事件的回应。[83] 在此背景下,第一委员会不可能会依据规范条件说来立法或进行司法实践,因为这会增强社会主义组织的实力,促使中产阶级社团(无论是以经济或以理想为宗旨的社团)得到法律承认。[84] 如同对佣仆进行立法规制的例子,《德国民法典(草案)》没有成功将该具有社会政治意义的事项纳入进来,这证明了起草者的受限性,没有办法充分地依据自由主义的先进的理念来实现国家法律的统一。在以上两个例子中,当局都是通过严格区分公私法来维护各邦国现行的、通常是保守的立法计划。这些例子的不同之处是,关于佣仆的立法决定代表了移除构成保守的社会秩序的一个主要壁垒的失败。关于社团的立法反映的是立法者不愿意将自由主义的立法成就延伸至被视作敌人的社会和政治群体。

1888 年之后,第一委员会关于社团立法的处理招致了许多批
101 评,其立场也被修正。当然,这并非人们觉得第一委员会未能满足德意志需求的唯一领域。起草者采纳了罗马法上财产转让致使先已存在的租约无效的规定(Kauf bricht Miete),并设置了关于分期付款购

〔83〕 参见 Albrecht, *Fachverein*, pp. 196 – 205;用来对付劳工运动的主要法律武器是:扩大"政治"协会的定义,并扩大适用禁止社团之间发生联系的法律。

〔84〕 Vormbaum, *Rechtsfähigkeit*, pp. 71 ff., 116 ff., 127.

买合同的规定,这些都被认为是对社会弱势群体的偏见。[85] 在土地法领域,《德国民法典(草案)》将是否应引入特别的继承法来防止农户分裂这个问题留给了各邦,这受到了批评。再一次地,起草者的理由是各邦关于农户继承的法律和习惯差异甚大,难以统一。[86]

对于此类法律,第一委员会可以利用法律实证主义关于构建安定的法律秩序的理念,来为自己的决定作辩护。问题在于,随着新的理念的普及(政府应在社会政策上扮演积极的角色),立法者的这一做法在 1880 年后很快就丧失了正当性。人们开始批评概念法学所"敝帚自珍"的一些原理,如个体自治权优先、区分公私法、法典化是对现行法所进行的系统化表达等。

第一委员会不得不注意到这些新出现的基调。特别是普朗克,他认为有必要对认为第一委员会忽视了其职责的指控进行回应。普朗克列举了几个关于极端法律改革的糟糕建议,并坚持认为,"当事物正处于发展或变迁的阶段,或者立法的意见不够清晰时,第一委员会都不会对现行法进行干预。在此种情形下,立法者必须坚守现行法"。[87] 在社会发展与法律回应之间存在时间间隔,而这与让民法在形塑未来社会秩序上扮演更积极的角色的强烈需求是相冲突的。

---

〔85〕 概括地讲,这意味着所售出的货物的所有权仍为卖方所保留,直到最后一笔分期付款被清偿完毕。如果买方存在违约行为,卖方有权完全收回货物,而无须返还买方已然支付之款项。

〔86〕 Mugdan (ed.), *Materialien*, i. 53 ff.

〔87〕 Planck, 'Zur Kritik', p. 407.

就这种需求的出现而言,《德国民法典(草案)》在1888年的颁布是
102 重要的催化剂,这相当于抛弃了在之前曾引导了委员会的起草工作的整个"社会模式",并在许多方面指明了20世纪法律发展的方向。[88]

概念法学在第一委员会里占主导地位的原因是多方面的。作为一个体系,它在呈现创设法律的确定性方面是独一无二的,特别是1870年德意志各邦法律差异太大。概念法学为统一多元法律提供了方案,在这方面它并没有竞争对手。它提出,在不破坏南方邦国的特别利益的前提下,构建一个现代的全国统一的法律制度。这个设想深深地吸引着19世纪70年代的政治家。第一委员会的人员组成,工作模式,诸如佩普、温德沙伊德和普朗克的主导性角色等这些因素都增加了概念法学在《德国民法典(草案)》准备过程中的作用。日耳曼派学者的代表保罗·冯·罗斯在审议过程中只发挥了微小的作用,这更凸显了概念法学的支配地位。

1888年《德国民法典(草案)》反映了那时的政治和法学关注的主要课题。起草工作开始于文化斗争处于顶点之时。当时,帝国国会的最大政党是民族自由主义党。该党极为重视法典对整合、统一全国的功能,因为法典不仅是新国家的主要制度基础,而且可以强有

[88] Wieacker, 'Sozialmodell', in *Industriegesellschaft und Privatrechtsordnung*, pp. 9–35.

力地驱动德意志走向统一。如前所述,法典化的自由主义支持者将两个截然不同的概念合二为一:德意志人民国家身份的表达以及国家权力的分配。

民族自由主义党对法律统一的程序性的强调是对 19 世纪 70 年代特殊政治环境的一个回应。这解释了为何民族自由主义党接受了在 1873～1874 年作出的那些明显带有保守主义色彩的政治决定。但是,鉴于法律实证主义与自由主义政治二者之间极大的平行性,可以进一步说,在绝大多数法律领域,德意志法学和现代立法已然直面了自由主义的实质性需求。法律实证主义强调公私法的区分以及平等主体的自治性,而在许多方面,这一思想理念都反映了自由主义者 103
关于法治国的诉求。面对 1866～1871 年发生的政治变化,民法范畴的自由主义项目可以正大光明地聚焦于法律确定性的创设,途径是基于概念法学来对现行法进行系统化整合。在评论 1877 年《程序与组织法典》(The Procedural and Organizational Codes)时,弗里德里希·恩格斯(Friedrich Engels)如是说:资本主义的发展迫切地需要移除源自不同邦国的各式各样的程序性或实体性法律规则,而新的立法最重要的价值在于这种移除而非其内容本身。[89]

1874～1884 年的岁月见证了民族自由主义党在那些广泛接受

〔89〕 F. Engels, 'Die Rolle der Gewalt in der Geschichte', in *Marx-Engels Werke*, 31 (Berlin-GDR, 1962), 458.

1871 年《德意志帝国宪法》的地区的选举上的霸权的终结,取而代之的是自下而上的反自由主义运动的开始。这反映了民族自由主义党为国家代言的能力的衰退,并失去了关于国家观念(national idea)的话语权。[90] 它的选民在社会以及区域上都具有不同,选民们成了那一时代的主要受害者。那个时代的普遍需求就是,通过国家行为来将个体从资本主义的个人主义的手中解救出来。[91] 实际问题在于,对民族自由主义党的某部分选民予以援助的行为总是导致其他选民的疏离。

在许多方面,概念法学都面临类似的困难。它尝试着去权衡不同的社会利益并促进各方和睦相处,然而总是受到那些要求实施极端法律改革以保护它们濒临危险的利益的团体的威胁。在个体自由的基础上实现法律确定性,这似乎是对阶级利益的防卫:保护了狭义上的财产所有者的利益,而牺牲了作为一个整体的国家的更广泛的利益。第一委员会未能成功地开展社会改革,实际上第一委员会确实否认《德国民法典》具有这方面的特殊的社会义务,这使其极易招致左翼以及右翼政党的攻击。[92] 随着《德国民法典(草案)》在 1888

〔90〕 参见杰夫·埃利的评论意见:'State Formation, Nationalism and Political Culture in Nineteenth-Century Germany', in R. Samuel and G. Stedman Jones, eds., *Culture, Ideology and Politics: Essays for Eric* Hobsbawm (London, 1983), 289 ff.。

〔91〕 H. Rosenberg, *Grosse Depression und Bismarckzeit. Wirtschaftsablauf, Gesellschaft und Politik in Mitteleuropa* (paperback edn. Frankfurt, 1976), 78 ff.

〔92〕 Planck, 'Zur Kritik', p. 406.

年的公布以及批评声音的传来，概念法学无法再保持其社会与政治中立的立场。正是这场大规模的公众批评，促使立法者在 19 世纪 90 104
年代踏上了对第一委员会的《德国民法典（草案）》进行修订的漫长征途。

第五章　公众反响与法律改革运动:1888～1896 年

《德国民法典(草案)》不仅欢迎来自职业法律人以及学者的评论,也欢迎来自各种经济利益代表组织的意见。[1] 机会没有被浪
105 费。据估计,截至 1896 年,约有 400 位个人以及 80 个组织提交了意见。[2] 大量的报纸版面聚焦于对该主题的讨论。在英国,弗雷德里克·威廉·梅特兰(Frederic William Maitland)对此深有感触。他感叹道:"这说明一个国家可以对其法律制度的构建倾注极大的热情。这就好比一阵暴风雨从天而降,倾泻下来令人应接不暇的书籍以及

---

〔1〕 *Der erste Entwurf eines bürgerlichen Gesetzbuches für das Deutsche Reich. Amtliche Ausgabe* (Berlin/Leipzig, 188), vii.

〔2〕 L. Enneccerus, 'Die parlamentarischen Aussichten des Bürgerlichen Gesetzbuches', *DJZ* 1 (1896), p. 6.

小册子。在那时,我养成了每周浏览德国所出版的书籍清单的习惯。令我惊讶的是,德国人只愿意围绕这部像胚胎一样的《德国民法典(草案)》进行写作,而对别的题目不感兴趣。整个国家似乎变成了一个大型的辩论俱乐部,而所有人都一齐发声。”[3]

就算是除去梅特兰描述里所包含的夸张成分,公众评论意见在数量和范围上都与1888年之前的情形形成鲜明对比,那时的公众对第一委员会的审议活动缺乏关注。这些讨论反映了19世纪80年代末90年代初德意志政治体系的变化。

就《德国民法典(草案)》的价值而言,公众既有赞成尽快通过《德国民法典》的,也有全盘否定其价值的。尽管商会内部意见并非一致,然而商会总体上强烈支持前一种意见。[4] 科隆、索林根(Solingen)以及吕贝克地区商会认为,虽然《德国民法典(草案)》包含一些谬误,但是重要的是即使对草案进行毁灭性的修订,也不会危及法律统一的未来。正如索林根商会所言:“即使《德国民法典(草 106
案)》恰如一些人所言的一无是处,我们也愿意接受这部带有瑕疵的法典,而不愿意在可预见的未来延缓法律统一的进程。”与之相反的是,施韦德尼茨商会不认为现行法律秩序是如此的不可接受

---

〔3〕 F. W. Maitland, 'The Making of the German Civil Code', *Independent Review* (1906), 重刊于 H. A. L. Fisher (ed.), *The Collected Papers of Frederic William Maitland*, iii (Cambridge, 1911), 480。

〔4〕 关于商会的评论,参见 ZStA Potsdam, RJM 3838. 囿于篇幅,本书以以下形式简扼引用这些文献:“商会名称＋所在页数”,如“科隆商会,第4页”。

以至于公众对其他任何可能想到的法典都青睐有加。但是,施韦德尼茨商会也认为第一委员会顾及了贸易和工业的一般利益。[5]

可以预见的是,民族自由主义党将会领导这一运动以尽快完成法律制度的统一。这意味着他们仅会对《德国民法典》起草委员会的工作作细微的调整。在 19 世纪 70 年代关于修辞学复兴的勇敢尝试中,《民族时报》(*National-Zeitung*)希望此类《德国民法典(草案)》所制造的道德压力会有助于压住联邦制拥护者及各邦自主主义者的反对意见。另一家著名的践行民族自由主义的机构声称,黑森和巴伐利亚此前编纂民法典的尝试之所以失败,就是因为存在那些"不负责任的批评者"。[6] 巴伐利亚的法律人士、民族自由主义者梅尔希奥·施滕格莱因(Melchior Stenglein)赞同此言,并批评那些人宁愿没有《德国民法典》,也不愿意接受 1888 年《德国民法典(草案)》的做法。他说道,那些住在巴伐利亚的人深知法律不统一所造成的问题,而普鲁士的情形也好不到哪儿去。有人开始呼吁各邦进行妥协,即接受那些似乎不受欢迎的细节,以期不损及法律统一这

---

〔5〕 科隆商会,第 4 页;索林根商会,第 2 页;吕贝克商会,n. p.;施韦德尼茨商会,第 3 页。

〔6〕 参见《民族时报》1888 年 1 月 6 日版、《西里西亚时报》(*Schlesische Zeitung*)1888 年 4 月 6 日版。

一更伟大的事业。[7] 著名刑法学者弗朗茨·冯·李斯特(Franz von Liszt)便是关于这种情绪的一个极端的例子,他公开表示了对《德国民法典(草案)》的失望之情,并从整体上同意奥托·冯·基尔克的强烈批评意见。不过,他将所需要修改的范围限定为那些不会因为被修改而打乱草案的结构的问题。他说道:"如果涉及的问题是我们德意志民族的法律统一问题,那么法学家的质疑便是无济于事的。我会投票支持任何关于统一民法典的草案,无论它在何种程度上契合我关于一部德意志民法典的理想设计。"[8]

民族自由主义者阵营的共识是,就算是需要修订《德国民法典 107
(草案)》,也不能让修订作业妨碍国家法律统一的快速完成。[9]

在关于《德国民法典(草案)》的争论过程中存在各种各样的看法。例如,人们普遍认为,《德国民法典(草案)》在措辞以及表达上尚有许多改进空间。就该草案的激进反对者而言,这是一个重要的

---

〔7〕 施滕格莱因(Stenglein)在 1889 年 4 月 23 日写给马夸森(Marquardsen)的信,参见 ZStA Potsdam, Marquardsen Papers 23, fo. 63; G. Planck, 'Zur Kritik des Entwurfes eines bürgerlichen Gesetzbuches für das deutsche Reich', *AcP* 75 (1889), p. 329; 温德沙伊德在 1889 年 9 月 22 日所作的演讲,被以下文献引用:G. Planck, 'Windscheid als Mitarbeiter am bürgerlichen Gesetzbuche', *DJZ* 14 (1909), p. 955。

〔8〕 F. v. Liszt, *Die Grenzgebiete zwischen Privat-und Strafrecht* (Berlin/Leipzig, 1889), 4f.

〔9〕 例如,参见 1888 年 3 月 25 日《民族时报》以及 1888 年 7 月 30 日《科隆时报》(*Kölnische Zeitung*)。一个例外是奥托·贝尔,自 1860 年以降,他一直坚持反对编纂民法典立场。参见 Bähr, *Das bürgerliche Gesetzbuch und die Zukunft der deutschen Rechtssprechung* (Leipzig, 1888)。

论据,然而该草案的支持者也表达了类似的观点。许多人感觉到,对于非法律人士来说,该草案是颇为费解的,而且它过分地追求形式化和抽象化,在体系上过于依赖精心设计的互相参照体系。但是,也有人认为,鉴于现代德意志法律的复杂性,这些做法都是不可避免的。[10]

从整体上看,法律人有同感的是,这一《德国民法典(草案)》至少是适于作为未来民法典的基础的。诚如法学家代表大会主席在1890年所述:“就我所见,执业律师一般对该《德国民法典(草案)》颇为赞许,并热切希望其变成法律。尽管存在例外,司法系统的主流立场也是如此。主要的反对声音来自大学教授……”

帝国司法部的一位高级官员也认为,除了基尔克,大部分批评者都愿意接受《德国民法典(草案)》,尤其是在主要的问题上都愿意让步。当执业律师被要求发表评论意见时,德意志律师协会(Deutscher Anwaltsverein)希望他们夸赞《德国民法典(草案)》的优点。[11]

然而,这一皆大欢喜的景象是一种错觉,因为它只是指出了法律共同体内的多数意见。《德国民法典(草案)》是在俾斯麦进行第一

---

〔10〕 E. I. Bekker, *System und Sprache des Entwurfs eines Bürgerlichen Gesetzbuchs* (Berlin/Leipzig, 1888); P. Hinschius, *Suarez, der Schöpfer des preussischen Landrechts und der Entwurf eines bürgerlichen Gesetzbuchs für das deutsche Reich* (Berlin, 1889); Schweidenitz chamber, pp. 3 f.

〔11〕 Gneist to Oehlschläger, 23 Feb. 1890, ZStA Potsdam, RJM no. 3812, fo. 84., Struckmann to Planck, 22 Apr. 1890, NSUUB Göttingen, Planck Papers Ⅷ, fo. 62. M. Hachenburg, *Lebenserinnerungen eines Rechtsanwalts* (Düsseldorf, 1927), 161.

次社会改革尝试之后颁布的，这也招致许多的抗议，抗议者希望国家 108
民法典可以反映最新的社会精神。作为有名望的学者，海因里希·冯·戴恩堡（Heinrich von Dernburg）对概念法学的基本假设进行了否定，并在1889年的法学家代表大会上发问道："如果将社会组织排除在外，则何为私法？即使是对于立法者而言，社会因素都是最相关的考量因素。起草法律的法学家所应做的只是以必要的方式归纳有益的社会举措。如果说社会政策是关于立法的最重要的因素，那么正是因为私法是对社会中存在的不同阶层、身份和社团间的关系进行调整的法律部门，所以社会因素是最重要的。"[12]

在这方面，戴恩堡并非唯一秉持这一观点的人。在同一会议上，路德维希·富尔德（Ludwig Fuld）博士极力呼吁在法典中多些考虑社会弱势群体以及农民。依其看来，立法者有义务将当代社会需求吸纳进《德国民法典》，他认为应该将俾斯麦"一滴社会的油"的著名论断延伸至民法的重要领域。[13] 这些观点的主要用意并非在于反对《德国民法典》。诸如海因里希·布伦纳等国家民法典的狂热拥趸对1888年《德国民法典（草案）》深感失望。在布伦纳看来，这部草案既过分依赖罗马法而非德意志法又忽视私法的社会面向，这使其压根比不上《普鲁士国家一般邦法》。在这点上，他的立场与其在柏

〔12〕 *Verhandlungen des Zwanzigsten Deutschen Juristentages*, ⅳ (Berlin, 1889), 176 f.

〔13〕 Ibid., 170 ff.

林大学的同事戴恩堡以及保罗·欣席乌斯(Paul Hinschius)的观点相仿。[14]

在对1888年《德国民法典(草案)》进行此类批评的人中,奥托·冯·基尔克是其中最著名的。他的贡献在于,借助系统化的社会与政治学说,来批评起草委员会偏倚罗马法所造成的社会后果。
109 基尔克热切希望通过自己的著作来影响全国以及普鲁士政府。[15]他也不辞辛劳地争取其他方面(如德意志法学家代表大会、普鲁士农业的主要代表机构以及普鲁士国家农业经济委员会)的支持。实际上,普鲁士政府以及《德国民法典》的支持者都非常重视基尔克的批评意见。普朗克对《德国民法典(草案)》的维护是出了名的,而这恰好被视作对基尔克的反击,[16]而帝国司法办公室的赫尔曼·施特鲁克曼(Hermann Struckmann)更是受派遣出席在1889年11月举行的普鲁士国家农业经济委员会代表大会,以期抵挡住基尔克对《德国民法典(草案)》的攻击。如同普朗克所承认的,基尔克的观点是危险的,因为其与"欲壑"越来越难填充的某些利益集团一唱一和,而且他

〔14〕 Brunner to F. Althoff, 21 Sept. 1888, ZStA Merseburg, Rep. 92 Althoff no. 18 vol. 3, fos. 103-7. 欣席乌斯从社会性的视角论述了《普鲁士国家一般邦法》的优越性,参见 Hinschius, *Suarez*。

〔15〕 关于基尔克在1889年7月3日写给俾斯麦的信,参见 ZStA Potsdam, Rkz 726, fo. 22;关于基尔克在1889年7月3日写给弗里德贝格(Friedberg)的信,参见 GStA Berlin-Dahlem, Rep. 84a 11773, fo. 353。

〔16〕 关于乔霍(Johow)在1889年9月29日写给普朗克的信,参见 NSUUB Göttingen, Planck Papers v, fo. 104。

的建议无法与第一委员会的成果相调和。[17]

批评者最喜欢责难基尔克的地方是，他主张编纂一部真正的"德意志"《德国民法典》，一部尽可能地排除罗马法元素的《德国民法典》。批评者认为这忽略了一个事实，自中世纪以来，罗马法就成了德意志法律传统的一部分。批评者因而将基尔克的著作视作绝望者的怀旧、保守派的白日梦，而不关心现代性需求。正如一份左翼自由主义报纸所写的那样，基尔克的观点就像是将新的哥特式建筑从建筑领域移入政治领域。[18] 后来的学者也认为基尔克只是试图回到过去，维护东埃尔比亚地主以及其他利益受到威胁的社会团体的利益。[19] 然而，如果这是真的，那么基尔克是怎样既获得极端保守的《十字架报》的支持，又获得社会主义阵营的《前进报》(*Vorwärts*)的支持(尽管有一定的保留)的呢？[20]

如同其他批评《德国民法典(草案)》不重视考虑社会因素的人一样，基尔克也不是在总体上反对编纂《德国民法典》。实际上，他相信反对《德国民法典(草案)》的举动正是为了争取一部真正的德意

---

〔17〕 Planck, 'Zur Kritik', pp. 405 f., 415 f.

〔18〕 参见福斯日报(*Vossische Zeitung*)1889年8月12日版、《民族时报》1890年8月29日版。

〔19〕 关于这个问题的精彩讨论，参见 G. Dilcher, 'Genossenschaftstheorie und Sozialrecht: Ein "Juristensozialismus" Otto v. Gierkes?', *Quad. fior.* 3/4, t. 1 (1974-5), pp. 319-65。

〔20〕 《十字架报》1888年8月29日版、《前进报》1891年4月2日版以及1895年6月1日版。

志民法典。[21] 根据基尔克的观点,第一委员会忽略了立法者的基本
110 使命。第一委员会的成果既非德意志的、通俗易懂的,亦非富有创造性的。更严重的是,法典起草者似乎从未考虑过一部新的私法体系是否需要反映道德和社会需求。他嘲笑法典起草者的社会和政治中立理念,他认为:“如果存在一个隐藏着的社会趋势,这个趋势就是个人主义以及片面强调资本主义。这是反社会的趋势,对社会共同体是抱有敌意的,并妄图增加强势群体对付弱势群体的控制力。然而,我们新近的德意志立法却对此熟视无睹。”

基尔克认为,德意志社会的发展需要打破罗马法对公法与私法进行二元区分的窠臼。实际上,基尔克认为,在公法与私法之间所插入的社会法,是影响当代社会秩序的兴衰的因素。[22]

不过,基尔克与其他对《德国民法典(草案)》进行批评的日耳曼派学者一样,都不认为单纯因为国家迫切渴望统一法律就可以忽略关于法典内容的忧虑。国家所需要的不仅是一部法典,而且须是一部优良的法典,而主要是依据其社会内容来评价该法典。[23] 这正好是与《德国民法典》第一委员会的指导思想对立的,基尔克以此为基

---

〔21〕 O. Gierke, *Der Entwurf eines bürgerlichen Gesetzbuchs und das Deutsche Recht* (Leipzig, 1889), vi.

〔22〕 Gierke, *Entwurf*, pp. 2, 3 f.; Gierke, 'Die soziale Aufgabe des Privatrechts' (1889), 重刊于 E. Wolf (ed.), *Quellenbuch zur Geschichte der deutschen Rechtswissenschaft* (Frankfurt, 1949), 485。

〔23〕 Gierke, *Entwurf*, pp. 4 f.;另一个日耳曼派学者菲利克斯·达恩(Felix Dahn)也持类似观点,参见《西里西亚时报》1888 年 11 月 27 日版。

础攻击《德国民法典(草案)》所具有的罗马法派学者品性。他认为，诸如合同自由等原则实质上是使弱者受强者支配，而整部债法所预设的前提是，债法只与个体的自治性有关。基尔克认为，这没有考虑现代社会经济活动的主要源头是团体而非个人。尽管债权人非常有 111
可能是合同双方中的优势方，然而归因于这种个人主义，《德国民法典(草案)》关于利率、高利贷、惩罚条款以及租赁的规定都偏袒债权人的利益。合同自由之下隐藏的最大危险就是对社会弱者的利益剥削。在基尔克看来，这种剥削是现代社会问题的主要根源，而迫切需要立法者对此进行关注。他说道："时下比以往更甚，私法必须保护弱者以对抗强者，亦必须保护共同体的利益以反对个体的自私。"[24]

基尔克被称为反对《德国民法典》的日耳曼 - 容克 - 保守派(Germanist-Junker-reactionary)中的"领头羊"。[25] 这主要源于他对《德国民法典(草案)》的第二个攻击——他坚持区分对待土地以及动产。他认为，土地所有权是社会秩序的堡垒，而将土地所有权与动产所有权等而视之的做法是高度不负责任的。就基尔克而言，将物权视作个体对物的完全支配的理念是很荒谬的，他不认为物权仅是个体的私领域的组成部分，并且只受外界最低限度的约束。他以"没有不负义务的权利"(no rights without duties)的名言为引语来批评

〔24〕 Gierke, *Enrwurf*, pp. 192 – 244; 'Aufgabe', p. 499.

〔25〕 U. -J. Heuer, *Allgemeines Landrecht und Klassenkampf* (Berlin-GDR, 1960), 15.

《德国民法典(草案)》,他说道:"在有必要的时候,法律不仅应禁止滥用物权,而且应在社会期望存在法律义务的情形下规定正确行使物权的义务。"[26]基尔克认为,德意志法律传统相对于罗马法传统的优越性在于,它坚持将土地所有权系于一系列社会义务,以及与其他类型的资本的所有权无涉的政治功能。基尔克反问道,如果给予土地所有人以雨伞或钞票所有人一样的权利,这不是荒谬的吗?[27]在他看来,如果一个法律秩序试图让土地与其他货物拥有相同的流通速度,这对于社会而言是相当危险的。对于社会来说,土地所有权应该具有保守的功能。他说道:"借此,起草者采纳了一种关于土地所有权的措辞,而对于那些不希望土地上的私人物权被废除的人而言,这无疑是深受欢迎的。"[28]

基尔克据此提出一系列的改革建议,以维护地主阶级在法律制度中所拥有的地位。在担保法方面,他支持将定期土地债务(Rentenschulden)纳入法律之中,即规定依据土地的生产价值而非其市场价值来计算偿还额。在继承法方面,他呼吁在法典中引入共有继承制度(undivided succession),即禁止在有数个继承人时对农民财产(peasant holdings)进行分割。换言之,共有继承制度是指农民的

〔26〕 Gierke, 'Aufgabe', pp. 490 f.

〔27〕 Ibid. ,492.

〔28〕 Gierke, *Entwurf*, p. 280;关于土地所有权所应扮演的保守的社会角色,参见'Aufgabe', p. 494。

财产由单一继承人享有继承权,而非在多个继承人之间划分继承财产的制度。对于贵族土地,他试图通过改良家庭信托(Fideikommiss)的保留条款以取得相同的效果。[29] 112

因此,基尔克将德意志法律传统与土地所有权所具有的社会与政治的重要性联系起来。在这方面,基尔克是那个时代非常典型的代表而非改革者。在《德国民法典(草案)》颁布前的一段时间里,土地方面的团体就已意识到,它们在充当社会主义的反对者的过程中能够获得什么政治资本。在 19 世纪 80 年代早期,这一观点也逐渐获得学界的支持。在 1882 ~1884 年所进行的关于社会福利政策协会(Verein für Sozialpolitik)的讨论,为这些观点的发表提供了一个极佳的契机,而奥古斯特·冯·米亚斯科夫斯基(August von Miaskowski)的著作尤其加强了保留农民身份与依据德意志法律传统改革继承法这二者之间的关联。[30] 米亚斯科夫斯基概括了罗马法所具有的内在危险性以及可以充当替代之物的德意志传统。他评论道:"因此,如果地产被措置于一个区别于资本的不同法律制度里,并且是契合其具体品性的,那么所创造出的规则就并非全新的。相反,

---

〔29〕 Gierke, *Entwurf*, pp. 369 f., 570 f.; 'Aufgabe', p. 495; Gierke, 'Die Stellung des künftigen bürgerlichen Gesetzbuchs zum Erbrecht in ländlichen Grundbesitz', in G. Schmoller (ed.), *Jahrbuch für Gesetzgebung, Verwaltung und Volkswirthschaft*, 12 (1888), 401-36.

〔30〕 *Schriften des Vereins for Sozialpolitik*, xxi, xxviii (Leipzig, 1882, 1884); A. v. Miaskowski, *Das Erbrecht und die Grundeigenthumsverteilung im Deutschen Reich* (2 vols. Leipzig, 1882, 1884).

这会再一次引出植根于旧有法律的理念——物权所具有的经济性质的不同决定了立法的表述。”[31]

在一定程度上,正是米亚斯科夫斯基的研究促使德意志农业协会(Deutscher Landwirtschaftsrat)在1886年着手处理这个问题,并请求俾斯麦在《德国民法典》中增加关于未立遗嘱时的地产完整继承的条款。[32]

米亚斯科夫斯基以及其他学者的工作为日耳曼派学者攻击《德国民法典(草案)》的土地法奠定了理论基础,并在许多方面应和着
113 基尔克的观点。米亚斯科夫斯基相信稳定的土地所有权关系能够充当对抗社会主义的重要堡垒。[33] 跟基尔克一样,他也认为一部真正的德意志土地继承法在本质上是反对个人主义的,并将保存家庭作为最重要的关注点,基尔克将家庭的保存当成一个“有机的联合”,而米亚斯科夫斯基以及其他日耳曼派学者将家庭的保存视作最具影响力的社会与经济事务。[34]德意志精神(Germanism)强调家庭团结、特殊对待土地部门的需求、社会需求优先于个人权利,基尔克等将这些集合起来批评《德国民法典(草案)》所秉承的罗马派学者的个人

---

〔31〕 Miaskowski, *Erbrecht*, ii. 260.

〔32〕 ‘Eingabe des Deutschen Landwirtschaftsrats’, 1 July 1887, StA Hamburg, Senatskomm. für die Justizverwaltung 1 A a 1 vol. 1, fo. 45.

〔33〕 Miaskowski, *Erbrecht*, ii. 274.

〔34〕 Gierke, *Entwurf*, p. 394; Miaskowski, *Erbrecht*, i. 241 ff. (引语出自第252页); Gierke, ‘Aufgabe’, pp. 504 f.; *Entwurf*, pp. 535 f.

主义。

1888 年之后,土地团体就开始正视这些观点,他们迫切地需要证明国家给予特殊的对待的合理性。正是这种与土地保守主义的联系,促使基尔克与其他日耳曼派学者具有了同样的利益。日耳曼派学者因而在 19 世纪八九十年代反对自由主义、反对土地政策激进化的浪潮中扮演了重要角色。在 19 世纪六七十年代,他们对团体的重视、对个人主义的仇视、将德意志传统置于罗马法传统上,这些都是其针对自由主义所采取的带有保守主义的抵制措施的本质特征。[35]

本章随后会继续对这些问题详加论述。然而,需要注意的是,1888 年的"德意志精神"绝非仅仅是实现保守派利益的工具。米亚斯科夫斯基主要关注的是农民身份的存留,他相信农民身份受到两方面的威胁:一是流动的资本;二是令人担心的大型地产进行合并的趋势。在对贵族家庭继承的价值的认识上,米亚斯科夫斯基与基尔克存在不同之处,米亚斯科夫斯基相信这会加剧强者剥削弱者的情况,并将农舍并入大型地产之中。[36] 在担保法方面,基尔克强调普鲁士在 19 世纪 70 年代立法的价值,这个观点使其与 19 世纪 90 年代的激进的土地改革论者(agrarians)相区分,后者认为立法象征着资

---

〔35〕 关于这些发展的情况,参见 S. Buchholz, *Abstraktionsprinzip und Immobiliarrecht. Zur Geschichte der Auflassung und der Grundschuld* (Frankfurt, 1978), 381 - 8。

〔36〕 Miaskowski, *Erbrecht*, ii. 5 - 90. 关于基尔克对此的反对意见,参见'Erbrecht in ländlichen Grundbesitz', pp. 427 ff. 。

本优先于土地所有权。[37] 值得注意的是,主流的日耳曼派学者都没有否定遗嘱自由原则。米亚斯科夫斯基实际上还考虑将地主所享有的遗嘱自由扩大适用至土地所有者,但他辩称,这需要与土地所有者未立遗嘱而逝后发生的整体继承相配套。基尔克认为,现代继承权
114 不能限制土地所有者的处分自由,否则便相当于恢复了关于不自由的租地农(unfree property tenures)的制度。与米亚斯科夫斯基一样,基尔克所提议的改革措施也是仅限于无遗嘱继承的情形。[38]

不过,基尔克与保守派在社团法方面却明显决裂了。基尔克是日耳曼派学者中支持"自由创设社团"理念的主要人物,他认为只要一群人决定成立一个社团,则这本身就给予了社团法律能力。这个建议具有激进性,而只有社会民主党才对其给予热情支持。然而,当基尔克批评《德国民法典(草案)》故意对法人资格的取得与丧失问题避而不谈时,他获得了众多同事的支持。在 1888 年日耳曼派学者代表大会上,人们表达了对起草委员会的抗议,并建议进行改革。[39]

基尔克将《德国民法典(草案)》的这一部分视作最令人不满的

---

〔37〕 Gierke, *Entwurf*, pp. 367 – 82.

〔38〕 Miaskowski, *Erbrecht*, ii. 201 ff. ; *Schriften des Vereins für Sozialpolitik*, xxi. 20 ff. ; Gierke, 'Erbrecht in ländlichen Grundbesitz', pp. 410 – 20.

〔39〕 *Verhandlungen des Neunzehnten Deutschen Juristentages*, iii (Berlin, 1888), 220 ff., 321 ff. ; T. Vormbaum, *Die Rechtsfähigkeit der Vereine im 19. Jahrhundert. Ein Beitrag zur Entstehungsgeschichte des BGB* (Berlin/New York, 1976), 150 ff.

部分,并认为这迫切需要进行修订。[40] 这与基尔克所秉持的社会与政治哲学有关系,他寻求发展人类协会(human associations)的权力与权利,以避免社会分裂为互相抵牾的"全能政府"与"原子化个体"。人类协会可以在一个单一民族国家内对不同组织进行调解,并使个人自由享有适宜的自主领域而避免屈服于个人主义的剥削。基尔克接受从国家的控制中获得解放的自由主义理念,并只在感到社会需求高于一切之时才对个人自由进行限制。[41] 在其谈论土地所有权的继承问题时,这体现得尤为明显。他说道:"总体上,土地上私人财产自由原则是如此深地植根于现代法律意识之中,并与我们的文化发展是如此密切相关,以至于只有在通过其他方式不足以保护社会之时,才能对这种自由施加限制"。[42]

不过他也相信,尽管当代社会发展的最大不幸是强者剥削弱者,然而,并没有确凿的证据表明需要对个体自私的破坏性作出限制。在此种情形下,社团法也许恰恰就是有助于发展出一套综合的社会法的领域,因为社团生活表达了集体进行行动而非个体自私地进行 115
行动的可能性。

---

〔40〕 Gierke, *Entwurf*, p. 144, and ibid., *Personengemeinschaften und Vermögensinbegriffe* (Berlin, 1889).

〔41〕 Dilcher, 'Genossenschaftstheorie und Sozialrecht', *passim*; S. Pfeiffer-Munz, *Soziales Recht ist deutsches Recht. Otto von Gierkes Theorie des sozialen Rechts untersucht anhand seiner Stellungnahmen zur deutschen und zur schweizerischen Privatrechtskodifikation* (Zürich, 1979), chs. 3–6.

〔42〕 Gierke, 'Erbrecht im ländlichen Grundbesitz', p. 416.

这些考量有助于解释为何基尔克的著作仿佛混杂着矛盾的反动因素与进步因素。自由主义者指摘称,日耳曼派学者只是图谋逆历史之潮流,并恢复中世纪的德意志的体系。然而,这种看法遗漏了基尔克观点的核心内涵。尽管他青睐类似于其曾研究过的中世纪德意志社团(Genossenschaften)所处的那种德意志法律制度,然而,在其思维展开之时,纯粹历史方面的考虑只是扮演了次要角色。他主要思考的是如何解决当代社会问题,而他所提出的历史方面的论据只是用来支持进行改革的正当性。[43]

显而易见的是,基尔克在这一议题上无法得到大多数法律人的支持。从总体上说,海因里希·布伦纳以及戴恩堡是日耳曼派学者的理念的强大支持者,但是二者(尤其是海因里希·布伦纳)公开呼吁反对第一委员会的草案。尽管戴恩堡对草案存在某些保留意见,然而人微言轻的他未能扛住压力,并将《德国民法典(草案)》当作未来立法的基础。路德维希·富尔德写道:"在早先的法律发展成果的支持者以及那些希望通过特别强调社会利益来开拓民法新道路、设定新目标的人之间,横亘着深深的、也许是不可逾越的鸿沟。"[44] 富尔德尤其关心租赁法(tenancy law)以及农民土地继承方面的法律,

---

〔43〕 Dilcher, 'Genossenschaftstheorie und Sozialrecht', pp. 356 f.; Pfeiffer-Munz, *Soziales Recht*, pp. 40 f. 从后一作品的题目可以看出,这是为了突出这些问题在基尔克思想体系中的优先性地位。

〔44〕 L. Fuld, 'Das bürgerliche Gesetzbuch und das Sozialpolitik', *Gruchots Beiträge zur Erläuterung des Deutschen Rechts*, 35 (1891), 636.

他认为第一委员会在这两个领域都未能公平对待时代以及国家经济的需求。像基尔克一样,他反对《德国民法典》仅对现有法律进行汇编的做法,也批评"法学家的单向私法经验"。他认为,这会使《德国 116
民法典》起草者忽视群体中的社会与经济状况的差异性。[45] 像其他批评者一样,他建议扩大而非限制遗嘱自由,以免产生分割土地物权的危险。他尤其反对法国法体系,而法国法恰好适用于其所在的美因茨。他与基尔克的另一个联系点是,富尔德亦对《德国民法典(草案)》对待社团法的方式颇有不满,他也提倡"团体创设自由"。他认为特许制度仅仅是警察国家的遗物。[46]

也许这些批评意见的核心问题是,如何理解法律上的形式平等与社会经济上的不平等之间的关联性。诚如富尔德所言,立法者忽视了社会与经济关系中的无尽差异之处,并在私法领域维护人人平等这一谎言,而实际并不能实现。社会主义者在批评第一委员会的工作时所说的"新起点"也反映了相似的感受,这是社会主义者对《德国民法典(草案)》所表达的唯一明确的批评意见,而这在一定程

〔45〕 L. Fuld, 'Der Entwurf eines bürgerlichen Gesetzbuchs für das deutsche Reich und das bäuerliche Erbrech', *Zeitschrift für Agrarpolitik*, 1 (1888), 148 f.; 'Sozialpolitik', pp. 639, 647.

〔46〕 L. Fuld, 'Das Erbrecht des code civil und das bäuerliche Grundbesitz', in Schmoller (ed.), *Jahrbuch für Gesetzgebung, Verwaltung und Volkswirthschaft*, xii (1888), 999－1027; Fuld, 'Die rechtliche Stellung der juristischen Personen', *Allgemeine Zeitung*, 25 Oct. 1891.

度上得到诸如基尔克和富尔德等反社会主义改革者的支持。[47] 直到最近,维也纳社会主义者安东·门格尔(Anton Menger)才成为学者进行严肃学术研究的对象。[48] 他在《德国民法典》争论中所具有
117 的历史地位并非源自他对《德国民法典》的直接影响。虽然很难衡量,但是他在这方面的影响力很可能较小。[49] 然而作为左派人士,他乐意展示如何能够利用与日耳曼派学者所采纳的立场有密切联系的方式来攻击概念法学。

门格尔的出发点是任何富有成效的批评都须建立在接受《德国民法典(草案)》的基本立场的基础上,他放弃从社会主义的法律概念来进行批评。以此为出发点,门格尔试图论证《德国民法典(草案)》对穷人的利益抱持强烈的偏见。他主要关注合同法,并认为合同法潜藏着对穷人的不利,因为合同法没有注意到不同社会群体在能力上的巨大差异。他说:"总体上,立法者纯然是从形式主义的视角来为富人和穷人创设无差别的法律,这就对无产阶级造成了不利。

〔47〕 Fuld, 'Sozialpolitik', pp. 639 ff.; Gierke, *Entwurf*, p. 25.

〔48〕 K.-H. Kästner, *Anton Menger* (1841 - 1906). *Leben und Werk* (Tübingen, 1974); E. Müller, *Anton Mengers Rechts-und Gesellschaftssystem* (Berlin, 1975); D. Wilrodt Westernhagen, *Recht und soziale Frage* (Hamburg, 1975); H. Hörner, *Anton Menger. Recht und Sozialismus* (Frankfurt, 1977); Ramm, Reich, and Orrù in Quad. fior. 3/4, t. 1 (1974 - 5).

〔49〕 与之形成对照的观点, See Kästner, *Menger*, pp. 166 f.; Hörner, *Menger*, pp. 179 ff.; K.-P. Schroeder, 'Anton Menger: Jurist und Sozialphilosoph', JuS 15 (1975), p. 680; G. Orrù, '"Idealismo" e "Realismo" nel socialismo di Menger', Quad. fior. 3/4, t. 1 (1974 - 5), pp. 230 f.。

因为这两个阶级的人具有完全不同的社会地位,这意味着需要在法律中对其给予区别对待。”

为了更清晰地进行说明,他断言:“现今,显而易见的是,现实中最大的不公是平等对待具有差异性的事物。”〔50〕《德国民法典(草案)》的不充分性与 19 世纪法学所存在的缺点以及历史法学派的遗产密切相关。门格尔责备《德国民法典》预备委员会坚持汇编现行法的做法,他认为真正的立法者应该着眼于未来,而预备委员会却抱残守缺。在门格尔看来,法学是所有学科中发展最迟缓的而又是最快速的受到时代潮流影响的学科。〔51〕

这种对立法者所缺少的创新性与前瞻性的忧虑,恰恰与基尔克的德意志精神的指向性一致。然而,与基尔克不同的是,门格尔不认为法律是有机体。实际上,他所攻击的靶子之一正是有机类比(organic analogy)所隐含的保守性——无论是谁相信法律与国家的 118
有机性,他们都太容易忘记一个事实:飓风与地震皆只是自然界的一部分,正像动植物平静生长一样。〔52〕 因此,尽管基尔克与门格尔在许多细节上甚至是重要原则上具有相同观点,然而他们的基本立场是迥异的。基尔克寻求一种与在许多面向上都具有保守性的国家传

---

〔50〕 A. Menger, *Das bürgerliche Recht und die besitzlosen Volksklassen* (5th edn., Tübingen, 1927), 2 f., 19, 30.

〔51〕 Ibid., 15 f., 30.

〔52〕 Menger, *Das bürgerliche Recht*, p. 13.

统相一致的改革,而门格尔无疑是基于工人阶级利益而进行倡议的社会主义改革者。[53]

门格尔相信,《德国民法典(草案)》对债法较为重视,这意味着起草者将之视作商业时代的成果。在这个时代,商人的利益在实际上比物权所有者的利益更具有分量。该草案是商业精神对财产秩序(propertied order)的一次胜利,是贸易法对物权法的一次胜利。[54]毫无疑问,物权的绝对性反映了对物权所有者的利益的保护,但在门格尔看来,(即使是就资产阶级而言)这也无异于谎言。《德国民法典(草案)》仅仅关心货物的便易流转以及法律技术的完善。《德国民法典(草案)》对贸易利益的保护力度比对物权的保护力度大,而在该草案中没有哪一部分比这更清晰地表明法律与经济基础的分离。其中一个表明此种"偏见"的例子便是抽象性原则(principle of abstraction),门格尔评论道:"依据抽象性原则,特定的意思表示行为即可创设法律义务,而无须考虑这种意思表示是否在法律或经济事实上具有正当性。没有哪一个制度比这一原则更损害私法的名声了。"

无论卖方通过何种方式获得了某物,法律对获取物权的善意第

---

〔53〕 关于门格尔与其他从"社会性"的角度批评《德国民法典(草案)》的批评者的关系的精彩讨论,参见 Hörner, *Menger*, pp. 135 ff. and Orrù, '"ldealismo" e "Realismo"', pp. 207 ff. 。

〔54〕 *Das bürgerliche Recht*, pp. 39, 127.

三人的权利所进行的清晰保护意味着,为了交易安全,法律对私人财产进行了完全而永久的没收(confiscation)。这一考虑促使门格尔作出与基尔克相反的推断:《德国民法典(草案)》的物权概念在外观上是严厉的,而在内里是孱弱而任意的。这种孱弱仅仅是私法衰落、法 119
律秩序逐渐由私法走向公法的种种迹象之一。[55]

可以预见的是,门格尔特别关注那些似乎与保护贫困者的利益目标背道而驰的债法内容。与基尔克以及其他人一样,他认为合同自由的基本原则有可能促使贫困者在租赁法以及劳动法等重要领域依赖富人。他也指出了《德国民法典(草案)》在工作条件方面的规定的不充分性。就门格尔而言,草案的基本错误在于将劳动合同、服务合同视作买卖合同。就其本身而论,《德国民法典(草案)》忽略了现代立法的一般趋势,这一趋势似乎喻示着国家对劳动关系方面的规则的接管,并最终将关于劳动组织的全部事项纳入法典。他也认为 19 世纪 80 年代的社会立法很可能增加了工作事故的发生频率。因为工人的唯一财产即其个人属性(personal attributes),必须要求雇主排他地依据民法来承担事故的赔偿责任。该草案的另一个缺点在于忽略了雇主的纪律处分权力(disciplinary power)。与富尔德等评论者一样,门格尔建议将涉及佣仆的法律纳入《德国民法典》

---

〔55〕 Ibid. 114, 120, 125 ff., 132, 141.

之中。[56]

此外,门格尔对那些广为接受的观点进行了新的解读,他认为正如物权绝对性原则一样,合同自由原则也不会得到系统化的运用。相反,立法者会依据有产阶级的利益对合同自由原则作出限制。门格尔将合同自由原则视作压榨工人阶级收入的工具。他认为值得注意的是,在有产阶级与无产阶级的利益不相冲突的地方(如土地法),合同自由原则并不适用。《德国民法典(草案)》对高利贷所进行的最低限度的规制(聚焦于金钱借贷而忽略了分期付款购买),这几乎就是为有产阶级的利益服务的。[57]

门格尔明确支持无产阶级的利益,这使其与其他批评《德国民法典(草案)》所秉持的社会哲学的人相区分。日耳曼派学者将修订继承法视作推进社会改革的有效而重要的工具,而门格尔直截了当地
120 断定继承这一社会制度在未来的命运:继承法只不过是超越了个人生活的有限制的私人财产的扩展。因而,这两种社会制度是断不能分离的。[58] 尽管门格尔遵循明显的社会主义理念,然而还是应该将门格尔的行为看成倡导更具有“社会性”色彩的法学的一般运动的重要组成部分,而《德国民法典(草案)》的颁布削弱了这种法学理念的

〔56〕 Ibid. 163 – 94 (引语出自第 182 页); Fuld, ‘Sozialpolitik’, p. 651.

〔57〕 *Das bürgerliche Recht*, pp. 151 ff., 157 ff.

〔58〕 *Das bürgerliche Recht*, p. 229.

力量。[59] 这一运动的基本设想是,国家有义务照顾社会弱势群体。无论是在保守派内部抑或社会主义阵营,这一运动都产生了重要影响。民族自由主义阵营的报纸不断地呼吁为社会弱势群体(尤其是与农业相关的群体)提供更多的保护。即使是右翼的民族自由主义报纸《科隆时报》(*kölnische Zeitung*)也赞同批评者的意见,并宣称,民法必须平等地保护所有社会群体的利益。《科隆时报》总结道:在私法原则所允许的范畴内,民法典必须考虑社会政策的需求。[60]

《科隆时报》点出了社会性的法律改革的实质性问题。就基尔克、门格尔以及其他论者而言,中心的问题是法律秩序的基本原则在何种程度上受到公共利益的限制。因而,所有的改革者都不赞成对公法与私法进行严格区分,但是没有人反对将个体自由作为民法的基础原则。许多学者试图通过将有产者的社会责任置于法律制度的中心,来寻求加强财产秩序。他们主张对所有权人的自由(尤其是土地所有权)进行一定限制,然而没有对私人财产制度进行批评。没有人会真正怀疑对合同自由以及财产处分自由进行限制的合理性,但人们还是在限制的大小程度上存在争议。这些争论的核心是国家在创设令人满意的社会秩序中所扮演的角色问题。民法典应该是具有

---

〔59〕 See R. Köhne, *Nationalliberale und Koalitionsrecht. Struktur und Verhalten der nationalliberalen Reichstagsfraktion 1890–1914* (Frankfurt, 1977), 81 ff.

〔60〕 例如,《马格德堡时报》(*Magdeburger Zeitung*)1889年9月9日版、《西里西亚时报》1891年6月17日版、《科隆时报》1890年7月19日版。

开创性的,抑或只需对现行法进行系统化汇编?诸如此种问题反映了人们在社会和政治价值上的分歧。第二种做法体现了概念法学的主导性,概念法学主张社会—政治的中立性,而这是具有欺骗性的。支持通过民法来推进社会改革的人强调了国家干预在私法体系中的
121 积极功能,因而摒弃了国家应该只是为自主个体提供交易框架的理念。诸如普朗克等人认为民法不具有特定的社会功能,这在 19 世纪 80 年代末期并非没有问题。

就概念法学与罗马法之间的关联性而言,其对应物是德意志精神与社会改革倡议之间的联系。正是日耳曼派学者打破了公私法的区分,并增大了干涉立法的可能性。然而,本国(德意志)与外国(罗马)传统的共相存在给了改革者一个反对《德国民法典(草案)》的有力武器。在立法中对这一新民族主义的强调,喻示着法律秩序的社会基础的重新铸造,它涉及对国家利益的重新定义。与 19 世纪六七十年代的自由民族主义相比,这时的国家利益具有不同的基础。在"德意志"社会改革的旗帜下,各种各样的利益集团呼吁法律对其利益赋予特别保护。而且,社会改革的原因与德意志精神密切相关。有趣的是,在海因里希 · 布伦纳于 1893 年为年轻的马克思 · 韦伯(Max Weber)所写的推荐信中,他认为这种关联性是不冲突的。他写道:"在这本关于罗马农业史的卓越著作中,韦伯展示了作为罗马派学者以及法律史家的天赋。本书关于德意志东埃尔比亚农民工作

环境的描述也使人将韦伯看成一位有才华的日耳曼派学者。”〔61〕

这并非说不存在非日耳曼派学者概念的社会改革方案。例如，在 19 世纪 90 年代中期，信奉自由主义的社会改革者卢霍·布伦塔诺（Lujo Brentano）抨击日耳曼派学者关于特别对待农业的提议，并否认此类提议是有意义的德意志传统的组成内容。布伦塔诺的立场所反映的政治思想是，土地政策实际上是维护贵族地主利益的外衣， 122
而这种政策通常是针对农民的。这一观点使其招致社会福利政策协会内部的土地政策游说团体的一阵辱骂。〔62〕布伦塔诺对基尔克、阿道夫·瓦格纳（Adolf Wagner）和马克思·泽林（Max Sering）等进行了抨击，他认为相较于社会改革事业，农业部门是相对次要的，而且他更关注的是诸如工会权利等事项。他具有巴伐利亚背景并对土地问题感兴趣，这也使其区别于寻求解决 19 世纪 90 年代中期的农业问题的北方德意志社会改革学派。〔63〕就基尔克、瓦格纳和泽林而言，他们依然坚信德意志传统与社会改革之间的关联。如此，毫不奇怪的是，在 19 世纪 90 年代的政治环境中，这些观点拥有大批的

---

〔61〕 Brunner to Althoff, 18 Feb. 1893, ZStA Merseburg, Rep. 92 Althoff A I no. 62, fo. 116；关于罗马法与“非社会法”（unsocial law）之间的关联性的讨论，参见 Schröder, *Abschaffung oder Reform des Erbrechts*, pp. 37－51。

〔62〕 L. Brentano, *Ueber Anerbenrecht und Grundeigenthum. Separat-Abdruck aus der ‘Zukunft’* （Berlin, 1895）；id., *Mein Leben im Kampf um die soziale Entwicklung Deutschlands* （Jena, 1931）, 172 ff.

〔63〕 D. Lindenlaub, *Richtungskämpfe im Verein for Sozialpolitik*, i （Wiesbaden, 1967）, 154 f., 185 f.

拥趸。

利益集团和压力集团势力的逐渐增长被广泛视作俾斯麦和威廉德国政治体系的一个主要特征。历史学家认为这些集团具有多重的角色,既可以是操纵舆论的中介,也可以是具有破坏性的舆论动员的表达渠道。不管怎么样,现代研究者坚信,在那20年间所发生的“参与革命”(participation revolution)中,这些利益集团和压力集团居于中心地位。[64] 在关于这一时期的一些描述中,这些利益集团甚至被拔高到准政党的地位——充当动员的中介或是舆论表达的渠道,而它们的权力源自帝国国会政党的相对孱弱。正因如此,研究者将更多的精力用来研究这些集团在19世纪90年代的活动,而非研究帝国的正式政治机构。[65]

从以上观点来看,这些利益集团实质上有两种不同类型。一是
123 诸如成立于1872年的德意志农业协会、成立于1842年的普鲁士国家农业经济委员会(Preußisches Lnadesökonomie-Kollegium)以及商

---

〔64〕 这一措辞的出处是:R. Chickering, *We Men Who Feel Most German. A Cultural Study of the Pan-German League* 1886 – 1914 (London, 1984), 25.

〔65〕 关于这一问题的精彩概述,参见 H.-J. Puhle, ‘Parlament, Parteien und Interessenverbände, 1890 – 1914’, in M. Stürmer (ed.), *Das kaiserliche Deutschland. Politik und Gesellschaft 1870 – 1918* (Düsseldorf, 1970), 340 – 77; W. Fischer, ‘Staatsverwaltung und lnteresscnverbände im Deutschen Reich 1871 – 1914’, in id., *Wirtschaft und Gesellschaft im Zeitalter der Industrialisierung* (Göttingen, 1972), 194 – 213。关于利益集团与政党之间关系的有趣评论,参见 T. Nipperdey, ‘lnteressenverbände und Parteien in Deutschland vor dem ersten Weltkrieg’, in id., *Gesellschaft, Kultur, Theorie* (Göttingen, 1976), 319 – 37。

会等半官方组织。在汉斯－尤尔根·普勒(Hans-jürgen Puhle)看来,这些组织已经在一定程度上成了国家的伙伴,[66]而他们的角色是在立法影响到他们所在的经济部门时为政府提供专家建议。政府在19世纪上半叶成立诸如普鲁士国家农业经济委员会以及商会等机构时,就已经明确地抱有这些目的。[67] 现有文献倾向于认为,这些机构充当国家伙伴,并竭力在特定经济部门内代表所有人的利益,这些因素都有助于减少这些机构对政府的抨击。[68]

二是在19世纪六七十年代,开始出现一种怀有不同目标的新的压力集团。这一趋势的典型特征是新型农民协会的大量涌现,而这一切的开端是1862年成立的威斯特伐利亚农民协会(Westphalian Peasants' Association)。这种类型的集团的主要目的是摆脱充当纯粹的咨询机构的角色束缚,并增强特定社会团体对法律发展的影响力。在国家机构制定政策时,社会团体具有其独立性,这一理念是在19世纪70年代由那些新的工业和农业压力集团发展出来的。很快,这

---

〔66〕 Puhle,'Parlament', p. 344.

〔67〕 M. Erdmann, *Die verfassungspolitische Funktion der Wirtschaftsverbände in Deutschland, 1815－1871*(Berlin, 1968), 47 ff. 关于商会,参见以下评论:H. Kaelble, 'Industrielle Interessenverbände vor 1914', in W. Ruegg and O. Neuloh (eds.), *Zur soziologischen Theorie und Analyse des 19. Jahrhunderts* (Gottingen, 1971), 182 ff.。

〔68〕 Puhle,'Parlament', p. 344; Fischer,'Staatsverwaltung und Interessenverbände', pp. 195－8.

就促使人们呼吁对关税的国家政策作出修订。[69] 关于社会利益组织的这一趋势在19世纪八九十年代之后得以延续,而这至少部分是因为不同社会团体对成年男性普选权以及经济衰退威胁的回应。在这过程中,深具影响力的是发生于19世纪七八十年代末的关于关税
124 保护主义的抗争。[70]

关税改革问题为重新评价国家与社会之间的关系、国家政治的运作方式提供了语境,所产生的影响是深远的。在摒弃了自由主义政策后,人们开始从不同面向抨击社会以及经济政策上的自由个人主义。在这个过程中,诸如营业自由(Gewerbefreiheit)等词汇具有了新的而且通常是极为负面的内涵。这些抨击催生了将国家干预主义与法人制度改革糅合为一体的新的集体主义社会哲学。[71] 税收政策很难与平等、和谐地对待社会利益的自由主义概念相称,因为税收政策牺牲了其他人的利益来给予特定社会群体以优惠待遇。这意味着,人们极重视寻求论据来证明对据称利益受到威胁的社会群体给予优惠待遇的正当性。税收与经济改革者协会(Union of Tax and

---

〔69〕 在1876年,德意志产业工人中央联合会(Zentralverband deutscher lndustrieller)以及土地税收与经济改革者联盟(Vereinigung der Steuer-und Wirtschaftsreformer)相继成立。参见I. N. Lambi, Free Trade and Protection in Germany 1868 – 1879 (Wiesbaden, 1963), chs. 8 – 9。

〔70〕 Nipperdey, 'Interessenverbände', pp. 320 ff.

〔71〕 H. Rosenberg, *Grosse Depression und Bismarckzeit. Wirschaftsablanf, Gesellschaft und Politik in Mitteleuropa* (pbk. edn., Frankfurt, 1976), ch. 3; S. Volkov, *The Rise of Popular Antimodernism in Germany* (Princeton, 1978), 174 ff.

Economic Reformers)在成立章程里强调道："协会的宗旨是传播基于基督教原则的经济体系的理念与原则，维护公共利益，并促使法律吸纳这些理念。"[72]相似地，在反对德意志帝国第二任首相列奥·卡普里维(Leov Caprivi)的自由主义土地税收体系的计划(programme)中，农民联盟(Farmers' League)开门见山道："德意志农业是第一和最重要的经济部门，并且是德意志帝国和各邦国最坚固的基石。我们第一要务是保护以及加强农业发展，因为农业的繁荣是其他经济部门的福利的保障。"[73]

随着压力集团越加着眼于操纵公众舆论来给政府行动施压，它们也越来越热衷于证明局部利益与国家利益的一致性。这就解释了为何它们一再地强调农民、地主或工匠之于国家社会结构的稳定性所作出的特殊贡献，这在 19 世纪 90 年代具有很重的政治分量。

在 19 世纪 90 年代，无论是对农村广大地区舆论的动员，抑或是对城市中产阶级下层反对现有政治模式的动员，都呈现了新的民粹主义。农民联盟在 1893 年的成立也许是这一新气候最明显 125
的征兆，不过这一现象并非仅存在于农业部门。在这一时期，一再进行着这样的尝试——为反对不断崛起的社会民主主义(Social

[72] Puhle, 'Parlament', p. 345.

[73] 这一项目计划重刊于：H. -J. Puhle, *Agrarische Interessenpolitik und preussischer Konservatismus im wilhelminischen Reich 1893 – 1914* (2nd edn., Bonn, 1975), 314。

Democracy)而构建可行的中产阶级下层的屏障——而在这些尝试中,农民联盟起关键作用。这些项目一般是因为不同中产阶级下层群体之间所存在的深层分裂而宣告失败,这一事实讽刺地显示了利益集团政治所具有的分裂性。然而,并非所有中产阶级下层群体都受到了来自工业化和城市化的社会变革的威胁。[74] 在这一动员背景下,诸如基尔克等强调"社会性"的法学家扮演了重要的角色,因为他们挑战了 19 世纪 70 年代所谓自由主义共识(liberal consensus)的法学面向。在经济利益集团愈加抗议自由主义经济政策的地方,日耳曼派学者就严厉抨击"曼彻斯特主义"(Manchester doctrine)对民法的入侵。在人们宣称局部利益所具有的全国性价值的地方,基尔克及其追随者就告诉人们他们与真正的德意志思维模式是一致的。本章的余下部分将结合土地法的核心问题、合同自由的不同面向以及工匠在建筑行业遭遇到的法律困境,来探讨经济利益集团所参与的《德国民法典》讨论活动。

利益集团对《德国民法典(草案)》的回应具有数个重要特征。这些集团的权力(至少是部分的)源自可以获得与本经济部门的技术

---

〔74〕 参见大卫 · 布莱克本所写的诸多文章,尤其是'Between Resignation and Volatility: the German Petite Bourgeoisie in the Nineteenth Century', in G. Crossick and H.-G. Haupt (eds.), *Shopkeepers and Master Artisans in Nineteenth-Century Europe* (London, 1984), 35–61. 关于 19 世纪 90 年代民粹主义政治的讨论,参见杰夫 · 埃利的提示性评论(suggestive remarks):*Reshaping the German Right. Radical Nationalism and Political Change after Bismarck* (New Haven /London, 1980), 195 ff.

事项相关的高级知识(superior knowledge)的能力。《德国民法典(草案)》宣称综合对待所有的民法部门,这个特征使其尤其不适宜成为代表局部利益的团体所审查的对象。因此,许多集团坚持认为,它们没有义务对《德国民法典(草案)》作出综合性的批评。相反,它们集中关注它们所代表的局部群体的特定利益。例如,在介绍关于《德国民法典(草案)》的讨论时,普鲁士国家经济学院的主席就认为无须对《德国民法典》进行一般性的讨论。〔75〕这种对《德国民法典》进行 126
批评的进路(从局部而非一般立场)自然不会阻止有人发表极端的批评意见。基尔克主张依据德意志传统来改革法律制度,而这需要对整个《德国民法典(草案)》进行重构。前述进路对基尔克就该计划寻求获得广泛支持的可能性产生不利影响。这清晰地表现在大量商会团体对德意志商会(Deutscher Handelstag)所发出的调查问卷进行的批评性回应上。人们普遍认为德意志商会受到了与商会不相关的因素的驱动,如罗马派学者与日耳曼派学者围绕非商法问题所进行的论战。〔76〕

而且,几乎是一项共识的是,如果要对《德国民法典(草案)》的优缺点作出合理的评判,那就需要具备专业法律知识。法官以及律

---

〔75〕 *Verhandlungen des Königlich Landes-Oekonomie-Kollegiums über den Entwurf eines bürgerlci hen Gesetzbuches far das deutsch e Reich und andere Gegenstande* (Berlin, 1890), 436.

〔76〕 Breslau chamber, pp. 3 f.; Schweidnitz chamber, p. 4; Solingen chamber, p. 1.

师引领了普鲁士国家经济学院及其对手德意志农业委员会(German Agricultural Council)之间的辩论。对于诸如威斯特伐利亚农民协会等小型的组织来讲,法律人的主导作用就更大。在该协会专为《德国民法典》编纂事宜而组建的委员会中,有四个委员,而其中三人是法律人士。〔77〕 国家经济学院主席在该学院对《德国民法典》的讨论上起领导作用,并主张吸纳外界法学专家的意见。随后,他又邀请法律专家为学院的辩论准备素材。〔78〕 这些法律人(尤其是与那些更激进的地方社团有联系的法律人)对局部利益的诉求绝非"聋子",而且他们经常提议对《德国民法典(草案)》进行根本的修订。他们的支配性确实促使大部分利益集团支持法律统一,并致使此类集团形成了对局部利益进行狭义解释的倾向。

这些因素最重要的影响是,打碎了基尔克希望法律实践者全盘反对《德国民法典(草案)》的如意算盘。基尔克对特定需求的表述以及相应的表达词汇所带来的影响是巨大的。不过,在具有一般性
127 利益的问题或纯粹具有法律意义的问题上,人们纷纷反对基尔克的提议。因此,在诸如被认为涉及特定农业利益问题的农村高利贷等问题的讨论上,基尔克可以获得国家经济学院的实际支持。然而,当

---

〔77〕 *Verhandlungen des Westfalischen Bauernvereins über den Entwurf eines bürgerlichen Gesetzbuchs für das Deutsche Reich* (Munster, 1890), 3.

〔78〕 Marcard to Lucius, 15 Feb. and 17 Oct. 1888, ZStA Merseburg, Rep. 87B 8114, fos. 88 f. and 8u 5, fo. 3.

讨论移转至《德国民法典(草案)》否定习惯法(Gewohnheitsrecht)可作为法源的立场之时,学院的主席也认为这一问题在农业协会的讨论中没有一席之地。[79] 毫无疑问,学院的这一立场与基尔克呼吁拒绝接受 1888 年《德国民法典(草案)》的努力是背道而驰的,这也解释了为何赫尔曼·施特鲁克曼坚称基尔克对《德国民法典(草案)》产生的影响微乎其微。[80]

毋庸置疑,最重要的关于激进改革的斗争来自各个土地利益集团。1888 年之前,所讨论的问题包括抵押与继承法的改革以及保护土地利益的其他措施等。早在 1876 年,税收与经济改革者协会在其成立章程里就强调道:“农村土地所有权将脱离罗马法的禁锢。尤其是,它将被给予与其性质和德意志传统继承法相一致的债务形式。”[81] 到 1882 年,巴伐利亚贵族卡尔·冯·图恩根·罗斯巴赫(Karl von Thüngen-Rossbach)在德意志农民代表大会(Congress of German Farmers)上提出包括税负减免、证券交易法、继承法、征收无期限限制的定期土地金以及宅地立法在内的“一揽子”防御性措施。宅地立法是为了防止农民在丧失抵押品赎回权(foreclosure)之时失

〔79〕 *Verhandlungen des Königlich Landes-Oekonomie-Kollegiums*, p. 453.

〔80〕 Struckmann to Planck, 30 Dec. 1889, NSUUB Göttingen, Planck Papers vm, fo. 61.

〔81〕 *Bericht über die Verhandlungen der XIV. General-Versammlung der Vereinigung der Steuer-und Wirtschaftsreformer* (Berlin, 1889), 55.

去其全部财产。[82] 在1882~1884年就社会福利政策协会所进行讨论的余波中,各界对土地法改革措施的争论愈加热烈。

到1885年,黑森农民协会(Hessen Peasants' Association)辩称农
128 民不再要求获得宽松信贷,而是要求废除那些主导担保法的会导致债务人陷入万劫不复境地的原则,原因在于这些原则只关心如何充分地维护债权人利益。[83] 税收与经济改革者协会在1887年的代表大会上征集应对土地债务的立法提案,它认为急切需要从整个从事生产的、勤勉的群体的利益(首要的是支持国家)出发来进行立法。在表述了土地改革论者的经典论断(农业所具有的特殊政治功能使之应该享受国家的回馈)之后,税收与经济改革者协会建议将负债的限制设置为土地净产值的50%,提议引入共有继承制度、土地贷款的法人组织以及定期金债务。[84] 1888年《德国民法典(草案)》因而进入了公众视野,而此时显然已经出现了倡议推进激进性改革的方案。

《德国民法典(草案)》的公布增加了公众对这些问题的关注度。恰如普鲁士农业部一位资深官员在1894年所言:《德国民法典(草案)》所起到的一个重要作用是,促使涉及继承法的利益团体更积极地开展活动,并促使土地利益集团就不动产的继承法律问题表达自

〔82〕 GStA Berlin-Dahlem, Rep. 84a 1915, fo. 17.

〔83〕 *Der Hessische Bauer*, 5 July 1885, p. 167.

〔84〕 关于协会在1887年5月10日向帝国政府所进行的请愿,参见ZStA Potsdam, RJM no. 4017, fos. 14 f.。(定期金债务是指在土地上设立的以定期给付一定金额为目的的土地债务。——译者注)

己的立场。[85]

激发这一焦虑的原因在于,公众普遍认为农业的未来深陷危机之中。从以下两个相互关联的现象中,土地政策的大多数代言人观察到这个危机的根源:德意志农产品在 1875 年之后的价格下跌以及地主的高负债率。第一个现象的存在促使土地政策的制定者在 19 世纪 70 年代末迅速抛弃放任的税收政策。第二个现象与价格的跌落有关,具体表现为尽管土地产出的市场价值下跌,然而土地的购买价格仍然高企,为了提高产量而进行的资本投入依旧是相对高昂的。在诸如汉斯·罗森伯格(Hans Rosenberg)等历史学家眼中,这两个现 129
象在关税保护上具有很深的相关性:通过将国内农产品价格提高到超乎国际市场价格的程度,而关税保护致使人们获取土地所有权的需求超越了市场的实际需求量。这种虚高的需求提高了土地的价格,继而造成了高负债率。[86]

毫无疑问,土地负债率急速增长是个客观现象,这在普鲁士东部地区表现得尤其明显。根据约翰内斯·康拉德(Johannes Conrad)为社会福利政策协会做的调查统计数据,在 1886 ~1897 年,普鲁士的土地担保债务的总体水平飙升至 2.416 亿马克,而且在那个时期,每

---

〔85〕 Dr Hermes, *Schriften des Vereins far Sozialpolitik*, vol lxi (Leipzig, 1894), 46; 参见普鲁士司法部的以下文件:'Denkschrift iibcr die zur Forderung der Landwirthschaft in den letzten Jahren ergriffenen Massnahmen' (1896), GStA Berlin-Dahlem, Rep. 84a 1906, fos. 20 f.。以上文献谈及农民对《民法典》草案的回应所具有的影响力问题。

〔86〕 Rosenberg, *Grosse Depression*, pp. 184 f.

年的增长率都是大幅度的。[87] 从其他资料也可以得出相同的结论。1896年,一个关于普鲁士56个地区的调查显示,东埃尔比亚地区的大量地主都背上了沉重的负债,尤其深受成本高涨、产品价格下滑的沉重打击。[88] 汉诺威在19世纪80年代中叶作了一项调查,并对较小农业主的负债率增长进行了警告:归因于地方赋税、工资开支和补偿共同继承人的花费的增多,小农的负债率呈增长之势。[89] 据统计,1880~1900年,因为无力偿还抵押债务,普鲁士强制拍卖了5650宗土地。而在巴伐利亚的相关数据是1.14万宗,涉及8.9万公顷的农地。[90]

这就不难理解为何地主如此担心自己的负债水平。然而,也有人认为,地主负债率的增长以及应深受苛责的土地投机行为的根源在于,甜菜等块根农作物的种植规模的无序扩大。在那些每公顷土地税负负债率增长最快的德意志地区(如普鲁士与萨克森),此类作
130 物的耕种比例都是最高的。另外,还是不清楚实际负债率是否呈现急剧攀升的态势,但是农业集团对此持有相反的论断。不过,负债率肯定与耕种的密度相关,而后者与土地的规模相关(尽管相关性是递

---

[87] *Schriften des Vereins for Sozialpolitik*, xc (1900), 144 f.

[88] T. Frhr. v. d. Goltz, *Geschichte der Deutschen Landwirtschaft*, ii (Stuttgart/Berlin, 1903), 402 ff.

[89] L. Danger and C. Manz, *Der Grundbesitz in der Provinz Hannover* (Hanover, 1886), 16.

[90] E. Klein, *Geschichte der deutschen Landwirtschaft im Industriezeitalter* (Wiesbaden, 1973), 125.

减的)。得益于农业的完善,小麦和黑麦在 19 世纪过往 20 年间的产量都显著增长。[91] 既然如此,土地负债率以及所有权的快速流转问题更多的是土地部门的资本投入强度所造成的,而非人为地通过关税保护政策将价格维持在一个高度所引起的。地主对贷款结构的抗议似乎反映了他们试图将以下二者混为一谈的心理:一是个体农业企业在新的竞争更激烈的市场上的艰难性;二是德意志农业以及德意志经济作为整体所面临的惊人的危机。

然而,农产品价格的下跌毫无疑问造成了一些地主所面临的短期借贷困难。他们对困难的反应是反对 19 世纪 70 年代初期的立法,这些立法多数是旨在应对彼时的信用缺失问题。因而,农业运动的一个核心特征是,关于引入定期土地债务作为土地债务的基本形式的呼吁开始死灰复燃。这一倡议是首先由约翰·卡尔·冯·罗德贝图斯－贾格佐夫(Johann Carl v. Rodbertus-jagetzow)在 19 世纪 60 年代末所发展,而其作品在 19 世纪 90 年代重新流行起来。洛贝尔图斯认为,土地的真正价值是由其产品(Ertragswert)的价值而非人造的资本价值所决定的。一个能够契合土地所有权的需求的担保形式必须以土地的真正价值为基础,而法律应该禁止债权人随意终止借贷。为了确保资本供应的充足性,应该发行可以转让的定期土地

[91] 关于这一重新评估,参见 J. A. Perkins, 'The Agricultural Revolution in Germany 1850－1914', *Journal of European Economic History*, 10 (1981), 71－118。

债券。与许多后世的仰慕者相反的是，洛贝尔图斯强调道：他不建议对所有权人的行动自由施加限制，并明确拒绝对土地生产的价值所对应的负债率进行正式的限制。此外，他表达了将土地所有权恢复为社会独立权力的愿望，并促进旧的德意志担保法与立法的社会性之间的互动，这些主张明显将其与基尔克和日耳曼派学者联系起来。基于这些原因，洛贝尔图斯在19世纪60年代的倡议在19世纪80年
131 代之后获得了大批支持者。[92]

洛贝尔图斯坚持对资本价值与土地产品价值进行区分，而这也是许多地主所确信的其在“农产品价格下跌、资本价值上涨”时期所遭遇的困难的实质。普鲁士通过1872年的立法试图让土地变成更具吸引力的资本投资领域，而《德国民法典（草案）》也依循了这一路线。恰如草案的解释性注解所言：“如果立法确实具有保护和加强土地所有权利益，并使之充当国家最牢固基础的使命，那么立法者首先必须提供信贷机会。在私法领域，这一使命的本质是对抵押以及其他形式的土地信贷进行合理的规制。”[93]

15年后，随着农业团体开始意识到不加限制的信贷的危险性，

---

〔92〕 J. C. v. Rodbertus-Jagetzow, *Zur Erklärung und Abhülfe der heutigen Creditnothes des Grundbesitzes* (2nd edn., Berlin, 1893), 6 ff., 129 ff., 181 – 218；该书第一版在1868年面世之时，恰逢普鲁士土地法改革，参见 Buchholz, Abstraktionsprinzip, pp. 291 – 9。

〔93〕 B. Mugdan (ed.), *Die gesammten Materialien zum Bürgerlichen Gesetzbuch*, iii (Berlin, 1899), 334.

地主也逐渐认为，证据表明现行法律制度偏袒资本主义的债权人而非农业债务人。正如税收与经济改革者协会主席在写给普鲁士农业部长的信里所言，"有必要通过引入定期土地债务制度来取代'资本家法'，然而《德国民法典（草案）》只使问题变得更糟"。[94]税收与经济改革者协会关于《德国民法典（草案）》的主要发言人雨果·奥皮茨（Hugo Opitz）认为，该法典代表的是资本家的利益。他甚至认为，如果不对土地负债进行规范，那么诸如税收保护或金银二本位制（bimetallism）等措施都是无效的。在德意志农民代表大会上，他也旗帜鲜明地坚持这一立场，他认为土地负债的根源在于立法性错误，最应检讨的是将罗马法理念引入土地法之中的做法。奥皮茨认为，土地本身并非一种资本形式，然而罗马法将土地比作其他形式的资本，这种做法是不恰当的、危险的。[95]

农业组织普遍支持引入定期土地债务制度。普鲁士国家农业经济委员会任命的委员会认为《德国民法典（草案）》关于担保法的部分在总体上是令人满意的，并认为保留抽象的土地担保制度 132
（Grundschuld）是没有问题的。不过，其认为《德国民法典》有必要同时规定定期土地债务制度。尽管德意志农业委员会对定期土地债务

[94] Mirbach-Sorquitten to Lucius, n. d., ZStA Merseburg Rep. 87B 8115, fos. 120 f.

[95] *Bericht über die Verhandlungen der XIV. General-Versammlung der Vereinigung der Steuer-und Wirtschaftsreformer* (Berlin, 1889), 54 ff. *Bericht über die Verhandlungen der XX. Haupt-Versammlung des Congresses Deutscher Landwirte* (Berlin, 1889), 14 ff.

制度的实际价值存有怀疑，它还是采纳了与前述委员会一样的立场。[96] 只有莱茵流域农民协会（Rhenish Peasant's Association）和税收与经济改革者协会呼吁将定期土地债务制度规定为唯一的担保形式。在前文所谈论的所有团体中，只有威斯特伐利亚农民协会支持《德国民法典（草案）》排除定期土地债务的做法，它的理由是此类收费将很可能摧毁土地信用体系。[97]

关于定期土地债务的讨论的一个特征是，拥护依循洛贝尔图斯的提议进行改革的主要人物通常划清其与日耳曼派学者所提建议的界线。因此，奥皮茨认为，第一委员会对现行法进行编纂的做法是恰当的，并对认为《德国民法典（草案）》在总体上并非“德意志”的法典的观点进行了驳斥。他主要的关注点是打破资本家对立法的垄断，并创设契合农业特定需求的土地法。其所主要针对的靶子是那些允许设立可转让债券的担保形式，而可转让债券是资本主义经济最显著的符号。他反对的理由是，像其他商品一样，土地可供买卖。这一论证因为奥皮茨的坚持（一个人不可能毫无隐瞒地将其个人信用与其土地费用相分离），而被赋予了一定的伦理色彩。他相信，法律上许多对过度借贷进行鼓励的做法都与普鲁士担保法的这一基本特性

---

〔96〕 *Verhandlungen des Königlich Landes-Oekonomie-Kollegiums*, pp. 318 f.; *Archiv des deutschen Landwirthschaftsraths*, 13 (1889); 196 f.; 14 (1890), 343 f., 370 f.

〔97〕 *Der Entwurf eines Bürgerlichen Gesetzbuches für das Deutsche Reich und der Rheinische Bauern-Verein* (Cologne, 1890), 31, 10; *Verhandlungen des Westfälischen Bauernvereins*, pp. 44 ff.

有关联。他认为,“以个体的所有财产来偿还债务”这项规定是落实“诚实信用”(good faith)原则的实质性要求的做法。[98]

与基尔克的观点更接近的是哈特曼(Hartmann)博士,他在德意志农民代表大会上强调了德意志人在土地和动产概念的认识上的分歧。与奥皮茨相反,哈特曼反对《德国民法典(草案)》确立土地物权的绝对性,支持为弱势缔约方提供法律保护,并建议在《德国民法典》 133
中对利益、高利贷以及惩罚性条款予以规定。其他发言人表达了对罗马法的厌恶,并表示有必要对土地物权以及其他形式的物权进行区分。[99] 也许,如同冯·赫韦尔男爵(von Hövel)在普鲁士国家农业经济委员会所说的,基尔克的观点在农民(他们是代表成员)中引起的共鸣比在德意志农民代表大会上发言的人(这些人多数是职业法律人士)中间引起的共鸣要多得多。[100] 关于土地政策的其中一个批评经常指向普鲁士担保法改革,而在基尔克看来,相较于德意志帝国大部分地区,普鲁士的担保法是具有先进性的。[101]

然而,人们确实对《德国民法典(草案)》的罗马法源头与城市资

---

〔98〕 H. G. Opitz, *Gutachten über den Entwurf eines Bürgerlichen Gesetzbuchs für das Deutsche Reich. Erstattet für den Landeskulturrath des Königreichs Sachsen* (Leipzig, 1889), 33－44; *Archiv des Deutschen Landwirthschaftsraths*, 13 (1889), 255－66; *Bericht der Vereinigung der Steuer-und Wirthschaftsreformer*, pp. 54－71.

〔99〕 *Bericht*, pp. 37 ff.

〔100〕 *Verhandlungen des Königlich Landes-Oekonomie-Kollegiums*, p. 453.

〔101〕 Gierke, *Entwurf*, p. 367;不过,基尔克确实坚持认为,有必要建立关于个体的真实身份信用,参见前注,第 370 页。

本主义利益之间的关系问题产生了更普遍的联想,而这二者都是不利于农业的合理诉求的。正如奥皮茨所言:“《德国民法典》第一委员会关于土地信贷的立法的主要关注的并非寻求借贷的地主的利益,而是作为资本家的债权人的利益。毫无疑问,他们关于土地信贷的推理或多或少是基于令人将信将疑的所谓‘曼彻斯特学说’,即最大限度地允许‘自由发挥力量’,而不管这些力量是否会产生不公平的实际结果。”[102]

以上措辞特别佐证了土地政策与基尔克等人之间的广泛联系,因为这些对土地政策的回应大都是出于“在资本主义世界中,农业从事者在生存竞争方面是弱者”的立场。因此,公益性农业政策便被视作社会政策的重要组成部分。[103] 与此同时,诸如冯·塞托-赖歇尔茨豪森男爵(Karl von Cetto-Reichertshausen)等讽刺立法者对债权人利益有所偏倚。他们说道:“出于土地担保方面的考虑,资本家向外贷款,而资本家自感似乎作出了伟大的爱国主义的牺牲,因而索取特定的鼓励与回报。不知内情者还以为资本家在土地信贷中并非如同地主一样追求经济利益呢。”[104]

因此,在理解基尔克所秉持的德意志精神时,应将之置于罗马法

[102] Opitz, *Gutachten*, p. 35.

[103] 参见哈特曼与图恩根(Thüngen)就德意志农民代表大会所进行的评论。*Bericht*, pp. 30 ff, 53.

[104] *Archiv des Deutschen Landwirthschaftsraths*, 13. 197.

与城市资本主义利益的联系中进行考察，在农业部门与工业部门之 134
间存在越来越多的利益冲突。在某种意义上，基尔克的社会哲学汇集了各式各样的反自由主义思潮，这一思潮关注诸如诚实信用、家庭之于个人利己主义的优先性、社会权利对个人自由的限制等伦理性问题。这些问题与具体的农业部门利益有关联，并特别契合德意志传统，而其合法性源自其在国家的社会和政治架构中的特殊地位。

研究者近年来经常论及德意志帝国的一个改革提议是，意欲效仿美国模式引入宅地法。这一提议的实质在于，如果宅地的所有人无力清偿抵押债务，其所拥有的部分财产可以享有丧失抵押品赎回权（foreclosure）方面的豁免。在 19 世纪 80 年代初期，美国版的《宅地法》不仅引起了俾斯麦的关注，也被其他人视作保障小农利益的手段。[105] 在 1882 年召开的税收与经济改革者协会全体会议上，人们对该问题所进行的讨论产生了诸多农业方面的经典论断。主旨演讲者呼吁以德意志－基督教信条取代罗马法原则，并提议解决主要由罗马法所造成的社会问题。演讲者指出，问题的关键在于恢复土地财产在法律制度中的独立地位，而这是德意志立法者所能做到的。演讲者总结道：真正的问题在于债权人有权终止抵押贷款，因此，唯

〔105〕 See Bismarck's 'Votum' of 13 Nov. 1881, GStA Berlin-Dahlem, Rep. 84a 5943, fos. 1 f.; *Norddeutsche Allgemeine Zeitung*, 8 Nov. 1881.

一的解决之道在于引入定期土地债务制度而非引入美国版的《宅地法》。[106]

在所有立即对《德国民法典(草案)》作出回应的利益团体中,只
135 有威斯特伐利亚农民协会支持引入宅地法。尽管德意志农业协会肯认作为该主意的理论支撑的健全原则(healthy principle),其他组织尤其是半官方组织还是站出来反对引入美国版的《宅地法》。[107] 从接近全票的反对结果中可以看出,制定宅地法确实是个不相关的、不适宜的提议。如同其他领域的立法一样,《德国民法典(草案)》的颁布为彼时的热议注入了新的活力。实质上,这场讨论并没有产生将宅地法纳入《德国民法典》的结果。相反,正是由于人们普遍察觉到《德国民法典(草案)》在土地法方面的不完善性,才出现各种关于制定宅地法的不同方案。恰如1890年《德意志帝国土地法(草案)》的起草者卡尔·冯·里彭豪森－格兰恩男爵(Karl von Riepenhausen-Grangen)所强调的,他的提案源于农业部门对1888年《德国民法典(草案)》的不满。[108] 里彭豪森的举措具有两大特征:带有激进的反社会主义色彩,并充斥着认为农民具有天然的保守性的陈词滥调。

---

〔106〕 *Bericht über die Ⅶ. Genera-l Versammlung der Vereinigung der Steuer-und Wirtschaftsreformer* (Berlin, 1882), 1–10.

〔107〕 *Verhandlungen des Westfälischen Bauernvereins*, pp. 53 f., 90. 参见该协会在1893年3月9日提交给帝国司法办公室的报告:ZStA Potsdam RJM _557, fo. 62。

〔108〕 K. v. Riepenhausen-Crangen, *Gesicherte Familienheimstätten, im Deutschen Reich* (Berlin, 1890), 11. 关于里彭豪森所撰写的法律草案,参见SBRT, Drucksachen 1890, no. 99。

以此立论,这一提案获得了激进保守的《十字架报》的支持,其呼吁通过立法来废除地主在土地分配以及抵押方面所具有的不受限制的权利。[109]

这象征着土地法改革进入了新的阶段。直到此刻,人们才意识到要将土地权益纳入建基于财产所有者行动自由的法律制度中。里彭豪森认为这种自由不会危及小农的利益,并认为小农的生存问题是那个时代最重要的社会问题。如同他在一封写给《十字架报》的信中所说的:社会民主运动破坏着构设了我们文化的那些重要元素(如土地所有权、家庭、君主政体以及基督教),进而催生社会阶层化(social stratification),而宅地法有助于延缓社会阶层化的进程。[110]

这一激进的土地政策得到了德意志农民联盟(Deutscher Bauernbund)的支持,而其主席伯恩哈德·冯·普勒茨(Bernhard von Ploetz)也开始以支持制定宅地法的论调来炮轰政府。[111] 而且,里彭 136
豪森也得到了基尔克的有力支持,基尔克在公开信中写道:"如果想恢复我们整个经济的协调性,首先需要避免将关于动产的法律施加于土地财产之上,而是要准备好与之相适应的法律。首先面临的问题是,究竟应该是罗马法抑或德意志法在德意志取得胜利,这是一个

---

〔109〕《十字架报》1890 年 4 月 24 日版。

〔110〕 Riepenhausen to Bismarck, 21 Mar. 1890, ZStA Potsdam, Rkz 740, fo. 202; *Kreuzzeitung*, 29 Apr. 1891.

〔111〕 Ploetz to Caprivi, ZStA Potsdam Rkz 740, fos. 260 f.

关乎民族存亡的问题。”就基尔克而言,宅地法属于典型的德意志制度。[112]

关于宅地立法的争议,体现了《德国民法典(草案)》所引起的争议是如何促使人们呼吁进行差异化的立法改革。在关于定期土地债务制度的讨论中,涉及一些关于德意志法律传统的问题,但相应的讨论是相当空泛的。实质上,大部分的定期土地债务的拥护者更多的是依靠洛贝尔图斯所提出的经济论据。关于宅地的立法活动似乎涉及了许多激进的、意识形态的论调,而这赢得了那些寻求动员愤愤不平的农民团体的支持。不过,引领定期土地债务制度的游说活动的却是那些被大地主所主导的组织——如诸如经济与税收改革者联盟、德意志农民代表大会等。宅地立法与定期土地债务制度这两个诉求并不互相排斥,因而都被 1893 年农民联盟(Farmers' League)的议程所吸纳。然而,议程与许多半官方农业组织对里彭豪森的宅地法提案的敌意存在鲜明反差,这凸显了激进派与温和派在土地政策方面的裂痕。这些半官方组织所给出的最常见的反对理由是,它们反对提案赋予所有权人自由处分权利。[113]

就《德国民法典(草案)》所采纳的土地政策而言,里彭豪森和普

---

〔112〕 Gierke to Riepenhausen, 30 Sept. 1890, published in *Deutsches Tageblatt*, 24 Oct. 1890, *Beilage*.

〔113〕 Farmers' League programme, cl. 10, reprinted in Puhle, *Agrarische Interessenpolitik*, p. 314; 关于区域农业协会的反应,参见 GStA Berlin-Dahlem, Rep. 84a 5943, fo. 64 (pp. 4 ff.)。

勒茨等激进派与更温和的批评者之间的分歧是,法律制度应在何种 137
程度上接纳个人自由原则。在这种情形下,基尔克对宅地立法的支持就显得与贯穿其作品的对不自由农奴制度的反感相矛盾了。事实上,他的动机兴许是策略性的。他认为宅地法与农民财产共有继承制度存在有机的关联性,而这是其在土地改革上的真正的核心观点。而且,他希望通过将宅地法引入德意志法律体系,来迫使《德国民法典》起草者依据社会性原则来重构整个《德国民法典》的土地法规则。特别是,这将有助于削弱以下论调:区域的差异性将会给国家立法带来限制。"在《德国民法典》编纂完成之前,如果帝国想制定宅地法这种法律,那么未来的《德国民法典》不得不将之纳入考量,并被迫在土地法立法问题上采取不同的途径。这样的一部法律也会成为一个具有启发意义的例子,可以展示立法者如何能在那些因为德意志经济和地区差异而不能进行统一对待的问题上创设一部统一的法律,并为合理的地区差异保留足够的空间。"[114]

也许有人说,基尔克站在土地问题的中心地带。在激进程度不同的演讲者那里,他们都引用了基尔克的某些言论,并注入不同的内容。这些言论包括:农业之于社会秩序具有中心作用;应根据土地所有权的特别性质而采用特别的法律制度;罗马法与城市资本利益相

---

〔114〕 Gierke to Riepenhausen, 30 Sept. 1890, published in *Deutsches Tageblatt*, 24 Oct. 1890, *Beilage*.

系,而德意志法维护农业部门的利益;城市资本利益与农业利益具有极少共同性或者没有共同性。当里彭豪森说道,“关于农业的最重要的待决问题是,我们究竟是选择罗马 – 资本主义道路(Romanist-capitalist road)抑或德意志 – 农业道路(German-agrarian road)”,他证明了在人们脑海中,这些观点是如何的根深蒂固。[115]

就农民财产的共有继承制度而言,这项原则也许是得到最多的德意志农业道路提倡者的支持的了。在那些对《德国民法典(草案)》发表了评论的主要农业组织中,萨克森农业协会(Saxon Agricultural Council)、阿尔萨斯 – 洛林农业协会(Agricultural Council for Alsace-Lorraine)以及威斯特伐利亚农民协会反对将这项制度引
138 入《德国民法典》。就威斯特伐利亚农民协会而言,这肯定是因为威斯特伐利亚早在 19 世纪 80 年代就通过普鲁士法律接受农民财产的共有继承制度。因此,即使是拒绝在国家层面对这一问题进行立法,也不会损害该地区的农民利益,而将该问题引入《德国民法典》兴许会让问题变得糟糕起来。[116] 另外,普鲁士国家农业经济委员会以及德意志农业协会却强烈支持在修订《德国民法典(草案)》之时规定

---

〔115〕 Riepenhausen to Rottenburg, 24 May 1890, ZStA Potsdam, Rkz 740, fo. 244.

〔116〕 *Verhandlungen des Westfälischen Bauernvereins*, pp. 75, 91 ff. U. Bähr, 'Die berufständischen Sonderinteressen und das BGB. Ein Beitrag zur Entstehungsgeschichte des BGB', Jur. Diss. (Heidelberg, 1973), 60 f.; H.-G. Mertens, *Die Entstehung der Vorschriften des BGB über gesetzliche Erbfolge und das Pflichtteilsrecht* (Berlin, 1970), 115, 124 ff.

共有继承制度。普鲁士国家农业经济委员会相信基尔克会说服第一委员会：有必要通过立法来积极倡导共有继承制度。[117] 在德意志农业协会那边，冯·塞托－赖歇尔茨豪森男爵领导了关于争取推进国家立法的行动，他指出：如果将共有继承制度留给各邦国来决定取舍，那这项制度也许就无法幸存了。[118]

这一提议的支持者经常急切地指出：这一提案并没有对农民的遗嘱自由作出任何限制，而且这一制度仅适用于法定继承的情形。几乎所有的农业代表都同意：在原则上，共有继承制度是保护农民的适当方式。正如塞托在向德意志农业协会所提交的报告中所指出的那样，“从农业的角度来看，所存在的主要问题是，究竟应在全国，抑或邦国的层面引入关于共有继承制度的立法”。[119] 各界在该问题上分歧甚大，而大多数人的意见都与其所来自的地区相关。例如，来自萨克森的地主奥皮茨毫不迟疑地支持将该问题留给各邦国来进行立法规制的做法。萨克森地区具有较低的土地负债率，并对土地财产进行了相对良好的分配，这意味着对该邦国来说没有必要在国家层面进行相关立法。威斯特伐利亚农民协会亦持相同观点，用米亚斯科夫斯基的话说，这代表着农业在威斯特伐利亚是总体“健康

[117] *Verhandlungen des Königlich Landes-Oekonomie-Kollegiums*, pp. 352 f.

[118] *Archiv des Deutschen Landwirthschaftsraths*, 14－425.

[119] *Archiv des Deutschen Landwirthschaftsraths*, 425.

的”。[120] 人们也认为,塞托所来自的巴伐利亚拥有大体健康的农业。然而,正如在他于 1886 年向德意志农业协会所提交的报告中所言,如果不对传统农村继承实践给予立法上的激励,那么这些习惯将面临冲击。[121] 他成功地让德意志农业协会相信,最大的威胁是源自为自由继承概念所主宰,并将农业的特别需要留待各邦调整的《德国民法典(草案)》。恰如该协会在 1886 年 4 月向俾斯麦所提交的报告中所言:“一部法律的内在力量的大小与其适用范围的大小相关。鉴于在这么幅员辽阔的国度实现法律统一所面临的压力,立法者很难对
139 本土的、特定的法律和习惯法(更不消说道德了)进行合适的表达。”[122]

这一观点反映了为了保护农业利益而进行的法律改革运动的一个极重要的特点。许多改革者寄希望于通过法律改革所具有的教育功能推动社会实践的变化。恰如路德维希·富尔德在主张将共有继承制度纳入《德国民法典(草案)》时所言:“如果不在帝国的层面进行立法,那么法律所具有的教化效应将大打折扣。”[123] 就富尔德、基尔克以及塞托所言,主要的问题不在于新的《德国民法典》是否会在一般法律原则之外对农业需求进行特别保护。即使是将相应的立法

---

〔120〕 Opitz, *Gutachten*, pp. 9 f.; *Schriften des Vereins für Sozialpolitik*, xxi. 9.

〔121〕 *Archiv des Deutschen Landwirthschaftsraths*, 10 (1886), 89.

〔122〕 German Agricultural Council to Bismarck, 27 Apr. 1886, StA Hamburg, Senatskomm. für die Justizverwaltung I A a I vol. 1 (45), fo. 6.

〔123〕 Fuld, ‘Erbrecht’, p. 162.

权留给各邦国,也可以实现这一小目标。他们所在意的是,《德国民法典》是否将农业的特别需求视作与其他社会部门需求同等的东西。只有通过全国立法,才能实现诸如基尔克等人的诉求,因为他们承认国家的道德以及政治力量之于下属机构的优先性。

与其他形式的立法相反,关于将保护农业需求纳入国家民法典的主张,反映了新的具有竞争性的民族主义形式在威廉德国早期的发展情况。如我们所见,19 世纪 70 年代的法典化主要是被当作德意志现行法的系统化梳理。如果非要说这反映了什么社会哲学,那么它就是在国家的特定法律制度中基于公共利益来对社会利益进行平衡。日耳曼派学者关于《德国民法典(草案)》的攻击隐含其对民族需求的不同理解,并反对附和那一逐渐高涨的呼吁声(正如基尔克的例子所表明的那样)——为了更大的国家利益而牺牲部门利益。基尔克给土地改革论者所传达的信息是,他们的利益就是国家利益。140
他们何必牺牲自己的权益来确保通过一部与国家利益相左的法律呢?

以上所谈及的团体都确信,曼彻斯特学派(Manchester School)主导着《德国民法典(草案)》的编纂,这一学派忽视农业债务人的利益而一心向着资本主义债权人。然而,这只是泛于表面的口头上的团结,而非实质团结,因为没有哪个利益团体觉得有必要追随基尔克而全盘否定《德国民法典(草案)》。与担保法、宅地法和共有继承制度相关联的问题揭示了农业阵营内部所存在的重大分歧,而这些分歧是与德意志农业区域性的社会经济发展的差异性相关联的。尽管这些团体发表了许多激进的反天主教教义(Romanism)的声明,但是总的来说,农业利益团体都准备在《德国民法典(草案)》所建立的框架下通力合作。更有迹象表明,这些农业利益团体赞成将《德国民法典》编纂委员会的工作成果当成未来《德国民法典》的基础。[124]

人们对宅地立法的需求程度却各有不同。宅地立法问题甚至也超越了《德国民法典(草案)》的界限,并吸引了诸如德意志农民联盟(German Peasants' League)等激进农业组织的支持。在那时,一方面,某些论者对《德国民法典(草案)》发表了"受人尊重"的评论意见;而另一方面,农民联盟在19世纪90年代中期对《德国民法典(草案)》进行了激进的抨击。在这两个方面,宅地立法问题构成了某种桥梁。农民联盟确实将一则土地立法条款纳入其提案,然而其主要利益不体现于此。至少在其成立之后的前18个月是这样子。不过,到了1895年6月,在《德国民法典(草案)》的编纂工作临近尾声之际,时局开始有所变化。在接下来的几个月中,农民联盟的报纸刊登了一系列署名为古斯塔夫·鲁兰(Gustav Ruhland)与洛伦茨·克罗迪尔(Lorenz Kroidl)的文章。[125]

---

〔124〕 Bemberg-Flamesheim (President of the Agricultural Association of Rheinpreussen) to Lucius, 24 Feb. 1889, ZStA Merseburg, Rep. 87B 8115, fos. 94 – 109.

〔125〕 Suchsland to Roesicke, 11 June 1895, ZStA Potsdam, Roesicke Papers no. 19, fo. 211. 这些文章最后结集出版于 *Stimmen aus dem agrarischen Lager*, i (Berlin, 1896), 16 – 36.

农民联盟的出发点在于,它觉得绝对有必要从经济的视角对第一委员会的工作进行批评。如果农民联盟一直秉持这一批评立场,那么将意味着帝国国会还需要多耗费数年时间来讨论《德国民法典(草案)》。尽管第一委员会花了 20 余年时间来筹备《德国民法典》立法,然而农民联盟还是一副拒绝接受所有劝说其放手的模样。因 141
此,农民联盟加入反对者的阵营,反对帝国政府试图在 1896 年催促帝国国会通过《德国民法典(草案)》的计划。[126] 与这种情绪相伴随的是,帝国国会在 1896 年肩负着比起草《德国民法典(草案)》更重大的立法任务,如制定《德国股票交易法》以及《德国反不正当竞争法》。正如一份农民联盟阵营的报纸所言:"联邦参议院有必要将 2/3 的会期分配给关于《德国民法典(草案)》的讨论吗? 这肯定不具有如此高的紧迫性,何况起草者还有必要对《德国民法典(草案)》进行彻底的修订,因为草案是建基于外国法律原则,而且并不契合德意志的国情与需求。"[127]

鲁兰与克罗迪尔所提出的批评意见表明,日耳曼派学者关于《德国民法典(草案)》的批评意见,在何种程度上可被歪曲而用来满足激进压力集团(pressure group)的目的。他们接受了罗马法与自由经

---

〔126〕 G. Ruhland, 'Vorwort', *Stimmen aus dem agrarischen Lager*, i, p. ii; *Deutsche Tageszeitung*, 8 Dec. 1895, Ruhland and Kroidl-' Wem verdanken wir den Entwurf des Bürgerlichen Gesctzbuches?'

〔127〕 *Korrespondenz des Bundes der Landwirthe*, 20 Oct. 1895.

济立法之间的关联性,也接受了基尔克对土地物权与动产进行区分的观点。鲁兰与克罗迪尔认为,土地所有权应被视作一个"准公共办公室"(quasi-public office),而这需要引入特别的土地法,并依据真正的德意志传统来限制个人意志。[128]这些论调与激进的日耳曼派学者对1888年《德国民法典(草案)》所持的批评意见之间的关联性是很明显的。

然而,鲁兰与克罗迪尔也成功地将这些观点与农民联盟所关心的其他事项相联系。借助爱德华·拉斯克在19世纪70年代的法律统一运动中的声望,他们将罗马法与犹太人利益联系起来,即他们都
142 与迅速流转的资本的代表者相交往。因而,如果说这一群体在要求以外国法为纲快速完成《德国民法典》的编纂这方面嗓门最大,那么也就一点儿都不出奇了。狂热的爱国主义者将"法制的统一"置于"法典内容的德国性"之上,而鲁兰与克罗迪尔对此嗤之以鼻,并认为德意志精神与最激进的反犹太主义土地改革立场之间存在莫大的联系。[129]

农民联盟也明确将"反对《德国民法典(草案)》的举动"视作更广泛的"反对城市资本主义对立法施加影响"的举措的一环。《德国民法典(草案)》即为此种影响的一个例证。不过,关于《德国民法典

〔128〕 *Stimmen aus dem agrarischen Lager*, i. 21, 31 ff.

〔129〕 *Deutsche Tageszeitung*, 8 Dec. 1895.

(草案)》的辩论问题，已经被进一步地理解成一场关系代表利益受威胁的德意志中下层民众进行反抗的广泛运动。与其他农业团体不同，农民联盟并非仅从农业的当前利益来看待《德国民法典(草案)》。相反，它追随基尔克，并认为彼时最棘手的关键问题是该法典的一般性社会哲学问题。农民联盟认为，《德国民法典》只是一个极重要而耀目的“由资本主义与犹太人利益主导立法进程”的案例，因而有必要在其所有示威活动中予以抗击。就如鲁兰与克罗迪尔所言：“我们对在立法中摒弃资本主义利益的渴求，就像我们日常对面包的需求一般。对于今天所谓的土地问题、中小企业问题以及工人问题，我们都需要以与拉斯克的观点相左的精神来推进立法。”[130]就政策的细节性问题，鲁兰与克罗迪尔并没有或很少在他人已有的论述之外有所创见。然而，农民联盟总体上所秉持的激进思想确实与此前其在论战中所持立场不尽一致。这不再是一场在同时可以容纳资本主义的法律架构下，致力于保护具体的农业利益的、狭隘的以局部利益为主的斗争。相反，它是更广泛的争论的一部分：就在 19 世纪 90 年代发展迅猛的德意志而言，其究竟应该成为一个农业国家抑或工业国家?[131]

---

〔130〕 *Stimmen aus dem agrarischen Lager*, i. 19.

〔131〕 关于此点，参见 K. Barkin, *The Debate over German Industrialization 1890 – 1902* (Chicago/London, 1970), ch. 4; H. Lebovics, '"Agrarians" versus "Industrializers": Social Conservative Resistance to Industrialism and Capitalism in Late Nineteenth-Century Germany', International Review of Social History, 12 (1967), 31 – 65。

有迹象表明,在农民联盟内部具有影响力的人物在看待《德国民法典(草案)》的争论时就是带着这种“意识形态”立场的。鲁兰与克
143 罗迪尔对谷物关税政策与农业法律的表达形式之间的逻辑关联问题着墨甚多,但是农民联盟的前主席古斯塔夫·罗希克(Gustav Roesicke)认为,土地所有者所面临的更核心的问题是关税政策而非农业法律问题。如其在 1894 年 5 月对鲁兰所言,拥有较低的谷物价格会比过度的负债率重要得多,而第一要务是确保农业利润的实质增长。[132] 有证据表明,在帝国国会对《德国民法典(草案)》进行辩论前,农民联盟在这方面的观点获得了联盟的领导层的支持。农民联盟在 1895 年 11 月所发表的一份声明对此坦陈道:“只有实现包括进行农业方面的系统立法在内的所有诉求,才能找到解决农业问题的完整策略。然而,要想发挥与农业法相关的所有措施的效能,一个不可缺失的前提是改善农业产品的价格情况。只有通过创造利润才能消除农业的负债。”[133]

这一观点体现于鲁兰与克罗迪尔所采取的对特定诉求进行表述的方式上。他们的作品对资本主义罗马法所带有的犹太色彩进行了强烈谴责,而对具体政策的抨击力度却相对较弱。这使农民联盟与

〔132〕 Ruhland, ‘Vorwort’, in *Stimmen aus dem agrarischen Lager*, i, p. i; Roesicke to Ruhland, 23 May 1894, ZStA Potsdam, Roesickc Papers no. 24, fos. 1 – 10 (引语出自第 8 页以下).

〔133〕 *Deutsche Allgemeine Zeitung für Landwirtschaft*, 17 (Nov. 1895), 247.

其他农业组织所持立场甚为不同,如农民联盟认为共有继承制度是对个人意志自由的限制。农民联盟没有对《德国民法典(草案)》的细节进行斟酌(这与它对谷物贸易的国家垄断立法、股票交易所改革所关注的程度并不同),这表明,农民联盟将《德国民法典》置于德意志政策优先性的第二位。[134]《德国民法典(草案)》可以提供有用的政治宣传弹药,但是并不足够。

农业界并非唯一觉得《德国民法典(草案)》对本部门利益关注不够的经济部门。如何保护建筑业的手工艺人?这是一个在19世纪90年代吸引了极大的公众关注的问题。再一次地,这一问题引人思考:如果存在一项紧迫的经济需求,那么经济团体能否代表利益受损者要求进行特别立法(即使这会打破立法者所确立的法律体系)? 144
在此种情形,使事态越加复杂的是,《德国民法典(草案)》确实让手工艺人的法律地位变得更糟糕(至少在普鲁士是这样)。[135]

以上问题所产生的背景是,19世纪末,快速城市化引起了建筑业的结构性变化。建筑商所面临的问题的实质并非在于建筑技术变化所带来的困难。同样地,手工业人也需要面对技术的变化问题。自19世纪50年代以来,得益于城市建筑需求量的急速增长,建筑业也经历了

---

〔134〕 G. Roesicke, 'In letzter Stunde', *Deutsche Tageszeitung*, 25 June 1896; ibid., 23 July 1896; see Puhle, *Agrarische lnteressenpolitik*, pp. 230 ff.

〔135〕《普鲁士国家一般邦法》规定,工匠有权申请抵押贷款(Sicherungshypothek),这是为了保障未来的合同权益。《德国民法典》废除了该权利,而在《德国民法典(草案)》的修订过程中,又恢复了关于该权利的规定。

长时间的蓬勃发展。然而,在这个时期,建筑业并没有发生具有革命性的技术变革。从1882年到1895年,在一些大城市(特别是柏林、科隆和莱比锡等城市),建筑业欣欣向荣,随之而来的是人们开始担心建筑规模的过快增加。然而,一些统计数据表明,在19世纪90年代(如1892年、1894~1895年),建筑商的营业额以及真实收入都在下降。[136]

乍一看,令人稍感惊讶的是,建筑团体的发言人在19世纪90年代初居然声称:"对于建筑业而言,境况之恶劣前所未有,这种情况特别是存在于较大的市镇。"在1891年10月,一篇刊登在《威斯特法伦水星》(Westfälischer Merkur)上的极具影响力的文章更是写道:"在柏林,建筑商群体担忧建筑业会有灭顶之灾。"[137] 建筑商群体之所以反对《德国民法典(草案)》,是因为他们认为草案并没有对存在于较大市镇的投资性建筑行为进行规制。即使是在《德国民法典(草案)》公布之前,利益团体也已通过向帝国国会请愿的方式要求通过

---

〔136〕 W. Fischer, 'Die Rolle des Kleingewerbes im wirtschaftlichen Wachstumsprozess in Deutschland 1850 – 1914', in id., *Wirtschaft und Gesellschaft im Zeitalter der Industrialisierung. Aufsiitze-Studien-Vorträge* (Göttingen, 1972), 343 f.; Volkov, *Rise of Popular Antimodernism*, p.42 n. 20;至于19世纪80年代的情况,参见以下文献所列的表格:A. Noll, *Sozio-ökonomischer StrukturwandelStrukturwandel des Handwerks in der zweiten Phase der Industrialisierung unter besonderer Berücksichtigung der Regierungsbezirke Arnsberg und Münster* (Göttingen, 1975), 240 –378。关于手工业性生产模式在建筑行业的持续性主导地位,参见F. Naumann's comments in 'Neudeutsche Wirtschaftspolitik', in id., *Werke*, iii (Cologne/Opladen, 1964),151 f.。

〔137〕 F. L. Haarmann, *Zeitschrift für Bauhandwerker. Organ der Herzoglichen Baugewerkschule Holzminden*, xxxv/14 (Halle, 1891), 105; *Westfälischer Merkur*, 13 Oct. 1891.

民事法律来保护建筑业。这一诉求的缘起在于,与那些破产了的建筑商相比,施工者处于相对的弱势地位。《德国民法典(草案)》中的担保法部分规定,当事人对土地的请求权依其土地登记顺序而定。在柏林以及其他较大市镇,投资性建筑乱象(如融资手段存在缺陷、存在"稻草人"企业等)甚为泛滥。在这种背景下,施工者需要承担较大的风险,因为他们的请求权被置于那些前期为建筑项目注入资本的债权人请求权之后。就上釉工人、工匠以及锁匠等手工艺人而言,这方面的风险明显很大,他们是在建筑施工的后期被雇佣的。莱比锡社会福利政策协会的调查数据显示,在丧失抵押品赎回权程序中,虽然在不寻常的1891年,债权人的胜诉率只有30%,但是平均胜诉率达到了64%～73%。这一畸高的胜诉率显然未能引起足够的关注。投机性建筑行为植根于城市建筑项目的融资发展之中,手工艺人通常是债权人,而建筑商是债务人。一些城市政府采取了推高建 145
筑用地价格的政策,这也被认为是助长投资性行为的原因,而建筑方被引诱进行过度借债,这也加大了其破产的概率。柏林警察局负责人的一份报告可以予以佐证,他坚定地认为正是投资资本不断涌入建筑行业才导致此类事件频仍发生。[138]

---

〔138〕 *Schriften des Vereins für Sozialpolitik*, lxx (Leipzig, 1897), 593 f.;关于布雷斯劳(Breslau)的类似情况,参见ibid., pp. 389 ff. *Schriften*, lxiv (Leipzig, 1895), 71 ff.。关于卡尔斯鲁厄(Karlsruhe)的财政体系,参见Richthofen to Schelling, 10 Mar. 1892, GStA Berlin-Dahlem, Rep. 84a 11876, fos. 37－65。

1888 年 10 月,德意志建筑商协会开始了一个旷日持久的请愿,要求将建筑手工艺人的请求权顺位置于土地登记簿所列债权人之首。[139] 19 世纪 90 年代初,这一请愿从“投机行为系问题的根源”这一论断中获取了许多的道德力量。如果能够证明某项法律制度成了肆无忌惮的投机者用来剥削诚实的手工艺人或导致其破产的手段,那么就很容易证明将法律体系所确立的某项原则予以打破的合理性。正如基督教社会传教士阿道夫·施特克尔(Adolf Stoecker)1893 年 4 月所言:从建筑商实施的投机行为,可以看出“诚实的工作与欺诈的资本”之间的斗争。[140] 从一开始,这一请愿就带着强烈的反犹太人色彩,例如,反犹太 - 德意志 - 社会党(Anti-Semitic German-Social Party)在 1890 年采取措施反击建筑业欺诈,并将此类丑闻与
146 “犹太骗子”相联系。[141] 如同农业改革的例子所表明的那样,随着《十字报》不断地呼吁改革土地债务登记制度以保护经济上的弱者,保守的情绪很快占据上风。可以预见的是,这一请愿带有明显的反资本主义和反犹太人色彩,而这将农民联盟卷入这一请愿活动

---

〔139〕 ZStA Potsdam, RJM 1335, fos. 12 – 21; Bähr, ‘Sonderinteressen’, pp. 86 ff.

〔140〕 *Kreuzzeitung*, 15 Apr. 1893.

〔141〕 关于德意志社会方案(German-Social programme),参见 Puhle, *Agrarische Interessenpolitik*, pp. 321 f. (art. 15);另参见《民族》(Das Volk)对施泰因(Stein)博士在 1891 年 2 月 13 日向德国布吕歇尔公民协会(Deutscher Bürgerverein Blücher)所作演讲的报道。

中。[142] 在这种意义上,建筑手工艺人的问题变成了起草一个协调的、保守的中产阶级政策的重要一环。

土地所有权改革联盟(Bund für Bodenbesitzreform)扮演了核心的角色,并在 1892 年年初借由向帝国司法办公室提交一项被广泛报道的请愿书而控制住了局面。这一联盟的主要目的在于废除城市土地的私人所有制,它请愿道:解决住房和建筑行业问题的唯一正确方法只能通过土地“公共化”(communalization)来实现。然而,联盟也认为,《德国民法典》能够且应该通过立法来救济施工者不应遭受的损失;就手工艺人而言,是否对他们施以经济援手关涉他们的生死存亡。联盟呼吁手工艺人代表大会(Allgemeine Handwerkertag)——这是一个自称代表 200 万手工艺人的联盟——对相关请愿进行支持。在整个 19 世纪 90 年代初期,土地所有权改革联盟组织了众多会议来对帝国政府以及普鲁士政府进行施压,并像自由主义报纸所抱怨的——以蛊惑人心的方式煽动立法者保护建筑业的手工艺人,使之抵御资本主义的邪恶。[143]

在许多方面,土地所有权改革联盟的做法堪称 19 世纪 90 年代的典型。这个联盟采取煽动的方式,致力于寻求解决产生于工业化

---

〔142〕 *Kreuzzeitung*, 8 July 1892, 30 June 1893, 22 Jan. 1896;关于农民联盟,参见 *Deutsche Tageszeitung*, 8 Sept. 1894。

〔143〕 请愿书在 1891 年 10 月 11 日起草完毕,并在 1892 年 1 月 8 日呈送政府,具体可参见 GStA Berlin-Dahlem, Rep. 84a 11876, fos. 97 – 119; *Frei-land*, 7 Mar. 1892. *Magdeburgische Zeitung*, 22 June 1894; *Freisinnige Zeitung*, 30 June 1895。

147 的社会问题的集体性解决方案,并倾向于将局部群体的社会问题视作整个社会的问题。以上这些方面都呈现了与那个时期的其他政治组织一样极强的相似性。同时,这也带着强烈的反罗马法化味道,体现在,人们认为问题的根源在于立法者未能坚持德意志法对土地与建筑物进行区分的传统。[144] 不过,该联盟并不仅是一个试图煽动中下层民众来反抗传统自由主义的激进右派团体。该联盟的主席海因里希·弗雷泽(Heinrich Freese)在年轻时曾是狂热的左派自由主义者,也是社会改革者弗里德里希·瑙曼(Friedrich Naumann)的朋友,并以"宪法性"的工厂制度的倡导者之名而为历史学家熟知。[145] 该联盟的另一领袖是阿道夫·达马切克(Adolf Damaschke),其一度是左翼自由主义的拥护者,支持欧根·里克特(Eugen Richter)关于土地改革的多样性的主张。但是,此后有感于对里克特反对国家主导社会改革的失望,他转而在 19 世纪 90 年代末瑙曼所领导的国家 - 社会运动(National-Social movement)中扮演重要角色。波茨坦 - 上巴尔尼姆(Potsdam-Oberbarnim)派驻德意志帝国国会的左翼自由主义议员奥古斯特·阿尔特豪斯(August Althaus)博士也支持保护施

---

[144] 关于这一表述,参见 A. Damaschke, *Zeitenwende. Aus meinem Leben*, ii (Leipzig/Zürich, 1925), 210。关于该联盟反对《德国民法典(草案)》的行动,参见 Damaschke, *Leben*, i (Berlin, 1928), 287 ff.。

[145] 尤其参见 H. J. Teuteberg, *Geschichte de industriellen Mitbestimmung in Deutschland* (Tübingen, 1961), 260 -6。关于瑙曼对该联盟的核心观点的认可,参见 F. Naumann, 'Gedanken zum christlich-sozialen Programm' (1895), in Werke, v (Cologne/Opladen, 1964), pp. 67 f.。

工者的利益。[146]

人们有理由相信,这反映了社会改良主义在 19 世纪 90 年代初期和中期所面临的极大的复杂性。诚如社会福利政策协会、福音派信徒联谊会(Evangelical Social Congress)等机构的人事构成显示,人们有可能在同一组织内团结激进保守主义者和左翼自由主义者,以促使国家采取行动保护社会上的弱者。瑙曼在 1894 ~ 1896 年与施特克尔所领导的基督教社会运动割袍断义,就农业议题与保守派政党进行斗争,将改革需求与工人阶级利益相结合,并以之为基础而形成民族/社会主义组织(National-Socials)——这些现象很清晰地说明了 19 世纪 90 年代中期的情形。在这些发展中,起到基本作用的是逐渐增多的关于反犹太主义的反感,以及对手工艺人利益的捍卫问题。[147] 不过,重要的是不预先揣测这些变化的发生。正如左翼自 148
由主义的自由联盟党(Freisinnige Vereinigung)所显示的那样,归因于 19 世纪 90 年代初所出台的"新时代"(New Era)社会政策,许多

---

〔146〕 Damaschke, *Leben*, i. 242 ff. ; D. Düding, *Der Nationalsoziale Verein 1896 - 1903. Der gescheiterte Versuch einer parteipolitischen Synthese von Nationalismus, Sozialismus und Liberalismus* (Munich / Vienna, 1972), 167 - 173. *Eingabe des Handwerker-Vereins für den Westen und Südwesten Berlins an den Reichskanzler wegen Abänderung einiger den Handwerkerstand betreffenden Bestimmungen des Entwurfs des bürgerlichen Gesetzbuches für das deutsche Reich* (Berlin, 1892).

〔147〕 Düding, *Nationalsoziale Verein*, pp. 22 ff. ; W. Struve, *Elites against Democracy. Leadership Ideals in Bourgeois Political Thought in Germany, 1890 - 1933* (Princeton, 1973), 80 - 5.

人改变了自己的立场。随着政府暂时认可进行社会改革的需要，相当多的自由主义者加入了右翼政党，以反对完全的自由放任主义政策，而只有跟随欧根·里克特的少数人心怀怨恨地为自由放任主义辩护。[148] 19 世纪 90 年代初，左翼与右翼改革者在语言以及修辞上存在诸多交叉点，而这有助于他们隐藏自己在政治目标上的基本分歧。19 世纪 90 年代初，诸如"社会"(social)、社会变革(social reform)和社会政策(social policy)等词语的含义是不时变动的，而且会随着使用者的政治立场不同而迥然相异。马克斯·韦伯讽刺保守派以基督教、君主制主义者和民族等饱含同情的口号隐藏其阶级统治的倾向，并且怀疑通过回归德意志法来解决社会问题的可行性，这无不清晰地反映了社会改革者阵营内所存在的极深的政治分歧。[149]

毫无疑问，这一系列的请愿成功增进了公众对建筑商的困难的关注。到了 1894 年，大多数的观察者都认为确实存在严重的社会问题，而民族自由主义阵营的报纸也开始认为：若想抚慰反对帝国政府

---

〔148〕 关于此点，尤其参见 K. Wegner, *Theodor Barth und die Freisinnige Vereinigung. Studien zur Geschichte des Linksliberalismus im wilhelminischen Deutschland (1893 - 1910)* (Tübingen, 1968), 16 - 27。

〔149〕 D. Beetham, *Max Weber and the Theory of Modern Politics* (2nd edn., Oxford, 1985), 156. 韦伯认为，罗马法是"社会—政治"的替罪羊(social-political scapegoat)。参见 A. Brand, 'Against Romanticism: Max Weber and the Historical School of Law', *Australian Journal of Law and Society*, 1 (1982), 94。

以及普鲁士政府的纷乱情绪，就有必要采取一定的措施。[150] 政府内部——如帝国内政部的卡尔·伯蒂歇尔（Karl Boetticher）——也传 149
出了一些批评《德国民法典》编纂者的声音，不赞同起草者所持的"建筑商的损失是因其对合同之缔结存在疏忽"的观点。在社会法学愈加流行之际，卡尔·伯蒂歇尔认为法律的主要职责是保护经济上的弱势群体。[151] 然而，可以预见的是，反对者会辩驳道：对建筑商的保护会损害土地信贷的供给，因为这会损及为其他债权人的投资所提供的担保。柏林商业和制造业协会中央委员会（Central Committee of Berlin Commercial and Manufacturing Associations）抨击道：此类对建筑商的保护，为特定群体创设了特权，并以牺牲其他多数群体所赖以生存的安全的信贷供给为代价。[152] 跟随几个商会以及其他组织，德意志住房和地主中央协会随后也发表了类似观点。[153]

人们并不难预见这些团体会作出这些反击。无论是希望房主抑

---

〔150〕 *National-Zeitung*, 22 Aug. 1894; *Magdeburgische Zeitung*, 22 June 1894; *Kölnische Zeitung*, 10 Dec. 1895.

〔151〕 Boetticher to Nieberding, 21 Mar. 1894, ZStA Potsdam, RJM 1335, fos. 189 f.

〔152〕 参见1895年4月23日的委员会报告：ZStA Merseburg, Rep. 120 11 b 1 no. 54 vol. 1, fos. 163 ff.。

〔153〕 *Das Grundeigentum. Zeitschrift für Hausbesitzer*, xiv/33（18 Aug. 1895）; Frankfurt chamber to minister of trade, 27 May 1898; Wiesbaden chamber, *Eingabe*, 16 July 1898; *Verein der Berliner Grundstücks-und Hypotheken-Makler* to minister of trade（May 1898）, all in ZStA Merseburg, Rep. 120 Ⅱ b 1 no. 54 vol. 4.

或抵押经纪人来牺牲自己的利益以成全建筑商的利益,这都不现实。不过,这一斗争所具有的一个有趣特征是其反击手工艺人的立场的方式。据其所言,对建筑商提供保护无疑会弄巧成拙,因为这将加强关于建筑业集中化的压力,这反而会损害手工艺人的长期利益。例如,一份来自柏林建筑业权益保护协会(Association for the Protection of Berlin Building Interests)的请愿书强调道:这一提议将“导致建筑业为大资本家所集中把持,并扩大资本与劳动之间的鸿沟,所以会违背过往20年间社会立法的宗旨”。1895年年初,舍恩贝格地区房屋与地主协会(House and Landowners' Association)已经表达过了类似观点,而此类论调迅速成了人们用来维护现行法以及反击激进改革者诉求的标准论据。[154]

这些发展是很有趣的,因为它们表明:人们越来越感觉到,19世纪90年代中期,通过明显地牺牲中小型企业的利益来直接维护土地信贷需求是不合乎政治时宜的。重要的是,诸如房屋所有人协会等
150 团体组织开始感觉到有必要基于手工艺人的“真正”利益来进行辩论。至少在这一问题上,道德的高地已明显为那些主张顺应保护弱者的现代社会潮流的人所占领,即使在立法方面很难立即产生立竿

〔154〕 Petition of the Schutzverein der Berliner Bau-Interessenten to Prussian minister of justice, 15 July 1895, GStA Berlin-Dahlem, Rep. 84a 11878, fos. 174 f.; 'Bittschrift des Haus-und Grundbesitzer-Vereins zu Schöneberg (Berlin) betr. die Bekämpfung bezw. Beseitigung des Bauschwindels', 9 Feb. 1895, GStA Berlin-Dahlem, Rep. 84a 11877, fo. 562.

见影的结果。一如我们将在下一章所看到的，弗雷泽及其追随者的努力并没有对《德国民法典》编纂起什么影响。从手工艺人的角度来看，立法者已经在《德国民法典（草案）》修订的过程中对相关规则进行了适度完善，但如果要对建筑商的法律地位进行全面的调整，那就还需要等立法者在 1909 年通过特别立法来实现。无论是从论战的措辞抑或结果来看，建筑商的利益保护问题预示了在威廉德国实施法律改革的可能性以及障碍。

相对而言，如果要就商业和工业利益团体对《德国民法典（草案）》的回应进行分析会显得很困难，因为它们没有准确界定其批评所针对的范围。1889 年，德意志商业代表大会（German Commercial Congress）发布了一份调查问卷，并将纯法律理论问题以及《德国民法典（草案）》中对商业团体没有产生过多影响的法律规则排除在外。因为商事利益主要涉及动产方面的法律，所以问卷集中关注《德国民法典（草案）》的债法内容。问卷特意忽略了诸如法人资格、土地法和家庭法的恰当性等问题，尽管这些问题对于在德意志多数地区开展商业行为而言，也颇具重要性。[155]

如同我们所看见的，这些最重要的商业利益团体所进行的批评有局限性，而这只会促使人们纷纷赞赏《德国民法典（草案）》之于法

---

〔155〕 *Mittheilungen des Deutschen Handelstages*, xxix /11 (1889), 1；不过，问卷里也包括了一个关于是否将法人人格问题留给诸邦国调整的问题。

律统一的适宜性。秉持民族自由主义立场的媒体也持相似观点。比如,《国家时报》写道:“问卷所臆断的是,对于德意志民族而言,《德国民法典(草案)》所追求的法律统一是如此重要,以至于不能让德意志商业代表大会的成员反对《德国民法典(草案)》,并拖累立法程序。”[156]

当然,这并非说,各商事团体都一致赞颂《德国民法典》的各个面
151 向。许多人对《德国民法典(草案)》措辞的抽象性以及守法主义(legalism)表示质疑,不过人们在总体上还是接受《德国民法典(草案)》(如果起草者能够对草案的语言问题进行改善)。在这个基础上,商事团体乐意对诸如社团法、合同自由原则的各类适用情形等争议性问题予以臧否。

绝大多数的商会反对将社团法剔除出《德国民法典(草案)》。只有莱比锡以及索林根地区的商会对《德国民法典》起草者在这方面的提议表示赞同,而其他商会都认为有必要依据规范性条件(normative conditions)在国家层面引入某种立法。[157] 人们对《德国民法典(草案)》的反对主要集中在两个方面:《德国民法典(草案)》对法律统一的损害;具有法人人格的商业公司与其他非法人团体间所缔结合同可能引起的问题。慕尼黑商会便是这种立场的代表。它

---

〔156〕 *National-Zeitung*, 22 May 1890.

〔157〕 例如,参见 Leipzig chamber, p. 6; Halle chamber, p. 4; Kassel chamber, pp. 2 f.; Cologne chamber, p. 6。

认为:如果《德国民法典(草案)》得以成为法律,那么这部法典将导致法律的碎裂性、不确定性,而非创设一个统一的法律体系。[158] 在某些时候,这可被看作一个自由主义的政治观点。例如,慕尼黑以及开姆尼斯商会相信,应该将那些在其所在邦国(分别是巴伐利亚和萨克森)实施的相对进步的法律规则扩展适用至整个帝国。莱比锡商会所秉持的立场也反映了其对萨克森的法制现状的满意态度。不过,其他商会的主要关切在于,在避免因为遵循完全的自由主义来表述法律而遭受政治上的不利益的前提下,确保(紧密相关的)法律确定性与法律统一共相存在。因此,科隆以及不伦瑞克商会一方面支持在国家的层面规制社团立法,另一方面赞同邦国保留批准社团成立的权力。[159] 这一立场反映了这些商会不惜一切代价来维护法律统一以及法律确定性的决心。但是,它们没有像别的团体一样将特许制(concessionary system)视作政治组织的过时形式。

在那些与重工业相关的利益团体中,这种立场表现得尤为强烈,甚至有两个社团在 1890 年委托约瑟夫·埃塞尔(Josef Esser)博士起草了一份报告。这份报告支持在全国的层面统一规制法人人格问题。[160] 在接受约瑟夫·埃塞尔的报告的人中有一位是威廉·博伊默(Wilhelm Beumer)。此君是一位信奉民族自由主义的企业家,并

---

[158] Munich chamber, p. 9.

[159] Cologne chamber, p. 6; Brunswick chamber, p. 19.

[160] 关于埃塞尔报告的副本,可参见 ZStA Potsdam, RJM 3838, Bl. 134。

在后来领导了德意志企业家中央协会对帝国国会在 1896 年引入更自由主义化的社团法的反击。在那时,博伊默依旧坚持认为官方机
152 构有权解散那些单纯追求"关于意识形态"的目标的社团,而且他指出了"规范性条件"体制所隐含的危险。他建议帝国国会恢复此前关于"意识形态类的社团"与其他社团的区分,而这项建议也在 1896 年 6 月 3 日被中央协会的代表大会所通过。博伊默这样做的原因在于,担心工会会对新《德国民法典》关于法人的条款表示妥协。他拒绝了鲁道夫·索赫姆等人的以下建议:如果工人可以更为容易地获得法律规定的行为权利,那么这将有助于将工人阶级整合进现有的秩序之中。[161] 中央协会就曾在 1895 年被拒绝授予法人人格,而随着公众越来越关注工人与雇主之间的关系之时,它决定不再对这件事情耿耿于怀。中央协会已经批评给予工会类似于公司依照法律所享有的行为权利的做法,并且对任何会促进工人运动的涉及《德国民法典》的提案都极敏感。[162] 就对《德国民法典》最终文本的直接影响而言,这种态度可能影响甚微,然而,帝国国会的各政党对该问题还是达成了妥协。不过,中央协会的立场是重工业企业家对工人运动持强硬态度的征兆,这也预示着威廉二世将在 1894 年采纳"新航线"

---

〔161〕 H. A. Bueck, *Der Centralverband deutscher Industrieller 1876 – 1901*, iii (Berlin, 1905), 358 – 63; R. Sohm, *Ueber den Entwurf eines bürgerlichen Gesetzbuchs für das Deutsche Reich in zweiter Lesung. Ein Vortrag* (Berlin, 1895), 14 – 17.

〔162〕 Bueck, *Centralverband*, i (Berlin, 1902), 263 f.

政策。

如前所述,19 世纪 90 年代,合同自由原则是一个主要的争议之源。而对于许多《德国民法典(草案)》的批评者来讲,这是法律制度在阶级歧视方面的一个主要表现。因为德意志商业代表大会的调查问卷集中关注债法,它自然而然地触及与合同自由相关的几个重要 153
问题,比如利率、租赁法以及劳动法等。各个商会对这些问题的回应充分显现了这些团体对法律制度的态度。

所有的商会都认为合同自由是一项基本原则,而只应在最具有紧迫性之时才能对之进行变通。如同吕贝克商会所言:只应在存在紧迫的原因(如有发生权利滥用之虞)之时,才能对合同自由(即使是针对合同的形式)进行限制。因此,诸多商会广泛欢迎《德国民法典(草案)》对合同当事人就利率进行约定的自由进行限制,而只有哈勒商会认为《德国民法典(草案)》中的这些条文是单方偏向债权人利益的。[163] 一般而言,这些商会都同意:防止高利贷并非民法应该承担的职责,而这一目标应该通过在刑法领域进行特别立法来实现。尽管基尔克关于法律制度应肩负社会责任的观点曾为德意志商业代表大会设计调查问卷提供诸多指引,然而在合同自由这个问题上他的观点并没有得到多少响应。

在其他问题上(如租赁法、关于服务合同的法律),各大商会的意

---

〔163〕 Lübeck chamber, p. 19; Halle chamber, p. 9.

见并不一致。[164] 公众并没有对《德国民法典(草案)》在这两个方面的内容进行系统性的批评,尽管这二者在快速工业化和城市化的时期对社会影响颇巨。对于抽象义务(abstract obligations),人们一致认为这是在回应商业发展需求的过程中产生的规则,并应该将之纳入《德国民法典》。只有不伦瑞克商会表达了保留意见,不过它所不满意的只是条文表达方式等技术事项。[165] 再一次地,商业和工业方面的主要代表团体未对《德国民法典(草案)》的"社会性缺失"问题给予足够的关注。

商业利益团体与其他利益团体所不同的地方在于,是否乐意以《德国民法典(草案)》为纲快速统一法律。1895 年,这些团体发起了一场强有力的呼吁全盘接受经过修正的《德国民法典(草案)》的运动。1895 年 12 月,在费尽九牛二虎之力后,德意志商业代表大会才对其在这方面的一份议案进行降温。这是因为,该代表大会害怕自己"暗自削弱帝国国会在法典草案上的审议权威的行为"会让国会心
154 生不满。[166] 在莱茵船运权益保护协会(Association for the Preservation of Rhine Shipping Interests)于 1895 年 12 月 21 日写给普鲁士商业部长的信中,这种情绪显露无遗。"对于我们而言,在这样

---

[164] 其包括各种形式的服务,并不对不同形式的劳动合同进行区分,如工匠、医生、产业工人等签订的合同。

[165] Brunswick chamber, pp. 29 f.

[166] ZStA Merseburg, Rep. 120A 1 1 no. 1 vol. 4, fo. 266.

一个重要的国家议题上，我们必须重申这样一个立场：一部统一的德意志法应该包括民法。《德国民法典》是如此的重要，以至于不能让那些试图去改变《德国民法典》的实质内容以满足所有人的利益的行为（即使是无意的）阻碍《德国民法典》的编纂进程。”[167]

1896年1月，哈勒商会呼吁帝国国会尽快通过《德国民法典》，并尽可能少地修改其实质内容。[168] 这一呼吁得到了其他工业组织代表的响应，而在1896年，这部分社群很少对《德国民法典》发出批评声音。就德意志工商业团体而言，法律统一的重要性远远高于对新立法的内容进行吹毛求疵。

总而言之，令人失望的是，相较于各类利益集团所倾注的关注力而言，它们对《德国民法典（草案）》最终文本的影响力是很有限的。就特定问题而言——如将定期土地债务制度作为一种可选择性的土地债务形式、恢复为建筑商提供一定保护的规定，这些关于《德国民法典（草案）》修订稿的完善也许是直接与利益团体的呼吁相关联的。首先，这些成功得益于诸如普鲁士国家农业经济委员会等数量庞大的、半官方组织的支持。也许更重要的是，定期土地债务制度的任意性可以有助于立法者将之纳入《德国民法典》体系，而激进者将定期土地债务制度当作唯一土地债务形式的提议

---

〔167〕 ZStA Merseburg, Rep. 120A I 1 no. 1 vol. 5, fo. 105.

〔168〕 Halle chamber to Berlepsch, ZStA Merseburg, Rep. 120A I 1 no. 1 vol. 5, fos. 114 ff.

却不能实现这个目的。[169] 其次,在快速城市化的过程中,建筑商将其利益等同于公共利益的做法具有可信性。然而,无论在哪一种情形下,激进主义者想要重构法律制度的做法都未能获得支持。依据"社会性"理念来开展的改革,不得不让步于高于一切的对法律制度的系统性与协调性进行的维护。人们致力于平衡不同的社会利益,这意味着有必要排除掉那些会以牺牲一方利益来支持另一方利益的立法方案。

以下两章将会细叙这些利益团体相对缺乏影响力的原因。部分
155 原因在于,政府和政党对这些通常令人半信半疑的局部利益诉求甚少回应。不过,值得注意的重要因素是,利益团体的活动的组织架构也消解了其对此类立法的影响力。首先,绝大多数团体在其讨论范围方面遵循自我否定的规则(self-denying ordinance)。虽然这些团体时常提及罗马法与资本家或债权人利益之间在修辞上的关联,但是没有任何一个组织严肃地将《德国民法典》作为一个整体来看待。基尔克的本土化、"社会化"法学思想为手工艺人以及其他人提供了文本以及理论支持。其文本将特殊对待土地所有权与社会政策的广泛关切相联系起来,这可以概括为保护弱者免遭强者的剥削。它的正当性源自一项判断,"这些利害关系与反对域外(罗马)传统的真正的德意志相一致"。然而,当基尔克寻求用这些认知来抨击《德国

[169] Bähr, 'Sonderinteressen', pp. 177 ff.

民法典(草案)》的细节之时,他的主张未获支持。

其次,也许更重要的一个特征是,这些论争揭示了各个利益集团在《德国民法典(草案)》上的意见分歧。在论争中充斥着的惯常断言是,无论是对于未来德意志社会秩序,抑或对于抗击国际社会民主或犹太人资本主义利益而论,土地所有者或手工艺人都是无比重要的。不过,很少有人愿意将这些断言转化为真正的共同行动,以使保守的中产阶级的华丽辞藻具有实质的意义。就共有继承制度和《德国宅地法》而言,建筑商既不处于斗争的最前线也没有在后方。农民联盟确实给予建筑商一定支持,然而它更多的是将《德国民法典》视作展示其对全国政治的影响力的"试金石",而非将该立法视作德意志中小型企业的未来之所依。观诸人们的论争过程,很难找到理由来辩驳大卫·布莱克博恩(David Blackbourn)对德意志中低阶层的研究发现:"在一片刺耳的呼吁中小型企业团结一致的喧闹声下,所隐藏的恰是那些不可调和的互有冲突的利益纠缠"。[170] 而且,此前关于手工艺人的需求的讨论便清楚地证明了,德意志农民的代表者通常持有不同甚至是互相冲突的提议。这种不团结以及混淆助长了《德国民法典》支持者的威风,他们认为对《德国民法典》进行修订的理由并不足够清 156
晰,而反对者的意见仍处于变动不居的状态。一个事实是,农民之间的

〔170〕 尤其参见 D. Blackbourn, 'The *Mittelstand* in German Society and Politics, 1871－1914', *Social History*, 4 (1977), 409－33。

分歧通常植根于德意志农业发展的地区差异性,而这只会促使立法者将容易引起争议的内容(如共有继承制度)完全排除出《德国民法典》。

从整体来看,利益集团的活动所具有的不同特点意味着他们制造了许多收效甚微的噪声。法典起草者所秉持的"所有社会利益都应得到考虑"的立场是具有压倒性地位的。就那些只着眼于自己所代表的社群的利益的社团而言,他们很难有效地对之进行挑战。正是因为这些组织只代表了部分社会群体的利益,这些组织围绕牵涉面专一的议题所发表的观点才具有最大的影响力。19 世纪 90 年代,立法者通过了一系列针对特定群体(如手工业者、店主和农民)的特别立法。这其中也包括一部针对不正当竞争行为而起草的股票交易法,而立法者也在 1897 年重新引入了关于行会制度的法律。这些立法行为表明了官方在 19 世纪 90 年代的社会政策转向,而"中小型企业具有国家支持性质"这一传统的保守观点无疑提供了思想基础。正是威廉德国在政治上的这个特点促使历史学家谈及中小企业的再保险问题(reinsured Mittelstand),尽管人们很难说这些立法除了装饰还有什么别的作用。[171] 问题的实质在于,无论这些法律是否只是装

〔171〕 相反的观点,参见 H. A. Winkler, 'Der rückversicherte Mittelstand. Die Interessenverbande von Handwerk und Kleinhandel im deutschen Kaiserreich', in Ruegg and Neuloh (eds.), *Zur soziologischen Theorie und Analyse*, pp. 163 – 79; 此外,可以参见大卫·布莱克博恩其他的著述,而其观点被以下文献所简扼概括:D. Blackbourn and G. Eley, *The Peculiarities of German History, Bourgeois Society and Politics in Nineteenth-Century Germany* (Oxford, 1984), 247 f. 。

饰品,它们都被视作对特定社会需求的特别回应,并被视作德意志一般立法趋势的例外情形。然而,无论是在政府内外都存在这样的呼吁,即他们所希企的不仅仅是一部例外之法。这一立法进路须有助于系统地提高利益受威胁的局部群体相对于其他社会群体的法律地位,但这一选择从来都不是一项实践构想。这些类型的特殊立法正是激进的民法改革者所渴求的。在关于未来德意志应成为何种国家以及德意志应否牺牲中小企业以保障债权人利益的论战中,立法的形式问题正是核心内容。虽然,不同利益之间的冲突终究不少,而激进改革方案的支持者间的分裂过大,但是立法者对激进主义者的回应非常具有技巧性。

关于立法者的回应问题,下面章节会对之进行详细论述。但是,此时此刻,值得注意的是,关于《德国民法典》的讨论反映了威廉德国 157
时期重要的政治发展形势。就激进主义者终归失败这一事实而言,殊值浓墨重彩地叙述一番。因为正是他们的存在、他们诸多观点的流行,凸显了自 19 世纪 70 年代以来社会所发生的变化。如前所述,当立法者在 1874 年开始进行法典编纂工作之时,主要的问题是帝国相对于邦国的宪法权力问题、立法权限问题。大多数法律人都认可法律统一的必要性,而只在牵涉当时的核心政治问题(1871 年《德意志帝国宪法》的有效性与否)之时,各方才争论不休。当立法者决定对现行法进行系统化编纂之时,并没有出现什么抗议声音。尽管对于那些关心 19 世纪 80 年代德意志帝国社会结构的健康的人来讲,这一决定有可能导致产生一部内容令人讨厌的《德国民法典》。如果像基尔克所假设的那样——法典的起草者忽略了其使命,那是因为在那14年间,立法者的职责发生了改变。在所有的主要问题上,第一委员会都极好地实现了联邦参议院的期待。

我们可以从以下描述窥见19世纪70年代所具有的主要时代特征。法典编纂被视作国家形成的一个重要部分、国家统一的最高成就以及在民族自由主义兴盛时期所取得的一个重大成果。19世纪80年代末,公众愈加严重怀疑民族自由党所追求的正式统一这一目标背后的社会哲学问题,如社会正义问题(保护弱势群体)与社会公平问题(如施特科尔所提及的"诚实的劳动与欺诈的资本"的问题)。最重要的是,基尔克以及日耳曼派学者为评论家合理地臧否《德国民法典》的民族主义品性提供了素材。如果《德国民法典(草案)》没有秉承民族主义传统,那其岂会被誉为"伟大的
158 民族成就"?[172] 此外,就政党政治而言,如果基尔克所言非虚,狂热支持《德国民法典》编纂工作的民族自由党人在多大程度上是坚持民族主义的?

这促使我们反思第四章所提及的民族自由主义与概念法学之间

---

〔172〕 自相矛盾的是,这一话语出自激进的土地改革论者图恩根·罗斯巴赫之口,系其在1889年举行的德意志农民代表大会上所言。这显示了新旧版本的民族主义在措辞上所存在的矛盾性。这也意味着,即使是对于这些激进者而言,也在最低限度内接纳了基尔克那些更为激进的观点。参见 *Bericht über die Verhandlungen der XX. Haupt-Versammlung des Congresses Deutscher Landwirte* (Berlin, 1889), 49。

存在的对称关系问题。政界对概念法学的攻击是,其导致“中产阶级走向分裂”,而此即民族自由党遭受选举失势败局的根源所在。[173]从政府以及民族自由党的角度来看,改革者所受到的抨击之所以如此猛烈,是因为存在不同内涵而互有冲突的“民族利益”概念,而这导致19世纪70年代的立法成就深受质疑。这就解释了政府为何明显希望转移公众批评的火力。就这些攻击给民族自由党的辩论措辞所带来的影响而言,这同样重要。随着论战的深入,越来越多的民族自由主义者认同评论者对现行法律制度的批评,并呼吁进行法律改革。人们很快察觉到,19世纪70年代的词汇不足以应对变幻莫测的政治环境。19世纪90年代,诸如《国家时报》与《科隆时报》等报纸苦恼于如何将旧时代的热情与新时代的需求相联系起来。到1896年,民族自由党与进步党都学会了如何正确解读这些迹象,并声称《德国民法典》只是一个为维护社会弱势群体利益,而进行的富有成效的改革的开端,而非终点。[174] 虽然各方在合乎需求的社会与法律改革的性 159
质问题上存在分歧,但是公众的立场转换速度之快依旧是令人吃惊的。许多同时代的人相信,这种态度转变在很大程度上与各界讨论《德国民法典(草案)》的密集程度相关——《德国民法典》编纂的重

---

〔173〕 这一语句转引自以下文献第十六章的标题:J. J. Sheehan, *German Liberalism in the Nineteenth Century* (Chicago/London 1978)。

〔174〕 Enneccerus, 'Die parlamentarischen Aussichtcn', pp. 7 f. ; *Freisinnige Zeitung*, 3 July 1896.

要性源自其之于国家的意义,而非在于其是否是进行社会改革的合适工具。鉴于此,下文将仔细考察帝国政治机构对炽热的公众辩论进行回应的细节。

第六章　威廉德国与《德国民法典》修订:1888 ~ 1896 年

威廉德国(1890 ~ 1914 年)在现代德国历史长河中具有举足轻重的地位。大部分写作于 20 世纪六七十年代的作品都尝试通过详 160
尽挖掘政府档案,通过吸收诸如埃卡特·克尔(Eckart Kehr)等历史学家的早期研究成果,以总结出一套关于威廉德国的理论。[1] 毫无疑问,克尔关于威廉德国的政治运作方式的解读极大地激发了学界的研究灵感。即使是那些质疑克尔的观点的人也对其影响力表示认可。我们有理由对克尔及其追随者所采纳的关于威廉德国时代的模

---

[1] 有代表性的例子包括:H. -U. Wehler, *Bismarck und der Imperialismus* (Cologne, 1969); P. -C. Witt, *Die Finanzpolitik des deutschen Reiches von 1903 – 1913* (Lübeck, 1970); D. Stegmann, *Die Erben Bismarcks* (Cologne, 1970); V. Berghahn, *Der Tirpitz-Plan* (Düsseldorf, 1970)。

型进行更近距离的观察。

首先,值得注意的是,克尔的主要关注点并非在威廉德国的性质等方面,而在于威廉德国与构成19世纪末政治的基础的主要利益集团(特别是容克贵族和重工业企业家)发生关联的方式。克尔对此甚为关注,是因为他想考察自由民主的价值观念在1871年之后的德意志帝国有欠发展的原因。克尔在写作时特意与主流德国编年史保持距离,克尔试图在以下语境中考虑威廉德国的行动:传统精英寻求行使权力的机会,而社会、经济快速发展产生了许多问题;在机会搜寻与新的社会、经济问题之间存在碰撞。克尔及其追随者的著作持续地对以下问题进行了讨论——官僚主义阶级如何对秉持社会中立的、非民主然而仁慈的社会领导力进行追求?

这一值得赞赏的目标产生了一定程度的重要影响。首先且最为重要的也许是,这促使人们去关注那些真正有待展现的东西,如政府作为统治阶级或精英的利益执行者这一角色。用汉斯-乌利齐·韦
161 勒的话说:"官僚机构与统治精英(尤其是贵族)密切合作,并作为一个顺从的执行者来施加影响力。"[2]这一论断经常与人们关于社会阶级成分的观点相应和,即高级官僚机构是由重量级贵族所组成的。在克尔以及韦勒关于该时期的分析中,这一观点尤为突出,特别是强调了时任普鲁士内政部长罗伯特·冯·普特卡默(Robert von

---

〔2〕 H.-U. Wehler, *The German Empire 1871–1918*(Leamington Spa, 1985), 65.

Puttkamer）在 19 世纪 80 年代所践行的保守的人事政策。[3] 这一思想派别的一个主要特征是，其提出以下假设：官僚机构人员的社会构成为大众预测官僚机构所偏爱的政策提供了重要线索。

克尔的方法所带来的第二个重要影响是，指引人们进入关于政治决策的特定的重要领域。起初，克尔研究的是“拟定作战舰队建造计划”与“征收农业关税”这两个政府决定之间的关系问题。1897 ~ 1902 年，它们是关涉威廉德国政治的两个极重要的因素。[4] 作出这些决定的动机是，当局希望通过利用自己相较于社会民主党在选举上的优势，来建造一座维护保守派在国内的政治领导权的堡垒。克尔对德意志传统历史编纂学的一个主要抨击在于，他主张在制定涉外决策时强调国内政治的优先性。这一立场所带来的结果是，现代关于德国的研究多集中于几个重要方面：对各种形式的国际政治的插手（如海军扩张、殖民扩张、1911 年之后的欧洲扩张）、统治精英内部不同团体间在经济上的结盟、统治精英中普遍流行的反社会主义。克尔的观点所带来的另外一个重要影响是，研究者会注重仔细研究利益团体政治活动，而相对忽略帝国国会的作用。原因在于，威廉德国被视作一个独裁主义的、准宪法性的体系，而其正式政治机构并没 162

---

〔3〕 关于此点，可参见 E. Kehr, ‘Das sozial System der Reaktion in Preussen unter dem Ministerium Puttkamer’, in id., *Der Primat der Innenpolitik. Gesammelte Aufsätze zur preussisch-deutschen Sozialgeschichte im 19. und 20. Jahrhundert*, ed. H.-U. Wehler (Frankfurt, 1965), 64 – 86。

〔4〕 E. Kehr, *Schlachtflottenbau und Parteipolitik 1894 – 1901* (Berlin, 1930).

有像在其他国家一样受到应有的关注。

在过去几年间,人们开始对以上命题的正确性提出严肃的质疑。人们从各个方面对“官僚机构是统治阶级利益的执行者”这一观点进行了抨击。人们质疑贵族官僚机构的支配性以及19世纪80年代的普特卡莫对异己的驱逐行为的性质,有学者认为贵族竭力进行一场毫无胜算的防止权力萎缩的斗争。[5]而且,单纯从官僚机构的社会构成,也未必能够在所有情形下都能预见其将会采纳的政策。实际上,近来的实证研究表明:在涉及容克贵族经济利益的重要问题上,官员的社会背景对解释其在这些问题上的立场来讲,并不能或只能提供很少的信息。[6]

第三个问题与国家在全领域基于社会利益采取行动的自主性相关,而国家官僚机构内部在重要的政治问题上存有分歧。授予国家一定程度的自主权并非意味着恢复将官僚机构视作超然乎公民社会分工的“普遍阶级”(universal class)的空想概念,无论这一概念如何令人感觉惬意,如何符合官员所在意的自身形象。事实上,令人惊讶的是,埃卡特·克尔及其追随者间或追随马克斯·韦伯的观点,并将

---

〔5〕 M. L. Anderson and K. Barkin, 'The Myth of the Puttkamer Purge and the Reality of the Kulturkampf: Some Reflections on the Historiography of Imperial Germany', *JMH*, 54 (1982), pp. 647 – 86; D. Blackbourn and G. Eley, *The Peculiarities of German History. Bourgeois Society and Politics in Nineteenth-Century Germany* (Oxford, 1984), 244 ff.

〔6〕 G. Bonham, 'Bureaucratic Modernizers and Traditional Constraints: Higher Officials and the Landed Nobility in Wilhelmine Germany, 1890 – 1914', Ph. D. thesis (Berkeley, 1985), esp. 337 ff.

官僚机构视作依据其自身所形成的规则运行的机构。这促使人们得到一个有趣而混杂的观点,即可以预想到,官僚机构一方面服务了贵族阶级利益,另一方面也在一定程度上形成了自己的自治性。[7] 本书会在下文结合一些证据来分析官僚机构在行动上所面临的关于自主权的困境。

19 世纪 80 年代是一个政治发生变迁的时期。例如,政府内部面临权力的平衡问题,而各式各样的帝国办公室的秘书们(secretaries)频频"秀肌肉",急于证明他们在面对强大的普鲁士政府时,有本事不买它的账。这至少在部分意义上是议会权力扩张的结果,这反过来致使各类帝国办公室能够绕开联邦参议院,而与帝国国会的领袖直
接进行商谈。正是这种发展促使一位历史学家将这种现象描述为 163
"帝国在这一时期的逐渐议会化",但是这种说法是相当具有误导性的。[8] 毫无疑问的是,在帝国与普鲁士政府之间确实在政策制定上存在越来越严重的分歧,而完全统一的保守式行政管理方式也难以为继。我们将会看到,政府内部关于《德国民法典》的争论正是揭示了存在这些分歧的实质证据,而这些证据在许多方面都印证了前面

---

〔7〕参见如下作者的评论:G. Bonham, 'Beyond Hegel and Marx: An Alternative Approach to the Political Role of the Wilhelmine State', *German Studies Review*, 7 (1984), 211－14。

〔8〕M. Rauh, Föderalismus und Parlamentarismus in Wilhelminischen Reich (Düsseldorf, 1973), sect. B1. 虽然帝国政府与帝国国会频繁互动,但这并不必然意味着帝国正逐渐迈向一个议会制的宪政体系。

章节所述观点。

这最终可被归结为历史编纂学所考虑的决策类型问题。这是至关重要的,因为这涉及一个疑难问题——保守主义对于不同的人以及不同历史时期究竟意味着什么?最近的一个引人注目的“修正主义”史学观点为:虽然德国社会某些强大的政治力量对民主化和社会主义确实存在敌意,但是这并不必然意味着这些势力对德国政府存在的问题秉持落后而封建的立场。例如,根据这一研究,就维护一种过时的社会、政治架构的愿望而言,很难解读激进民族主义这种现象。[9] 而且,博纳姆关于威廉德国官僚机构的研究显示,彼时存在一群重要的具有现代化思维的官员。这些官员与其反对改革的同事不同,他们致力于推进制造业扩张并通过压低食物价格与工业增长率来安抚工人阶级。尽管这些令人满意的结果是通过牺牲容克贵族的利益而换得。[10] 很可能的是,无论政府在推动官僚接受遵循自由主义的政治体系方面取得了多大的成功,都会存在一群不愿意在社会与经济政策方面与容克为伍的人。虽然他们对采取民主政府这种形式存在敌意,但这并不等同于他们维护保守的社会利益。

如果我们对官员们围绕一系列牵涉甚广的政策问题所形成的态

---

〔9〕 关于此点的主要作品如:G. Eley, *Reshaping the German Right. Radical Nationalism and Political Change after Bismarck* (New Haven, Conn. /London, 1980), and R. Chickering, *We Men Who Feel Most German. A Cultural Study of the Pan-German League 1886 – 1914* (London, 1984), e. g. 302 ff.

〔10〕 Bonham, 'Bureaucratic Modernizers and Traditional Constraints', pp. 330 ff.

度进行研究，便能找到支撑前述观点的证据。其中一个例子是关于 164
未来教育体系的问题。在以下因素之间存在的复杂交互影响把德意志精英划分为两个阵营：社会保守主义与工业化社会的需求；传统的自我道德修养追求与对更为实用的培训的渴望。此时，再一次地，在现代化改革运动、激进的民族主义雄心与官僚机构内部的争论之间存在的关系是清晰的。有人针对政府以及精英对（与现代主义勃兴相关的）视觉艺术的“恼人发展”的回应问题作了研究，而结果也显示他们的回应是零碎而自相矛盾的。[11] 这并非说教育以及艺术只具有第二位的政治重要性。实际上，政府里的头面人物（不仅仅是德皇）都认为二者对社会的平稳发展是至关重要的。在笔者看来，证据上的不确定性以及政府方面的不团结才是我们应该关注的重点。

回到关于法律体系的话题。我们已经了解到1888年《德国民法典（草案）》是如何引起了政治上的分裂。我们不能简单地把这种分裂描述为保守主义与自由主义之间的对抗。正像社会改革问题所显示的那样，具体情况要复杂得多，而在左翼与右翼之间存在惯常的联系点。这些争论至少预示着，19世纪中叶，与自由国家的形成相关联的政治学说日渐衰落。就像其他政治领域一样，这伴随人们对国家在社会秩序中所扮演的应然角色的认识变迁。换言之，这些认识

〔11〕 J. C. Albisetti, *Secondary School Reform in Imperial Germany* (Princeton, 1983), esp. chs. 3 and 5; P. Paret, *The Berlin Secession. Modernism and Its Enemies in Imperial Germany* (Cambridge, Mass. /London, 1980), 90 f.

上的变化给政府实践以及自由政治都带来了影响。而且,不绝于耳的批评声将政府置于一定的窘境。包括俾斯麦在内的大多数政治领
165 袖都认为,《德国民法典》编纂预备委员会所提出的关于《德国民法典(草案)》修订的程序建议(将修订工作委托给第一委员会)是不可接受的。[12] 就那些更有理有据的关于草案的批评建议而言,很难期待第一委员会对这些批评意见进行充分的考虑。不过,政治领袖的这一立场也意味着,这部法典的未来令人生疑。1888~1890 年,各界提出了一系列解决方案。不过,关于这问题的讨论并非仅仅涉及政府的立法技术选择问题。在 19 世纪 70 年代,南方邦国已经意识到,在所采纳的立法方法与所起草的法律内容之间存在密切联系。就这一期间所发生的政治变化而言,这种关联性依旧存在,也许变得更紧密了。客观上,公众热切讨论《德国民法典(草案)》,这种讨论使关于法律体系性质的质疑公之于众,而这也意味着给立法程序模式设置了某种特殊的保险。普鲁士政府以及帝国政府在该问题上存在严重分歧,而如何解决该问题将对未来德意志的法律体系产生不可估量的影响。

联邦参议院对第一委员会所完成的工作首先进行了回应,而这体现了当时的混乱。起初的设想是,联邦参议院会给予各邦政府进

---

〔12〕 参见俾斯麦在 1888 年 1 月 25 日写给舍林的信:ZStA Potsdam, RJM 3811, fo. 47。

行反馈的准备时间，而这种准备至少需时 1 年。[13] 主要的问题在于，除巴伐利亚外，大多数的邦国都对第一委员会的工作进展漠不关心。据说，普鲁士对《德国民法典(草案)》的颁布感到惊讶，并花了将近 2 年时间来追赶上委员会的工作进度。[14] 对于属于汉萨同盟城市成员的小邦国来讲，如果要对这样一部宏编巨制的法典进行回应，所牵涉的问题是无法克服的。就普鲁士等这些较大邦国而言，这些问题造成了反馈上的迟延，而帝国司法办公室抱怨此类迟延可能会对草案修订过程造成影响。[15] 大多数邦国转而向本国的法官和律师进行咨询，而诸如巴登等邦国更是就此委任了部长级特别委员会，原因是巴登国内法院的负荷颇为沉重，难以抽身支援。梅克伦堡政府拥有大量可供差遣的法律人才，并一直为在 1874 年被逐出第一委员会而感到愤愤不平，故而对《德国民法典(草案)》发表了详尽的批评意见。[16] 所有的回应都是经年累月的，并可能给《德国民法典》的未来增加不确定性。

这种不确定性具有相当大的危险性。从 1887 年到 1888 年冬，帝国政府仍主要致力于防止帝国偏离早在 19 世纪 70 年代就已设定 166

〔13〕 Stieglitz, report of 24 Jan. 1888, HStA Stuttgart, E 130a no. 820.

〔14〕 Marschall, report of 25 Oct. 1889, GLA Karlsruhe, Abt. 233/13994.

〔15〕 关于汉萨同盟的反馈情况，参见 AH Lübeck, Senatsakten Ⅷ 3a/9。关于普鲁士的反馈情况，参见尼贝丁在 1894 年 11 月 12 日写给舍林的信：GStA Berlin-Dahlem, Rep. 84a 11778, fos. 307 ff.。

〔16〕 GLA Karlsruhe, Abt. 234/3548, fos. 38－40, 81－2; StA Schwerin, Neu-Strelitz 10/228; A. Langfeld, *Mein Leben. Erinnerungen* (Schwerin, 1930), 132 ff.

的目标:促使《德国民法典》保留现行法,并避免忽略南方邦国(首要的是巴伐利亚)的利益。此时,这一立场的主要代表者是帝国司法办公室秘书海因里希·冯·舍林(Heinrich von Schelling)。他的主要目的是尽力确保联邦参议院最大限度地直接掌控《德国民法典(草案)》的修订过程。舍林是著名的保守派,他之所以能得到帝国司法办公室的职位,是因为俾斯麦想为这一众所周知的信奉自由主义的机构带来一些保守色彩。[17] 通过联合普鲁士司法部副部长海因里希·冯·弗里德贝格,舍林提议与巴伐利亚召开部长级会议,以对如何修订《德国民法典(草案)》达成共识。[18] 1888 年 1 月 27 日,会议得以召开,与会者包括舍林、弗里德贝格以及巴伐利亚司法部部长莱昂罗德(Leonrod)。

然而,在公众深入批评《德国民法典(草案)》的过程中,还出现了别的观点。在 1888 年 10 月,弗里德贝格似乎对委任一位法律专家来负责法典修订工作的提议不感兴趣。据报道,教育部官员弗里德里希·阿尔特霍夫(Friedrich Althoff)亦曾考虑过类似计划,并有意愿委任戴恩堡作为唯一的法典修订负责人,另辅以基尔克和约瑟
167 夫·科勒(Josef Kohler)的协助。这一架构有助于将《德国民法典》

[17] R. Morsey, *Die oberste Reichsverwaltung unter Bismarck 1867 – 1890* (Münster, 1957), 267.

[18] Schelling to Leonrod, 6 Dec. 1887 and Schelling to Friedberg, 26 Jan. 1888, GStA Berlin-Dahlem, Rep. 84a 11773, fos. 147 – 58 and 181 – 4; Schelling to Friedberg, 26 Dec. 1887, ZStA Potsdam, RJM 3810, fo. 185.

的未来托付给第一委员会中秉持社会法精神的批评者，但是在俾斯麦（也可能是米克尔）表达异议之后，这一架构未被采纳。[19] 到了那一年的春末，其他批评者也发表了有影响力的意见。1888 年 4 月，帝国司法办公室的高级官员卡尔·哈根斯（Carl Hagens）认为，如果公众对《德国民法典（草案）》的实质内容存在批评意见，那就有必要组建一个新的法典起草委员会来回应这种批评。1888 年 5 月末，米克尔的一个演讲广受关注。他呼吁成立一个由各个经济活动领域代表所组成的法典编纂委员会，他相信未来的起草委员会应更重视立法的实质性内容，而非立法的技术性问题。[20] 如果不是帝国司法办公室高层在 1889 年 2 月发生人事变动，或许这一提议早就湮没无闻了。

在这次人事任命中，卡尔·冯·奥尔施拉格（Karl von Oehlschläger）取代舍林的帝国司法办公室秘书一职，而舍林转任普鲁士司法部部长。这次人事变动对《德国民法典》的未来影响深远。据说，与其前任一样，奥尔施拉格在政治立场上也属于保守派。然而还未上任满 1 个月，柏林就有流言称，奥尔施拉格与民族自由主义领

---

〔19〕 Krüger to the Lübeck Senate, 5 Oct. 1888, AH Lübeck, Senatsakten Ⅷ 3a/7；关于阿尔特霍夫的角色，参见 F. Frensdorff, *Gottlieb Planck, deutscher Jurist und Politiker* (Berlin, 1914), 349 ff.; A. Sachse, *Friedrich Althoff und sein Werk* (Berlin, 1928), 300。关于科勒对《德国民法典（草案）》所发表的强烈批评意见，参见 J. Kohler, *Vom Lebenspfad. Gesammelte Essays* (Mannheim, 1902), 35 ff.。

〔20〕 关于哈根斯的观点，参见 Marschall, report of 27 Apr. 1888, GLA Karlsruhe, Abt. 233/13993; for Miquel's speech, see *Frankfurter Journal*, 29 May 1888。

袖贝尼希森、米克尔进行接触,并就《德国民法典》编纂委员会的未来负责人选进行沟通。这件事情本身意味着,奥尔施拉格已经抛弃了舍林的计划,因为《德国民法典》修订事宜不再仅由部长级官僚机构来掌控。1889 年 6 月所发生的事情印证了这一判断。哈根斯受命向各邦国政府起草一份通函,指出《德国民法典(草案)》中 68 处具有重要的政治、社会和经济影响力的条文。通函要求各邦国政府聚焦于这些条文来撰写其书面反馈意见。[21] 这一程序分明与舍林的计划相左,而且通函一再强调了联邦参议院中的各较大邦国在新的法典编纂委员会开展工作前所达成的口头协议。[22]

然而,最晚在 1889 年 12 月,奥尔施拉格改变了主意。他开始不认同米克尔的立场,并认为,就《德国民法典》的未来而言,最好的保障方式是委任一个能吸纳各个经济利益团体的代表的委员会来负责修订工作。如果这些团体在新的法典起草委员会中拥有充分的代表,就能确保《德国民法典》修订草案被联邦参议院和帝国国会通过。[23] 在 7 月 17 日召开的、一个由卡普里维主持的会议上,奥尔施拉格对舍林作出了较小让步,而奥尔施拉格的计划也获得接受。在 9

〔21〕 Bismarck to Wilhelm Ⅱ, 19 Feb. 1889, ZStA Potsdam, Rkz 1616, fo. 40; Schubert, *Materialien*, pp. 53, 329 – 33.

〔22〕 Schelling to Caprivi, 4 July 1890 and Schelling to Crailsheim, 18 July 1890, GStA Berlin-Dahlem, Rep. 84a 11775, fos. 11 – 18, 91 ff.

〔23〕 Johow to Planck, 29 Dec. 1889 and Struckmann to Planck, 30 Dec. 1889, NSUUB Göttingen, Planck Papers v, fo. 105 and Ⅷ, fo. 61. 在劝说奥尔施拉格接受该观点的过程中,施特鲁克曼与弗伦斯多夫(Frensdorff)发挥了领导作用。

天之后,奥尔施拉格的计划也被普鲁士政府所采纳。[24] 168

奥尔施拉格的计划被接受了,这标志着《德国民法典》的编纂进入了新篇章。破天荒地,来自内阁、司法机构以及学术界以外的团体的意见获得认真聆听。奥尔施拉格的主要关注点是,如何在"快速完成法典编纂工作"与"人们普遍希望从实质上修订法典草案"二者之间寻找到平衡点。自 1888 年开始,部长圈子所热议的就是如何更快地完成《德国民法典》编纂工作。而正是因为这个背景,卡普里维才在 1890 年 7 月 26 日将奥尔施拉格的方案推荐给普鲁士内务部长。大家都意识到,对速度的追求即意味着要将现有的《德国民法典(草案)》作为最终立法的基础。此外,帝国司法办公室深深地意识到,《德国民法典(草案)》的某些内容会引发矛盾(特别是草案在处理有争议的政治、社会和经济问题之时)。奥尔施拉格所在意的是,尽可能减少《德国民法典》编纂在将来可能遭遇的困难,无论这些困难是源自帝国国会,抑或经济利益组织。他的主要贡献在于,能够及早预见将会在政治过程中发生的变化,以及议会外的压力集团可能会施加的影响。他对这些危险性的应对之策是,尽早地扩大关于决策的人员构成基础,并希望这能抵消此后可能提出的消极批评意见。

卡尔·哈根斯在 1890 年 7 月 11 日撰写的一份备忘录中表达了

---

〔24〕 参见普鲁士内政部在 1890 年 7 月 26 日的会议记录。ZStA Potsdam, RJM 3811, fo. 99; GStA Berlin-Dahlem, Rep. 84a 11775, fos. 99 f.

这些观点。这一文件着力强调了听取各个邦国的意见的必要性,以期简化随后启动的帝国国会《德国民法典》辩论程序。他认为,也需要重视帝国国会的政党与利益集团的代表性问题,尽管这些方面的重要性相对较小。他甚至提议将诸如基尔克和贝尔等强烈反对《德国民法典(草案)》的学者作为《德国民法典》起草委员会的可能人选。最重要的是,他提议用帝国司法办公室就《德国民法典》编纂所进行的准备性讨论的结果来指导第一委员会的编纂工作,这是为了确保各地方邦国所表达过的观点得到适当的考量。[25]这些建议看似稀松平常,而实际上是给予帝国司法办公室大量的权力来左右第一委员会的辩论结果。

帝国司法办公室在 1889 ~ 1990 年采取的立场,显然正是对公众关于《德国民法典(草案)》的反馈所具有的令人惊讶的力量的回应。在随之而来的回应中,奥尔施拉格逐渐意识到,如果由联邦参议院全盘掌控对《德国民法典(草案)》的修订权,那么《德国民法典》很难得
169 以成功编纂。因为这样一来,普鲁士以及巴伐利亚的部长们将不可避免地联合起来强推他们的观点。米克尔与帝国司法办公室的这些发展联系得如此紧密,这并非巧合。前面的章节谈到,在民族自由主义的命运与概念法学的前途之间存在某种平行线。在民族自由主义

〔25〕 C. Hagens, 'Promemoria betr. die weitere Behandlung des Entwurfs eines Bürgerlichen Gesetzbuchs', reprinted in Schubert, *Materialien*, pp. 334 – 7.

者中，米克尔率先意识到政党自身需要因应 1879 年之后政治气候的变化而作出调整，尤其是需要回应公众对社会改革以及关税保护的渴望。在 19 世纪 80 年代，他不仅更多地投身不动产继承法律改革运动，而且在法兰克福市长任上紧急处理过关于工人阶级住房的问题。然而，1890 年，他还是因为身上带有过于浓郁的传统民族自由主义色彩，而未能以加速完成法律统一为代价来实现这些目标。同时，在那年的本党竞选宣言上，他正是负责撰写支持《德国民法典》的讲话稿的人。〔26〕

奥尔施拉格提议扩大决策的基础，并同时限制辩论的性质，以确保快速完成《德国民法典》的编纂。在某种程度上，这一策略是官僚机构对同一问题（米克尔所为之忙碌的问题）的回应。帝国司法办公室实际上承认了关于《德国民法典（草案）》的公众辩论所隐含的东西——本应中立的民法却在事实上成了“解决局部争议”的立法的竞技场。奥尔施拉格的策略是，承认分歧存在的同时，减少它们的负面

〔26〕关于米克尔对民族自由党的未来发展所持意见的转变过程，参见 Herzfeld, *Johannes von Miquel. Sein Anteil am Ausbau des deutschen Reiches bis zum Jahrhundertwende* (2 vols., Detmold, 1938), ii. 65 ff.; D. White, *The Splintered Party. National Liberalism in Hessen and the Reich, 1867－1918* (Cambridge, Mass., 1976), ch. 4；关于米克尔在 1880 年 7 月 10 日、8 月 29 日，1884 年 5 月 5 日写给贝尼希森（Bennigsen）的信，可参见 H. v. Oncken, *Rudolf von Bennigsen. Ein-deutscher liberaler Politiker*, ii (Stuttgart/Leipzig, 1910), 435, 438, 514, 516; N. Bullock and J. Read, *The Movement for Housing Reform in Germany and France 1840－1914* (Cambridge, 1985), 64－70；关于 1890 年宣言，参见 Herzfeld, *Miquel*, ii. 169。

影响。也许正是采取这一策略,他才能令人信服地拯救了《德国民法
170 典》第一委员会的工作成果。[27]

这一策略所产生的一个深层影响是,减少普鲁士以及较大邦国对《德国民法典》编纂工作的控制力。事实上,帝国司法办公室依旧与普鲁士走得很近,而且在整个19世纪90年代,它都从未获得过无须事先征得普鲁士内务部的同意即可提出立法草案的权限。[28] 但是,如果只将帝国司法办公室当作普鲁士的傀儡,则就大错特错了。就对《德国民法典》的回应而言,各邦国的回应方式是多种多样的。在普鲁士,舍林成立了一个特别委员会,并在发布每条关于《德国民法典(草案)》的建议意见前,必然先征求普鲁士其他部长的意见。巴伐利亚的做法与之不同,巴伐利亚委任了一个官员来为政府准备反馈意见,而在意见上署的名字是该官员的名讳。[29] 这些回应意见大多着眼于《德国民法典(草案)》与现行法或本地法的关系问题。继而,帝国司法办公室制作了一个关于邦国观点的摘要汇编(Zusammenstellung),以便

---

[27] H. Hattenhauer, 'Vom Reichsjustizamt zum Bundesministerium der Justiz', *Vom Reichsjustizamt zum Bundesministerium der Justiz. Festschrift zum* 100 – *jährigen Gründungstag des Reichjustizamt am I. Januar 1877* (Cologne, 1977), 37 f.

[28] Ibid. 27 f.; Rauh, *Föderalismus und Parlamentarismus*, p. 97.

[29] 关于普鲁士委员会的工作,参见 GStA Berlin-Dahlem, Rep. 84a 11845 – 11849;关于巴伐利亚的回应,参见 K. Jacubezky, *Bemerkungen zu dem Entwurfe eines bürgerlichen Gesetzbuches für das deutsche Reich* (Munich, 1892.)。

《德国民法典》的起草者参考。[30] 当然，帝国司法办公室不能忤逆较大邦国的意愿。此外，联邦参议院渴望加强对《德国民法典》编纂的控制力，而这必然与帝国司法办公室对政治必然性的看法存在张力。不过，《德国民法典》的编纂史似乎证明了：从 19 世纪 70 年代开始，政府的日常实践确实发生了转变。这一变迁包括将联邦参议院的实际权力移转给帝国的各个机构。

这种权力移转的根源在于政治本质的改变。如前所述，即使是在 19 世纪 70 年代，联邦参议院亦曾充当过一个并不完善的联邦机构的角色。1871 年《德意志帝国宪法》所引入的分权制衡（checks and balance）机制肯定阻碍了德意志帝国在单一制国家方面的发展势头，而累赘的委员会以及部长级会议的架构设置却无法保证决策过程的果断性。19 世纪 70 年代，政府一般是将法律统一问题理解成 171
君主的地位问题，而有迹象表明，这个问题在 1888 年之后成了许多部长内心所最为重视的问题。许多邦国关于《德国民法典（草案）》的评论意见都聚焦于以下问题——《德国民法典》的起草者是否对这些邦国各自的法律制度进行了充分认可？并且，各邦国还经常呼吁对本邦国的情形给予更多的考量，呼吁起草者进一步限缩《德国民法典》所覆盖的法律部门。只有在偶然情况下，如在舍林主张恢复《普

〔30〕 *Zusammenstellung der Aeusserungen der Bundesregierungen zu dem Entwurf eines Bürgerlichen Gesetzbuchs, gefertigt im Reichsjustizamte. Als Manuskript gedruckt* (2 vols. Berlin, 1891).

鲁士国家一般邦法》的规定以保护建筑商之时，各邦国的回应才多多少少涉及对《德国民法典(草案)》的社会性批判问题。[31]

然而，帝国司法办公室的关注点与之不同。它所心心念念的只是进行国家立法筹备，这使其在联邦参议院与普鲁士内务部之间、在联邦参议院与帝国国会之间都扮演了媒介的角色。与联邦参议院的政治家不同，帝国司法办公室被迫直面19世纪90年代所发生的政治动员这一现实。通过实施有限制的选举权，邦国政府得以在一定程度上免遭这一现实的冲击。然而，帝国司法办公室的做法受到两个具有互相补充作用的想法的牵制：一是有必要在一个扩大后的邦国(邦国政府只是诸多元素中的一环)取得多数票；二是意识到这并非通过仅消除联邦参议院中的不同邦国之间的在法律制度上的分歧即可取得这种结果。鉴于此，奥尔施拉格着手筹备民法典第二起草委员会(以下简称第二委员会)。

1890年7月，卡普里维的介入最终消除了舍林对奥尔施拉格方案的抵制，因而得以顺利展开对第二委员会的筹备工作。在一段时间内，米克尔都被视作第二委员会主席的最佳人选，但是随着其在1890年6月23日被委任为普鲁士财政部部长，这个预期就落空了。鉴于米克尔在接受任命之后快速转向右翼，并拥护保守的农业政策，

---

〔31〕 *Bemerkungen zum Entwurf eines Bürgerlichen Gesetzbuchs für das Deutsche Reich* (Berlin, 1891), 115 ff. 当然，这亦可被解读成对彼时普鲁士法的捍卫。

那些阻碍其担任第二委员会主席的不相关的因素很有可能会对《德国民法典》的未来产生重要影响。[32] 1890年12月初，卡普里维任命奥尔施拉格为第二委员会的主席，至此得以最终解决第二委员会的主席人选问题。[33] 与此同时，1890年10月16日，关于成立第二委员会的计划也被呈递至帝国司法办公室。随着各邦国都想确保其在第二委员会里的充分代表性，这也引起了各邦国在外交活动上的一 172
阵骚动。几乎没有邦国对奥尔施拉格的计划的优缺点进行讨论，而只有巴登表达了筹备一个不同类型的与联邦参议院联系更紧密的委员会的愿望。在10月30日的讨论中，巴登的提议未能获得任何支持。[34] 其他邦国更关切的是第二委员会的人员组成问题。

奥尔施拉格的首要目标在于，为那些既有政治分量又能代表经济组织的利益的人提供职位。令人惊讶的是，虽然奥尔施拉格希望以《德国民法典(草案)》为纲进行讨论，但他还是乐意延请对《德国民法典(草案)》持强烈批评意见的人士来担任委员。因而，起初，他提议由卡尔·冯·塞托－赖歇尔茨豪森男爵来代表中央党和巴伐利亚农业利益，不过在巴伐利亚政府反对之后，他便打消了这个念

---

〔32〕 J. C. G. Röhl, *Germany Without Bismarck. The Crisis of Government in the Second Reich, 1890－1900* (London, 196 7), 60 ff.

〔33〕 Reichskanzlei note, 5 Dec. 1890, ZStA Potsdam, RJM 4078, fo. 21.

〔34〕 Brauer, report of 30 Oct. 1890, GLA Karlsruhe, Abt. 233/13994.

头。[35] 尽管奥尔施拉格一度带着几分迟疑，然而在著名经济学家古斯塔夫·施默勒(Gustav Schmoller)拒绝加入第二委员会后，奥尔施拉格还是支持将基尔克纳入该委员会中。他坚持将一位日耳曼派学者纳入第二委员会，而基尔克既能代表德意志法学传统又能代表经济学界。而且，奥尔施拉格似乎相信基尔克的加盟可以在日后堵上《德国民法典》的批评者的嘴，而第二委员会的人员构成将有助于防止引入那些已经在彼时的法律生活中无足轻重的日耳曼派学者观点。[36] 然而，奥尔施拉格的提议招致了大部分南方邦国的坚决反对，特别是巴伐利亚担心关于基尔克的任命会导致《德国民法典》编纂委员会内部产生意见分歧。只有普鲁士以及萨克森支持将基尔克纳入进来。最终，奥尔施拉格分别任命约翰内斯·康拉德(Johannes Conrad)以及鲁道夫·索赫姆担任经济学界以及日耳曼派法学者的代表。[37]

对其他人的任命也存在争议。中央党的领袖路德维希·温特霍
173 斯特拒绝由巴伐利亚的冯·加格恩男爵(von Gagern)以及西里西亚

---

〔35〕 Lerchenfeld to Pfistermeier, 22 Oct. 1890, BHStA Munich, MA 76 707/2; Stengel to Leonrod, 21 Oct. 1890, BHStA Munich, MJu 16112.

〔36〕 Stieglitz, report of 26 Nov. 1890, HStA Stuttgart, E 130a no. 821, 95b.

〔37〕 Heller, reports of 30 Oct., 25 Nov., and 4 Dec. 1890, BHStA Munich, MA 707/2 and MJu 16112; Stieglitz, reports of 26 and 30 Nov., 3 and 4 Dec. 1890, HStA Stuttgart, E 130a no. 821, 95b, 96a, 96c, 96d. 显然，康拉德认为，其之所以能够加入第二委员会，是因为仰仗弗里德里希·阿尔特霍夫(Friedrich Althoff)在幕后的影响力，参见 J. Conrad, *Lebenserinnerungen* (Berlin, 1917), p. 187。

的卡尔·冯·许纳男爵(karl von Huene)来代表他的政党。恰如一位在柏林的巴伐利亚代表所说的:“温特霍斯特希望由两位隶属于中央党的法学专家来担任第二委员会的成员,而这明显是希望在婚姻法上充分贯彻天主教的观点。”1890 年 10 月末,加格恩的名字被第一次提及,目的是用他来作为塞托(Cetto)的候补人选。关于他的提名获得了巴伐利亚政府的支持,因为其被视作巴伐利亚农业利益而非天主教利益的代表。不足为奇的是,奥尔施拉格拒绝同意温特霍斯特最初的提议,但他确实同意以中央党在帝国国会的代表彼得·施潘(Peter Spahn)法官来取代对许纳的提名。[38] 随着加格恩以及许纳在 1893 年的选举中失去对中央党的影响力,奥尔施拉格愿意妥协,而这一意愿也许在消弭来自该政党的异议声音方面起关键作用。

通过尝试选择可以同时代表数个不同利益的人来担任第二委员会委员,奥尔施拉格寻求塑造这样一种氛围——该委员会代表了绝大多数群体的社会利益以及政治利益。只有工人运动未能在第二委员会中找到其观点和利益的代言人。起初,奥尔施拉格建议将米克尔在法兰克福市政府的下属卡尔·弗莱施(Karl Flesch)吸纳进该委员会,弗莱施与致力于改善工人阶级生活条件的运动密切相关,并与南方民主党人过从甚密。[39] 不过,在无法确定关于弗莱施的提名是

〔38〕 Heller, report of 25 Nov. 1890, BHStA Munich, MJu 16112; Crailsheim to Gagern, 7 Nov. 1890, BHStA Munich, MA 76 707/2.

〔39〕 Heller, report of 30 Oct. 1890, BHStA Munich, MA 76 707/2.

否可以获得足够的支持后,他默默地打消了这个念头,而且再未想过将工人阶级或工人运动的代表纳入第二委员会。此外,他也根本没有打算为农民(peasants)和工匠(artisans)分别提名代言人。与之不同的是,工业方面有矿区经理恩斯特·洛伊什纳(Ernst Leuschner)与啤酒厂经理路德维希·戈尔德施密特(Ludwig Goldschmidt)作为代表,农业有加格恩以及来自埃贝尔斯瓦尔德的林业院校主任伯恩哈
174 德·丹克尔曼(Bernhard Danckelmann)作为代表,而金融和贸易的代表者是埃米尔·拉塞尔(Emil Russell)——此君系贴现公司(Diskonto-Gesellschaft)的主席以及德意志商业代表大会的领袖。[40]

关于第二委员会的人事构成,它既是一种意外,也夹杂特意策划的因素,最终形成了一个注定无法在《德国民法典》中引入重大法律变革措施的起草委员会。有人认为,日耳曼派学者的代表鲁道夫·索赫姆在观点上比基尔克更现代化。原本考虑的人选是自由保守党的威廉·冯·卡多夫(Wilhelm von Kardorff),但是他对金银二本位制(bimetallism)的狂热支持致使其有与其所属政党的亲土地改革政策(pro-agrarian)的势力结盟之嫌,这也令人质疑其可靠性。[41] 康拉德自诩为民族自由主义者,并坚称其与拉塞尔在大多数观点上具有

---

〔40〕 完整的名单参见 Schubert, *Materialien*, pp. 350 f. 1891 年 3 月,理查德·维尔克(Richard Wilke)以实务律师的身份增选为委员会成员。关于这些人物的简介,可参见 ibid. 69 – 124。

〔41〕 Burchard, report of 4 Dec. 1890, StA Hamburg, Archiv des Bevollmächtigten zum Bundesrat Ⅺ, 5; Heller, report of 30 Oct. 1890, BHStA Munich, MA 76 707/2.

一致性,并与索赫姆在涉及工人阶级的问题上有共鸣。秉承社会主义思想的媒体对左翼自由党的两名代表阿道夫·霍夫曼(Adolf Hoffmann)和戈尔德施密特(Goldschmidt)进行抨击,并将其比作左翼自由党所驯服的两头野兽。有趣的是,在康拉德看来,在委员会的4个天主教徒中,丹克尔曼和加格恩二人在涉及教会教义的问题上持极顽固的立场,而作为职业法律人,施潘以及符腾堡的代表古斯塔夫·曼德里(Gustav Mandry)显得更随和通融。[42] 总之,第二委员会的这种人员构成是出于快速完成《德国民法典》编纂工作的考虑,并转移公众对《德国民法典》如何处理关涉重大的社会问题的担心。再一次地,除了梅克伦堡,在联邦参议院的较大的邦国以及帝国国会的各政党代表都更紧密地参与进来,这足以令人乐观地期待立法机构最终接受第二委员会的工作。[43] 这种乐观主义有助于解释为何人们普遍认为第二委员会将在两年内完成其工作。[44]

第二委员会的任命方式对1891年之后的岁月影响颇巨,同样重要的是帝国司法办公室所建议的对《德国民法典(草案)》进行修订的方式。1890年,哈根斯在所写的便笺中展望了帝国司法办公室在

---

〔42〕 Conrad, *Lebenserinnerungen*, pp. 191 ff.; *Vorwärts*, 6 (Jan. 1891), *Beilage*.

〔43〕 因为只有那些成为联邦参议院司法委员会成员的邦国才有权任命委员会成员,所以梅克伦堡在1874年所提的关于代表资格的诉求未获理睬。这致使梅克伦堡政府"炮制"了一份详尽的关于《民法典(草案)》的批评意见,具体可参见 *Bemerkungen der Grossherzoglich Mecklenburg-Schwerinischen Regierung zu den Entwürfen eines Bürgerlichen Gesetzbuchs*... (2 vols. Schwerin, 1891-2)。

〔44〕 例如,普朗克对此表示相信。NSUUB Göttingen Planck Papers XVII, fo. 72.

175 准备材料以及引导委员会的辩论方面可能扮演的重要角色。在其看来,鉴于所涉材料的性质和复杂性,这是邦国政府的立场得以被实际地予以表达的唯一方式。[45] 实际上,早在1890年7月,就有人提议组建小型的附属委员会,即所谓帝国司法办公室预备委员会(Vorkommission)。[46] 1890年6月,奥尔施拉格邀请普朗克来柏林与米克尔以及帝国司法办公室的官员畅论《德国民法典》之未来,并授权赫尔曼·施特鲁克曼为普朗克提供《德国民法典》编纂委员会总报告人的职位。到了1890年8月,赫尔曼·施特鲁克曼阐述了关于预备委员会的细节,计划由普朗克以及四五个帝国司法办公室的代表组成该委员会。[47]

然而,也许是因为时间紧迫,1893年4月之后,这一预备委员会便无法继续举行会谈。在那时,预备委员会正专注于准备《德国民法典》的第一编(总则部分)以及第二、第三编关于债法和物权法的内容。它以官方动议(official motion)(不管是以哪个帝国机构的名义)的方式将其决定传达给第二委员会。尽管预备委员会被过早解散,然而在修订婚姻法和继承法这两编的过程中,依旧采用这种官方动议方式。通过这种沟通方式,帝国司法办公室在第二委员会所存

---

〔45〕 Schubert, *Materialien*, pp. 335 f.

〔46〕 关于此点,Schubert, *Materialien*, p. 45 f.。

〔47〕 Frensdorff, *Planck*, p. 348; Struckmann to Planck, 10 June, 1 July, 11 and 25 Aug. 1890, NSUUB Göttingen, Planck papers Ⅷ, fos. 63 – 6.

续的 5 年时间里都起到领导作用。[48]

有一些例子可以用来说明这些官方动议的重要性。就租赁法而言,第一委员会采纳了罗马法上的买卖可破租赁原则(Kauf bricht Miete),即所有权的出卖将消解承租人的在先合同权利。这一原则招致了大量从法律的社会性角度提出的批评,故而 1890 年 7 月奥尔 176
施拉格确信有必要对这一规则进行修订。[49] 第二委员会在修订的必要性上达成了共识,但是在如何进行措辞方面意见不一。最后,正是赫尔曼·施特鲁克曼的官方动议一锤定音。[50] 就保护建筑商而言,预备委员会决定采纳普鲁士司法部长的提议,而这实质上涉及恢复《普鲁士国家一般邦法》的相应规则的问题。赫尔曼·施特鲁克曼将该问题提交至第二委员会,并详细论证了为何要反对诸如土地所有权改革联盟(League for the Reform of Landownership)等组织提出的更激进的方案。他与其他四人都具有相似的目标,但正是他的论证使该联盟的愿望泡汤。[51]

---

〔48〕 该委员会在已经出版的备忘录中未对各项议案的提议者是谁进行说明,参见 ZStA Potsdam, RJM 4104－11。

〔49〕 Struckmann to Planck, 1 July 1890, NSUUB Göttingen, Planck Papers Ⅷ, fo. 64.

〔50〕 B. Mugdan, *Die gesammten Materialien zum Bürgerlichen Gesetzbuch*, ii (Berlin, 1899), 814 ff.

〔51〕 H. H. Jakobs and W. Schubert, *Die Beratung des Bürgerlichen Gesetzbuches in systematischer Darstellung der unveröffentlichen Quellen. Schuldrecht*, ii (Berlin/New York, 1978－), ii. 878 f; Mugdan, *Materialien*, ii, 927 ff.

就土地法这一复杂领域而言,情况却截然不同。在关于担保法的一般性讨论中,起带头作用的是艾萨克·沃尔夫森(Isaac Wolffson)、理查德·维尔克以及索姆等职业法律人而非帝国官僚。虽然加格恩自感成功的机会甚为渺茫,但仍提议将定期土地债务规定为唯一的土地信用形式。第二委员会马上回绝了这种方案,并引用德意志农业委员会以及普鲁士国家农业经济委员会的报告,参照梅克伦堡与普鲁士的经验,来驳斥对资本主义式担保制度(Grundschuld)的攻击。[52] 然而,在随后关于定期土地债务制度的详细辩论中,却产生了迥然不同的结果。大家都普遍认为,一些土地组织提出的在《德国民法典》中引入定期土地债务制度的愿望是正当的。此后,辩论过程便由法学家赫尔曼·施特鲁克曼、卡尔·雅库贝斯基(Karl Jacubezky)以及帝国司法办公室派遣的两位助手主导,他们并就如何更好地表述这一规则进行讨论。在经历多番辩论后,第二委员会拒绝了雅库贝斯基所提议的资本主义色彩浓郁的表述方式,并支持将定期土地债务规定为独立于土地担保的新制度的提议。从草案可以清楚地知道,这一问题总体上是由同情农业的人所决定的。在他们看来,定期土地债务的主要特征在于它是永久的,并只在债务人同意之后方可终止。这个观点得以被接受,而只有少数的5个人反对,反对者试图基于债权人的利益来稀释这一规则。那些与

〔52〕 Mugdan, *Materialien*, iii. 787 ff.

农业部门联系紧密的人士成功说服了其他人:这一规则对于土地信贷是有极大助益的。[53]

这些争论显示,存在为土地运动事业争取到一定程度的胜利的 177
可能。然而,这种胜利所仰仗的具体情势是难以复制的。人们并未真正希望采纳更为激进的土地政策,以废除土地收费制度。诸如德意志农业委员会以及普鲁士国家农业经济委员会等相当数量的机构,表态支持将定期土地债务作为一种可选择的土地信用形式,这无疑在向第二委员会证明这种建议的合理性方面具有重要作用。而且很明显,农业的发言人获得了诸多职业法律人以及相关机构的支持。这一成就是极为罕见的,这也是得益于这种崭新的任意性制度并不会损及其他社会群体的合法利益。因而,立法者不费吹灰之力即可将定期土地债务制度嵌入现行民法体系之中。职是之故,在 1893 年 11 月 15 日所举行的法学家与政府官员的辩论,主要聚焦于以下议题:如何以最好的方式将这一新型担保制度纳入《德国民法典》之中。

当第二委员会讨论农场(peasant farm)在继承法上的安排时,结果却迥然不同。如前所述,在共有继承制度中允许对农场进行继承这一提议获得了相当的支持。这一提议在普鲁士政府内部也拥有强力的捍卫者。在 1895 年 2 月,第二委员会的 5 名成员提议应将这一

〔53〕 Ibid. 904 - 11.

规则引入《德国民法典》之中，并仅需将具体的细节问题留待各邦国定夺。但是，在彼得·施潘所主导的辩论中，法学家和政府官员却团结起来，并迫使该动议以15票反对、5票赞成的结果流产。[54] 值得注意的是，法学家和官员为何反对该提议？在第一委员会起草《德国民法典》时，问题的关键似乎在于起草一部与各邦法律相对的国家法
178 的艰难性，而非起草者对农民的事业存有基本的敌意。在第二委员会辩论时，确实有一个发言人否认存在农民危机，不过大多数人还是赞成这一提议。正如普鲁士农业部部长的特别代表所报告的那样，“第二委员会的大多数成员似乎都不反对由各邦国以立法的形式引入继承权的广泛提议”。[55] 而且，维尔克在1895年9月向法学家代表大会报告道：“第二委员会大体上并不反对该提议，而只是反对对该问题进行国家立法。”出席法学家代表大会的人大多支持这一立场。[56]

从总体上看，第二委员会里的政治以及经济代表所具有的直接影响力是很小的。如果说他们基于“社会性”对《德国民法典(草案)》的抨击行得通，这通常意味着法律人在某些问题上(如租赁法)存在意见分歧，或者所提议的改革方案与《德国民法典(草案)》的架

---

〔54〕 Jacubezky to Leonrod, 28 Feb. 1895 and Gagern to Leonrod, 14 Mar. 1895, BHStA Munich, MJu 16115. 该议案的5个支持者包括：康拉德、丹克尔曼、加格恩以及黑尔多夫与曼陀菲尔(Manteuffel)这两位保守党人士。

〔55〕 Mugdan, *Materialien*, i. 195 ff; Hermes to Hammerstein, 28 Feb. 1895, ZStA Merseburg, Rep. 87B 8123, fo. 356.

〔56〕 *Verhandlungen des Dreundzanzigsten Deutschen Juristentages*, ii (Berlin, 1895), 101, 113.

构能够相容。此外,例如,就对法律制度的基本原则的攻击而言,这些来自法律领域以外的代表从来没有成功过。又如,关于物权的定义的讨论,只有法律人参与,并且是在康拉德、加格恩、黑尔多夫(Helldorff)等人缺席的情形下进行的。他们所讨论的是如何更好地对物权的绝对性进行表述,即这一绝对的物权只受第三人权利或刑法的约束。[57] 很少听到日耳曼派学者对这一罗马法上的物权概念进行责难,第二委员会里的日耳曼派学者甚至都没有出席讨论。

的确,这些人的缺席恰好说明职业法律人以及政府官员在第二委员会里面所占据的主导地位。奥尔施拉格将第二委员会划分为常务委员(ständige)和临时委员(nichtständige)的做法,也加剧了委员缺席的可能性。常务委员由邦国政府代表以及普朗克组成,而临时委员由政党以及利益团体的代表组成。事实上,有一个临时委员甚至在一开始就告诉奥尔施拉格他会经常缺席讨论会。其他经常缺席的委员包括康拉德、索赫姆以及两个保守派人士(曼陶菲尔和黑尔多夫),他们都是最可能赞成关于《德国民法典(草案)》的主要批评意见的成员。相对而言,施潘、路德维希·冯·库尼(Ludwig von Cuny)、霍夫曼以及维尔克等职业法律人却很少缺席讨论会。[58]

---

〔57〕 Mugdan, *Materialien*, iii. 577 ff.

〔58〕 Leuschner to Oehlschläger, 18 Nov. 1890, ZStA Potsdam, RJM 4078, fo. 32; E. Strohal (ed.), *Plancks Kommentar zum Bürgerlichen Gesetzbuch*, i (4th edn. Berlin, 1913), xxxiii.

当然,并不是说只在第二委员会所讨论的议题具有较低的社会
179 和政治重要性时,才出现这些缺席现象。在 1892 年 5 月 31 日,当第二委员会就建筑商的法律保护问题进行辩论时,康拉德、丹克尔曼、加格恩、黑尔多夫、洛伊什纳(Leuschner)、拉塞尔以及索赫姆都缺席了。因此,就《德国民法典(草案)》中引起争议的部分而言(那些被批评为只顾关注法教义学理论,而漠视现实需求的地方),解决这些争议的任务便落到了法律人与政府官员的肩上。相似地,第二委员会在 1893 年 2 月 13 ~ 17 日举行了 7 次会议,讨论物权的内容及其限制(这正是基尔克所主要批评的地方)。索赫姆缺席了这 7 次会议,曼陶菲尔缺席了 4 次,黑尔多夫缺席了 3 次。难以置信的是,曼陶菲尔还缺席了在 1893 年 6 月 6 日举行的关于担保法的一般性辩论会议。[59]

但是,如果考虑这些人在其他公共生活中的情况与表现,那么他们的缺席也就显得不足为奇了。例如,黑尔多夫正困扰于保守党内部对其领导地位的质疑,并经常坚称他需要在政务活动之外进行休息。生病也会导致缺席,特别是索赫姆的例子所显示的那样。[60] 不过,如此频繁的缺席率也说明了这些人意识到自己能起的作用比较

〔59〕 关于成员缺席的情况,可以从委员会的备忘录副本所记录的出席人员名单上略窥一二,而公开出版物删除了这些信息。参见 ZStA Potsdam, RJM 4088 - 4102。

〔60〕 参见委员会成员们写给奥尔施拉格及其继任者的信,他们在信中对自己缺席会议的原因进行了辩解:ZStA Potsdam, RJM 4081。

有限，特别是在一些议题上，他们极有可能与职业法律人和政府官员产生冲突。相对而言，现实中能够反映第二委员会中的政治和经济代表的立场的证据很少，但我们也许可以从康拉德对日常程序的描述中感知他们的沮丧。

“一般而言，从经济的可能性视角来看，法学家们众志成城地坚持对《德国民法典（草案）》进行彻底修订。他们自然而然地就能获致第二委员会其他成员的支持，因为别的成员对文本缺乏理解，而这能够确保法学家们的提议获得多数票。”〔61〕

第二委员会的辩论强有力地证明了法学思维（jurisprudential considerations）在《德国民法典》编纂中的影响力，正是这种思维在很大程度上左右了第一委员会所作出的决定。尽管第二委员会采取了截然不同的人员架构方式，然而，《德国民法典》起草的真正权力却为邦国政府、职业法律人以及帝国司法办公室所牢牢掌控。重要的是，无论是奥尔施拉格抑或其继任者罗伯特·博斯（Robert Bosse）都没 180
有选择向第二委员会透露联邦参议院关于《德国民法典（草案）》修订方式的真实意图。〔62〕同样重要的是，普鲁士政府并未试图从帝国司法办公室秘书与普鲁士内务部长的关系中获利。正是出于对这种联系的顾虑，奥尔施拉格起初对是否接受第二委员会主席之职犹豫

〔61〕 Conrad, *Lebenserinnerungen*, p. 195.

〔62〕 Frensdorff, *Planck*, p. 353.

不决。不过,他关于忠诚性方面冲突的担心并没有说服普鲁士内政部部长。恰如伯蒂歇尔所指出的,毋庸置疑的是,奥尔施拉格肯定会在第二委员会中依据自己的个人信念来发言和投票。[63] 有时候,这种行动自由得到了充分利用,如博斯在关于社团法此类重要的政治问题上投票反对普鲁士政府代表的立场。博斯虽然是著名的保守派,却支持在社团法上采取更自由的路线。正如其所解释的:

> 令我感到很尴尬的是,作为帝国总理以及普鲁士内政部部长的下属,我却被迫使置身于反对其立场的境地。然而我别无他选。我确信有必要在帝国的层面来就该问题进行立法,而这也是整个德意志法律共同体所翘首以盼的。作为第二委员会的成员,我得遵循我的良心,并将这种考量置于普鲁士政府之上。如果我不敢这样做,那我无异于抛弃我在委员会里所肩负的使命。如其不然,在政府的命令前,我只能唯唯诺诺。我将只能充当政府的代表,并受政府事前指令的约束。

似乎到了后来,博斯才知道米克尔支持了普鲁士内务部部长在
181 1891 年所提出的动议。在那时,他认为自己也许是在《德国民法典》

---

〔63〕 Minutes of the ministry of state, 13 Oct. 1890, GStA Berlin-Dahlem, Rep. 84a 11775, fos. 283 f.

中最具政治敏感性的问题上忤逆了普鲁士政府的意愿。当然,这正好证明了,帝国司法办公室秘书享有一定程度上的独立性。[64] 这种独立性以及帝国司法办公室对第二委员会的程序的控制意味着,帝国司法办公室可以有效地对其所提议的立法内容进行负责。正如在《德国民法典》编纂历史中经常发生的,关于法律制度内容方面的问题的解决方案,在很多方面都可以从关于立法程序的安排中看出端倪。

与第一委员会不同,第二委员会的辩论是在维护邦国政府利益的情境下展开的。显而易见的是,那些邦国希望借助其在第二委员会中的代表来影响起草工作。当阿道夫·朗费尔德(Adolf Langfeld)在1895年秋抵达柏林,他代表梅克伦堡政府提出一长串的修改意见。不过,他发现意见被采纳的机会甚为渺茫,因为在大部分问题上,那些较大的邦国都发表了自己的意见。[65] 南方邦国仿佛对本国的立场得以被代表的程度深感高兴。虽然邦国政府没有对本国在第二委员会的代表发号施令,但是就实际效果而言,似乎并未有什么差异。

---

〔64〕 参见博斯在1891年12月所写的日记:ZStA Merseburg, Rep. 92 Bosse 2, fos. 32 f.; Röhl, *Germany Without Bismarck*, p. 68。关于博斯的保守立场,参见Morsey, *Die oberste Reichsverwaltung*, p. 269。值得注意的是,雅库贝斯基(Jacubezky)汇报称,普朗克曾在1891年12月17日举行的辩论会上将米克尔的观点扼要向委员会进行报告。BHStA Munich, MJu 16113.

〔65〕 Langfeld, *Mein Leben*, p. 137.

在所有的邦国中,普鲁士可能是对《德国民法典(草案)》修订工作最上心的。舍林感觉到《德国民法典(草案)》对实践需求重视不够,因而他在个别有争议的尤其是涉及社会和经济层面的问题上欢迎来自法院以及其他部长的建议。在诸如分期付款购买合同、滥用合同自由的高利贷、建筑商的保护以及土地法等事项上,普鲁士与帝国政府之间的争论表明了,关于社会改革的公众辩论意见是如何渗透进官僚机构的。

分期付款购买合同即为典例,一般认为此类合同存在利用合同
182 自由来剥夺弱势群体的问题。19 世纪 80 年代,这一问题引起了工匠们相当的警觉,而普鲁士农业大臣以及帝国内政部(office of interior)大臣都呼吁通过修订民法来打击这种权利滥用现象。[66] 奥尔施拉格的回应强调了立法技术上的困难,即不得不在《德国民法典》中特别对待租购协议,而这将会与惩罚条款所依循的合同自由原则不协调。解决这一问题更恰当的方式是对工业法规(Gewerbeordnung)进行修订。舍林同意这一观点。他对改革的理由有共鸣之处,但他将分期付款购买合同看成高利贷所引起的问题之一。这促使他认为对刑法进行修订会比改变民法更合适。通过这种方式,无须打破《德国民法典》中的合同自由原则,即可实现对滥用合同自由行为

〔66〕 参见行业协会以及类似组织所起草的 31 份请愿书:*SBRT*, *Drucksachen*, 1888 – 9, no. 122; Lucius, 'Votum', 23 May, GStA Berlin-Dahlem, Rep. 84a 11774, fos. 559 – 63; Boetticher to Oehlschläger, 25 Sept. 1890, ZStA Potsdam, RJM 1068, fos. 21 – 4。

的打击。在此背景下,1894 年 5 月,帝国通过了一部关于分期付款购买合同的特别法。[67]

19 世纪 80 年代末,鉴于公众对该问题越发担心,普鲁士国家农业经济委员会以及社会福利政策协会都对上述问题进行了讨论,普鲁士农业大臣也对该问题表达看法。特别令人关切的是,卢修斯(Lucius)及其继任者海登认为农村高利贷正是造成普鲁士西部省份反犹太人主义高涨的原因。[68] 如前所述,关于建筑商的保护问题是另一个颇为吸引公众注意力的议题。再一次地,外界的压力促使官僚机构考虑对民法进行改革,以解决明显具有紧迫性的社会问题。

在这方面,一个比较复杂的因素是皇帝的利益问题。1891 年 10 183
月,威廉二世注意到威斯特法伦人默库尔(Merkur)所写的《启示录》,并要求普鲁士司法部部长与内政部部长就该问题提交一份报

〔67〕 Oehlschläger to Boetticher, 22 Oct. 1890, ZStA Potsdam, RJM 1068, fos. 38 – 40; Schelling to Lucius, 5 June 1890, GStA Berlin-Dahlem, Rep. 84a 11774, fos. 565 – 8; 参见舍林的论证:*Bemerkungen zum Entwurf eines Bürgerlichen Gesetzbuchs für das Deutsche Reich. Bemerkungen des Königlich Preussischen Justizministers über die in dem Rundschreiben des Reichskanzlers vom 27. Juni 1889 hervorgehobenen Punkte. Ats Manuskript gedruckt* (Berlin, 1891), 70 – 3; 关于 1894 年法律的情况,参见 H. -P. Benöhr, 'Konsumentenschutz vor 80 Jahren. Zur Entstehung des Abzahlungsgesetzes vom 16. Mai 1894', *Zeitschrift für das gesamte Handelsrecht und Wirtschaftsrecht*, 138 (1974), 492 – 503; W. Schubert, 'Das Abzahlungsgesetz von 1894 als Beispiel für das Verhältnis von Sozialpolitik und Privatrecht in der Regierungszeit des Reichskanzlers von Caprivi', *ZRG GA* 102 (1985), pp. 130 – 67。

〔68〕 Lucius, 'Votum', 18 Jan. 1889; Heyden's *Votum*, 9 Nov. 1891, GStA Berlin-Dahlem, Rep. 84a 5721, fos. 66 – 9 and 5722, fos. 1 f.

告。[69] 1892 年 3 月,柏林警察局长以及柏林法院院长都认为社会形势严峻,而由此而生的诉讼案件较多见。但是,二人都认为,关于通过修订公示原则以在土地登记中赋予建筑商优先地位的提议,将损害土地信贷的供给,因而不应获得提倡。[70]

罗伯特・博斯对建筑商的境遇表示同情,并在 1892 年 2 月告诉包括弗雷泽在内的代表团成员,他将为之尽力争取利益。博斯的主要兴趣在于实践行政与社会政策,而非法律技艺。此外,就像追随其脚步的阿诺德・尼贝丁(Arnold Nieberding),他也是从帝国内政部官员而转任秘书。[71] 博斯将土地所有权改革联盟的请愿书递交给舍林,他相信它试图满足其他债权人以及建筑商的利益。不过,舍林对此并不感冒,并且顶多只愿意恢复《普鲁士国家一般邦法》的规则。而且他倾向于认为,报告里关于建筑商的糟糕境遇的描写有夸大其词之嫌,并且否认有必要加强对他们的保护。如其所言,"民事立法并无义务保护合同参与者因为涉足危险性交易而遭受的损失"。[72]

不过,这并非故事的终点。呼吁改革的热情依旧高涨,帝国国

---

〔69〕 *Westfälischer Merkur*, 13 Oct. 1891; ZStA Merseburg, 2.2.1. 17542, fo. 273.

〔70〕 GStA Berlin-Dahlem, Rep. 84a 11876, fos. 37 – 65, 247 – 92.

〔71〕 *Frei-Land*, 7 Mar. 1892; ZStA Merseburg, Rep. 92 Bosse 2, fo. 2.

〔72〕 Bosse to Schelling, 3 Mar. 1892, ZStA Potsdam, RJM 1335, fo. 117 f.; Schelling to Hanauer, 28 June 1892, GStA Berlin-Dahlem, Rep. 84a 11876, fos. 227 – 36; Schelling to the Kaiser, 16 Sept. 1892, ZStA Merseburg, 2.2.1. 17543, fos. 12 – 23.

会以及普鲁士商会收到各种各样的民间立法动议。在经历漫长的谈判后，一项帝国特别法在1919年得以颁布。颁布该法的主要障碍在于帝国以及普鲁士政府内法律官僚机构（legal bureaucracy）的强烈反对态度。在1897年，当该特别法的起草委员会碰面的时候，帝国司法办公室的代表强烈抨击起草该法的必要性，理由是只有特定邦国在特定领域存在需要通过立法规制的问题。尼贝丁辩称，帝国的立法应该仅仅着眼于那些限制了各邦国行动自由的领域，并移除相关限制。[73]

然而，就《德国民法典》与社会改革在大多数问题上的关系而言，法律官僚机构根本不赞同利益团体的观点。在土地法领域，从农民 184
土地的继承法律问题可以看出，普鲁士农业部部长对民意动员问题是多么的敏感。与高利贷的问题不同，在这个问题上除了通过民法（而非刑法）引入改革措施，别无他选，但是这个计划遭到法律官僚机构的坚决反对。1890年6月，卢修斯开始为引进与动产继承法律相当的共有继承制度而奔走。他强调道，现代经济学家认为，将财产划分为动产与不动产是天经地义的，因而《德国民法典》也应采用这种

---

〔73〕 GStA Berlin-Dahlem, Rep. 84a 11880, fo. 355；参见施特鲁克曼的评论意见：GStA Berlin-Dahlem, Rep. 84a 11879, fos. 525f.。关于1909年法律的产生背景，参见P. Oertmann, 'Bauforderungen, Sicherung der', *Handwörterbuch der Staatswissenschaften*, ii (4th edn. Jena, 1924), 417－30；H.-P. Benöhr, 'Das Gesetz als Instrument zur Lösung sozialpolitischer Konflikte：das Beispiel des Bauforderungssicherungsgesetz von 1909', *ZRG GA*, 95 (1978), pp. 221－8。

分类。[74] 翌年,卢修斯的继任者更进一步要求将共有继承制度界定为,继承人可以直接通过法律而非从其他继承人手上获得土地。这种程序上的变化标志着对现有法律进行重大突破,并显示了日耳曼派学者的批评意见在多大程度上渗透进高级官僚机构中:“但是,彼时的法律植根于罗马法平等对待动产与不动产的理念。如果共有继承制度所蕴含的理论(土地的继承应该以与动产不相同的原则进行)在某种意义上说得通,那这也只应在系统地阐述继承法的理论研究场合使用这个概念。”[75]

舍林对这一立法呼吁的回应意味着,他原则上愿意接受农业部部长的立场,而那些涉及他在其他农业诉求(如宅地立法)上的观点的证据表明他同情农业所面临的困境。[76] 无论如何,舍林相信这主要是一个经济问题,而其主要关注的是进行国家立法的表述问题。“在考虑这一问题之时,我主要关切《德国民法典(草案)》中的共有继承制度能否与司法行政的利益兼容,尤其是如果在《德国民法典》中引入该制度的话,能否确保法律制度所必备的清晰性与连贯性”。

185 帝国与邦国法律之间的关系问题或将导致纷争。在舍林看来,

〔74〕 ‘Votum’, 6 June 1890, GStA Berlin-Dahlem, Rep. 84a 11775, fos. 473 – 81.

〔75〕 Heyden to Schelling, 13 Mar. 1891, GStA Berlin-Dahlem, Rep. 84a 11776, fos. 309 – 34.

〔76〕 关于舍林对宅地立法的支持,参见 Riepenhausen to Caprivi, 23 Apr. 1890, ZStA Potsdam, Rkz 740, fo. 207。

唯一可以避免纷争产生的办法是将该事项交由各邦国处理。[77] 尽管舍林一直支持达成该项基本的土地继承诉求,然而,普鲁士司法部部长从未改变过自己反对通过《德国民法典》来实现所欲取得的改革目标的技术性立场。[78] 像我们看到的,舍林在该问题上的看法与委员会的其他许多成员相接近。一般而言,促使人们反对土地法律改革的动因,并非基于对涉及土地的事项的敌意,而是基于能否系统地、精确地起草一部全国性的法律的怀疑。

农业部部长认为,舍林的回应并不充分,并像基尔克以及其他对《德国民法典(草案)》中的土地法条文进行批评的人一样,他也提示大家注意在该问题上进行全国性立法所具有的教育价值。他说道:"我也认为,如果将共有继承制度从帝国法律中剔除出去,并仅由各邦国规定这个制度,这并非对该风俗习惯的保护,而是进一步加剧其衰落。"[79] 农业部部长一再地施压,以在《德国民法典》中规定共有继承制度,并与第二委员会中支持该改革的委员取得了联系。[80] 米克尔是一个永远不会被贴上"《德国民法典》敌人"标签的人,而他也支持该观点。1893 年年末,米克尔以及埃登在普鲁士农业部发起一波

[77] Schelling to Heyden, 21 Nov. 1890, ZStA Merseburg, Rep. 87B 8123, fos. 208 – 11.

[78] Schelling to Caprivi, 28 June 1891, ZStA Merseburg, Rep. 87B 8123, fos. 238 – 8.

[79] Heyden to Schelling, 13 Mar. 1891, GStA Berlin-Dahlem, Rep. 84a 11776, fo. 310.

[80] Conrad to Heyden, 16 Aug. 1893, ZStA Merseburg, Rep. 87B 8123, fos. 260 f.

重要攻势,并于 1894 年 4 月在农业部召开了著名的“土地大会”(Agrarian Conference)。这个大会的目的在于帮助修复保守派与政府在土地问题上的裂痕——这是卡普里维的关税政策所导致的结果。当然,这也加深了卡普里维与普鲁士农业部保守党之间的裂缝。就共有继承制度的支持者而言,这次大会取得了空前的胜利,连具有左派——自由主义背景的《福斯日报》(Vossische Zeitung)也呼吁将
186 该制度纳入《德国民法典》中。[81]

因此,在 1894 年春,共有继承制度的问题已经与卡普里维政府逐渐加剧的危机相关联。有人言之凿凿,卡普里维是试图通过统治帝国国会来进行施政。他的主要手段是赋予帝国司法办公室秘书们更多的裁量权(比在俾斯麦时期享有的更多)。[82] 实际上,较有可能的是,为与帝国国会搞好关系,帝国司法办公室秘书们被施加了政治方面的约束。鉴于帝国国会的政治构成,秘书们便很难以一己之力推动激进的土地政策改革方案。这一因素促使他们提倡与普鲁士内务部所倡导的政策相比更自由与经济的政策。[83]

从帝国司法办公室对待《德国民法典》的政策来看,这一因素所

---

〔81〕 Herzfeld, *Miquel*, ii. 324 ff. ; Röhl, *Germany Without Bismarck*, p. 112; J. A. Nichols, *Germany After Bismarck. The Caprivi Era, 1890 – 1894* Cambridge, Mass. , 1958), ch. 8; *Vossische Zeitung*, 21 June 1894.

〔82〕 Nichols, *Germany After Bismarck*, pp. 223, 370 f. ; Röhl, *Germany Without Bismarck*, pp. 64 – 8; Rauh, *Föderalismus und Parlamentarismus*, pp. 123 ff.

〔83〕 Röhl, *Germany Without Bismarck*, pp. 67 f. ; Bonham, ‘Bureaucratic Modernizers’, pp. 361 ff. , 376 f.

带来的影响是显而易见的。帝国司法办公室赞成将尽可能快地完成《德国民法典》编纂工作作为主要目标,而随着尼贝丁在 1893 年夏天被任命为帝国司法办公室秘书,这一目标就变得更优先和重要了。[84] 在某种程度上,相较于奥尔施拉格在 1889 ~1891 年所追求的那些政策而言,尼贝丁彼时所主要关注的问题恰与奥尔施拉格在逻辑上一脉相承,即确保联邦参议院与帝国国会就完成《德国民法典》的编纂工作达成共识。在 19 世纪 80 年代中期,激进的土地改革理论(agrarianism)风行一时;1892 ~ 1894 年,政府危机反复出现;在 1890 ~1893 年选举之后,中央党在政府争取帝国国会的多数票的过程中扮演着越来越重要的角色——诸如此类因素都给实施这一政策制造了障碍。[85]

置身于 19 世纪 90 年代中期的独特政治体系环境下,尼贝丁在与普鲁士官僚机构中的保守派、土地改革论者进行斗争的过程中得 187
以拥有足够多的手段。在 1896 年 1 月,米克尔以及哈默斯坦

---

〔84〕 在卡普里维看来,尼贝丁的主要任务在于加速委员会的工作。See R. Sohm, ‘Die Entstehung des deutschen bürgerlichen Gesetzbuchs’, *DJZ*, 5 (1900), p.7; Frensdorff, *Planck*, p.352.

〔85〕 关于中央党亲政府的立场,参见 Blackbourn, *Class, Religion and Local Politics in Wilhelmine Germany. The Centre Party in Württemberg before* 1914 (New Haven/London, 1980), 36 ff.; R. Morsey, ‘Die deutsche Katholiken und der Nationalstaat zwischen Kulturkampf und dem ersten Weltkrieg’, *Historisches Jahrbuch*, 90 (1970,) 31 – 64; W. Loth, *Katholiken im Kaiserreich. Der politische Katholizismus in der Krise des wilhelminischen Deutschlands* (Düsseldorf, 1984), pp.51 – 80。

(Hammerstein)(农业部部长埃登的继任者)力图促使普鲁士内政部承诺在《德国民法典》中吸纳土地改革论者的某些诉求,然而他们遭受到了法律职业人士一致的反对。尼贝丁的主要理由是,“这个提议会将涉及土地法的全部问题引入到《德国民法典》的辩论中,并给完成《民法典》编纂工作增加巨大的困难”。这一观点得到了新任普鲁士司法部部长卡尔·海因里希·冯·舍恩施泰特(Karl Heinrich von Schönstedt)的支持。申斯泰特重申了司法部的一贯立场——最好是将这一问题留给各邦国自己解决。[86]

1895~1896年,这一政治论据——有必要将可能影响帝国国会对《德国民法典(草案)》的接纳的那些法律问题排除出草案——经常被使用。而且,它与此前的论据(将受欢迎的改革措施纳入《德国民法典》中,将会遭遇法律技术困难以及表达的系统性精确性问题)呈现互补关系。[87] 随着人们将注意力移转到联邦参议院以及帝国国会对《德国民法典》的评价上来,《德国民法典》的两个主要内容——社团法以及婚姻法——可能肇致问题。1891年年末,正是因为社团法的问题,博斯觉得自己有义务通过投反对票来给普鲁士内政部泼冷水。相似地,联邦参议院中的较大邦国本来就对将社团法

---

〔86〕 Ministry of state minutes, 7 Jan. 1896, GStA Berlin-Dahlem, Rep. 84a 11834, fos. 71-7.

〔87〕 因此,在1895年的法学家大会上,维尔克综合运用了这两种论据,以维护委员会就共有继承制度问题所采取的立场。See *Verhandlungen des Dreiundzwanzigsten Deutschen Juristentages*, ii (Berlin, 1895), 101.

纳入《德国民法典》感到不满,而第二委员会却一直跟这些邦国“唱反调”。[88] 1895年,没有证据表明各邦国对第二委员会的做法的反对声音有所减弱。[89] 此外,尼贝丁相信,如果在联邦参议院的坚持 188
下将社团法剔除出《德国民法典》,那么帝国国会将给政府制造很大的障碍。

鉴于普鲁士的大多数部长都已经在1894年对此表达了反对意见,尼贝丁遭遇的困难越来越多。博斯与米克尔似乎都修正了自己早期关于社团法的立场,而从此二人的观点可以看出,笼罩在普鲁士内政部上空的保守气氛越来越浓郁。就博斯而言,可能在很大程度上是因为他被任命为教育部部长的缘故,进而担心教育类社团可能带来的有害影响。[90] 尼贝丁对反对意见的回应是立马向伯蒂歇尔求助,尼贝丁说服了伯蒂歇尔,而后者不仅认可保留第二委员会提案的必要性,而且为尼贝丁争取到了新首相霍恩洛厄的支持。看似明确的是,尼贝丁之所以在1894年8月得以在该问题上取得胜利,是因为大家担心帝国国会可能不接受将社团法从《德国民法典》剔除出

---

〔88〕 关于委员会对该问题的辩论,参见 P. Kögler, *Arbeiterbewegung und Vereinsrecht. Ein Beitrag zur Entstehungsgeschichte des BGB* (Berlin, 1974), 97－107; T. Vormbaum, *Die Rechtsfähigkeit der Vereine im 19. Jarhundert. Ein Betrag zur Entstehungsgeschichte des BGB* (Berlin/New York, 1976), 154 ff.。

〔89〕 *Zusammenstellung der Aeusserungen der Bundesregierungen zu dem Entwurf eines Bürgerlcihen Gesetzbuchs zweiter Lesung*, i (Berlin, 1895), 3－9.

〔90〕 Bosse,'Votum' of 10 July 1894; Miquel,'Votum' of 17 Sept. 1894, GStA Berlin-Dahlem, Rep. 84a 11778, fos. 149－62 and 291－5.

去的做法。[91] 到了1894年11月末,尼贝丁争取到了卡尔·冯·申斯泰特这位重要的新盟友,而在这之后,普鲁士内政部部长也在犹豫中靠拢过来。随后,在不同部长之间召开的关于社团法的会议表明,法律官僚机构的重要角色在于决定程序的展开与进程。帝国司法办
189 公室以及普鲁士司法部的代表均强烈反对其他部门的提议——将某些社团分类(如政治、社会、宗教或教育社团)从《德国民法典》总则编中剔除出去。再一次地,霍恩洛厄明确表态称,法律人士所划分的界限对于成功编纂《德国民法典》至关重要。[92] 不过,即使是这样,社团法问题也在联邦参议院以及帝国国会给尼贝丁带来了重大挑战。直到1896年,各方进行复杂的妥协后,这一困局才得以破解。

尼贝丁试图找到能够确保《德国民法典》被帝国立法机关通过的妥协之道。他的做法与前任如出一辙,前任也试图在避免全盘否定《德国民法典》编纂工作的前提下,寻求应对公众关于《德国民法典(草案)》的批评意见的途径。在某些方面,那是一个不可能完成的任务,而帝国司法办公室的秘书常常不得不搬出那套老旧的说辞——从全国的维度来看,实现全国法律统一是如此必要,以至于局

[91] Nieberding to Boetticher, 20 Oct. 1894, ZStA Potsdam, RJM 690, fos. 1–6; Boetticher to Hohenlohe, 5 Nov. and Hohenlohe to Boetticher, 22 Nov. 1894, ZStA Potsdam, Rkz 728, fos. 67 ff.; Kögler, *Arbeiterbewegung*, pp. 105 f.; Vormbaum, *Rechtsfähigkeit*, pp. 163, 173 f.

[92] Ministry of state minutes, 30 Nov. 1894, GStA Berlin-Dahlem, Rep. 84a 11778, fos. 341–65; ZStA Merseburg, Rep. 77 Tit. 114 no. 297 Beiakte 2, fos. 133–77; Rep. 87B 8118, fos. 202–8, 216–21.

部利益应予以退让。此外,相较那些希望作出重要改变的人,他还是胸有成竹的。首先,他知道,在经过了 22 年的编纂工作后,没有任何邦国政府或政党愿为《德国民法典》的可能性失败担责。一个敏锐的观察者在 1891 年 10 月预测,如果第二委员会完成编纂工作,帝国国会将面临一个致命的两难困境:如若拒绝这部法典,那么将在可预见的未来推迟法律的统一;如果接受这部法典,则会给德意志人民带来诅咒而非赐福。[93] 尼贝丁知道如何充分地利用这个时势。当帝国国会与联邦参议院在 1895 ~1896 年冬天开始就《德国民法典》进行辩论时,《德国民法典》的成功就绝非板上钉钉之事。就帝国国会能否通过《德国民法典》而言,民族自由主义阵营的报刊充斥着悲观情绪,而左翼自由主义派别的报纸猛烈抨击帝国国会对编纂完成这一伟大的国家法典缺乏应有的热情。不过,诸如索赫姆与普朗克等有见地的观察者在 1896 年 1 月认为,《德国民法典》的未来是确定的。[94]

尼贝丁主要是通过有效的宣传与灵活的策略来应对这些不确定因素。他鼓励商事主体以及其他利益团体支持快速完成《德国民法典》编纂工作。他建议政府为柏林法学会主办的关于《德国民法典》

---

〔93〕 G. Pfizer, 'Geflickte Schienen', *Allgemeine Zeitung*, 10 Oct. 1891, Beilage.

〔94〕 *National-Zeitung*, 15 Sept. 1895; *Kölnische Zeitung*, 10 Sept. 1895; R. Sohm and A. Wach, 'Arnold Nieberding', *DJZ*, 14 (1909), p. 1345; NSUUB Göttingen, Planck Papers XVIII, fo. 95.

的系列课程提供财政拨款,因为此类课程对帝国国会审议《德国民法典》来讲具有重要的影响力。此外,为营造声势,他还频频参加当地民族自由主义政党举行的会议,以争取大众对《德国民法典(草案)》修正稿的支持。[95] 像我们看到的,这些努力得到了商事贸易的代表团体的大力支持。

《德国民法典》支持者所面临的主要问题是,反对者质疑《德国
190 民法典》能否成为民族价值观的表达方式。《德国民法典(草案)》产生了争议,而这加剧了两种可互相替代的民族主义概念间的对抗:一端是基尔克以及土地改革论者所强调的关于德意志/基督教传统的民族主义;另一端是老旧的政府的/自由民族主义(这一民族主义强调国家以及法律的统一,并担心体系的精确性以及法律确定性)。1895~1896 年冬天,《德国民法典》的捍卫者对他们的论据进行排序,而第二种民族主义开始占据主流地位。因而,作为信奉民族自由主义的帝国国会代表,路德维希·艾纳瑟鲁斯在谈及令人遗憾的德意志法律现状时,曾说道:“《德国民法典》将会把法律还给民众。”其他评论者持相同观点,并认为,从“社会性”的角度观之,第二委员会对德意志民法进行了许多重要的完善。作为第二委员会成员中的日耳曼派学者,鲁道夫·索赫姆亦曾在一个富有影响力的演讲中如是

[95] Nieberding to Hohenlohe, 5 Dec. 1895, ZStA Potsdam, RJM 3865, fos. 30 f.; *Kölnische Zeitung*, 5 Nov. 1895; *Magdeburgische Zeitung*, 6 Nov. 1895; *DJZ*, 1 (1896), 32; *Schwäbischer Merkur*, 21 Jan. 1896; *Hannoverscher Courier*, 10 Feb. 1896.

说，而即使是基尔克也不得不同意这种观点（尽管他还是继续对《德国民法典（草案）》进行批评）。[96] 不得不说的是，1895年年末，时势开始不利于《德国民法典》的激进批评者。与此同时，开始占上风的是政府与民族自由主义者将《德国民法典》视作促进国家形成工具的理念，而非将《德国民法典》视作德意志价值观的载体的理念。1896年年初，一位处于领导地位的从“社会性”的角度批评《德国民法典》的人主张，在联邦参议院可能通过修订后的《德国民法典（草案）》的情形下，应顺势而为之。他还反问道：“谁能忽视语言的魔力呢：一个皇帝、一个帝国、一部法律？”这些都是可以反映那个时期的特征的证据。[97]

引起这个变化的一个重要原因是，尼贝丁成功争取到皇帝对《德国民法典》的公开支持。皇室对《民法典》关注由来已久，威廉二世的父亲、英年早逝的腓特烈三世满怀炽热之情地希望在其身故之前能够看见《德国民法典》颁布的那天。1888年10月，当威廉二世在 191
莱比锡为帝国最高法院奠基之时，他便公开表示支持快速完成《德国

〔96〕 关于艾纳瑟鲁斯，参见 *Hannoverscher Courier*, 10 Feb. 1896；参见马克斯·吕梅林（Max Rümelin）的观点：*Schwäbischer Merkur*, 21 Jan. 1896；Sohm, *Ueber den Entwurf eines Bürgerlichen Gesetzbuches*；O. Gierke, *Das Bürgerliche Gesetzbuch und der Deutsche Reichstag*（Berlin, 1896）, 6。

〔97〕 H. v. Dernburg, *Persönliche Rechtsstellung nach dem Bürgerlichen Gesetzbuch*（Berlin, 1896）, 5 f.

民法典》的编纂工作。[98] 除了关系建筑商的问题,威廉二世很少直接参与《德国民法典》编纂工作,但是高级官员很快就发现将皇帝与《德国民法典》捆绑在一起所具有的宣传效应。1891 年,博斯曾试图邀请威廉二世参加一个委员会会议,但随后所建议的参会行程被取消了。1895 年 11 月 13 日,尼贝丁实现了这种可能性,而威廉二世出席了一个关于农民土地继承的讨论会。巴登驻柏林大使认为,威廉二世的参与具有重要意义,能为成功编纂《德国民法典》加油打气。普朗克也如此认为。[99]

促使威廉二世参与《德国民法典》编纂活动,只是各界将《德国民法典》与国家统一与进步的象征之物相联系的策略之一环。例如,霍恩洛厄热切希望在帝国 25 周年庆典时,将《德国民法典(草案)》提交帝国国会审议,而这一策略引起了媒体的极大共鸣。[100] 有传闻称,威廉二世力促推进《德国民法典》编纂工作,以便该法典能在 1900 年 1 月 1 日颁行。有评论者认为这个时间节点很好,这将为一项最重要的民族成就创设一个纪念日,而这一幕亦将为后世所永远

---

〔98〕 *Bismarck-Erinnerungen des Staatsministers Freiherrn Lucius von Ballhausen* (4th edn. Stuttgart/Berlin, 1921), 400; Frensdorff, *Planck*, p. 323; *Danziger Zeitung*, 10 Nov. 1890.

〔99〕 ZStA Merseburg, Rep. 92 Bosse 2, fo. 46; Jagemann, report of 14 Nov. 1895, GLA Karlsruhe, Abt. 233/34801, fo. 224; NSUUB Göttingen, Planck Papers XVIII, fos. 92 f.

〔100〕 参见施潘于 1903 年 3 月 7 日在《科隆人民报》(Kölnische Volkszeitung)所作的讲演。Laband, 'Zum 18. Januar', p. 22.

铭记。[101]

借助此类手段，《德国民法典》的支持者得以成功消除激进式改革所带来的威胁，而这种威胁本可能推迟《德国民法典》的编纂完成日期。帝国司法办公室带头将焦点聚集于《德国民法典》对统一国家将起的作用问题，这从总体上成功地引导了公众舆论。在 1895 年 4 月，尼贝丁告知巴登大使："时机成熟了，现在正是强调《德国民法典》关于国家统一的价值，并激发民众对《德国民法典》编纂完成的兴趣的时候。"诚如一位评论者所言，《德国民法典》将使帝国的根基变得完整。[102] 尼贝丁等人关于《德国民法典》之于国家统一的象征意义所传达出的信息是，《德国民法典》将增强现有社会秩序的力量，以反对试图推翻社会秩序的势力（社会民主主义）。这是为应对日耳曼派学者关于《德国民法典》修订稿缺乏社会性关怀的批评意见，而特意琢磨出来的法子。[103] 1896 年，激进的日耳曼派学者对《德国民 192
法典》的反对声音便显得微不足道了，而只有少数土地改革论者、反

---

〔101〕 M. Hachenburg, *Lebenserinnerungen eines Rechtsanwalts* (Düsseldorf, 1927), 167; Dittmar to Planck, 31 Dec. 1899, NSUUB Göttingen, Planck papers no. 1v/3, fo. 119. 无独有偶，博斯（Bosse）在此前已经秉持相同观点，See ZStA Merseburg, Rep. 92 Bosse 2, fos. 18 f.。

〔102〕 Jagemann, report of 7 Apr. 1895, GLA Karlsruhe Abt. 233/13995; Laband, 'Zum 18. Januar', p. 22.

〔103〕 例如，可参见艾纳瑟鲁斯的演讲：*Hannoverscher Courier*, 10 Feb. 1896；施潘的评论与帝国国会的立场相呼应，参见 *SBRT*, 5 Feb. 1896, p. 771A; H. v. Marquardsen, 'Die nationale Bedeutung des Reichscivilgesetzbuchs', *DJZ* 1 (1896), pp. 326 f.。

犹分子以及其他极权势力反对《德国民法典》。1895 年 8 月,来自马尔堡(Marburg)的反犹代表奥托·博克尔(Otto Böckel)将《德国民法典》修订稿指责成一部学术的、理论的、“绿色桌子(官僚机构)出台的”作品。[104] 但是,这些并没有刺激到尼贝丁以及《德国民法典》的支持者。尼贝丁等人在 1895~1896 年成功进行了形塑公众意见的活动,并得以孤立了那些认为《德国民法典》背离了国家利益的人。1896 年,一些土地方面的利益团体甚至还从德意志法律传统的角度称赞《德国民法典》的起草者关心并帮助农业发展。[105]

因而,官僚机构的举措对 19 世纪末的法律统一运动的结果产生了强有力的影响。第二委员会的历史非常有决定性地表明,发源于 19 世纪 70 年代的关于法典化的国家形成学说是如何顽强地继续存在,并在 19 世纪 90 年代继续起作用。尽管该学说的许多基本假设都遭受了攻击。在第二委员会修订《德国民法典》的过程中,一些与“概念法学缺乏社会性关怀”的批评意见相吻合的改革措施被引入法典之中。然而,此类改革的潜力总是被一种可以被称为“官僚主义需求”(bureaucratic imperatives)的因素所掣肘:一方面,需要保持全部法律体系的一致性;另一方面,试图通过少量基本规则推导出法院判决,并以此构造法律的确定性。而且,还强调要快速完成《德国民法

---

〔104〕 O. Böckel, 'Umwälzungen im Eherecht', *Deutsches Volks-Recht*, 13 Aug. 1895.

〔105〕 'Das neue bürgerliche Gesetzbuch und die Landwirtschaft', *Der Ost-und Westpreussische Bauer*, 14 (1896), 178-86.

典》编纂工作。就法律确定性这一需求而言,这有可能会使某些利益团体试图获得国家法律制度的特别对待的如意算盘落空。政府有理由担心,将具有争议的改革措施引入《德国民法典》的做法,会给政府在帝国国会的活动制造阻碍。随着时间推移,就政府而言,确保在帝国国会获得多数票支持越来越成为当务之急。基于这些原因,过往15年的政治风云变幻似乎并未影响《德国民法典》的起草工作。

但是,这在许多方面都是具有误导性的画面。本章所列举的具体证据显示,官僚机构在何种程度上有意识地回应了新的政治时代 193
的支配性特征。这并非仅仅体现在第二委员会的成员构成方面,而且,从政府内部不同部门在面对外界的组织性压力时所存在的冲突,也可以清晰地看到这点。普鲁士农业部部长就是一个最好的例子,他与当地农业协会以及代表一般土地利益的保守派人士过从甚密。如我们所见,日耳曼派学者关于法律制度缺乏“社会性考量”的新的批评意见,已然渗透官僚机构的重要部门。这印证了一个观点:官僚机构只是一个进行统一的媒介,并置身于19世纪90年代的社会纷争之外。[106]

《德国民法典》的编纂历史表明,法律官僚机构成功回击了那些要求对事关社会问题的法律领域进行根本性改革的人士。这一印象

〔106〕 J. Caplan, '"The Imaginary Universality of Particular Interests": The "Tradition" of the Civil Service in German History', *Social History*, 4 (1979), 309 f.

在某种意义上是真实的，而且，主要是第二委员会中的职业法律人倾向于在关键问题上支持政府代表的立场所带来的结果。第二委员会中的这种力量失衡意味着，将经济利益群体代表与政党代表引入委员会所产生的影响是很有限的。实际上，这些代表的主要作用似乎是证明《德国民法典》的支持者所惯用的论据的合法性——《德国民法典》编纂成果系全民族共同努力所致。[107]

此外，法律人士深深意识到他们生活在一个变动不居的时代。正如一个评论者于1896年所言，19世纪70年代为“曼彻斯特理论”所主导，而19世纪90年代主要为社会政策所影响。[108] 如同我们所
194 看见的，官僚机构以及立法委员会中的法律人经常极为同情改革者的诉求，特别是赞同那些本意是用来改善农民与工匠命运的措施。诚然，他们反对将诸如此种问题纳入《德国民法典》中，而这看起来似乎是与他们的政治观点或关于社会政策的立场相矛盾的。他们对极端法律改革提案的反对，几乎一直是形式性的，而非实质性的。一个有代表性的说法是，《德国民法典》身系调整全国性事务之使命，而其并不存在为特定团体或地区提供特定措施之空间。另有人强调，如

〔107〕 L. Enneccerus, ‘Die parlamentarischen Aussichten des Bürgerlichen Gesetzbuchs’, *DJZ* 1 (1896), p. 6; F. Stoerk, ‘Das Bürgerliche Gesetzbuch und der Gesetzgebungsapparat des deutschen Reiches’, *Festgabe der Greifswalder Juristenfakultät for Ernst Immanuel Bekker zum 17. Februar 1899* (Greifswald, 1899), 102 – 14.

〔108〕 F. André, ‘Die zweite Lesung eines Bürgerlichen Gesetzbuches gegenüber der ersten. Ein Vergleich’, *DJZ* 1 (1896), p. 102.

果为了满足局部利益而不断打破法律制度的基本原则,这将产生严重的危险。基本上,也许可以说,绝大多数德意志法律人都同意这一观点。在 1895 年法学家代表大会上,只有少数人依旧支持基尔克继续批判《德国民法典(草案)》的立场,而似乎德意志法学界压倒性地乐意接受《德国民法典(草案)》的修订稿,并赞成尽快通过该草案。就此点而言,帝国司法办公室真切地代表了法学界的这一立场。

政府立场的一个重要特征是,法典编纂是一种特殊类型的立法,而其并不等同于法律秩序的全部。在此前所颁布的法典中(尤其是《普鲁士国家一般邦法》),立法者拒绝让法典覆盖整个法律秩序。到了 19 世纪 90 年代,就官僚机构而言,他们应对那些涉及重大法律改革的呼吁时的常规做法是,将这些改革分流到《德国民法典》以外 195
的法律起草活动。一方面,各大邦国有可能通过立法的方式去实现那些被认为不适于在全德意志推行的改革。特别地,农业领域最适合这样做,因为各地区的条件各有不同。这一进路导致立法者将许多法律分支从《德国民法典》中予以剔除。另一方面,自社会立法在 19 世纪 80 年代以降,各邦国通过特别法律来解决特定问题的例子快速增多。在 19 世纪 80 年代,立法者颁布大量此类法律,以解决股票交易的控制问题、不公平竞争问题、重新引入行业协会(guilds)的不公正性问题、关于高利贷法的修订问题等。尽管这些立法在性质上主要是修饰性的,并没有实现保守派所采纳的社会政策所拟实现的目标,然而在这种背景下,这些都变得没有那么重要了。真正重要的是,各邦国可以自由运用多种多样的立法工具,并能够灵活因应社会需求进行立法。[109] 无论是在邦国还是帝国层面,关于特别立法的承诺,都在击退《德国民法典》草案的激进批评者方面起至关重要的作用。

这产生的主要效果是让激进改革者的愿望破灭,而激进改革者的主要目的是促使立法者将其诉求反映在《德国民法典》之中。此前,本书描述了《德国民法典(草案)》的激进批评者在何种程度上论述将他们的倡议引入《德国民法典》的积极意义以及教育意义。从表面看,这是关于《德国民法典》作为社会政策工具的天然优势的严肃表达。实际上,这反映了他们为了向各界推销其所设计的方案的愿望。正是《德国民法典》所具有的充当主要国家机制的地位,促使诸如基尔克等人严苛地从可替代性、国家主义的角度批评《德国民法典(草案)》。批评者试图从政府那儿得到一种关于同类意图的强有力的措辞声明,而这是无法仅仅通过特别立法获得的。然而,各个利益团体间过于缺乏团结,而第二委员会在对待这一策略时非常小心谨慎,这都致使他们难以成功。

修订的过程也体现了官僚控制(bureaucratic control)作为权力来源的重要性。尽管第二委员会的辩论显得很冗长,然而关于所审议

〔109〕 参见以下重要文献 H. -P. Benöhr, ' Wirtschaftsliberalismus und Gesetzgebung am Ende des 19. Jahrhunderts', *Zeitschrift for Arbeitsrecht*, 8 (1977), 187 -218。

的立法的替代方案只会偶尔才得到支持。随着帝国司法办公室秘书在如何应对源自普鲁士内政部的异议意见方面越来越有经验，这种立法格局便更能得到支撑。但是，帝国司法办公室秘书的这种独立性并非绝对的。毋庸置疑，它有时会充当普鲁士政府、联邦参议院与帝国国会之间的主要调停者，这促使它对程序具有强有力的把控。正是秘书们促使它们达成各种的妥协方案，以确保《德国民法典》得以被各方接受——即使是就《德国民法典》的部分条文持严厉批评意见的米克尔等人而言，他们也意欲实现这个目标。诚如汉斯·赫兹菲尔德（Hans Herzfeld）所言："关于在《德国民法典》中特别考虑土地所有权问题的提议，是建基于正式实现法律统一以及帝国司法办公室对普鲁士保守派诉求的回绝之上。"[110]

就涵盖范围以及复杂性而言，《德国民法典》都是一部非同寻常的立法。鉴于此，如果试图从该法典的编纂历史推导出过多的关于普鲁士以及帝国政府的相关实践，这可能是错误的。博纳姆·盖理
（Bonham Gary）关于官僚机构划分的论著表明，官僚机构内部的现 196
代化主义者很可能支持排除外部的利益群体，而保守派在准备重要立法时会希望将外部利益群体囊括进来。当然，这与博纳姆所研究的问题类型相关，所研究的问题都是容克利益群体所强烈、有序反对

〔110〕 Herzfeld, *Miquel*, ii. 457, 488.

的焦点问题。[111] 奥尔施拉格在1889～1890年的政策并未与这一种问题类型相紧密契合,他将如何代表官僚机构外部的利益团体当作一个紧迫的政治需求,特别是在保守派利益团体的反对意见被驳斥了的情形下。不过,值得注意的是,帝国司法办公室小心翼翼地通过认真引导第二委员会的讨论来平衡关于外部利益群体代表问题。

近来关于官僚机构研究的许多作品(包括博纳姆的论著)都倾向于认为,政府内部的矛盾受到了部门因素(departmental consideration)的重要影响。博斯关于社团法的立场变化便是关于这方面因素影响的最好例证。在许多方面,帝国司法办公室都是一个与众不同的部门。在那一时期,帝国司法办公室的三任秘书——博斯、卡尔·哈瑙尔(Karl Hanauer)以及尼贝丁——得以晋升帝国中央管理职位。与哈瑙尔不同的是,博斯以及尼贝丁此前都曾任职于帝国内政部。[112] 虽然他们跟其他公务员一样都曾有学习法律的经历,但是,他们在社会政策以及管理方面的经验超越了法律人狭隘的世界观。就博斯而言,这几乎必然引导他比古板的法律官僚主义者更支持建筑商的利益。作为博斯的继任者,哈瑙尔便是这样的法律官僚主义者。与博斯相比,他在这方面的立场似乎更接近舍林关于建筑商的

〔111〕 Bonham, 'Bureaucrauc Modernizers', esp. pp. 180 f., 216 f., 258 ff., 325, 332.

〔112〕 在德意志魏玛共和国,这三个人都是绝无仅有地通过这种路线来成为国家机构的部门首长的。See J. C. G. Röhl, 'Higher Civil Servants in Germany, 1890 – 1900', *Journal of Contemporary History*, 2 (1967), 120.

消极立场。[113] 而且,博斯在回忆录中清楚地表示,他感觉到自己并未为担任委员会主席作好准备,且在许多问题上,似乎都是帝国司法办公室的法律专家(尤其是哈瑙尔以及赫尔曼·施特鲁克曼)在施加影响力。[114] 尼贝丁却更关注《德国民法典》的快速编纂问题,而且其主要的关注点也在第二委员会之外。总之,这些因素意味着,在帝国司法办公室对第二委员会工作进行监督的背景下,法律专家的技术性考虑得到了更充分的重视。

在现实中,存在一个关于《德国民法典》编纂的、为法律官僚机构 197
以及大多数非机构法律人所普遍接受的具体理念。就《德国民法典(草案)》的激进批评者而言,这也许是所有障碍中最大的一个。对通过编纂《德国民法典》实现法律统一以及确定性的追求,促使人们避免出现与现有的、源自概念法学的思维模式格格不入的表达。问题的关键在于,编纂者在进行法学上的完善时忽略了对现实因素的考量。第二委员会的草案表明,《德国民法典》的编纂者一直都关注现实问题,动因可能是平衡不同群体的利益。[115] 问题在于,激进的反对者并不想要一部平衡不同利益的法律,而是渴求一部界定其利益的法律,而不管是否以牺牲其他人的利益为代价。此外,就许多起

---

〔113〕 Hanauer to Schelling, 7 July 1892, GStA Berlin-Dahlem Rep. 84a 11876, fo. 243.

〔114〕 ZStA Merseburg Rep. 92 Bosse 2, fos. 3 f., 14 f.

〔115〕 H.-P. Benöhr, 'Das Gesetz als Instrument zur Lösung sozial-politischer Konflikte: Das Beispiel des Bauforderungssicherungsgesetz von 1909'. *ZRG GA* 95 (1978), pp. 227 f.

草者而言,他们非常怀疑一些打着利益团体旗号的人是否真的是代表了该团体的利益。例如,农民是否确实希望自己自由借贷、自由处分自己的财产的权利受到限制?当然,许多农民对纳粹在1933年颁布的《农场世袭法》(Entailed Farm Law)的消极反应表明,理应对土地改革论者的某些吹嘘持怀疑态度。[116] 日耳曼派学者在措辞上具有强烈的反资本主义味道,而这在19世纪90年代的情境下,经常表现为他们以债务人利益受损为由来攻击债权人的权益。在涉及建筑商的土地法以及担保法中,起草者们忧心忡忡:那些关于借贷需求的判断通常所依据的是高度存疑的事例,而如果太草率地满足此类需
198 求,反而会损害信用的供给。[117] 因而,他们小心翼翼地采取行动,也更喜欢在《德国民法典》的框架外对特定的问题进行解决。

当《德国民法典》的批评者聚焦法律制度内容所具有的社会影响力时,他们提出了强有力的观点。但是他们没有回答并且也无法回答,如何在他们的立场中对债权人的利益进行规范这个问题。而且,如果这种措置是不可能的,那么债权人是否有可能不愿意借钱给那些需要用钱的人?这是民族自由党人的发言人路德维希·艾纳瑟鲁

---

〔116〕 I. Kershaw, *Popular Opinion and Political Dissent in the Third Reich*: *Bavaria 1933–1945* (Oxford, 1983), 42 ff.; J. E. Farquharson, 'The Agrarian Policy of National Socialist Germany', in R. G. Moeller (ed.), *Peasants and Lords in Modern German History. Recent Studies in Agricultural History* (London, 1985), 239 f.

〔117〕 例如,弗雷泽(Freese)断言:在1893年,在柏林地区的388栋新房子中,有356栋涉及丧失抵押品赎回权的问题。See *National-Zeitung*, 12 Apr. 1894.

斯所在意的，因而他警告道："无论是谁，如果过度热情地保护农民利益或实现社会政策，而危及《德国民法典》的基础，那么，这样做无异于饮鸩止渴。"[118]如果越来越多的人运用此类论据，那么对于在 19 世纪 90 年代中叶恢复关于法典编纂的老旧学说而言，这无疑是很重要的。如同基尔克所言，如果《德国民法典》草案趋向于"片面的资本主义"，他自己的日耳曼派学说在所产生的社会影响方面也是难称没有问题的。鉴于政治分野的尖锐性质以及将《德国民法典》视作社会的黏合剂以及国家统一的标志的考虑，关于社会利益平衡的学说非常具有吸引力。1895 年 10 月，在尼贝丁将《德国民法典(草案)》提交联邦参议院审议之际，所有的这些因素都纷纷映入大众眼帘。

---

〔118〕 Enneccerus, 'Die parlamentarischen Aussichten des Bürgerlichen Gesetzbuchs', p. 8.

第七章 《德国民法典》的终点之旅：1895～1896年

199 从1895年10月到1896年7月的数月间,帝国的各大立法机构(尤其是联邦参议院与帝国国会)终于得以第一次详尽地讨论《德国民法典(草案)》。媒体比以往任何时候都更关注《德国民法典》,这也极大地激发了公众的兴趣。对于政治家来讲,《德国民法典》的编纂成了当务之急,这促使他们纷纷对这部法律表达自己党派的立场。很多人将这部法典视作德意志帝国力量的表征。因此,就《德国民法典》的编纂史而言,这一时期的档案材料比之前的任何时期都多。可以说,各界关于国家法律制度的讨论比以往任何时候都更深刻。

然而,这样做的原因并非源自联邦参议院与帝国国会对《德国民法典》最后文本的影响力。事实上,它们的影响力是相对有限的。立法者们没有对《德国民法典》进行了逐条审议,而对文本的讨论与接受都只耗费了不到 1 年的时间。就像数年后人们所发现的,审议速度如此之快的原因主要在于,第二委员会对大多数可能产生争议的 200
地方都进行了讨论,而主要的邦国与较大的政党(除了社会民主党)都曾表达了自己的立场。[1] 因而,该项工作是否能够快速完成取决于,邦国和政党是否愿意放弃行使它们可以要求行使对《德国民法典》进行彻底修订的宪法权利。这就是实际上所发生的事情,尽管帝国国会否认应对第二委员会的草案予以全盘接受。如同我们将会看到的,这一结局是无可避免的,而立法者所采纳的程序模式引发了重要的政治争吵。再一次地,关于此类程序性事项的不同意见,掩盖了人们在《德国民法典》应具有什么内容这一问题上所存在的深层次的意见分歧。毫不奇怪的是,那些对《德国民法典》最满意的人(如民族自由党人与自由保守党人),也是那些最希望看见帝国国会放弃其辩论权利的人。那些对《德国民法典》感到不满的人,却倾向于呼吁帝国国会充分行使其权力。[2]

就帝国国会里的较大政党而言,《德国民法典》的编纂完成既带来了机会也昭示着危险。这给了社会民主党人展示其能够参与并胜

---

〔1〕 F. Stoerk, 'Das Bürgerliche Gesetzbuch und der Gesetzgebungsapparat des deutschen Reiches', in *Festgabe der GreifswalderJuristenfukultät für Ernst Immanuel Bekker zum 17. Februar 1899* (Greifswald, 1899), 102 –7.

〔2〕 Kölnische Zeitung, 17 June 1895; O. v. Gierke, *Das Bürgerliche Gesetzbuch und der Deutsche Reichstag. Sonderabdruck aus der täglichen Rundschau* (Berlin, 1896), 1 –5.

任政治事务的机会,但是也暴露了保守党内部较深的立场分裂。借助《德国民法典》,处境艰难的民族自由党得以暂时恢复生机,而中央党巩固了自己在威廉德国政党体系里的中心地位。在随后几年中,威廉德国的一个基本政治特征是,民族自由党与中央党在大部分重要的立法上缔结了临时的联盟,这可以说是在关于《德国民法典》的辩论过程中形成的。[3]

议会的辩论正好展示了,政治在多大程度上从19世纪70年代的担忧中走了出来。《德国民法典》支持者感到忐忑不安,而这并非说各大政党对完成此类法律统一普遍抱有敌意。实际上,所有的主要政党都乐意接受一部国家法典。有一份报纸认为,"'小萨维尼们'(little Savignys)正在出现,他们否认现在这个时代有能力起草有价值的立法"。这份刊物显然没有说到点上。[4] 真正的问题在于,关于《德国民法典》内容的分歧,在何种程度上会被反映于政党的态度之中。1895~1896年的冬天,《德国民法典》在帝国国会里的命运便变得稳固起来。

另一个问题是,联邦参议院会如何对待《德国民法典(草案)》。尼贝丁的主要目标在于促使联邦参议院尽快批准草案,意味着这会让那些希望对整部草案进行详尽讨论的邦国(尤其是梅克伦堡)感到

〔3〕 G. Eley, *Reshaping the German Right. Radical Nationalism and Political Change After Bismarck* (New Haven/London, 1980) 239 ff.

〔4〕 *Leipziger Tageblatt*, 29 Jan. 1896.

很失望。因此,尼贝丁的这一优先目标决定了,他如何看待联邦参议院在完成《德国民法典》编纂这一任务中所扮演的角色。如同其在 201
1895 年 10 月 7 日向联邦参议院司法委员会所报告的:

鉴于任务体量庞大,亟须联邦参议院在关于《德国民法典》的辩论中予以让步,并且要相信法典编纂的两个委员会已经起草了一个可以让人接受的文本。如果帝国国会在关于《德国民法典》的辩论中采取任何其他立场,都将会导致灾难性的结果,且会使帝国国会觉得其对《德国民法典(草案)》进行彻底修订是正当的。这将是一个伟大的立法计划的收尾工作。然而,如果这一计划失败,其所带来的政治影响将是非常深远的,以至于帝国国会必须采取一切措施去避免失败。因此,帝国国会应接受《德国民法典》草案所呈现的现状,并只应增补所遗漏的内容,更正笔误等错误,修订那些晦涩的文句。偶尔,或许可以指出法典编纂委员会对哪些政治因素缺乏充分考虑。[5]

在这些政治考量中,最重要的莫过于社团的私法调整问题。符腾堡提出了一系列修订建议,而这些建议等同于要求恢复陈旧的特许权制度(concessionary system)。甚至是在辩论开始前,巴登的大

〔5〕 Heller, report of 7 Oct. 1895, BHStA Munich, MA 76729.

使就已经确信这些提议会因为遭到普鲁士、巴伐利亚和萨克森的反对而折戟沉沙。黑森原则上支持将关于社团的规定从《德国民法典》中彻底剔除的做法,但他不想在此问题上与帝国国会产生嫌隙。像往常一样,尼贝丁很快就充分抓住邦国的摇摆立场来做文章。尼贝丁指出,即使某些条文不受欢迎,帝国国会也可能将它们引入《德国民法典》。在此种情形下,联邦参议院只有两条路可走:或者心怀不甘地接受这些条文,或者从总体上否定这部《德国民法典》。在重复了他一贯的论证后,尼贝丁实质上强迫联邦参议院接受其建议:"如果政府拒绝接受《德国民法典(草案)》,那么政府官员将会因为此事的深远影响承担政治责任。"在本案中,除了符腾堡,其他所有的邦国都出席了司法委员会,并都基本接受尼贝丁的观点。[6]

就《德国民法典》土地法、家庭法与继承法的细节而言,有人同样
202 提出了大量的异议。如我们所见,许多前期的评论者认为,鉴于地区的差异性,在这些领域不适宜颁布全国性法律。然而,对于联邦参议院而言,其主要的问题是在何种程度上将南方邦国的法律纳入《德国民法典》中。这是一个潜在的重要问题,因为这让南方邦国想起那个在1870年前后困扰它们的担忧——法典化无异于意味着普鲁士对

---

〔6〕 Heller, report of 7 Oct. 1895, BHStA Munich, MA 76729; Sieveking, report of 7 Oct. 1895, StA Hamburg, Archiv des Bevollmächtigten zum Bundesrat XI, 5; Jagemann, telegram of 5 Oct. 1895, GLA Karlsruhe, Abt. 233/13995; Langfeld, report of 8 Oct. 1895, StA Schwerin, Ministerium der Justiz 298, fos. 283 – 93. 兰菲尔德(Langfeld)的报告说明,符腾堡在提案上参照了梅克伦堡的做法。

全国法律制度进行"普鲁士化"。19 世纪 90 年代中叶,尽管政治争论开始移转到其他事项上,但是各邦自主主义以及中小邦国对普鲁士所怀有的敌意不但没有消失,而且还有持续上涨之势,尤其是在巴伐利亚。[7]

在讨论产权转让手续以及关于担保的法律问题时,这表现得越发明显。从实质上说,《德国民法典》的起草者在这两个问题上都采用普鲁士法的规则,而这激起了南方邦国的抵制。产权转让手续是一个复杂的问题,因为某些利益团体(尤其是代表公证员的团体)向南方邦国施加压力,迫使其保持现有法律,即在土地转移问题上要求必须有公证员或法院的参与。对于尼贝丁来讲,这构成对产权转移原则的攻击,而这种做法与普鲁士司法体系是完全不相容的。就担保法而言,北方邦国关于可转让的抵押债券(Briefhypothek)的规定招致了巴伐利亚的反对。它的理由是,这种制度设计很可能会产生歧视穷困的债务人的结果。在这两个问题上,巴伐利亚都不能通过反对尼贝丁而取得胜利,因为尼贝丁不留情面地利用了南方邦国彼此之间的分歧以及不可靠性。从效果上看,他的策略是努力避免对《德国民法典(草案)》进行大修大改,以迫使南方邦国顺从。尼贝丁让它们知道,如反其道而行之,便可能会导致联邦参议院以及帝国国

---

〔7〕 I. Farr, 'Populism in the Countryside: The Peasant Leagues in Bavaria in the 1890s', in R. J. Evans (ed.), *Society and Politics in Wilhelmine Germany* (London, 1978), 144 f.

会拒绝通过《德国民法典(草案)》。至少,尼贝丁可以利用弥漫在诸如巴登等邦国中的普遍情绪——“就我们而言,更重要的是编纂完成一部全国性法典,而非对个别问题的解决方式纠缠不休”——来达成目标。因此,他能够让质疑者产生自我怀疑,认为自己所提倡的改革不切实际或者在政治上难以实现。同时,尽管梅克伦堡对《德国民法典(草案)》中的担保部分提出了详尽的修订建议,然而它的主张几乎没有得到任何邦国的支持。[8]

巴伐利亚关于家庭以及继承法的修订提议也未获采纳。此外,它还尝试在离婚制度上引入限制性规则,建议将罗马天主教的分居制度作为替代方案,并鼓吹强化婚姻的宗教色彩,而所有这些提议都
203 以失败告终。尼贝丁的主要论据是,就是否对天主教关于婚姻的立场进行让步而言,这最好留待在帝国国会中与中央党谈判之时才进行决定。南方邦国纷纷尝试将本国的制度与习惯引入《德国民法典》的继承法部分,但是都失败了。总的来说,这是因为尼贝丁强调,这种做法具有耽搁法典编纂工作的危险性。[9]

所以,尼贝丁能够掌控帝国国会的程序,并在南方邦国的利益与

---

〔8〕 Heller, reports of 9, 10, 15, and 16 Oct. and 10 Dec. 1895, BHStA Munich, MA 76729; 关于司法组织人士的斗争的资料介绍,参见 BHStA Munich, MJu 16119; Langfeld, report of 20 Oct. 1895, StA Schwerin, Ministerium der Justiz 298, fos. 332 – 40; Brauer to Jagemann (telegram), 5 Oct. 1895, GLA Karlsruhe, Abt. 233/13995。

〔9〕 Langfeld, report of 6 Nov. 1895, StA Schwerin, Ministerium der Justiz 298, fos. 372 – 89; Heller, report of 11 Dec. 1895, BHStA, Munich MA 76729; Krüger, reports of 11 and 19 Dec. 1895, StA Hamburg, Archiv des Bevollmächtigten zum Bundesrat XI, 5.

普鲁士不一致时,竭力杯葛它们的修法提议。在过往的 22 年,从来没有哪个大邦国可以如此随心所欲地满足本国意图。在涉及社团法、婚姻法以及离婚制度的核心问题上,尼贝丁化解了《德国民法典(草案)》在帝国国会所面临的政治危险。如果其他邦国坚持不妥协,那么《德国民法典》编纂大计就会搁浅——面对这样的威胁,联邦参议院也被迫屈服。没有任何人想为这种失败承担骂名。尼贝丁变得更位高权重,因为他独揽与帝国国会的诸党派党魁进行谈判的权力。而且,南方邦国在立法细节上是不团结的。然而,在 19 世纪 70 年代,偏偏只有团结一致才有可能与普鲁士分庭抗礼。普鲁士的惯常战术是对较大的邦国进行各个击破,而帝国司法办公室也演变成政府核心部门中的相对独立的力量。这两个因素似乎都削弱了联邦参议院的重要性,以及置身其中的南方诸邦国的团队合作精神。最后,虽然一些政治人物所提出的修订意见没有被采纳,但是他们都准备接受《德国民法典(草案)》,因为这至少给各邦提供了一个完善本邦法律的机会。虽然这肯定是巴伐利亚对离婚制度所抱有的感受,但是从另一方面来看,这也让尼贝丁手里多了一张牌。[10]

到了 1895 年圣诞节,许多人猜测《德国民法典(草案)》在帝国国会中的命运。帝国政府希望力促帝国国会在夏季休会前通过《德国民法典》,这一意图是人尽皆知的,但是没有人知道这能否实现。204

〔10〕 Leonrod to Prince Luitpold, 6 Jan. 1896, BHStA Munich, MA 76729.

许多人都质疑中央党的态度。一般认为,社会民主党对《德国民法典(草案)》充满敌意,而评论者也不会忽视极端土地改革论者以及排犹团体的类似不满。虽然民族自由主义党与中央党的谈判尚处在初期,但是民族自由主义党的报刊似乎对结局抱着乐观心态。[11] 当然,1896 年年初,没有人敢保证帝国国会会全盘接受《德国民法典(草案)》。

最终,民族自由党对中央党的信任被证明是正确的,而《德国民法典(草案)》也在 1896 年 7 月 2 日获得多数票通过(232 票赞成,48 票反对)。这个多数票在构成上包括中央党人投的 8 票、民族自由党人投的 38 票、保守党人投的 30 票、左翼自由党人投的 28 票、自由保守党人投的 14 票以及其他党派的投票。反对票包括社会民族党人投的 42 票、保守党人投的 3 票以及巴伐利亚农民联盟代表投的 3 票。起初,人们预料反犹组织会投反对票,但是并没有出现这样的情况。实际上,反犹人物海因里希·利伯还投了赞成票。在赞成票的投票者中包括数个著名的属于民族自由党阵营的土地改革论者,如科尼利厄斯·海尔男爵(Cornelius Heyl)以及迪德里希·哈恩男爵

---

〔11〕 *National-Zeitung*, 27 Sept. 1895; *Kölnische Zeitung*, 29 Dec. 1895.

(Diederich Hahn)男爵。[12]

对《德国民法典(草案)》投赞成票的人如此之多,以至于那些在1896 年年初议论过《德国民法典》的未来的评论家们深感惊讶。这 205
一结果源自在政党之间以及政党内部开展的冗长而曲折的谈判。再一次地,关于立法程序的问题变得重要起来。霍恩洛厄与尼贝丁极其希望在帝国成立 25 周年纪念日时,取得法典编纂的胜利,但是鉴于立法的规模以及复杂性,如果帝国沿用常规的辩论方式,显然无法在 6 个月内颁布《德国民法典》。自从《科隆时报》在 1895 年 6 月呼吁接纳《德国民法典(草案)》后,各大报刊便纷纷讨论帝国国会应该采取何种方式审议草案。[13] 这个问题成了左翼自由党人热议的话题。欧根·里克特更是呼吁设立一个常设的帝国国会委员会,来斟酌《德国民法典(草案)》的细节问题,就像帝国国会在 19 世纪 70 年代在处理程序与组织法法典时所做的那样。里克特尤其希望对那些最重要的社会与政治问题进行全面的辩论,如社团法问题、关于将封

---

〔12〕 关于投票信息表,参见 *SBRT* (1895－7), pp. 3104D－3106C; 关于政党投票结果的分类,参见 D. Brandt, 'Die politischen Parteien und die Vorlage des Bürgerlichen Gesetzbuches im Reichstag', Jur. Diss. (Heidelberg, 1975), 165 ff.; 关于反犹分子的投票,参见 R. S. Levy, *The Downfall of the Anti-Semitic Parties in Imperial Germany* (New Haven/London, 1975), 169 f. 根据普勒(Puhle)的统计结果,在帝国国会,有 48 个人反对《德国民法典(草案)》,这显然是错误的。参见 *Agrarische lnteressenpolitik und preussicher Konservatismus im Wilhelminischen Reich (1893 － 1914). Ein Beitrag zur Analyse des Nationalismus in Deutschland am Beispiel des Bundes der Landwirte und der Deutsch-Konservation Partei* (2nd ed., Bonn/Bad Godesberg, 1975) 243 n. 126。

〔13〕 *Kölnische Zeitung*, 17 June 1895.

建法残余从《德国民法典》中剔除的问题、离婚制度问题。在接下来的数月中，反犹组织以及激进土地改革论者开始抨击“为爱国主义欢呼”(hurrah-patriotism)运动——该运动的目标是，力促快速颁布《德国民法典》。社会民主党人采取了相似的态度，并辩称在法典的起草过程中，大部分的德意志人民都没有机会就这部将对其日常生活产生重要影响的法典表达意见。最后，俾斯麦也加入了进来，添油加醋地说道，“在政府纵容存在损害帝国国会的权威与声誉的行为时，有必要为捍卫帝国国会的权威而斗争”。[14]

俾斯麦的“凑热闹”显然具有投机取巧之意，而这在帝国国会圈子似乎非常不受待见。就是否与俾斯麦以及极端土地改革论者结盟而言，社会民主党明显在这一问题上心存顾虑。就像弗朗茨·梅林(Franz Mehring)嗣后所言，俾斯麦彼时的唯一兴趣是，在《德国民法典》编纂完成后，否定霍恩洛厄作为总理的威望。无论如何，俾斯麦在德意志政治生态方面仍有重要影响。而且，他的干涉具有很关键的意味，因为他企图对联合政府那些最羸弱的点进行攻击——关于婚姻法以及社团法的谈判举步维艰，而这些皆为成功编纂法典之所依。[15] 对于其他表态反对过于草率编纂法典的人来讲，他们似乎觉

〔14〕 *Freisinnige Zeitung*, 21 July 1895; *Deutsches Volks-Recht*, 9 Oct. 1895; *Deutsche Tageszeitung*, 8 Dec. 1895; *SBRT*, 4 Feb. 1896, pp. 742A – B, 749B (Stadthagen); 19 June 1896; pp. 2721D – 2723C (Singer); *Hamburger Nachrichten*, 9 Jan. 18.

〔15〕 Schicker, report of 7 May 1896, HStA Stuttgart, E. 74 I, no. 87; F. Mehring, 'Hasenrechtliches', *Neue Zeit*, xiv /2 (1895 – 6), 417.

得他们的观点在此前并没有得到充分重视。在一定程度上，这些争议显示了帝国在将外部利益纳入第二起草委员会时所具有的局限性，因而未能避免那些此后可能发生的不易掌控的争执。

政府对此种多重威胁的应对，展示了尼贝丁在促使《德国民法典（草案）》获得联邦参议院通过时已经运用过的所有战术与技巧。作为一种妥协，尼贝丁愿意接受保守党人的一项提议——应主要在帝 206
国国会的一个委员会（以下简称国会委员会；Reichstags-Kommission）中对《德国民法典（草案）》进行辩论。在 1896 年 1 月 22 日或 23 日，帝国国会相关政党的代表最终接受施潘的建议，同意这个委员会只对草案中最具争议的问题进行讨论。事实上，这个程序并没有得到遵循，而每逢有人提出动议，国会委员会便展开辩论活动。这种方式给予社会民主党以及其他人拖慢《德国民法典》编纂进程的机会，他们只需要提出详尽的动议或进行辩论便可达到目的。尽管如此，在这工作一程序下，大部分事项得以较快的速度进行处理，并且可以附带反驳那些批评"政府试图飞快掠过起草工作"的人。[16]

借助普朗克以及本尼希森（Bennigsen）关于俾斯麦的立场的论

〔16〕 *Die Post*, 24 Jan. 1896; Jagemann, reports of 25 Jan. and 14 Mar. 1896, GLA Karlsruhe, Abt. 233/13996; HA Cologne, Bachem Papers 7.

述,尼贝丁也小心翼翼地鼓动民族自由党的报刊。[17] 1896 年春天,在保守党内部存在对将强制性婚姻登记制度(obligatory civil marriage)纳入《德国民法典》的做法表示抗议的声音,这坚定了尼贝丁在夏天来临前加速推动《德国民法典》编纂完毕的决心。到了 1896 年 5 月,中央党的支持者不停地在此问题上煽风点火,这让尼贝丁担心中央党不会进行让步。在 1 个月后,其他重要人物(尤其是卡尔·伯蒂歇尔以及霍恩洛厄的儿子)与政党领袖进行磋商,以在政治僵局之外寻求其他路径。然而,直到 1896 年 6 月初,大家仍旧怀疑尼贝丁能否想出能让各方折中的方案,并以民族自由党与中央党为基础在议会里缔结联盟。[18]

晚近许多研究都把帝国国会关于《德国民法典》的讨论历史作为

---

〔17〕 Nieberding to Bennigsen, 28 May 1896, ZStA Potsdam, Bennigsen Papers 119, fo. 1; Planck to Bennigsen, 22 May 1896, reprinted in H. Oncken, *Rudolf von Bennigsen. Ein deutscher Liberaler nach seinen Briefen und hinterlassenen Papieren*, ii (Stuttgart/Leipzig, 1910), 599.

〔18〕 Minutes of the Prussian ministry of state, 8 May 1896, reprinted in Schubert, *Materialien*, p. 403;关于在 5 月的磋商情况,参见 Jagemann, report of 2 June 1896, GLA Karlsruhe, Abt. 233/13996; *Staatsbürger-Zeitung*, 13 May and *Allgemeine Zeitung*, 14 May 1896。

研究客体。[19] 鉴于此，本书不对这些政党的观点逐条进行详细分析。相反，下文只像前面几章一样，集中关注某些对政治具有重要性的问题，特别是关乎社团法与婚姻法的复杂辩论过程。然而，在1896 207
年2月3～6日召开的国会委员会立法审议第一次全会上所聚焦的，恰恰也是政党关于法律统一的一般性问题的立场。这一公开辩论非常吸引媒体的眼球，因为它反映出各界相当支持《德国民法典（草案）》的修订任务。另外，已经出现了令人担忧的迹象——无论是在保守党内部，抑或中央党内部，都呈现"山雨欲来风满楼"的态势。

一如料想的那样，民族自由党的发言人路德维希·冯·库尼强调了《德国民法典》之于国家的重要性，并反驳关于《德国民法典》缺乏社会性、充斥着浓厚德意志色彩的批评意见。在保守党方面，格哈德·冯·布赫达（Gerhard von Buchta）宣布，该党欢迎《德国民法典》所具有的整合功能，并反对关于《德国民法典》具有极端德意志色彩的批评意见。保守党发言人恩斯特·洛伊什纳在宣读一个党内会议决定时表示，如果有可能成功，它将支持原封不动地接受《德国民法

[19] Brandt, 'Die politischen Parteien'; Schubert, *Materialien*, pp. 64 - 8; R. Köhne, *Nationalliberale und Koalitionsrecht. Struktur und Verhalten der nationallberalen Fraktion, 1890 - 1914* (Frankfurt, 1977), 181 - 90; M. Martiny, *Integration oder Konfrontation* (Bonn/Bad Godesberg, 1976), 55 - 71; T. Vormbaum, *Sozialdemokratie und Zivilrechtskodifikation* (Berlin /New York, 1977); id., *Die Rechtsfähigkeit der Vereine im 19 Jahrhundert. Ein Beitrag zur Enstehungsgeschichte des BGB* (Berlin/New York, 1976), pp. 183 ff.; P. Kögler, *Arbeiterbewegung und Vereinsrecht. Ein Beitrag zur Enstehungsgeschichte des BGB* (Berlin, 1974) 108 - 15.

典(草案)》。尽管对《德国民法典(草案)》的一些部分(特别是社团法)存在保留意见,两个秉持左派自由主义的政党的代表都对最后能否实现法律统一表示担心,甚至建议授权国会委员会无须经过辩论即可全盘通过《德国民法典(草案)》。[20]

就政府而言,这种支持是鼓舞人心的,但是这还不足以保证草案最后会得到多数票支持。这也不意味着,可以弥合各方在特定问题上存在的严重分歧。左翼自由党人很可能将其主张强植入社团法之中,而且很快就可以看到,保守党内部在强制性婚姻登记这个问题上分裂了。1875 年,帝国法律规定了强制性婚姻登记制度,但是保守党从未对此满意过。当该党的唯一一个职业法律人格哈德·冯·布奇卡(Gerhard v. Buchka) 公开反对对此方面的法律规则进行任何根本性改变时,曼陶菲尔表达了对现行帝国法律的不满,而他也确实强调不会让《德国民法典》立法者在这个问题上作壁上观。[21] 在这种情形下,中央党的态度就明显变得很具有决定性,因为一般认为它会反对任何一切会削弱婚姻神圣性的东西。在 1874 年年初,施潘曾
208 在帝国国会建议称:"应将婚姻法从《德国民法典(草案)》中剔除,以

---

〔20〕 *SBRT*, 3 Feb. 1896, pp. 717A – 718D (Cuny), 719A – 723A (Buchka), 723A – 725C (Schröder), 725D – 726B (Leuschner); 4 Feb. 1896, pp. 728D – 736A (Kauffmann).

〔21〕 *SBRT*, 3 Feb. 1896, pp. 721D – 722A (Buchka); 6 Feb. 1896, p. 781B – C (Manteuffel).

使信仰罗马天主教的代表更心甘情愿地投赞成票。"[22] 不过,这并不存在现实可能性,因为《德国民法典》希望巩固婚姻法的基础。无论如何,在那时,强制性婚姻登记制度成为德意志帝国法律组成部分的历史已经有二十余年,并被视作体现自由主义者信仰的条文。另外,中央党是帝国国会最大的政党,并显然对为促使缔结议会政党联盟而举行的谈判活动具有实质性的影响力。

中央党的第一发言人维克托·林特伦(Viktor Rintelen)是来自特里尔地区(Trier)的代表。在中央党,林特伦是个特立独行的人物。他被任命为该党的发言人,以作为其被排除出国会委员会的补偿。该党的领袖担心他的固执会破坏该委员会在议会的辩论,因为议会在上一年关于刑事诉讼法改革的问题上就犯过这样的错误。在现阶段,政党的政策应该是,集中火力攻击《德国民法典(草案)》中关于婚姻法的规定,同时也应避免就最后投票问题作出承诺——这种策略的目的显然是促使帝国政府以及民族自由党作出让步。[23] 然而,林特伦的演讲却令人讶异。与其他评论者一样,他宣布其所在政党支持编纂一部伟大的、重要的、全国性的《德国民法典》。随后话锋一转,他转而抨击《德国民法典修正案》,认为其缺乏体系性,推动不动产的流转,且削弱了家庭的地位。最重要的是,该修正案关于婚姻法

---

〔22〕 Ibid., 21 Mar. 1895, pp. 1633 ff.

〔23〕 HA Cologne, Bachem Papers 7, 'Meine Verhandlungen mit den Grafen Roon'(以下简称 Verhandlungen)。

的规定与基督徒关于婚姻的见解相冲突。他总结道:“如果不能将这些条款从《德国民法典(草案)》中移除或者对之进行修订,以消除天主教徒在良心上的困扰,那么我们将不仅被迫对这些条款投反对票,而且将全盘否定《德国民法典(草案)》。”〔24〕

这个演讲显然背离了林特伦所收到的指示,而中央党领袖对此感到震惊。施潘认为有必要在两天后发表一个更慎重的演讲,对该
209 党在追求法律统一方面的决心进行强调。社会主义阵营的《前进报》很快就注意到林特伦在党内缺乏支持的窘境,而其他一些报刊倾向于将他的演讲当成相对无关紧要的原则性陈述。〔25〕然而,其他人的洞察力并没有那么敏锐。德意志帝国皇帝对中央党感到很气愤,而在帝国首相霍恩洛厄侯爵表示“林特伦的观点并不代表中央党的立场”之后,他才打消了疑虑。不过,霍恩洛厄的意见并不完全准确,因为林特伦的演讲是引发天主教报刊就政党领袖的策略进行激烈讨论的导火索。有一家天主教报纸将他的演讲描绘为一份“傲慢的声明”,而这只是逐渐增多的反对中央党领导的潮流之开端。〔26〕

另一个对《德国民法典(草案)》作出严厉批评的政党是社会民

〔24〕 *SBRT*, 3 Feb. 1896, pp. 710D – 717A (所引用文字所在页码为 717A)。

〔25〕 HA Cologne, Bachem Papers 7 – ‘Verhandlungen’; *Vorwärts*, 4 Feb. 1896; *Hamburgischer Correspondent*, 4 Feb. 1896.

〔26〕 Wilhelm Ⅱ to Hohenlohe, 4 Feb., and Hohenlohe to Wilhelm Ⅱ, 5 Feb. 1896, in Hohenlohe, *Denkwürdigkeiten aus der Reichskanzlerzeit*, ed. K. A. v. Müller (Stuttgart/Berlin, 1931), 164 f.; *Deutsche Reichszeitung*, 5 Feb. 1896.

主党。从其对资本主义社会的敌视态度来看,这并不令人意外,何况《前进报》已经断言"《德国民法典(草案)》是不可接受的,社会民主党将会彻底否定这一草案"。[27] 社会民主党的第一发言人亚瑟·施塔特哈根(Arthur Stadthagen)宣布,该党将会基于工人阶级的利益密切关注《德国民法典(草案)》的修订问题。他说道:"真正的法律统一并非将'不公正的剥削予以法典化',而应遵循保护社会弱者的现代立法潮流。"

虽然施塔特哈根的措辞很强烈,但是这并不意味着社会民主党铁定全盘反对《德国民法典(草案)》。他以及他的同事卡尔·弗罗梅(Karl Frohme)都强调,工人阶级在法律统一方面具有深层利益,并承诺社会民主党会积极参与关于《德国民法典(草案)》的修订工作。按卡尔·弗罗梅的话说:"只有德意志帝国的民法统一了,这才是对我们有益的,才能促进我们的利益以及事业。虽然工人阶级不会从中得到任何东西,但是从《德国民法典》对政治的多个面向的影响来看,这一发展可被视作向前迈进的重要一步。"两位发言人都认可第二国际(Second International Marxist)的以下观点:"法律所反映 210
的东西并不能超过一个社会的现有经济发展水平。"他们似乎相信,政党会进行干预,并给予工人阶级其在经济中的角色所企求的那种法律。施塔特哈根认为,任何想尝试通过这些辩论来实现社会主义

---

[27] *Vorwärts*, 23 Jan. 1896.

目标的做法,都是很幼稚的。相反,他认为重要的是,统一起草可以适用于所有类型的关于劳动合同的法律,并停止将陈旧的封建法律(此种法律致力于继续统治无产阶级)剔除出《德国民法典》。如其所总结的,“我之前以及现在提议的东西并非具有特定的社会主义色彩,却是目前所能够做到的”。就弗罗梅而言,法律进步是那种“迈向更大的社会和政治公平的进步”。因此,绝无任何理由从原则上反对《德国民法典(草案)》。尽管巴赫姆(Bachem)认为,施塔特哈根关于《德国民法典》的第一次演讲是愚蠢的,然而演讲所传递出的信息并没有在帝国国会被湮没无闻。一如改革派代表保罗·福斯特(Paul Förster)博士所言,社会民主党加入论战是必然的,而且是受到欢迎的。[28]

此外,对于政府来讲,所隐藏的危险是主要政党可能拒绝让步。总是存在这样的可能性,也就是说中央党、左翼自由党以及社会民主党联合起来起草一部民法典,而其所包含的社团法的自由度可能超乎联邦参议院的想象。冯·斯图姆男爵(von Stumm)已经宣布,自由保守党对《德国民法典》的支持,是以政府拒绝中央党以及社会民

〔28〕 *SBRT*, 4 Feb. 1896, pp. 741B – 749C and 6 Feb. 1896, p. 792D (Stadthagen); ibid., 6 Feb., pp. 781D – 788A (Frohme); HA Cologne, Bachem Papers 7, 'Verhandlungen'; *SBRT*, 5 Feb. 1896, p. 764D (Förster).

主党的要求为前提的。[29] 看起来,帝国国会很有可能分裂成左派右派两大阵营,而中央党介于两者之间。鉴于这种情况,要想在夏天来临时,就编纂完成一部为各方政治力量所接受的《德国民法典》,希望很渺茫。正是在这种不确定的背景下,国会委员会开始审议《德国民法典(草案)》。

国会委员会在 1896 年 2 月 17 日开始辩论。6 月 11 日,在召开 211
了 53 次会议后,辩论才宣告结束。[30] 出现的第一个问题便是委员会主席的身份问题,而起初的人选是本尼希森。人们都以为民族自由党人将拥有这个职位。出乎意料的是,1896 年年初,中央党的恩斯特·利伯开始极力推荐施潘担任该职务。在那时,据巴赫姆的解释,这是中央党基于保护天主教宗教利益的需要,何况布奇卡已经成为国会委员会里主要的保守党代表。[31] 对于同时期的许多人来讲,这种解释是说得通的。当巴赫姆在慕尼黑向教廷大使解释所在政党的行动时,他很有可能就是这样强调了宗教方面的考量的。不过,考

---

〔29〕 *SBRT*, 5 Feb. 1896, pp. 761D – 762A; 关于这种恐惧的另一种解读,参见 J. Petersen, 'Der Entwurf zu einem bürgerlichen Gesetzbuch vor dem Reichstage', *Die Grenzboten*, lv/1 (1896), 115 – 29 (特别是第 116 页)。

〔30〕 实际上,该委员会的成员资格时有变动,其成员的构成大致如下:6 名中央党代表、3 名保守党代表、3 名民族自由党代表、2 名自由保守党代表、2 名社会民主党代表、2 名自由人民党(Freisinnige Volkspartei)代表、1 名波兰(Poles)代表、1 名反犹主义代表、1 名自由联盟党代表。关于成员名单,参见 Schubert, *Materialien*, p. 65。

〔31〕 在强制性婚姻登记制度的问题上,布奇卡(Buchka)比其所在政党的其他人士更炽热地支持该制度。

虑施潘一贯的领导风格,来自民族自由党的弗里德里希·哈马赫尔(Friedrich Hammacher)所作出的解释更有说服力,即“中央党想要得到推动帝国国会通过《德国民法典(草案)》的名声”。[32] 如我们将会看到的那样,这种解释与利伯以及施潘在1896年向政府靠拢的政策选择是相当吻合的。

在处理国会委员会的工作方面,不同政治人物的勤勉程度显然是各有差异的。例如,一个观察者认为,本尼希森就好比一个只在委员会里拥有名誉职务的人。到了4月,他是如此频繁地缺席会议,以至于他不得不依赖库尼告诉他发生了什么。另外,施塔特哈根以及阿道夫·格勒贝尔(Adolf Gröber)接连以各种议案来“轰炸”委员会,并组织了冗长的辩论活动来为自己造势,以至于令出席的人不胜烦恼。就格勒贝尔这一例子而言,他的行为在他所属的中央党内部激起了很深的敌意。而且在数个场合,正是得益于施潘巧妙的调解,才避免了格勒贝尔与巴赫姆发生公开争执。[33] 大多数此类提案都很快就被拒绝或者当场被摒弃了,就算是有人在《德国民法典(草

〔32〕 Jagemann, report of 21 Oct. 1895, GLA Karlsruhe, Ab t. 233/34801, fo. 203;参见施潘关于巴赫姆1900年1月7日备忘录的报告:HA Cologne, Bachem Papers 7; Bachem to Ajuti, 19 Feb. 1896, HA Cologne, Bachem Papers 6; Hammacher to Bennigsen, ZStA Potsdam, Bennigsen Papers 77, fo. 17。

〔33〕 A. Langfeld, *Mein Leben. Erinnerungen* (Schwerin, 1930), 142; Hammacher to Bennigsen, 18 Apr. 1896, ZStA Potsdam, Bennigsen Papers 77, fo. 18;关于格勒贝尔,参见HA Cologne, Bachem Papers 7 and Lerchenfeld, report of 8 Mar. 1896, BHStA Munich, MA 76730。

案)》审议的第二次全体会议召开时重提这些议案,这也无法改变其命运。在另一方面,《德国民法典(草案)》面临的主要政治问题是社团法与婚姻法的问题,而这引发了相当多的争论,尽管困难重重,这些争论还是促使各方在最后阶段作出让步。

国会委员会在 1896 年 2 月 26 日首次为社团法提案组织辩论。[34] 毫不意外地,最极端的改革提案来自社会民主党,它呼吁建立一个可以完全自由创设社团的制度。不过,似乎没有人特别严肃 212
地对待这个提案,而政府发言人更是懒得回应。最后,它只从一个非社会主义派别代表那儿得到支持,此人是反犹分子格奥尔格·菲尔哈本(Georg Vielhaben)。

一个更严重的问题是由中央党以及左翼自由党造成的。二者都提出了类似的议案,旨在剥夺政府根据社团的活动性质来决定是否废除其法人人格的权力。该等废除权(Einspruchsrecht)的适用范围仅限于抱有非法的或者不道德的经济动机的社团。自由人民党的格勒贝尔以及古斯塔夫·考夫曼(Gustav Kauffmann)都呼吁将"特许权制度的最后残余"从《德国民法典(草案)》中予以移除。在他们看来,不能相信行政机关会秉公执法。至少对于中央党来讲,这一提案

---

〔34〕 *Bericht der Reichstags-Kommission über den Entwurf eines Bürgerlichen Gesetzbuchs* (Berlin, 1896), pp. 9 ff.; Heller, reports of 26 and 27 Feb. 1896, BHStA Munich, MA 76730.

很可能是用来加强其随后在婚姻法议题上的谈判筹码的举动。[35]

尽管尼贝丁以及其他各邦国代表表达了强烈抗议，中央党的提案还是以13票赞成、8票反对的结果获得通过，其中，保守党、自由保守党以及民族自由主义党都处于少数派境地。因此，这形成了旨在对抗联邦参议院的令人担忧的中央党—左翼自由党—社会民主党联盟。[36] 然而，这并非故事的大结局，就像《前进报》所观察到的，许多支持该提案的人可能在第二次审议前改变主意。[37] 联邦参议院的立场很鲜明：这一提案是不可接受的；如果帝国国会支持这一提案，关于这部分法律的所有内容都会被排除出《德国民法典（草案）》。相较于许多德意志邦国的现存法，联邦参议院所接受的《德国民法典》修订草案无疑是极大的改良，因此，很难相信大多数人还会与政府对抗到底。

213 1896年6月，国会委员会对《德国民法典（草案）》所进行的二次审议结果也证明了以上猜测。到了这个阶段，整个问题变得越发复杂，原因是涉及强制性婚姻登记制度这个问题。在1896年3月初，谣言开始满天飞，传言保守党计划提议在《德国民法典》中引入非强

---

〔35〕 后来，巴赫姆承认了这一点，参见其备忘录：'Zum Bürgerlichen Gesetzbuch' of 11 June 1907, HA Cologne, Bachem Papers 7; Lerchenfeld, report of 8 Mar. 1896, BHStA Munich, MA 76730。

〔36〕 Heller, report of 26 Feb. 1896, BHStA Munich, MA 76730.

〔37〕 *Vorwärts*, 28 Feb. 1896, I. Beilage；如果说有谁会很可能改变主意，那个人一定是自由联盟党的雨果·施罗德（Hugo Schröder）。See Heller, report of 26 Feb. 1896, BHStA Munich, MA 76730.

制性民事婚姻制度。这被认为是对以《帝国信使报》(Die Reichsbote)为活动中心的保守党阵营日渐增加的需求的回应。至少直到3月6日,这个提案都还确实存在,而保守党内部的压力还在持续增大。[38] 不出所料的是,在布奇卡于帝国国会发表评论之后,中央党确实为这个提案感到诧异。最后,中央党琢磨到一个对"婚姻法在本质上属于世俗法"这个原则进行突破的方法。在此情形下,中央党开始了与保守党、反犹分子的谈判。[39]

就尼贝丁而言,他也对这一提案所具有的政治危险性感到头疼,尤其是国会委员会中的两名自由保守党代表宣布支持这一提案。这几乎意味着,这一提案肯定会获得多数票支持,而这却是帝国政府不愿意看到的。1896 年 3 月 12 日,在自由保守党举行的一次内部会议上,该党代表的观点受到指摘,而这些代表立即从委员会辞职。即使是这样,危机却依旧尚未消失。当国会委员会在 4 月讨论这一问题时,中央党确信这一提案会获得多数票支持,并在私下里与保守党探讨建立杯葛《德国民法典(草案)》的中央党—保守党联盟的可能性。[40]

不过,多数票并非唾手可得。雨果 · 施罗德(Hugo Schröder)、

〔38〕 *Berliner Neueste Nachrichten*, 11 Mar.; *Hannoverscher Courier*, 10 Mar.; *Die Reichsbote*, 11 and 12 Mar.; Heller, report of 6 Mar., BHStA Munich, MA 76730.

〔39〕 此处内容阐述参见 HA Cologne, Bachem Papers 7(尤其是 'Verhandlungen' 一文)。

〔40〕 Heller to Leonrod, 8 Mar. 1896, BHStA Munich, MA 76730; *Die Post*, 12 Mar.; *Kölnische Zeitung*, 12 Mar.; *Deutsche Sonntags-Post*, 26 Apr. 1896.

库尼、尼贝丁都对此进行反对,就连反犹分子菲尔哈本也令人诧异地表达了反对意见。此外,保守党人未能将布奇卡在国会委员会中的代表资格替换掉,而这是他们在此前的谈判中所承诺过的事情。巴赫姆关于婚姻神圣的主张只能是白费口舌,结果是,在中央党、神父(the Pole)以及两个保守党人投反对票的情况下,保守党提案受挫。
214 中央党的领导人转而相信,任何关于恢复原来提案的尝试都势必徒劳无功。鉴于保守党未能替换掉布奇卡,保守党人认为他们并未全力促使提案成功通过。当康特·罗恩(Count Roon)在 1896 年 5 月 30 日再次提出相同的提案时,巴赫姆坚持呼吁保守党人将该提案的成功通过作为该党对《德国民法典(草案)》整体投赞成票的必要前提。在罗恩拒绝这样做后,巴赫姆得出的结论是,诸如施潘与利伯等同事认为此事成功的希望很渺茫的看法是正确的。6 月 9 日,在国会委员会再次对该问题进行讨论时,这一提案仅得到了 4 张赞成票。[41]

在此情形下,中央党转而与尼贝丁、民族自由党进行谈判。中央党确信,这是一条更好的、更可靠的实现目标的路径。在与罗恩对话无果之后,谈判事宜便立即被提上日程。这一决定很不容易,并在作出决定前已经向罗马教廷以及耶稣会神学者奥古斯特·莱姆库尔(August Lehmkuhl)神父进行了细致的咨询。谈判的基础在于,修订

〔41〕 HA Cologne, Bachem Papers 7 – ‘Verhandlungen’; Heller, reports of 25 Apr. and 9 June, BHStA Munich, MA 76730.

后的《德国民法典(草案)》会包含一项声明,大意是强制性婚姻登记制度不涉及婚姻的宗教性问题。在国会委员会讨论的过程中,尼贝丁曾暗示这样的安排是可能做到的,而莱姆库尔建议中央党抓住机会。正是莱姆库尔建议起草此类重要条款,促使将婚姻法的宗教性内容从《德国民法典(草案)》中删除。本尼希森显然对这一提议抱着极其怀疑的态度,他认为此类条款有抹黑民事婚姻之嫌。不过,在1896 年 6 月的第一个星期,他就被尼贝丁说服了。妥协方案包括,民族自由党接受莱姆库尔的提议,并同意引入罗马天主教版本的分居制度作为离婚的替代选择。作为交换,中央党赞同民族自由党关于社团法的立场。这就有必要回到第二委员会所采纳的制度设计上来,即"国家可以拒绝对那些追求政治、社会或宗教目标的社团授予法人资格。"虽然罗恩在最后一秒都仍在努力促使中央党回心转意,但其依然失败了。1896 年 6 月 8 日,国会委员会很干脆地接受了妥协方案。[42]

可以预见的是,这一妥协方案在某种程度上并不受欢迎。可以肯定的是,《德国民法典(草案)》将获得国会通过,而那些幻想着取 215

---

〔42〕 关于巴赫姆与莱姆库尔的长篇通信,参见 HA Cologne, Bachem Papers 8; 关于巴赫姆与尼贝丁以及民族自由党的磋商细节,参见 Bachem Papers 7; H. Conrad, 'Der parlamentarische Kampf um die Zivilehe bei Einführung des Bürgerlichen Gesetzbuches für das Deutsche Reich', *Historisches Jahrbuch*, 62 (1952), 474 – 93, and K. Bachem, *Vorgeschichte, Geschichte und Politik der Deutschen Zentrumspartei*, v (Cologne, 1929), ch. 5.; Heller, report of 8 June 1896, BHStA Munich, MA 76730。

得实质性法律改革进展的团体只能铩羽而归。新闻媒体开始尖锐地讨论在《德国民法典(草案)》问题上所存在的“讨价还价”现象。《前进报》认为,这一妥协方案“记录了我们资本主义社会的道德与认知的深度”。就欧根·里克特以及反犹分子而言,他们反对这一妥协方案,并重新发起运动,致使国会委员会迟至秋天才作出最后决定。[43]然而,在那时,处于另一方的多数票力量实在过于太强。1896 年 7 月 1 日,逐渐变得清晰的是,《德国民法典(草案)》只需要进行一两处细微的修改,就可以获得通过。

1896 年 6 月初,尼贝丁看起来已经赢得了他的战斗,他逐渐向各个政党强调作出适当的妥协的必要性,这样才能让那公认的不完美的《德国民法典(草案)》获得通过。无论如何,除社会民主党外的其他政党都极慎重地对待关于《德国民法典(草案)》的批评问题,而社会民主党不会满足于对该草案进行零星的修修补补。一如施潘所指出的,在国会委员会所提出的问题中,没有未被第二委员会所考虑到的。一位资深评论者认为,与《德国民法典(草案)》提交稿相比,所反馈的帝国国会修订稿在形式上几乎是“原封不动”的,这从侧面说明了该草案的质量之好。就第二委员会的支持者而言,几乎没有人认为第二委员会对《德国民法典(草案)》进行了过多修改,或者让问

〔43〕 *Vorwärts*, 9 June 1896, 1. *Beilage*.

题变得更糟糕。[44] 这一情势主要是因为各方协力达成了妥协的结果,从而有效地避免了无休止的争论。另外,已经进行的辩论为解决一些重要问题提供了建议性方案。例如,为何《德国民法典》的主要批评者及其支持者在压力集团里的影响力是如此轻微?在政党领导阶层中的政治掮客在多大程度上容易受到自下而上所施加的压力的影响?政党在多大程度上受到其所沿袭的思想传统的约束?

在帝国国会的所有政党中,民族自由党无疑是与法律统一运动联系最密切的。在 19 世纪 90 年代,这一政党发现很难应对民族政治的需求,并面临其选民被与其为敌的左翼或右翼政党争取过去的严峻危险。这主要是因为,各选区具有不同的社会以及区域"多相性",而该党在 19 世纪 90 年代中期因为内讧而分裂为不同的利益派别。该党党魁在对这一问题进行回应时,习惯于强调该党的民族主义特质,并否认该党内部存在与其他特定社会、经济利益团体相排斥的群体。在那些年,此类敏感性便是民族自由党政客所具有的典型

〔44〕 *SBRT*, 19 June 1896, p. 2726C – D (Spahn); G. v. Buchka, 'Das Bürgerliche Gesetzbuch nach den Beschlüssen des Reichstages', *DJZ* 1 (1896), p. 308; 关于批评性的观点,参见 M. Stenglein, 'Epilog zur Beratung des Bürgerlichen Gesetzbuches', *DJZ* I (1896), pp. 264 f.。

216 特征。[45]

近年来,有个作者恰如其分地指出,如果一个政党内部逐渐不能就实质问题达成一致意见,那么该政党所蕴含的民族主义便会发挥其所具有的整合功能。[46] 就这种功能而言,对《德国民法典(草案)》进行支持便是最好的体现。在筹备拟于1896年2月举行的代表大会时,该党秘书提议就《德国民法典(草案)》举行一场辩论,并直言:"如果《德国民法典(草案)》届时得以通过,帝国国会将会为我们的合作态度感到自豪。如果届时未能通过,我们党必须再次重申编纂《德国民法典》之于德意志民族的必要性。"到了1896年7月,该秘书所制作的一份备忘录对此表述得更清楚。无论是在过去还是未来,该党所扮演的民族利益代言人的角色都必须得到承认。无论如何去评判相关的细节问题,《德国民法典》以及《证券交易法》都对增强帝国的统治力作了重要贡献。与此同时,该秘书也不得不提及党内对与中央党结盟的担忧,一些人担心这会以牺牲自由主义为代价来助长政治上的天主教主义(political catholicism)。[47]

---

〔45〕 关于民族自由党在19世纪90年代中期所遇到的困难,参见A. J. O'Donnell, 'National Liberalism and the Mass Politics of the German Right, 1890 – 1907', Ph. D. thesis (Princeton, 1974), pp. 226 ff.;就民族自由党对这些分歧的典型回应而言,可参见J. J. Sheehan, *German Liberalism in the Nineteenth Century* (Chicago/London, 1978), 248 – 53。

〔46〕 H. A. Winkler, 'Vom linken zum rechten Nationalismus. Der deutsche Liberalismus in der Krise von 1878/79', *Geschichte und Gesellschaft*, 4 (1978), 27 f.

〔47〕 Carl Patzig to Marquardsen, 10 Feb. 1896 and Patzig's 'Memorandum betr. Delegirtentag 1896', 30 July 1896, ZStA Potsdam, Marquardsen Papers 45, fos. 38 f., 46 f.

因此，民族自由党人热衷于对《德国民法典》讨论所带来的政治机会进行利用。这样，便可以使其欣然地从政党内部的惯常分歧中抽身。两位主要发言人（艾纳瑟鲁斯和路德维希·冯·库尼）都是术业有专攻的法律学者，艾纳瑟鲁斯主要关注普通法，库尼研究法国法（彼时，法国法尚在其莱茵兰故里适用）。在一些时候，当这些发言人提出改革建议时，他们更多的是关注自己独特的法律兴趣，而非从那 217
些对政党至关重要的问题出发。〔48〕 然而，在很大程度上，民族自由党将自己视作帝国政府所接受的《德国民法典》的主要捍卫者。在对修改建议（尤其是社会民主党人所提出的建议）进行反驳时，艾纳瑟鲁斯尤其起到了领导作用。他是如此的激情澎湃，以至于本尼希森不得不时常进行干预，以打断他滔滔不绝的演讲。〔49〕

因此，实际上很有可能的是，只要是帝国国会与联邦参议院都接受的《德国民法典》，民族自由党就会投赞成票。不过，民族自由主义所具有的一个特征也使民族自由党人更容易与中央党达成一致意见，这便是天主教徒在党内的力量占比以及其所坚持的婚姻的道德性。诚然，民族自由党是强制性婚姻登记制度最狂热的拥趸。就1860 ~1870 年的政治而言，这是一个深植其间的立场。之所以选择

---

〔48〕 F. Hartung, *Jurist unter vier Reichen* (Berlin, 1971), 12; P. Spahn, 'Cuny, Ludwig von', *ADB* xlvii (Leipzig, 1903), p. 578；在委员会于 1895 年 5 月 8 日所举行的关于婚姻中的财产问题的讨论会上，委员们互相抨击彼此的观点。Heller, report of 8 May, BHStA Munich, MA 76730.

〔49〕 Jagemann, report of 25 Feb. 1896, GLA Karlsruhe, Abt. 233/13996.

否认教会的现世权力的立场,这更多的是基于政党利益的考量,而非内心深为确信婚姻本质上是一种纯粹的现世的民事现象,并与其他合同一样适用同样的法律规则来调整。显然,这种立场也体现在离婚问题上。在 1895 年 9 月,《民族时报》(National-Zeitung)认为,自由主义者必须认可离婚在特定情形下的有效性;一个人既可以信奉自由主义,同时,也可以认真地将婚姻视作一种可以抵御外界强力冲击的道德机制。作为民族自由主义的支持者,戈特利布·普朗克担纲负责编纂《德国民法典》"婚姻法编",而他也完全接纳该观点。当他在起草《德国民法典》第四编"婚姻法编"时,便遵循婚姻具有道德性这一基本原则,这意味着婚姻优先于个体的私人意志。所以,他辩称:"就离婚制度而言,《德国民法典》所建基的逻辑是婚姻是优先于夫妻的自由意志的道德秩序,而这种道德性不能被夫妻间所达成的合同所打破。"基于此,他所起草的婚姻法被认为是在政治上可以想象到的最具有限制性的规则。[50]

实际上,在婚姻法领域,民族自由党人对天主教徒温和的诉求给予了相当大的支持。库尼与普朗克未能在第二委员会就离婚问题寻

---

〔50〕 *National-Zeitung*, 27 Sept. 1895; G. Planck, *Die rechtliche Stellung der Frau nach dem Bürgerlichen Gesetzbuch* (Göttingen, 1899), 6; D. Blasius, 'Scheidung und Scheidungsrecht im 19. Jahrhundert. Zur Sozialgeschichte der Familie', *HZ* 241 (1985), p. 345. H. Dörner, *Industrialiserung und Familienrecht* (Berlin, 1974), pp. 89 ff., 108 ff. E. Kauffmann, 'Das "sittliche Wesen der Ehe" als Massstab für die inhaltliche Bestimmung der Normen bei der Kodifizierung des Bürgerlichen Gesetzbuches', in *Rechtsgeschichte und Kulturgeschichte. Festschrift für Adalbert Erler* (Aalen, 1976), pp. 649-62.

找到折中之道。随后,施潘记录了库尼对天主教徒关于婚姻法的情感所保持的温顺态度。库尼很快就得出清晰的结论:就《德国民法典》的成功编纂而言,在民族自由党与中央党之间达成妥协显得至关 218
重要。1895 年年末或 1896 年年初,他告诉施潘,他的政党也许会接受罗马天主教徒关于分居(separation)的概念,但是对打破民事婚姻登记制度强制性的做法却备感怀疑。在巴赫姆提议引入分居制度以代替离婚制度时,库尼将之当成对 1875 年以前莱茵河流域的法律的回归来给予支持,而本尼希森准备同意这个提议,以为帝国国会通过《德国民法典(草案)》扫清障碍。[51]

似乎很有可能的是,如果将婚姻强调成一种天主教的道德机制,这会有助于在民族自由党内部争取到对天主教关于婚姻法的立场的让步。最终,中央党争取到了施潘此前所提及的可以接受的最小限度的让步。实际上,如果不是保守派关于任意性民事婚姻制度的倡议吊起了一些天主教徒的胃口,各方原本非常有可能更早地达成妥协。最终妥协方案的基础是,民族自由党与中央党人(尤其是库尼与施潘)都愿意去缓和在文化斗争(Kulturkampf)的主要参加者间残存的敌意,以获得快速通过《德国民法典》的功劳。在民族自由党阵营

---

〔51〕 Jacubezky, report no. 113, n. d.(Feb. 1894), BHStA Munich, MJu 16115;关于施潘对库尼的看法,参见 *ADB* xlvii, p. 578;施潘就其与库尼的对话作了笔记,而巴赫姆与尼贝丁在 1895 年 12 月 7 日进行了对话。巴赫姆与尼贝丁在谈到库尼时,表达了与施潘同样的看法。参见 HA Cologne, Bachem Papers 7;Heller, report of 6 May 1896, BHStA Munich, MA 76730。

中,有许多人显然对这些让步感到不安,而这种不安正是俾斯麦的支持者用来攻击政府的弹药。但是,总体而言,民族自由党人正处在《德国民法典》编纂的紧要关头,因此,不能让"对天主教徒作出微小让步"这样的事情挡住前进的道路。

不过,在中央党那边,情况却有点不同。在 1896 年 7 月出版的《新教徒普鲁士年鉴》(Protestant Preussische Jahrbucher)中,汉斯·德尔布吕克(Hans Delbrück)敏锐而无可挑剔地评论道:"中央党为
219 《德国民法典》所做的事情比民族自由党要多得多,因为它在自己的阵营里要克服更多的困难。民族自由党只需要保证自己依据所沿袭的本党的最佳传统来履行义务与职责即可,然而中央党却需冒着极大的政治风险,最后才得以全身而退。"[52]

对天主教徒的利益感到同情的人,一定会对此得出相同的结论。在 10 年之后,施潘的儿子将《德国民法典》视作"关于政党的政治品性的伟大检验",并认为这是恩斯特·利伯最大的成功之处。[53] 就利伯在党内的支持者而言,这部法典提供了第一个中央党可以承担起执政党责任的重要例子。同时代的人也没有忽略《德国民法典》的成功编纂所具有的政治重要性。如同威廉·冯·卡多夫在关于《德

---

〔52〕 H. Delbrück, 'Politische Korrespondenz', 24 July 1896, *Preussische Jahrbücher*, 85(1896), 397 f.

〔53〕 M. Spahn, *Das deutsche Zentrum* (Mainz /Munich, 1906), 101 f.; id., *Ernst Lieber als Parlamentarier* (Gotha, 1906), p. 49.

国民法典》的最后演讲中所言："中央党现在是，并一直会是帝国国会最具决定性的政党。右翼政党更容易与中央党而非左翼政党达成一致意见，而左翼政党比我们更容易与中央党达成一致。"[54] 如同帝国随后的历史所表明的，帝国国会政治的这种特征使后任的帝国首相难以在未获得中央党的支持下治理帝国。

现代历史学家认为，利伯、施潘与卡尔·巴赫姆都是新一代中产阶级出身的天主教领导人中的主要代表。他们都是在中央党领袖温特霍斯特于 1891 年 3 月去世后，经由与容克贵族中的保守派势力进行短暂的争斗而掌权的。他们所秉持的政策理念与 19 世纪七八十年代的那批人的理念非常不同。特别是，就促进天主教徒在担任公职中的机会平等而言，这成了这批活跃于 19 世纪 90 年代的新一代领袖的政策标志。当然，在某种程度上，这是与信仰有关的问题，尽管就其本身而言，其并不涉及天主教教会的权力问题。利伯致力于改善中产阶级天主教徒在当权派尤其是皇帝眼里的贱民地位问题。此类计划含蓄地减少对纯粹与信仰有关的事项的关注，并致力于证明天主教徒与其他新教同胞一样有能力、民族化等。正是这种关切促使利伯在诸如《卡普里维贸易条约》(Caprivi's Trade Treaties)等事项上采取亲政府的立场。就各政党对皇帝所钟情的舰队计划的态度而言，利伯也是第一个观察到各政党会对此进行支持的中央党领袖。 220

[54] *SBRT*, 30 June 1896, p. 3042C.

在中央党内部,所有这些选择都并非没有争议,而莱茵兰、威斯特伐利亚以及巴伐利亚等邦国在经济与税收问题上的危机不断加剧。正是在此种对中央党的真正目标缺乏实质团结的氛围中,利伯、施潘与卡尔·巴赫姆不得不在中央党关于《德国民法典》的政策上下功夫。〔55〕

历史学家大卫·布莱克本已经表明,与新教的处境类似,中央党很容易受到许多同类压力的影响。这在发生于19世纪90年代的两件大事上——俄罗斯贸易条约以及打造作战舰队的计划——体现得尤为真切。就贸易而言,该党在莱茵兰以及巴伐利亚的农业派别"揭竿而起",要求重新获得政府保护。此外,鉴于打造战舰会存在增加税赋的可能性,这一计划激起了党内部分人士的对抗。从1894~1896年,中央党的领导层频频与持续高涨的土地改革运动(其中尤以发起于莱茵兰的运动最具威胁力)进行斗争。特别是,菲力克斯·冯·洛-特波滕(Felix von Loë-Terporten)男爵所领导的莱茵流域农

〔55〕 D. Blackbourn, *Class, Religion and Local Politics in Wilhelimme Germany. The Centre Pary in Würtembertg before 1914* (New Haven/London, 1980), ch. 1; R. Morsey, 'Die deutschen Katholiken und der Nationalstaat zwischen Kulturkampf und dem ersten Weltkrieg', *Historisches Jahrbuch*, 90 (1970), 48–59; J. K. Zeender, *The German Center Party* 1890–1906 (Philadelphia, 1976), chs. 3–5; W. Loth, *Katholiken im Kaiserreich. Der politische Katholizismus in der Krise des wilhelminischen Deutschlands* (Düsseldorf, 1984), 51 ff.; J. C. Hunt, '"Die Parität in Preussen" (1899): Hintergrund, Verlauf und Ergebnis eines Aktionsprogramms der Zentrumspartei', *Historisches Jahrbuch*, 102 (1982), 418–34.

民协会给领导层带来了极大的压力与挑战。[56]

然而,这种挑战未能促使中央党支持涉及《德国民法典》土地法的诉求。格勒贝尔确实在国会委员会中质疑多元化的担保形式问题,他认为这将提高负债率以及不动产流转率。南德意志人对《德国民法典(草案)》中的担保法的极度复杂性与变革性感到愤怒,而格勒贝尔的动议在很大程度上便是这种敌意所催生的结果。例如,他 221
分明还没有采纳激进土地改革论者在诸如定期土地债务等问题上的立场。[57] 相反,天主教田地均分法(Catholic agrarianism)的得势,产生了将与信仰相关的问题置于党内政治辩论的中心的效果。因此,在 1893 年所举行的天主教大会上,洛呼吁中央党公开转变为罗马天主教政党。对此,以巴赫姆为中心的科隆派别(Cologne group)准确地将这一举措理解为,这是为了阻碍该党在宗教问题上团结一致的举措。在随后的数年,这成了莱茵兰天主教田地均分法的主要政治特征。1896 年,诸如巴赫姆与利伯等人确信,中央党不能只盯着天主教的眼前利益,而诸如洛等人将捍卫此类利益的行为视作中央党的本质。就这样,在这两派人中之间就有了清晰的楚河汉界。当然,洛等人的立场所产生的影响是,中央党可能对涉及社会以及经济问

〔56〕 Blackbourn, *Class, Religion and Local Politics*, pp. 44 – 7; D. W. Hendon, 'The Center Party and the Agrarian Interest in Germany, 1890 – 1914', Ph. D. thesis (Emory University, Atlanta, 1976), pp. 53 ff., 371 ff., 395 ff.

〔57〕 *Bericht der Reichstags-Kommission*, pp. 75 ff.; Heller, report of 22 Apr. 1896, BHStA Munich, MA 76730.

题的提案进行自由投票。[58]

这些发展与《德国民法典(草案)》具有关联性,这体现在罗马天主教群体对中央党领导层关于家庭法的妥协政策的回应上。特别是,许多天主教徒认为,对强制性婚姻登记制度的接纳,无异于背叛了天主教的原则。如同巴伐利亚中央党领袖弗朗茨·舍德勒(Franz Schädler)对利伯所言:"即使是通情达理的人,都想引起人们关于民事婚姻的公愤。"诸如《德意志帝国时报》(Deutsche Reichszeitung)与《莱茵人民之声》(Rheinische Volksstimme)等与洛关系密切的报刊都积极行动,以反对中央党在婚姻这一重要问题上作出让步。在无功而返之后,他们转而集中火力抨击《德国民法典(草案)》在帝国国会的通过速度过于仓促。有趣的是,他们加入了俾斯麦阵营,并将之称为"借助喧嚣的机会主义气氛而对议会政治所实施的拙劣歪曲"。[59]

222 对中央党政策的反对,主要有两个源头。一是美因茨以及波恩的天主教原教旨主义组织,而它们的观点分别发布于《天主教》(Die

---

〔58〕 Hendon, 'Center Party and the Agrarian Interest', p. 359; K. Müller, 'Zentrumspartei und agrarische Bewegung im Rheinland 1882 – 1903', in K. Repgen and S. Skalweit (eds.), *Spiegel der Geschichte. Festgabe für Max Braubach zum 10. April 1964* (Münster, 1964), 828 – 57; R. J. Ross, *Beleaguered Tower. The Dilemma of Political Catholicism in Wilhelmine Germany* (Notre Dame, 1976), 43 f.

〔59〕 Schädler to Lieber, 28 May 1896, HA Cologne, Bachem Papers 8; *Deutsche Reichszeitung*, 10, 20 June and 17 July 1896; *Westfälischer Merkur*, 23 June 1896; *Rheinische Volksstimme*, 23, 27, and 30 June 1896.

Katholik)与《德意志帝国时报》。二是以洛为代表的土地改革论者,而其以《莱茵人民之声》为发声筒。巴赫姆一直担心这些反对者会另起炉灶与罗马教皇进行谈判,因此,他急切维护在罗马教廷与中央党之间所达成的共识。事实上,巴赫姆已经在慕尼黑与教廷大使达成共识:最能捍卫天主教在德意志的利益的政党,是那些活动范围不局限于与信仰有关的领域的政党。[60] 罗马教廷的态度显然是有一定的重要性的,而中央党会发现事实上难以违逆罗马教皇的明确意见,而投票支持《德国民法典(草案)》。

普鲁士以及巴伐利亚政府都在 1896 年春拜谒元老院。红衣主教拉姆波拉(Rampolla)告诉普鲁士大使称,罗马教皇希望在一定程度上促使婚姻法的条款更温和。在两个单独的场合,巴伐利亚大使所获得的印象是,教皇所关注的主要问题是离婚问题。教皇以及拉姆波拉都避免提及强制性婚姻登记制度这一棘手问题,而巴伐利亚政府更是对推进解决这一问题没有热情。与此同时,中央党已经与慕尼黑罗马教廷大使阿尤蒂(Ajuti)进行直接磋商。到了 1896 年 3 月,教皇似乎倾向于认为,尽管天主教关于婚姻义务的规定是很明确的,然而他无意对中央党在《德国民法典(草案)》的投票选择上施

---

〔60〕 Bachem to Ajuti, 15 July 1896, HA Cologne, Bachem Papers 6;关于报刊上的争论的一般情况,参见巴赫姆的尖锐评论:*Zentrumspartei*, v, pp. 443 f.;对于活动范围超越与信仰有关的事项的政党,参见巴赫姆与阿尤蒂在 1895 年 8 月 29 日的谈话记录:HA Cologne, Bachem Papers 15。

压。红衣主教柯普·格奥尔格·伊格纳茨(Georg Ignaz Kopp)以信奉民族主义扬名,并在其中扮演了关键的中间人角色。正是他劝阻拉姆波拉避免发布关于《德国民法典(草案)》的任何官方声明,以避免外界指责罗马教廷干预外国的世俗事务。同时,他也强调了新《德国民法典(草案)》之于德意志帝国天主教会的积极意义。[61]

巴赫姆与阿尤蒂所进行的通信,主要是为了阐明这一问题所具有的政治意义。在1896年5月末6月初,他小心翼翼地解释快速完成《德国民法典》编纂的政治必要性,尤其是考虑俾斯麦与威廉二世之间不断加深的嫌隙。他清楚地知道,中央党的政治地位尚不稳固。“如果不能快速地完成《德国民法典》编纂工作,则中央党难辞其咎。
223 目前,威廉二世不得不考虑我党的观点,而到了那时,他可能尝试让其他政党配合他贯彻自己的政策。甚至,在他人的煽风点火下,他可能会抵制中央党。在全国范围内,俾斯麦会重新搬出那套陈词滥调,抱怨帝国国会的孱弱、中央党难堪领导编纂工作的大任,而鲁道夫·冯·布奥尔(Rudolf von Buol)男爵的帝国国会主席之位也变得不牢固。如果《德国民法典》得以在这个夏天编纂完成,那就是另一番光

〔61〕 Bülow, reports of 28 Feb. and 2 Mar. 1896, GStA Berlin-Dahlmen, Rep. 84a 11834, fos. 603 ff.; Cetto, reports of 1 March and 4 Apr. 1896, BHStA Munich, MA 76728; Ajuti to Bachem, 11 Mar. 1896, HA Cologne, Bachem Papers 6; Kopp to Lieber, 14 May 1896, Bachem Papers 8. 关于柯普,参见 M. L. Anderson, *Windthorst. A Political Biography* (Oxford, 1981), 300, 324 f.; Morsey, 'Die deutschen Katholiken und der Nationalstaat', pp. 46 f.。

景了。中央党的地位以及布奥尔的位置愈加牢固,而威廉二世将永远转向中央党寻求支持。"[62]

同时,巴赫姆向奥古斯特·莱姆库尔(August Lehmkuhl)请教可以用来支撑中央党的立场的神学方面的理据。如我们所见,莱姆库尔在起草一个为中央党人所接受的妥协文本方面起到重要作用,亦在后来中央党应付天主教媒体时给予了有价值的帮助。作为报答,巴赫姆尝试着向霍恩洛厄以及本尼希森求情,确保废除关于将耶稣会信徒予以驱逐出德意志帝国的法律。然而,即使巴赫姆卖力气地解释耶稣会信徒所怀有的无可置疑的爱国主义(一如莱姆库尔所举例的那样),听者对此也是充耳不闻。[63]

如果中央党想在此问题上击退自己的政敌,那么教皇以及著名神学家的支持就显得非常重要。有一些人(如林特伦)拒绝妥协,而就像利伯稍后所承认的那样,中央党的政策使之被人称为美因茨蓄谋已久的异教徒。不过,在 1896 年 6 月初所举行的中央党会议上,除了林特伦,其余代表都接受该党领袖的观点。关于土地问题的反

---

〔62〕 Bachem to Ajuti, 14 June; Bachem to Ajuti, 27 May 1896, HA Cologne, Bachem Papers 6.

〔63〕 参见巴赫姆与莱姆库尔间的信函往来:HA Cologne, Bachem Papers 8; A. Lehmkuhl, ' Das neue Bürgerliche Gesetzbuch des Deutschen Reiches und seine bürgerliche Eheschliessung', *Stimmen aus Maria-Laach* (1896), *Heft* 7, 125 – 39; Bachem to Hohenlohe, 6 July 1896, reprinted in Hohenlohe, *Denkwürdigkeiten aus der Reichskanzlerzeit*, pp. 241 f.; Bachem to Bennigsen, 6 July 1896, reprinted in Oncken, *Bennigsen*, ii. 600 f.。

对者被臣服，而原教旨主义者也因为教皇拒绝担任他们的领袖而落
224 败。[64] 这方面的证据是，大多数有名望的天主教人士都支持该党党魁的立场——中央党已经竭力实现能够争取到的东西，而自天主教的视角观之，《德国民法典(草案)》在实质上完善了现存法。[65]

在这点上，许多人不断宣称，中央党为帝国实力增长而作出了巨大贡献。在 1896 年 7 月，这样的论调充斥于《科隆人民报》以及类似报刊，而在《德国民法典》于 1900 年 1 月生效之时，再次发生这种情形。[66] 是呀，为什么不这么做呢？鉴于 1896 年的政治形势，如果没有中央党的配合，政府基本不可能赶在帝国国会夏季休会前，催促它通过《德国民法典(草案)》。而且，天主教徒在《德国民法典》的起草过程中扮演了非同寻常的重要作用。恰如一位评论者对普朗克所说的，"不可思议的是，《德国民法典》是在一位天主教首相、一位天主教司法部部长以及一位天主教帝国国会主席的努力下完成编纂的"。[67] 他也许还提及了佩普以及施潘的名字。当然，讽刺的是，起

〔64〕 Lieber to Brentano, 4 Sept. 1896, quoted in Zeender, *German Center Party*, p. 59 n. 97; Bachem to Ajuti, 14 June 1896, HA Cologne, Bachem Papers 6; Hendon, 'Center Party and the Agrarian Interest', pp. 406 f.

〔65〕 巴赫姆(Bachem)起草了带有此意味的决议草案，并为 1896 年 9 月 1 日在多特蒙德召开的天主教大会所通过，参见 HA Cologne, Bachem Papers 16。

〔66〕 *Kölnische Volkszeitung*, 2 July 1896 and 2 Jan 1900.

〔67〕 G. Claussen to Planck, 3 July 1896, NSUUB Göttingen Planck Papers 1v/3, fo. 112. 此处所谓天主教司法部部长可能是指舍恩施泰特或尼贝丁(最有可能，但缺乏证据)，二者都是罗马天主教徒。亦可参见 Bachem, *Zentrumspartei*, v. 440。

源于文化斗争的伟大的《德国民法典》的编纂完成,在很大程度上也应归功于德意志天主教中产阶级的政治与立法技巧。

部分保守派政党所提出关于引进任意性民事婚姻的动议,无疑加深了中央党领导层所遭遇的困境。在柏林,保守党人给人的印象是,对《德国民法典》的成功显得漠不关心。也许,这促使民族自由党的库尼等人相信有必要与中央党做一笔买卖。[68] 尼贝丁在早期预言,保守党内部的分歧对帝国政府可能是有利条件,这最终一语中的。保守党在民事婚姻问题上犹豫不决,而且似乎没有能力以一种负责任的政治姿态推进工作,这致使它自毁长城,憾失通过本党获得胜利的唯一坦途——与中央党缔结同盟。[69]

关于《德国民法典》的论战说明了,保守党人在任意性的民事婚姻上的立场是极其分裂的。格哈德·冯·布奇卡坚定地反对对法律作出任何根本性的改变,而与他一样立场的人并不在少数。当罗恩的提案最终进入帝国国会的投票阶段后,保守党的 13 个成员——包括《十字架报》(亦称《新普鲁士报》)(Kreuzzeitung)的主编赫尔曼· 225
克罗巴查克(Hermann Kropatschek)——都投票反对这一提案。那么,为什么保守党内有影响力的人一再地就那些难以获得政府、其他

〔68〕 参见施潘就此目的所做的笔记:HA Cologne, Bachem Papers 7。参见尼贝丁于 1895 年 5 月 18 日在普鲁士内政部的讲话:Schubert, *Materialien*, p. 406。

〔69〕 关于尼贝丁在 1895 年 10 月 7 日对联邦参议院司法委员会所作的演讲,参见 Heller, BHStA Munich, MA 7 6729。不少评论者对保守党人士的不可靠以及缺乏政治原则而破口大骂,参见 HA Cologne, Bachem Papers 7。

新教政党,甚至是本党党员支持的提案而奔走呼告呢?

当然,最简单的答案是,保守党人对宗教(尤其是路德教会)的忠诚。诸如罗恩与波茨坦－奥斯特·哈弗兰(Potsdam-Ost Havelland)的代表马丁·沙尔牧师(Martin Schall)等人强调强制性婚姻登记制度是“异教国家的旁枝侧叶”,更不用说法国大革命了。基于在帝国国会所作的一系列热诚的演讲,一位论者总结道:罗恩的提案恰恰表达了普鲁士新教徒对天主教中央党的敌视。[70] 如果这是真的,那么就很难解释保守党一直试图赢得中央党的支持的举动,以及一些政党发言人非常乐意依据天主教的意愿来调整自己的提案的行为。

保守党与阿道夫·施特克尔在保守党内所创立的天主教社会小组(Christian-Social group)之间存在不协调的问题,为我们提供了一个更有说服力的解读角度。在许多年里,这种不协调以潜在的方式存在于保守党内部,并在1895～1896年达到无以复加的程度。问题的实质在于,天主教社会小组关于社会改革的诉求是不可调和的,他们所代表的是下层社会以及构成保守党支柱的“地主”的利益。1894年之后,保守党内的分裂变得在所难免。在马克斯·韦伯与保罗·格尔河(Paul Göhre)的影响下,福音派信徒联谊会引起社会各界对东埃尔比亚民工的现状的关注。1895年,一位保守派牧师呼吁神职人

〔70〕 *SBRT*, 24 June 1896, pp. 2870D－2875A, 2880D－2886A; Brandt, 'Die politischen Parteien', p. 74.

员将民工组织起来,让他们逃离容克贵族的控制。[71] 就保守党内的容克贵族而言,这样的形势变化肯定是他们所不希望看到的。 226

有足够的证据表明,这些困难促使一些保守党人士认为,任意性民事婚姻制度也许是减少对本党的伤害的一种方式。施特克尔以及他的许多追随者在 1895 年 2 月脱党,而正是在那个节点上,保守党紧锣密鼓地提出议案。在属于保守党阵营的报纸中,不得不提的是海因里希·恩格尔(Heinrich Engel)的《帝国信使报》。自 19 世纪 80 年代开始,它就与保守派的社会改革紧密相连,为宣传保守党的运动做了很多工作。值得注意的是,《十字架报》在 1896 年 3 月 1 日反对提案,却在 4 天之后对之表示支持。该报编辑告诉博斯,该提案的唯一动机是促使牧师们支持保守党。诸如沙尔等行动的主要支持者,与施特克尔以及天主教社会党人关系密切,并热切希望重新赢得牧师阵营的支持。在 1896 年 3 月初,关于这些事件的类似解读出现在非保守党阵营的报刊上。此外,国会委员会中的保守党代表似乎公开向尼贝丁承认,这就是提交立法提案的原因,而曼陶菲尔在随后向

---

〔71〕 W. R. Ward, *Theology, Sociology and Politics. The German Protestant Social Conscience* (Berne, 1979), 64 – 8; P. W. Massing, *Rehearsal for Destruction. A Study of Political Antisemitism in Imperial Germany* (New York, 1949), 118 – 34 and Düding, *Der Nationalsoziale Verein. Der gescheiterte Versuch einer parteipolitischen Synthese von Nationalismus, Sozialismus und Liberalismus* (Munich/Vienna, 1972), 22 – 6.

巴赫姆汇报时也表达了同样的意思。[72]

因此,任意性民事婚姻问题与保守党内所谓的施特克尔－哈梅尔斯泰因小组(Stoecker-Hammerstein group)的垂死挣扎密切相关。这一小组出现于19世纪80年代,以时任《十字报》的编辑威廉·冯·哈梅尔斯泰因(Wilhelm von Hammerstein)为领头人,并与信奉
227 政府至上主义(governmentalism)的赫尔多夫以及曼陶菲尔等人势同水火。这一小组呼吁通过混合的天主教社会改革、彻底的中产阶级政策(Mittelstandspolitik)以及反犹主义来筹建一个保守派人民党(Volkspartei),它代表一种与政府保守主义(1887年所建立的卡特尔即为典例)的陈旧传统进行决裂的尝试。1895～1896年,这段历史见证了哈梅尔斯泰因因为诈骗罪锒铛入狱,也见证了天主教社会党的分裂。总之,这标志着保守党内部历史的一个痛苦的转折点。但有证据表明,党内还继续对施特克尔及其追随者所阐述的观点表示赞同。这些观点的杰出说明者包括罗恩以及罗伯特·冯·普特卡默

〔72〕 关于恩格尔以及《帝国信使报》,参见J. N. Rctallack, *Notables of the Right. The Conservative Party and Political Mobilization in Germany*, 1876－1918(Boston, 1988), 57; Kreuzzeitung, 1 and 5 Mar. 1896; 关于运动的一般情况,参见数量众多的剪报:ZStA Potsdam, RJM 3828。关于博斯,参见普鲁士内政部在1896年3月25日的备忘录:Schubert, *Materialien*, p. 398。关于沙尔(Schall),参见其对圣托马斯公社教区协会(the parish association of the commune of St Thomas)所作演讲:*Deutsche Tageszeitung*, 21 Mar. 1896; 关于其他报刊,参见*Kölnische Zeitung*, 9 Mar. 1896; *Hamburgischer Correspondent*, 14 Mar. 1896; Jagemann, report of 7 Mar. 1896, GLA Karlsruhe, Abt. 233/13996; 关于曼陀菲尔,参见HA Cologne, Bachcm Papers 7,‘Verhandlungcn’。

尔。普特卡默尔是前任普鲁士内政部部长,据传,其曾在 1896 年年初签署请愿书支持恢复任意性的民事婚姻制度。[73]

保守党关于土地问题的态度印证了一种说法,只有在《德国民法典》对其所面临的内部问题有明显影响时,它才对《德国民法典》感兴趣。自然,保守党是国会里关于农业利益的主要代表。如同我们看见的,《德国民法典(草案)》在此前曾招致农业圈子的大量的负面评价。但是,保守党在帝国国会中对待农民的诉求是非常谨慎的。在 1896 年以前,《十字架报》曾对基尔克的立场给予极大支持,而在国会辩论开始进入实质性阶段时,却变得非常沉默。在 1896 年 4 月 22 日举行的国会委员会会议上,担保形式的多元性方案受到了攻击,而布奇卡选择为《德国民法典(草案)》的条款进行辩护,以避免给帝国国会的政府代表带来麻烦。[74] 然而,在辩论的最后一天,伯恩哈德 · 冯 · 普勒茨(Bernhard von Ploetz)又重提这个问题,并提议废除土地债务(Grundschuld)制度。在关于《德国民法典(草案)》的辩论中,这是第二次出现关于土地与农业政策的批评。在普勒茨看来,土地债务是一项有可能促进土地流转的古罗马制度。然而,《德国民法典(草案)》未能吸纳许多新近发表的关于地主所面临的问题的研

---

〔73〕 关于一般情况的介绍,参见 Retallack, *Notables of the Right*, ch. 9;关于罗恩与普特卡默的参与情况,参见 ibid. 40;关于普特卡莫对请愿的支持,参见普鲁士内政部在 1896 年 3 月 25 日的备忘录:Schubert, *Materialien*, p. 400。

〔74〕 Heller, report of 22 May 1896, BHStA Munich, MA 76730.

究成果。他强调,在这个法律领域,“我们会希望《德国民法典》的起草者关注当代的时代精神,而非仅对现行法进行编纂”。普勒茨随后宣布,其将对《德国民法典(草案)》投反对票。就保守派当权者而言,这无异于沉重打击。另一个发言者朱利叶斯·冯·米尔巴赫-索奎特(Julius von Mirbach-Sorquitten)伯爵宣布他赞同废除土地债务制度,却阴差阳错地忘记在“二读”程序中提出议案。随后,他选择支持《德国民法典(草案)》,以避免在这最后关头引起混乱。随着这种虚弱的为激进的土地政策改革者提供支持的尝试,保守党结束了自己对《德国民法典(草案)》的反对立场。[75] 最后,普勒茨是3个保守党人中唯一一个对《德国民法典(草案)》投反对票的人。

228

保守党人明显对各种各样的农业利益是否得以实现并不关心,而与之形成荒唐对照的是,保守党人对诸如狩猎动物所引起的损害问题倾注了大量精力。在1896年6月23日举行的冗长的辩论中所涉及的问题是,是否应当将野兔纳入《德国民法典》所规定的动物清单之中。在普鲁士农业部部长的劝告下,绝大多数保守党人与自由保守党人倾向于将这个问题留给各邦国进行规范。毫不吃惊的是,这一辩论招致左翼政党的嘲笑与挖苦。随后,帝国国会以178票比

---

〔75〕 *SBRT*, I July 1896, pp. 3072A – 3073A;在6月27日,米尔巴赫提议,农业用地不适用“特留份”规则——继承法中保障将源自房地产的金融收益支付给指定的亲属的制度。这一提案得到了自由保守党的支持,不过最终无疾而终。*SBRT*, 27 June 1896, pp. 3015A – 3016D.

69 票通过一项折中性议案，将"声名狼藉"的野兔从《德国民法典（草案）》中移除。《前进报》评论道：从此，野兔比在帝国国会里面的人所拥有的朋友还多三倍。[76]

在诸如此类的问题上，自由保守党人的立场也是分裂的。保守党原先在帝国国会委员会的代表威廉·冯·顾特林根男爵（von Gültlingen）与伯恩斯托夫伯爵（Bernstorff）都因为支持任意性民事婚姻制度而被撤换。在 1896 年 6 月 24 日所进行的对罗恩的提案进行辩论的活动中，伯恩斯托夫再次作出同样表态。最终，有两位保守党人对此投赞成票，四位保守党人弃权——威廉·冯·卡多夫被迫承认保守党的官方立场是不希望给《德国民法典》的通过带来任何阻碍。在论述因为狩猎而引起的损害赔偿问题时，斯塔姆（Stumm）使用了类似论据。[77]

保守党内部各派对《德国民法典（草案）》的某些特征都存在不满之处，但即使如此，各自最终还是决定接受草案。对于不同的人来讲，作出这种让步的难易程度不同。有两个保守党人是例外，尽管他们都追随普勒茨反对《德国民法典》的立场，然而却都屈服于政府的 229

〔76〕 *Vorwärts*, 24 June 1896. Mehring, 'Hasenrechtliches', pp. 420 f. 关于辩论的情况，参见 *SBRT*, 23 June 1896, pp. 2821C – 2852C。

〔77〕 *SBRT*, 24 June 1896, pp. 2876D – 2877C, 2887A – C, 2899A – 2900D; ibid., 23 June 1896, pp. 2843D – 2844A.

压力,一人选择弃权,另一人选择在 7 月 1 日投票当天缺席投票。[78] 每当帝国国会坚持强推那些不受欢迎的关于《德国民法典》修订的提案时,帝国政府就威胁让《德国民法典》编纂计划功亏一篑。通过这种方式,帝国政府得以让足够多的国会代表言听计从。正如布奇卡在《德国民法典》"一读"程序后所言,"我们不会愿意为《德国民法典》的失败而背负历史责任"。[79]

无论是对于左翼抑或右翼政党来讲,此种政治谋略的重要性都是不言而喻的。作为自由人民党(Freisinnige Volkspartei)的领袖,尤根·里希特(Eugen Richter)反对在其所谓的自由主义原则(liberal principles)这一问题上进行妥协。按照一位评论者的话来说就是,自由主义信念已经植入里希特的灵与肉。[80] 然而,与其终身信奉的教条式自由主义相契合的是,他也赞同借由编纂《德国民法典》来实现法律统一。因此,唯一真正的问题在于,他所在的政党在多大程度上愿意为了促进《德国民法典》的顺利编纂而作出让步。换言之,问题的关键并不在于《德国民法典》是否会编纂完成,而在于在何时完成。[81]

---

〔78〕 在保守派人士中,2 人弃权,28 人缺席。在自由保守党人士中,1 人弃权,14 人缺席。参见 Brandt, 'Die politischen Parteien', p. 165。

〔79〕 *SBRT*, 3 Feb. 1896, p. 723A.

〔80〕 F. Rachfahl, 'Eugen Richter und der Linksliberalismus im neuen Reiche', *Zeistchrift für Politik*, 5 (1912), 372.

〔81〕 如里克特(Richter)所言,*SBRT*, 23 June, p. 2846A。

显然,里希特也属于反对限制帝国国会拥有快速通过《德国民法典》的权力的人士。早在 1892 年,他就从左翼自由主义的角度抨击《德国民法典》起草工作,主要是针对主张土地改革论者就其利益寻求《德国民法典》特殊对待的做法。特别是,他质疑《德国民法典》起草者将这一棘手的问题留给各邦国解决的可行性。就里希特而言,平等(equality)以及统一(unity)就是孪生兄弟:"为特定群体创设特别法的做法,不仅损害了民法的平等性,而且有碍法律统一。"他说道:"真正的法律统一,不应对各社会阶层进行区别对待。"该党故而集中关注《德国民法典》所存在的一个倾向——忽略各邦国法律中所存在的封建法律残余。按该党在帝国国会委员会的主要代表朱利叶斯·伦兹曼(Julius Lenzmann)的话来说,"《德国民法典》'序言'部分(Introductory Law)对所拟统一的法律领域进行的枚举是不完整的,对于法律统一事业而言,这是有所缺失的清单"。[82]

这些立场将自由人民党与德意志的激进自由主义传统联系在一起,这种传统将法律统一视作摧毁法律制度中的陈旧而封建的内容的手段。此外,社团法问题也体现了这种关联性。伦兹曼认为,就其 230
所在政党而言,这是《德国民法典》中最重要的部分。该党未能成功地说服起草者将社团法扩大适用至所有社团(包括职业社团)。在这

[82] E. Richter, *Politisches ABC-Buch* (7th edn., Berlin, 1892), 62 ff.; ibid. (8th edn., Berlin, 1896), 96; Heller, report of 11 June 1896, BHStA Munich, MA 76730.

方面,左翼自由党人与社会民主党人存在许多共鸣之处;在另一方面,社会民主党寻求将佣仆纳入强制疾病保险的框架内,而这并未得到自由人民党的支持。这从其提案中所提到的国家社会主义(state socialism)就可以看出来端倪,因为这是自由人民党所一直憎恶的。[83]

总体而言,自由人民党坚守自己的激进传统。自由人民党提出,如果夫妻一方患有不可治愈的精神病,应允许另一方拥有离婚的权利。只在这个议题上,人们接受了该党的立法动议。尽管该党在这方面是如此缺乏政绩,然而该党最终一致同意对《德国民法典(草案)》投赞成票。在尼贝丁的呼吁下,该党甚至在一个问题(邦国对其政府职员的行为所负的责任)上抛弃了自己的传统原则。对于保守党来讲,其对《德国民法典(草案)》所持有的保留意见已经被法制统一的总体好处所驱散,并选择坚守"《德国民法典》并非终点,而是关于现代法律改革的始点"的信念。[84]

就自由联盟党等其他左翼自由主义党派而言,它们更倾向于认可法律统一的好处。自由联盟党的主要发言人雨果·施罗德与海因里希·里克尔特(Heinrich Rickert)对《德国民法典(草案)》中的社团

---

〔83〕 *SBRT*, 19 June 1896, pp. 2735B – 2737D; *Bericht der Reichstags-Kommission*, pp. 47 ff.

〔84〕 *SBRT*, 24 June 1896, pp. 2860C – 2863A; Heller, reports of I 5 April and 6 June 1896, BHStA Munich, MA 76730 and *Bericht der Reichstags-Kommission*, pp. 64 ff.; *Freisinnige Zeitung*, 3 July 1896.

法表示质疑,支持关于婚姻法议题的妇女运动,并排斥日耳曼派学者对《德国民法典(草案)》的批评意见。然而,施罗德最终接受关于社团法的妥协方案,并准备将罗马天主教中的分居制度作为离婚制度的替代方案予以引进。鉴于这种易于让步的做法,弗兰茨·梅林指责自由人民党有向民族自由党靠拢的倾向。[85]

各大政党在《德国民法典》上选择一种妥协的进路,其原因可从里克尔特在6月30日的闭幕演讲中窥知一二。里克尔特否认法律 231
是发展新的世界观的正确方式,并认为尼贝丁取得成功的原因在于他将法律统一作为一种善来强调,并突出了《德国民法典(草案)》对现行法进行的细节上的改善。他说道:"现在,法律统一是头等大事。毕竟,相较于存在数十部彼此互相拆台的法典而言,一部统一的全国性法典会更易于完善现行法。正是这种对现行法进行统一的举措,让德意志法向前迈进了一大步,特别是考虑到《德国民法典》所包含的关于当下法律的诸多微小的改进。"[86]

这样,帝国政府成功争取到了中央党等三大自由主义党派以及两大保守党派对《德国民法典(草案)》的支持。所有这些政党都认可法律统一的好处,而无论如何,《德国民法典》都被视作对现行法的完善。在这种情形下,社会民主党人的反应可能对实际结果并不会

〔85〕 *SBRT*, 3 Feb. 1896, pp. 723A – 725C; Heller, report of 8 June 1896, BHStA Munich, MA 76730; F. Mehring, 'Hasenrechtliches', *Neue Zeit*, xiv/2 (1895 – 6), 419.

〔86〕 *SBRT*, 30 June 1896, p. 3045A.

产生实质的影响。

与其他党派不同,社会民主党人试图借此机会对第二委员会的《德国民法典(草案)》的内容(尤其是劳动法)进行重大修订。然而,该党也一直强调其具有积极推动通过《德国民法典(草案)》的意愿,斯塔特哈根以及弗罗梅所提交的一系列议案即为这种目标的严肃性的证明。围绕这些提案所进行的旷日持久的辩论激怒了巴赫姆等人,而诸如阿道夫·朗费尔德等资深观察者也认为,社会民主党试图引进一部社会主义性质的法律。但是,社会民主党的发言人一再对此予以否认。诸如鲁道夫·施塔姆勒(Rudolf Stammler)等其他评论者注意到,该党经常从"公正"(Gerechtigkeit)这个角度来进行辩论,而这个概念绝不是第二国际历史唯物主义者所发明的。[87] 其他政党在决定本党关于《德国民法典(草案)》的立场时,势必进行一定的政治盘算,而社会民主党也未能免俗。社会民主党发言人深知,无论《德国民法典》是否完美,它之于工人阶级都是具有好处的。尽管如此,到了最后,在有一定规模的政党中,社会民主党是唯一对《德国民法典(草案)》投反对票的政党。

232 关于德国社会民主党演进的一种说法是,该党在理论与实践上存在两张皮的脱节现象。一方面,社会民主党紧紧抓住一种强调社

〔87〕 Langfeld, *Mein Leben*, p. 142; R. Stammler, *Die Bedeutung der deutschen Bürgerlichen Gesetzbuthes für den Fortschritt der Kultur* (Halle, 1900), 10 f.

会主义革命的到来是不可避免的理论，并据此形成自己的“话术”；另一方面，随着工会运动以及政党政治的发展，该党在实践中追求越发具有改良色彩而非改革性的目标。在某种意义上，对改革性理论与改良性实践的区分，与《1891年社会民主党纲领草案》所具有的特点相符合。根据这种论证方式，该党关于马克思主义理论的表述具有综合性的功能，因其寻求克服党内不同思想立场之间的分歧。〔88〕

乍看之下，此类分析与社会民主党的发言人所表达的观点非常契合。尤其是斯塔特哈根以及倍倍尔的演讲中充斥着关于革命是不可避免的论断，并认为《德国民法典（草案）》是具有局限性的、阶级分裂的、资产阶级性质的草案。如同那些主流社会主义阵营的报刊，他们的注意力随后聚焦于从工人阶级的立场来完善《德国民法典（草案）》。社会民主党之所以最终对草案投反对票，或许是因为在其所提出的94个具有社会主义色彩的提案中，仅有6个被国会采纳。该党所做的是两手准备，首先一再尝试推动修订《德国民法典（草案）》，而在失败之后便只好从总体上反对通过《德国民法典（草案）》。

---

〔88〕 就采纳该观点的经典著作而言，代表性的有：E. Matthias，'Kautsky und der Kautskyanismus. Die Funktion der Ideologie in der deutschen Sozialdemokratie vor dem ersten Weltkriege'，in I. Fetscher（ed.），*Marxismusstudien*，ii（Tübingen 1957），151－97；G. A. Ritter，*Die Arbeiterbewegung im Wilhelminischen Reich*（Berlin，1959）；S. Miller，*Das Problem der Freiheit im Sozialismus*（Frankfurt，1964）；H.-J. Steinberg，*Sozialismus und deutsche Sozialdemokratie. Zur Ideologie der Partei vor dem I. Weltkrieg*（Bonn/Bad Godesberg，1967）。

如果仔细分析社会民主党人所提出的议案,便会发觉这些议案反映了他们对激进的自由主义传统的欠账。就社团法而言,他们致力于建立"自由创设社团"的制度,废除对政治社团进行联合的权利限制,并"剥夺"各邦国对工会进行立法规制的权限。不消说,所有这
233 些提案都被拒绝了。该党转而支持更温和的中央党/左翼自由主义党的提案,而这在一定时期内为其与其他党派结盟创造了契机。在这一提案被6月初的折中方案所否定后,社会民主党便再次被孤立了。

社会民主党关于社团法的立场显然是利己主义的表现。鉴于帝国政府有利用法律来对抗工人运动的倾向,即使社会民主党想与这个方面的法律制度进行对抗,那也只是痴人说梦。就社会主义组织而言,劳工对自我财产缺乏权利的现状引起了相当大的问题。[89] 然而,斯塔特哈根夸口说,工人运动会甘心接受那些不利的立法。他说,真正的问题在于,"这部法律草案昭示着国家认为本国公民在政治上尚不成熟,并且拒绝认可他们真正的社会与经济利益"。[90] 就其他问题而言,社会民主党所选择的立场反映了其对激进自由主义传统的欠账。这些问题包括邦国对公务员行为所负的责任问题、妇女的法律地位问题、邦国的立法权保留与法律统一原则的冲突问题。

---

〔89〕 *Vorwärts*, 13 Aug. 1895; A. Hall, 'By Other Means: The Legal Struggle against the SPD in Wilhelmine Germany', *Historical Journal*, 17 (1974), 365–86.

〔90〕 *SBRT*, 19 June 1896, pp. 2745A–2746B.

有时,社会民主党会提议反对使用暴力来维护个体权利的做法,该党试图证明自己在工人利益问题上的立场的正当性。此外,许多此类的立法提案超过了工人眼下所要求的利益范围。[91] 这在婚姻法的讨论上显得最明显。

就对强制性婚姻登记制度的批评而言,社会民主党人见不得任何人对之进行攻击,而在这方面,社会民主党人无疑是该制度最坚定的支持者。倍倍尔试图将民事婚姻与资产阶级社会联系起来,以让自己的论证转向社会主义。但是,他的大部分发言都聚焦于对保守党的政策的抨击。而且,当国会辩论转向婚姻中的财产问题时,他被迫承认,工人运动与这个问题压根没有直接的利益关系。他辩称,妇女劳工对其所带入婚姻里的财产没有权益。实质上,促使该党提出改革提案的基本动因是为全民争取公平,废除个体的不平等以及依赖关系。[92] 克拉拉·蔡特金(Clara Zetkin)坚持认为,确立妇女的法律平等地位是围绕政治变革所迈出的重要的一步,只是很难相信这

---

〔91〕 关于该党提案的细节,参见 Brandt, 'Die politischen Parteien', pp. 16 – 52; Martiny, *Integration oder Konfrontation*?, pp. 64 ff. 。

〔92〕 *SBRT*, 24 June 1896, pp. 2877D – 2880C, and 25 June 1896, pp. 2923D – 2926C. 以下文章从马克思主义的视角对社会民主党的婚姻法提案进行了剖析:W. Plat, 'Die Stellung der deutschcn Sozialdemokratie zum Grundsatz der Gleichberechtigung der Frau auf dem Gebiet des Familienrechts bei der Schaffung des Bürgerlichen Gesetzbuches des Deutschen Reiches', Jur. Diss。(Berlin-GDR, 1966.)

是政党领袖所考虑的真正具有决定性的因素。[93] 如同关于狩猎所引起的损害赔偿问题的讨论,社会民主党展现出其比其他自由主义党派(里克特所领衔的自由人民党可能是例外)更贴近激进的自由主义传统的形象。
234

然而,硬币还有另外一面。在劳动法领域,社会民主党人致力于从保护劳动者权益的角度推动广泛的法律革新。这些提案包括引进一系列综合性地涵盖所有劳动合同类型的条款,如涉及佣仆、农业工人以及矿工的条款。提案呼吁对《德国民法典(草案)》所采纳的规则进行彻底的改革,因为各种的委员会有意地将涉及此类劳动者的条款排除出了《德国民法典(草案)》。此类排除的理据要么体现在邦国的差异性(如涉及佣仆的法律)上,要么体现在公法与私法的二元划分(如涉及矿工的法律)方面。当弗罗梅呼吁将工业法规的某些内容纳入《德国民法典》之中时,社会民主党人显然对立法者所采纳的关于民法(civil law)的狭窄外延感到不满。不出意外的是,这些提案以微小的两票差距被拒绝了。帝国国会的大部分代表认为,不应在全国性的《德国民法典》中规定对工人阶级利益的保护。在涉及佣仆的法律方面,即使是诸如格勒贝尔等人,也将进行特别立法视作实

〔93〕 参见蔡特金在1895年于布雷斯劳召开的党代表大会上的演讲:*Protokolle über die Verhandlungen des Parteitages der SPD zu Breslau* (Berlin, 1895), 89 ff.。关于蔡特金观点的评论,参见 R. J. Evans, *Sozialdemokratie und Frauenemanzipation im deutschen Kaiserreich* (Berlin/Bonn, 1979), 98 ff.。

现这一目标的更好的方式。[94]

格勒贝尔在这问题上的观点符合立法的一般理论，即就有争议的改革内容而言，恰当的方式是进行特别立法。尽管社会民主党人的提案在总体上非常温和，并以确立雇主与劳动者的平等权利为目标，然而他们违背了这一被广泛接受的立法原则，因此难以避免败局。不过，在这些被斯塔特哈根视为关乎《德国民法典》命运的最重要的辩论问题上，社会民主党在实质上并未与自由主义政治理念相冲突。该党在佣仆方面的立场接近拉斯克在19世纪70年代早期所 235
提出的观点。[95] 真正紧要的是关于民法的使命与责任的主流理论的合理性问题。就如巴登驻柏林大使在评论格勒贝尔以及斯塔特哈根对《德国民法典》中的劳动法条文的批评意见时所言："作为民法的替代物，各方一再地就社团法、信仰自由、工业法、疾病保险、涉及佣仆的规定等进行了讨论，而所有的评论最后都转化成了对《德国民法典》的修订方案……"[96]

前述章节已经展示了，在19世纪90年代，这一关于民法的定义以及与之相随的保守的法典编纂概念都受到了严重挑战。在《德国

---

〔94〕 *SBRT*, 22 June 1896, pp. 2799B – C; T. Vormbaum, *Politik und Gesinderecht im 19 Jahrhundert* (*vornehmlich in Preussen*) (Berlin, 1981), ch. 10. 不过，自从委员会在3月初讨论《民法典》草案之后，格勒贝尔（Gröber）就改变了自己的观点。See Heller, report of 13 Mar. 1896, BHStA Munich, MA 76730.

〔95〕 *SBRT*, 22 June 1896, p. 57.

〔96〕 Jagemann, report of 14 Mar. 1896, GLA Karlsruhe, Ab t. 233/13996.

民法典(草案)》的社会主义与非社会主义批评者之间存在许多交集。社会民主党所提出的议案很少是社会主义色彩的,而该党的论证在一定程度上表明,他们的提案是可以融入现行法典的。该党所提议的大部分修订意见都植根于自由主义传统。它拒绝对公法与私法进行严格的划分,并反对高利贷,这些做法与从"社会性"角度批评《德国民法典(草案)》的人的观点存在相当的契合之处。帝国政府及其支持者无法摆脱关于"民法及其社会功能的局限性角色"的传统观念的束缚。正是这一观念导致社会民主党人所提出的相对温和的议案根本没有被接受的可能。

在国会辩论的最后阶段,社会民主党处于一种两难境地。一方面,该党一直强调《德国民法典》之于工人阶级的重要性,然而,纵使积极参与辩论也并未促使本党的多数提案被采纳;另一方面,该党最重要的立法提案被否决了,而《德国民法典》也未能为工人阶级创设真正的法律统一。6 月末,社会主义阵营的《前进报》刊登了一篇长文,对社会民主党的优柔寡断进行了公开批评。该文称:"《德国民法典》是一个不可否认的政治进步,但它同时也是'一部与工人阶级针锋相对的阶级法律'。《德国民法典》中不乏将那些对穷人而言有重大利益的法律领域留给邦国进行调整的条款,由此可见一斑。”[97]

最终,社会民主党对《德国民法典》草案投反对票,而这一结局是不可避免的。在6月的最后一周,帝国国会代表以 14 : 9 的投票结 236
果通过《德国民法典(草案)》。在这多数票中,投票人包括弗罗梅等著名的改革者、务实的政党谋士伊格纳茨 · 奥尔(Ignaz Auer)等人。不过,其中也包括诸如斯塔特哈根等激进派人士。少数派投票者包括倍倍尔以及保罗 · 辛格(Paul Singer),后者其实都没有参与《德国民法典(草案)》的辩论。尽管初战受挫,倍倍尔宣布将在报纸媒体上探讨《德国民法典》议题,“因为这一投票结果对我们的议会活动产生了根本的影响”。[98] 在6月30日或7月1日召开的第二次会议上,社会民主党转而追随倍倍尔的立场,并一致对《德国民法典(草案)》投反对票。如果社会民主党已经知道《德国民法典(草案)》无论如何都会被通过,则很难说倍倍尔是否还能赢得社会民主党的支持。因而,从表面上看,国会政党间难得不存在公开分歧的反对意见,实际上这是非社会主义政党之间成功达成妥协的结果。[99]

斯塔特哈根出现在6月28日反对倍倍尔的多数票投票者名单中,这说明社会民主党的分歧并不能仅通过对“改革者”与“激进派”

---

〔97〕 *Vorwärts*, 30 June 1896; 关于该党的优柔寡断,亦可参见弗罗梅(Frohme)的评论:*SBRT*, 30 June 1896, p. 3050B。

〔98〕 Behel to Victor Adler, 28 June 1896, in V. Adler, *Briefwechsel mit August Bebel*, (Vienna, 1954), 210.

〔99〕 参见以下文章的评论意见:Martiny, *Integration oder Konfrontation*? p. 69。

的简单划分就能说明清楚。尽管有历史学家持相反看法,然而,即使是从对马克思主义学说的接受程度来看,也解释不清社会民主党内部的分歧问题。[100] 该党的所有发言人都在一定程度上坚持未经仔细打磨的唯物主义法学理论,而且他们似乎都赞成通过在实质内容上并非体现社会主义理念的《德国民法典(草案)》。诚然,倍倍尔关于德意志帝国资产阶级不具备立法能力以及自由主义的堕落的指摘比弗罗梅来得更强烈,而斯塔特哈根似乎介于二者之间。但是,这些分歧顶多是风格以及语调方面的,而并非原则性的,何况它们并非真正的分歧所在。

当然,就社会民主党人而言,这一《德国民法典(草案)》并非一项典型的立法。直到最后,该党都乐意由施塔特哈根以及弗罗梅完全掌控关于《德国民法典(草案)》的辩论。仅在6月末,当辩论
237 转移到女性的法律地位之时,倍倍尔才出现在名单之列,而且该党没有其他人承担任何重要的角色。因此,该党的两位专家建议对《德国民法典(草案)》投赞成票。鉴于该法典的生命很短(依据该党的信条),该法典不容有失,因为它构成了对现有法律的切实完善。倍倍尔在这方面持有不同意见,因为他是着眼于该党的议会策略来考虑这一问题的。

当倍倍尔践行在媒体报刊上发表关于《德国民法典(草案)》的

[100] Plat, 'Die Stellung der deutschcn Sozialdemokratie', pp. 160 ff.

看法的承诺时,这便体现得更明显。他认为:"如果不假思索地拒绝接受《德国民法典(草案)》,那么这对社会民主党而言是不利益的,而且社会民主党永远不应该对立法怀着一种消极态度。不过,《德国民法典(草案)》对待狩猎法的方式、难以令人满意的女性地位、将大部分法律领域留给邦国进行调整等,这些都使社会民主党不会对草案投赞成票。"倍倍尔关于本党消极投票的辩解,实际上是自相矛盾的。该党拒绝《德国民法典(草案)》的原因,恰是因为出产了《德国民法典(草案)》的资本主义社会本身存在失败之处。资本主义政党对这部不受欢迎的《德国民法典(草案)》进行妥协,是资本主义世界"诸神的黄昏"(Götterdämmerung)的表现。另外,这部《德国民法典(草案)》之所以不受社会民主党欢迎,是因为其所提出的带有自由主义色彩的重要修改意见未被采纳。因此,导致该党对《德国民法典(草案)》进行消极投票的责任承担者,应是那些一开始就有义务为起草一部更好的《德国民法典》而奋斗的人。[101] 在随后于哥达(Gotha)举行的党员代表大会上,该党特别指出,因为各邦国得以保留部分立法权,所以纵使存在诸多令人厌恶的立法,此类法律也未受影响。与此同时,诸如施塔特哈根等社会民主党的发言人,在公共会

---

〔101〕 参见倍倍尔的文章:'Das Bürgerliche Gesetzbuch und die Sozialdemokratic', *Neue Zeit*, xiv/2 (1895-6), 554-9, 577-85. 关于这些文章的精辟剖析,参见 Martiny, *Integration oder Konfrontation*? p. 69 n. 74。

议中频频将《德国民法典》的性质界定为“阶级法”。[102] 该党似乎显得左右为难，一方面，它对现有社会秩序抱有不可调和的敌意；另一方面，却渴望积极参与立法活动。在关于《德国民法典》的演讲与文章中，该党发言人屡屡表露出这种矛盾情绪。

238 最能体现倍倍尔的立场的，可能是所谓“政治赤字”问题。也就是说，他未能发展出一套可以实现资产阶级激进目标的协调一致的政治策略。[103] 倍倍尔显得过于一厢情愿，而无法将自由主义者拒绝自己的传统的初步证据，视作资产阶级遭受实质破产的表征。然而，即使是这一观点也夹杂对社会民主党潜在同盟者背叛的苦涩与失望。为了在保守党—民族自由党—中央党联盟之外创设一种替代方式，社会民主党特意降低了自身的诉求，而这最终促使通过一部几乎未经修订的《德国民法典（草案）》。最晚是在1903年，特别是里克特领导的自由人民党，其怨恨（bitterness）与日俱增。[104] 在倍倍尔看来，其他政党未能接受社会民主党人的公开邀请，以通过真诚的合作来获得各方适度的让步。这一拒绝凸显了社会民主党在威廉德国政治格局中一贯的不受待见，也正是基于这个原因，倍倍尔建议在最后

〔102〕 *Protokolle... des Parteitages der SPD zu Gotha* (Berlin, 1896), 58. 单在10月，施塔特哈根就曾在符腾堡围绕该议题发表了10次讲话，参见 Plat, 'Die Stellung der deutschen Sozialdemokratie', p. 205。

〔103〕 关于此点，参见 R. Walther, ... *aber nach der Sündflut kommen wir und nur wir. Zusammenbruchstheorie, Marxismus und politisches Defizit in der SPD, 1890 – 1914* (Frankfurt, 1981), 52 – 9, 80 ff.。

〔104〕 *Eugen Richters Sozialistenspiegel* (Berlin, 1903), 25, 39.

投票中坚守消极的立场。

《德国民法典》的编纂完成是一件极具重要性的政治事件,评论者亦持此观点。弗里德里希·瑙曼与恩斯特·利伯都在后来将其比作诸如1898年颁布的第一部《德国海军法》那样重要的法律,并认为无论是对民族抑或帝国国会来讲,这都是莫大的荣耀。[105] 对于深受指责的帝国国会来讲,这确实是一项荣誉,因为其主要政党成功地克服了严重的内部分歧,并扛住了外界所施加的重压。帝国国会政党在最后阶段的高度团结昭示着,帝国国会政党有能力克服其党员为其他利益团体争取利益而带来的负面性。除了少数的例外情形,那些继续反对法典编纂的人选择回避而非公然挑战其所属的政党,并根据自己的信念进行投票。如同近来的研究所显示的,自1898年以降,非常普遍的做法是,将政党利益的优先地位置于其他利益之上。[106] 传统观点认为,在这一时期,政党通过有组织的经济团体之间的斗争而获得了政治主导权。也许,到了重新反思这一陈词滥调的时候了。

这并非说《德国民法典》论战为证明帝国国会的力量而提供了明确的证据。论战的结果依赖于国会与政府在重要事项上进行妥协的 239

〔105〕 *Die Hilfe*, 3 Apr. 1898, quoted in Düding, *Der Nationalsoziale Verein*, p. 113; *SBRT*, 7 Dec. 1897, p. 87D.

〔106〕 W. Smith and S. A. Turner, 'Legislative Behaviour in the German Reichstag, 1898 – 1903', *Central European History*, 14 (1981), 3 – 29.

倾向性。尼贝丁深知法律统一的好处是如此之巨,以至于没有哪一个政党会愿意为《德国民法典》编纂失败的结果承担责任。就联邦参议院的邦国而言,同样如此。1895～1896 年,帝国司法办公室的秘书直接负责宣扬《德国民法典》编纂之于民族的重要性。他也有本事促使联邦参议院去接受那些并不受人欢迎的修订建议,而这些建议构成了帝国国会能够接受的最低限度内容。

通常,可以将"最低限度"一语理解为,为了促使主要政党产生"《德国民法典》的最终版本能够改善德意志帝国现有法律"这样的感受,而必须采取的步骤。这是在 1896 年所达成的以《德国民法典》为纲实现法律统一的共识的基本特征。政府一方面呼吁在局部利益上进行退让,以便实现国家层面的目标;另一方面强调需对《德国民法典》内容进行修订完善。正如我们所看到的,在 19 世纪 90 年代,民族利益这一概念绝非没有问题的。政府及其支持者对日耳曼派学者所取得的胜利,在很大程度上是其乐意接受关于《德国民法典(草案)》的适度批评意见的结果。关于民族统一与力量的表达固然重要,但是就自身而言并不足够。就政府而言,其他理据也显得很重要,比如,"是当下的《德国民法典》草案而非其他或然性的草案更有助于完善现存法律制度"。1896 年 5 月,有充分的证据表明,政府将获得胜利。媒体开始报道,关于帝国国会快速通过《德国民法典》的反对声音逐渐减少。即使是《十字架报》,也开始呼吁接受《德国民法典(草案)》,认为这是可以实现的最好的《德国民法典》,而该法典

“对于心怀感激的子孙后代而言,将是一座永恒的纪念碑”。[107]

社会民主党人所经受的困难强烈地表明,诸如此类论证,能够在资产阶级政党外的群体中获得相当的支持。在那些政党内部,似乎没有哪个头脸人物质疑需在 1896 年编纂完成《德国民法典》的必要性。就算是存在质疑,他们也是基于其他原因,而非对借由《德国民法典》实现法律统一的必要性存在根本性怀疑。土地改革论者的反对声音难获重视,而人们对基尔克的反对意见也充耳不闻。里克特 240
之所以反对政府的做法,是因为其相信宪法赋予人们在帝国国会进行自由辩论的权利。俾斯麦显然是因为自身的投机性考虑而反对政府。即使是在争议最大的婚姻法方面,保守党与中央党的分歧也更多的是因为派系内斗,而非真的想否定《德国民法典》起草者的工作。很难相信,会有哪个严肃的政治家认为,联邦参议院将废除已经作为帝国法律存在了 21 年的强制性婚姻登记制度。毋宁说,问题的实质是政党想向选民展示自己。就中央党而言,这是一场在政党领导人与诸如林特伦、洛等异议者之间进行的战斗。就保守党而言,这是为了挽留那些对基督教—社会党怀有同情心的人。在这两个例子中,问题的实质都在于,政党面临根据群众动员的需求来调整本党的口号的挑战。

中央党在强制性婚姻登记制度上的决定意味着,老一辈自由主

〔107〕 *Hamburgischer Correspondent*, 26 May 1896; *Kreuzzeitung*, 27 May 1896.

义者关于保守党与中央党将缔结同盟的担忧消失了。取而代之的是民族自由主义—中央党同盟,这为他们在接下来的许多年里获得选民的多数票而打下了基础。毫无疑问,在《德国民法典》问题上所获得的压倒性多数票,帮助德意志帝国霍恩洛厄政府在 1894 ~ 1895 年的创伤后巩固了地位。就算是所有的普鲁士总理都抱怨他们在《德国民法典》一事上未获信任,霍恩洛厄却似乎借由《德国民法典》的通过而获得了相当大的政治力量(即使是短暂的获得)。如同菲利普·欧伦堡(Philipp Eulenburg)所言,霍恩洛厄现在有实力与德皇在其他事项上谈判了。1896 年夏天,霍恩洛厄不无自得地说,《德国民法典》的通过象征着“一个超越了其个体生命界限的伟大的胜利”。[108]

---

〔108〕 关于政府在 1894 ~ 1895 年的问题,参见 J. C. G. Röhl, *Germany Without Bismarck. The Crisis of Government in the Second Reich*, 1890 – 1900 (London, 1967), ch. 4; 关于霍恩洛厄的抱怨,参见 E. v. Jagemann, *Fünfundsiebzig Jahre des Erlebens und Erfahrens (1849 – 1924)* (Heidelberg, 1925), 140; P. Eulenburg to Hohenlohe, 5 July 1896, in J. C. G. Röhl (ed.), *Philipp Eulenburgs politische Korrespondenz*, iii (Boppard, 1983), 1700。

第八章　结论

本书反复探究的是《德国民法典》编纂与 19 世纪主要政治话题
之间的关系问题。1815 ~ 1896 年，《德国民法典》编纂运动的推进或
迟滞经常取决于人们如何对以下抽象问题进行回答——国家性质、
君主的地位、国家在面对社会不同利益群体时的角色定位等。在那 241
个世纪，关于这些问题的论战此起彼伏，而德意志人在对待关涉法律
制度的问题时所采取的方式也存在相应变迁。在每一个阶段，参与
法典编纂论战的人只有将自己的观点与这些宽泛的政治问题相结
合，那么他们的立场才是有意义的。

在横跨 19 世纪的法典化努力中，这些政治要素的重要性得以非常清晰地显现。若非关税同盟在 1834 年成立，很难看到 1847 年《德国统一票据法》或 1861 年《德国商法典》的颁布。不管这对 19 世纪

中叶的德意志民族主义的发展产生了何种影响，可以确定的是，民族主义以及相应的法律制度都是官僚政治倡议的产物，但是不能简单地将这些倡议理解为对源自从下而上的压力的回应。就 19 世纪的其他法典而言，它们不得不等到人们解决掉发生于 1866 ~ 1871 年的政治问题后才得以出炉。在那个时期，归因于俾斯麦自上而下的革命，统一法律的政治与宪法障碍被清除掉。如我们所见，发生于 19 世纪六七十年代的关于法律统一的主要争论是——“革命”所具有的争议属性。[1]

骤然看来，这种政治上的重视是矛盾的，因为 19 世纪的人们关于法典编纂的态度深受萨维尼在解放战争期间的著述的影响。在某
242 种程度上，萨维尼痛恨法国大革命。他强调有必要将民族精神作为真正的法源，而这一观点也存在明显的政治影响力，因为他贬低了制定法作为有效法源的功能。在 19 世纪上半叶，这是很应景的，因为各邦国政府希望通过最大限度地行使自己的立法权，以解决后革命时代的政治问题。然而，从长远来看，在影响力上，萨维尼在政治上的论著远不及其在法理学、技术性方面的作品（如对民族精神这一历史法学道路的坚持）的影响力大。相较于其他法学流派，历史法学派正是在这一点上取得决定性胜利。在 1840 年前后，越来越明显的

---

〔1〕 参见 H.-U. Wehler, *Deutsche Gesellschaftsgeschichte*, ii (Munich, 1987), 125 – 39; L. Gall, *Bismarck. Der weisse Revolutionär* (pbk. edn., Frankfurt, 1983), 373 – 455。

是,历史法学在一定程度上就好比一艘空船,可以容载各种不同的政治立场。在19世纪40年代,罗马派学者与日耳曼派学者之间所存在的争论首先反映了这种变化,而直到19世纪60年代,这种转变才基本得以完成。因此,萨维尼关于法源的理论并非喻示其彻底反对法典编纂。相反,他逐渐变成国家法典编纂的支持者。公允地说,在19世纪60年代中叶,绝大部分德意志邦国与个人(并不仅仅局限于那些自诩为自由主义者的人)都接受了以萨维尼历史法学为基础的法典编纂理论。围绕拉斯克-米克尔议案所产生的争论,并未显示出多少关于法典编纂倡议的反对意见。实际上,最重要的是这些草案具有何种政治以及宪法影响力。

萨维尼的民族精神说(Volksgeistlehre)获得广泛接受,这对于消除人们关于立法者会将极端法律改革措施纳入《德国民法典》中的恐惧感来讲,无疑是重要的。就《德国民法典》的准备方式而言,这同样具有重要作用。这是因为,编纂者强调进行详尽的历史研究,尊重地区的差异性,并在表述法律规则时注意体系上的精确性。第一委员会在1874~1888年的工作为本研究的另一个主题——立法者所采纳的法典编纂程序与立法的最终内容之间的关联性——提供了大量的素材。在这方面,再一次地,政治性考量占据了优先地位。1874年所采取的法典编纂路径,不仅消除了保守派关于法典可能带有的激进性的担心,而且维护了委员会中除普鲁士以外的大多数邦国的利益,同时,打乱了普鲁士将法典视作剥夺其他邦国的主权以扩张自己的霸权的算盘。这种政治恐惧的复杂性决定了《德国民法典》的起源。为了克服此种恐惧以及各邦国的内部差异性，拉斯克－米克尔议案的支持者所强调的是法典编纂工作所包含的“国家形成”方面的内容。在他们看来，这部《德国民法典》旨在对现行法进行系统性编
243 纂，并尊重各邦国的差异性；在此基础上，新诞生的德意志帝国有权统一全国法律制度。当然，这一观点显然带着保守主义的烙印。随后，这一观点为在1873～1874年所缔结的支持法律统一的自由主义民族党/保守党同盟奠定了基础。

自那些在1874年所作出的决定观之，它们实际上起到将《德国民法典》准备工作托付给部长级政府机构的作用。这些机构与诸如温德沙伊德、普朗克等来自机构外的极富影响力的人一道，主导了第一委员会。如同我们将看见的，这种将政党排除在外的做法，有助于使第一委员会远离政治环境变迁所带来的影响，而这在19世纪80年代中期体现得越发明显。在19世纪80年代末的新政治环境下，将国家形成学说的优先性与概念法学糅合起来以起草《德国民法典》的做法，是很容易受到外界攻击的。《德国民法典（草案）》被攻击的点包括：忽略立法者的社会责任、形式主义以及依赖于来自异域的罗马法。像平常一样，受益于更广阔的政治领域的发展，此类抨击意见具有一定的市场。就邦国的扩张以及局部利益群体的动员而言，这两种因素为说明反《德国民法典》运动所具有的能量提供了重要的例证。

这些发展所具有的一个重要的特征是，主流私法学说与自由主

义政治思想之间的对称关系受到抨击。在自由主义者的“法治国”学说中,这种对称性有多种不同体现。法治国强调形式属性、对国家权力的限制以及公法与私法的二元划分。最重要的是,这种对称性体现在对个体及其享有的自由的普遍尊重。概念法学将形式平等置于 244
所有私主体在合同、财产处分和继承等方面享有的不受拘束的自由之前。关于法学需保持社会与政治中立性的学说变得越来越苍白乏力,因为越来越明显的是,社会变化会限制个体主动行使那些自由的范围。对于那些因为缺乏经济实力而容易遭受剥削的人来讲,纸面上的合同与财产自由何济于事?自由主义所遭受的挑战也在许多方面与之有几分相似性。在其全盛时期,自由主义者自称要为一个统一的民族代言,然而到了 19 世纪 70 年代,已经出现令人担忧的困扰自由主义党的问题——他们无法逾越选民内部的社会与经济差异,无法克服其容易为敌对势力动员的特点。这在 1871 年之后变得越发明显,自由主义与概念法学的共同点在于,二者都将获得成为政治与法治国家(political and legal nations)的资格与财产所有制联系起来。〔2〕

“民族”定义所具有的含蓄性为人诟病,而这使关于《德国民法

〔2〕 参见 W. J. Mommsen, ‘Der deutsche Liberalismus zwischen “klassenloser Bürgergesellschaft” und “Organisiertem Kapitalismus”: Zu einigen neueren Liberalismusinterpretationen’, *Geschichte und Gesellschaft*, 4 (1978), 77 – 90;关于自由党与普选权,参见 W. Gagel, *Die Wahlrechtsfrage in der Geschichte der deutschen liberalen Parteien 1848 – 1918* (Düsseldorf, 1958)。

典》的论战分外重要。基尔克等人所掀起的德意志精神的复兴运动，为那些逐渐被自由主义政治疏远的群体，提供了一种关于民族内涵的理想化解读路径。《德国民法典》正是在19世纪70年代占据支配地位的自由主义所催生的时代产物，而其被认为未能承担起一部真正的"德意志"法典所应履行的使命，就像自由主义未能实现其大部分往昔支持者的利益诉求一样。所以，自由主义与概念法学所容易受到攻击的地方都在于"民族性"的代表资格问题。日耳曼派学者对该弱点加以利用，将政治、社会或道德上的担忧引到寻求可替代性的民族利益概念这一话题上来，这种策略增加了他们反对编纂法典的底气。因此，德国性就像一种复杂的信念，涵盖保护弱者、家庭的道德权威、土地所有权的特别地位、基于公共利益而对个体的行动自由进行限制等内容。另外，罗马法愈加被看成一种消极的道德存在——自私利己；没有责任感地行使权利；通过资本主义经济的运行，以牺牲弱者的利益为代价来加强强者的利益；等等。这种理据在《德国民法典》辩论中赢得了道德高点，这体现在法典的捍卫者在19世纪90年代打造其论据时所呈现的微妙变化上。到了1896年，就不能再仅仅强调《德国民法典》对民族统一和法律确定性的贡献了。邦国的所有机构都不得不承认，新的社会需求具有持久的属性。

245 话虽如此，社会需求所带来的影响还是比较微小的，问题再次出在了政治领域。如果1888年《德国民法典（草案）》所带来的争议，是关于自下而上的群众动员的征兆，那么政府的回应则说明存在自上而下进行动员的可能性。在19世纪的政治传统中,法律统一与民族主义之间的联系是如此之深,以至于就算是在19世纪八九十年代的政治变化中,民族主义思潮都不会在一夜之间消失。在19世纪70年代,"国家形成"概念下的法典化观点一度风行,而帝国政府有能力将之作为抨击基尔克的宣传工具,这说明那些旧传统依旧有所残留。到了19世纪80年代末,虽然这些传统越来越使得问题丛生,但是未被取而代之。

这种类型的动员是有必要的,但是就其本身而言并不足够。政府的决心在于,此类动员是解决国家法律制度中的问题的其中一种途径。从对《德国民法典》的修订来看,采用什么样的方式修订是一个很重要的问题。起草者所采取的方式包括,扩大决策机制,并同时让官僚机构以及职业法律人有效地掌控全局。这给人一种整个国家都参与立法商议的感觉,并对激进改革者的诉求进行警惕。不过,如果不是帝国政府最后同意采纳少量业已获得大部分邦国支持的改革措施的话,以上措施依然不够充分。帝国政府关于社团的私法政策的立场变化清楚地表明,在那些所施加的压力足够大的地方,帝国政府就更乐意进行让步。

结果是,对于所有在19世纪90年代矢志改革法律的群体而言,它们都未能施加足够的压力,以促使政府彻底改变态度。再一次地,虽然失败的原因比较复杂,但是主要的原因是利益团体未能在《德国民法典》的重要内容上达成共识。《德国民法典》的广度以及复杂性致使利益团体很难对《德国民法典》进行系统性思考,而且这些团体经常性地拒绝讨论那些并未与其所关切的利益直接相关的内容,这种"惰性"更激化了问题。例如,基尔克等人要求对《德国民法典》作
246 一个整体评估,而利益团体坚决拒绝这一提议。利益群体的这一活动特点以及其在具体政策方案上的不团结,都给了政府利用反对派内部的分裂来达致特定目的的机会。无论是在帝国还是邦国层面,关于改革的呼吁都可能被关于特别立法的承诺所分流。通过这种方式,数量本就相对较少的激进批评者就被孤立了。他们坚持主张应将他们的建议纳入《德国民法典》中,而非在其他形式的法律中予以解决。

这充分说明了,帝国政府是如何成功动员民族主义者的。1896年,土地改革论者阵营外的许多评论者认为,《德国民法典》系一项伟大的国家成就以及对现行法的完善——这两项工作互为里表,不可分离。事实上,在许多方面,《德国民法典》确实完善了现行法。天主教徒可以在婚姻法的最终文本中找到一些慰藉。如同社会民主党人所意识到的,虽然《德国民法典》是不完善的,但是工人阶级可以通过接受这部法典而获益。对定期土地债务制度的确立,至少在一定程度上满足了土地改革论者的诉求。重要的是,在法律秩序统一之后,很难发现德意志社会有哪一主要群体存在实质性损失。有理由相信,这些适度的获益为尼贝丁成功进行关于民族主义的呼吁提供了实质性基础。尽管在方式上未能满足激进派的要求,然而,《德国民

法典》确实服务于真正的社会利益。在此意义上,关于让步的呼吁,实际上是呼吁接受《德国民法典》所能提供的利好,并且不执拗于推进 1896 年的政治环境所不允许的改革。有足够的理由相信,如果关于《德国民法典》的利好不是真实的,那么外界的回应就不会那么友好。

此外,可以反复看到,人们是以何种过分而夸张的修辞与句法来进行辩论的。我们如果冷静地对《德国民法典》进行评估,那么就会发现:《德国民法典》既非象征德意志的统一大业已告完成,亦非统一德意志社会的最强有力的力量。而且,并没有确凿的证据表明,迫切需要改革德意志社会架构的原因是,现行法律未能保护利益受影响的中小企业。古斯塔夫·罗西克的评论至少表达了对一个基本事实的理解——关于土地改革的激进诉求并不能通过《德国民法典》来实现。但是,农民联盟的推进方式是富有教益的,因为它只不过是 19 世纪 90 年代屡见不鲜的激进诉求中最极端的版本。这种倾向性表
明,各种利益团体都喜欢使用具有高度警示性的口吻来提议对《德国 247
民法典》进行彻底修订,因为《德国民法典》被视作国家统一的标志。这种倾向掺杂一种错觉,让人以为《德国民法典》是实现这些诉求的最佳方式。激进的反对者认为,如果他们的改革方案得以被《德国民法典》(而非其他次要的法律)吸纳,这无异于帝国政府作出的一种表态。此时,他们所真正梦寐以求的是一个国家承诺,即德意志自此以保护中小企业抑或农民的利益的方式治理国家。考虑到 19 世纪

90年代德意志的经济以及政治体系的性质，没有任何政府能够作出这样一种承诺。农民团体以及工匠都能够通过施加足够的压力来迫使立法者在特别立法这一问题上进行让步，不管他们这种举措是否只是表面文章。但是，如果对德意志社会各种力量对比进行实际分析，就会清楚看到，这些团体永远无法对法律体系的整体格局进行支配。他们要求起草者根据他们的利益对《德国民法典》进行"重铸"，这无异于创设一项支配权，而这是永远不可能实现的。

在这个方面所进行的辩论产生了结果，而政府试图将之变成它的优势。通过紧紧强调《德国民法典》作为国家标志的定位问题，激进派试图增强帝国司法办公室及其在议会中的同盟者的论证说服力。尽管利益团体威胁要提出一种具有可替代性的日耳曼民族主义，然而，这些团体实际上帮助政府将《德国民法典》的民族主义品性作为辩论的中心议题。在客观上，对民族品性的强调有助于反驳来自各邦自主主义阵营的其他反对意见。此外，反对者的夸张措辞以及含糊的政策细节，都促使政府怀疑它们的方案是否真的有助于保护其所号称代表的社会团体的利益。基尔克在这点上是一个例外，因为他真的从整体上对《德国民法典》进行了条分缕析的评价。然而，他的最大影响在于为其他土地改革论者以及对法律制度进行批评的人提供了"社会性"这一武器，而他所论述的细节倒是得到相对较少的支持。至少是在《德国民法典》这一问题上，所有这些都显示了利益团体在给政府施加具有压倒性的压力方面所具有的不足。因此,《德国民法典》的支持者可以振振有词地说,对利益团体的激进诉求的满足将产生与那些人所渴望得到的不同的结果。

在整个19世纪,就国家官僚机构而言,法典编纂都是最受青睐的实现政治融合的方式。实际上,可能正确的是,在政府推动实现法律的合理化的行动与自由主义者编纂《德国民法典》的举措之间取得一定的调和。早在王政复辟时期,二者之间就已经存在关联,而在19世纪中期关系最密切。官僚机构以及个体都发现,法律适用具有无尽变异性,这对他们的活动构成了障碍。概念法学的发展为满足官 248
僚机构与自由主义改革者的欲求提供了完美的方式。自由主义的"社会模型"与概念主义存在紧密关系。就官僚机构而言,概念法学是能够满足它们实现法律制度的合理化目标的、唯一可用的立法技艺。此外,在确保法律的确定性这一议题上,自由主义者与官僚机构存在利益交叉之处。有人辩称,如果德意志政治文化的特征是官僚化以及非参与式的(non-participatory)自由主义,我们有足够的理由相信《德国民法典》就是这种文化的经典表达。实际上,很难想到一个比《德国民法典》第一委员会更官僚以及非参与式的途径,来为一项重要的自由主义改革做准备。

经由概念法学的斡旋,而在官僚机构以及自由主义改革之间进行调和——这个主意是19世纪德意志政治发展的一个基本维度。我们一再地看到,官僚机构是如何觉察出编纂《德国民法典》的优先性与必要性,而并不能将这一切简单理解成对经济与社会变迁所带来的压力的一种功能性回应。那些压力固然存在,而且官僚机构也永远不可能在政治真空中运行,尤其是在 19 世纪 90 年代。这一现代化进程的根源在于与向工业社会过渡相关联的经济变化。那些变化自然就催生了编纂《德国民法典》的必要性,本书对此有所论及。例如,不可能再回到不自由的租地农制度的老路上了。诸如基尔克与米亚斯科夫斯基等改革者拒绝推翻遗嘱自由原则,这也是对这一事实的说明。但是,这些社会、经济动因并不能完全解释清楚法律制度发展的方式。

本书认为,特定的德意志法学传统对官僚机构以及法律人思考法律制度的方式产生了强大影响。我们很难精确地评估德意志法学
249 理论在多大程度上形塑了官僚机构的立场,但是影响肯定是巨大的。法典编纂委员会的实践提供了若干关于曾受过法律培训的官员与职业法律人之间达成一致立场的例子,而正是这种关系导致在 19 世纪 90 年代后提出的大部分社会改革方案折戟沉沙。就如同在社团法的情形中一样,政府显然乐意赞成那些获得职业法律人群体压倒性支持的改革提议,而这进一步地为以上论点提供了证据。最后,1895 年法学家代表大会极其热切地希望尽快通过《德国民法典》修订案,而这与帝国司法办公室所秉持的立场是一致的。在整个 19 世纪 90 年代,就基尔克对《德国民法典》发表的一般性批评意见(与其某些具体意见不同)而言,基尔克只争取到极少数德意志职业法律人的支持。

当然,如同其他社会群体,法律人也在许多问题上存在意见分歧。但是,绝大多数法律人都接受一些基本前提:《德国民法典》必须致力于维护法律的确定性,并对不同的社会利益进行平衡;《德国民法典》不能简单地将罗马法的因素排除在外;概念法学为保障法律的确定性提供了最好的立法技艺;等等。这些基本原则在实质上与那些官僚机构所采取的立场相协调,而法律人与帝国官员在此基础上缔结了同盟关系。对那些对《德国民法典》草案持激进改革立场的人来讲,这是难以逾越的障碍。

不过,除此以外,还有另一方面的问题。如同我们在第六章所见的,帝国官僚机构根本就不是一个统一的实体(monolithic entity)。尽管帝国政府不同部门官员的教育背景都大致相仿,然而狭隘的部门利益考量会导致他们在法律改革问题上存在分歧。帝国司法办公室与普鲁士司法部考虑的是清晰性、系统性以及精确性,而这正好与其他部门借助民法来实现社会与经济改革目标的诉求相异。如同舍林以及博斯所揭示的那样,不管部长们各自秉持何种政治观点,但都对这个议题的优先性颇为看重。舍林极为同情农民,博斯坚持维护建筑商的利益,而两人都无法使各自的意见与法律体系的技术性要求相协调。一方面,起草者对改革提议怀有高度同情的心理;另一方面,他们又基于不可克服的法学障碍反对将这些提议纳入《德国民法典》中。这就是第二委员会的大部分职业法律人所面临的困难与抉择。

此外,在政府与委员会之外,还存在一种类似的分歧。利益团体
250 对职业法律人的信赖无疑有助于缓和这些团体的极端性,并有助于各方将注意力放在关于《德国民法典》的少数几个问题上。值得注意的是,农民联盟认为,法律人无法代表其表达出对《德国民法典》的思想基础所抱有的根本性不满。[3] 同样的事情也发生在帝国国会的政党身上。一方面,帝国国会拥有施潘、布奇卡等法律专业人物,他们所关注的是,在成功通过《德国民法典》的前提下,可以实现什么目标。在某种程度上,社会民主党的第一发言人亚瑟·施塔特哈根也属于这类人,尽管他最终投票反对《德国民法典》。另一方面,诸如罗恩、倍倍尔以及中央党的土地改革论者都将《德国民法典》视作一种强迫所在政党对某些特定政策事项予以优先考虑的工具。一般而言,那些参加《德国民法典》辩论的人显然都是训练有素的法律人,在职业上需要浸淫于法律制度之中,而且他们共同体现了德意志法学文化的众多特色。

在向工业社会进行过渡的过程中,全欧洲都面临相似的问题。法律制度必须对这样一种情形作出回应——从特征上看,最重要的经济主体并非私主体。在20世纪,所有在经济上比较发达的国家都被迫承认,形式上的法律平等并不足以确保获得公正对待,而必须为

---

〔3〕 Suchsland to Roesicke, 11 June 1895, ZStA Potsdam, Roesicke Papers 19, fo. 211.

一些社会与经济上的不平等酌留余地。在合同交易、物权、继承权利、家庭关系等方面都发生了翻天覆地的变化。在所有的这些方面，《德国民法典》的基本原则都紧系 19 世纪的情境；它们是关于1815 ~ 1871 年这一国家统一时期的政府政策最终声明，而不是“创造性”地尝试解决已经明显出现的问题。在 19 世纪 90 年代，《德国民法典》可以获得通过这一事实透露出许多关于德意志发展的特性的信息。本研究认为，如果不结合知识传统以及政治实践（政治文化）来进行 251
思考，那么我们将无法理解德意志在那个时期的发展。

很明显，如果不考虑这种传统与实践，不考虑政治所具有的调解功能（mediating function），那么我们还是无法知晓官僚机构作出某项决策的原因。大卫·布莱克本将《德国民法典》视作体现资产阶级在 19 世纪末的德意志的价值观的证据，他也许是对的。当然，他在合同自由、遗嘱自由、物权的不受限制性等问题上走迪尔克·布莱修斯（Dirk Blasius）的老路，这肯定是错误的。[4] 如同我们所看到的，关于《德国民法典》的争论揭示了在德意志有产阶级内部，恰恰在这些

---

〔4〕 参见 D. Blackbourn and G. Eley, *The Peculiarities of German History. Bourgeois Society and Politics in Nineteenth-Century Germany* (Oxford, 1984), 190 - 4; D. Blasius, 'Bürgerliches Recht und bürgerliche Identität. Zu einem Problemzusammenhang in der deutschen Geschichte des 19. Jahrhunderts', in H. Berding *et al.* (eds.), *Vom Staat des Ancien Regime zum modernen Parteistaat. Feststhrift für Theodor Schieder zum 70 Geburtstag* (Munich/Vienna, 1978), 213 - 24；我在以下文章中对相关论证进行了详细的展开：M. John, 'The Peculiarities of the German State: Bourgeois Law and Society in the Imperial Era', *Past and Present*, 119 (1988), 105 - 31。

问题上存在严重分歧。诚然，没有人认真地要求回归到旧制度时期（Ancien Régime）。在19世纪的最后10年，此类提议无疑是荒谬的。然而，关于个人自由在何种程度上应受公共利益制衡这一问题尚未被坚定地提上讨论日程。在某种程度上，德意志有产阶级内部的分裂实际上是围绕一个问题：谁为现代化买单？换言之，这些争议揭示了在债权人与债务人、市镇与国家、金融机构与农村土地所有权人之间所存在的深层次分裂，而这些分歧都在1918年后再次困扰德国法律体系。哪里存在迪尔克·布莱修斯所称的“资产阶级身份”（bourgeois identity）呢？

不过，在某种意义上，这是定义问题。如果“资产阶级”一语仅仅指的是，在19世纪的一般情境下以自由财产权的行使为基础而建立的法律秩序，那么在1860年，大部分德意志的民事法律可能都已经是资产阶级性质的。在《德国民法典》编纂工作开始之时，法律制度的这一特点并未受到严肃挑战，这也解释了为何自由主义者应该在总体上对统一现行法感到满意。在德意志统一之前的10年间，一些法律制度的实质内容确实存在一定的融合。民族自由主义者要求对这些源自不同体系的内容进行形式上的统一，这似乎说明资产阶级确实存在利益上的联合。在研究涉及《德国民法典》论战的内容时，笔者对此着墨甚多。

关于《德国民法典》具有资产阶级性质的断言充斥着学术文献，而维亚克尔在进行关于德意志法律体系的“社会模型”的富有影响力

的调查时,也将之作为实质内容。不过,所争论的主要问题并不在于 252
这一断言是否正确,而在于它在多大程度上向我们传递了关于法律制度的信息。就马克斯·韦伯而言,英国的例子深具吸引力,因为它见证了如何能够在一个法律陈腐的国度实现工业革命。[5] 英国的例子表明,工业资本主义可以与诸多类型的法律制度妥协。惯常流传的一种说法是,就资本主义的发展而言,特定类型的法律制度是功能性的,但这很难得到印证。更含蓄的说法是,法律之所以发展,是因为对于经济发展来讲,它是功能性的。这种说法也很难得到证明。但是,如果这种功能主义的论点没有被接受,那么就很难说明给法律体系贴上资产阶级性质的标签有何益处。

最后,这一问题还有一个重要的面向。大部分认为应强调《德国民法典》资产阶级性质的人,认为法律是关于社会价值的一种表达。例如,令人吃惊的是,大卫·布莱克本将其关于法律制度的讨论放在资产阶级显得相对团结与成功的经济与社会的环境下,而非不够团结与成功的政治环境中。[6] 这反映了将德语语言分类转化为英语惯常用法的难处。例如,一个重要的例子是,德语单词"bürgerlich"兼有"公民的"(civil)与"资产阶级的"(bourgeois)的双重意义。大卫·布莱克本还试图探讨二者之间的关联性。德语词汇"bürgerliche

〔5〕 D. M. Trubek, 'Max Weber on Law and the Rise of Capitalism', *Wisconsin Law Review*, 3 (1972), 746 ff.

〔6〕 Blackbourn and Eley, *Peculiarities*, pp. 176 – 237.

Gesellschaft”（市民社会）经常被用来指以法律的形式平等以及国家公民的个体自主性为基本价值观（大卫·布莱克本所划分的资产阶级社会价值观）的社会。毫无疑问，这一类型的社会形成于19世纪末，而《德国民法典》起草者正是寻求表达出这种价值观。然而，如果
253 将这些问题放在资产阶级强大而又团结的社会中，那这无异于低估立法者必须应对的政治分裂问题。

另外，在大部分大陆法系国家，英语单词“law”都具有双重的含义：制定法以及规范的法律秩序。〔7〕 在理想的情形下，制定法力图表达社会发展所产生的规范价值，而正是这增加了萨维尼反对在18世纪编纂《德国民法典》的观点的说服力。不过，现代国家的经验表明，制定法与规范法之间的关系是很有问题的，而问题产生的原因有很多。也许最明显的原因是，在社会风俗、价值观的变迁与制定法对之所进行的法律表达之间，存在滞后性。有时，一国的法学传统可能是解决新的法律问题的障碍，而《德国民法典》似乎提供了许多这方面的例子。换言之，立法者在起草恰当的立法时所需面对的问题，或者为推进改革而争取到政治支持的难度等，都会引起这方面的迟延。〔8〕 在风云变幻无常的时代，所有这些因素似乎都是最大的障

〔7〕 例如：德语中对“Recht”与“Gesetz”的区分；法语中对“droit”与“loi”的区分；等等。

〔8〕 英国在19世纪的土地法改革即为典例，参见A. W. B. Simpson, *A History of the Land Law* (2nd edn., Oxford, 1986), 273 ff.。

碍,而社会与经济之间的关系处于不稳定的状态。

评论者批评因为争取政治支持而产生的迟延,而这种评论意见所指向的可能是法律秩序的社会价值观与制定法的关系问题。在整个19世纪,德意志的自由主义者以及法律人都喜欢谈论一个统一的民族或民族精神,他们认为自己是民族精神的主要代言人,而外界可能会极其怀疑现代社会是否存在此种类型的统一。20世纪的民主人士常常以“社会多元论者”自居,这一事实说明要确立一个统一的社会秩序有多困难。德意志帝国在19世纪末向大众政治的转变意味着,政治话语所体现的是,就不同利益团体所存在的大量的、相异的甚至是经常互相矛盾的诉求进行表达。本研究已经展示了许多例子,以说明关于民族统一的华丽辞藻是如何隐瞒了围绕“德国性”究竟为何而产生的激烈争论。就现代西方社会而言,这些问题很可能是无从逃避的生活现实,只是德意志帝国似乎以一种较极端的方式来解决这些问题。

这与“社会法律规则与制定法之间的关系”的关联性是相当明显的。即使关于“所梦寐以求的法律秩序的道德基准”的信念是在正式 254
的政治架构之外发展起来的,制定法关于这些信念的表达却并非如此。法律议案一般需获得议会多数票才能通过。这一程序会自动地将这些议案置于政治的舞台之上,并将他们展示给这一舞台的所有分支。就议会赞成票而言,这并非意味着所提法律草案精确地表达了关乎法律秩序的道德性的公众意见。如同我们在《德国民法典》这个案例中看到的,多数票是源自宣传动员、战术策略、政治资源交换的混合结果。政府频繁呼吁在局部利益上进行让步,这也许说明《德国民法典》对邦国立场的展示是不完美的。

这促使我们对德意志自由主义者所面临的困境进行省思。如我们所见,最令自由主义者感到恐慌的是,政治被划分为局部利益,并通过动员社会团体的方式来追逐这些利益。面对政治向大众政治转变而带来的问题,自由党人的回应是,重申他们对一种政治形式的承诺,即承诺可以超然乎局部利益团体与政党政治的分支之间的冲突的政治形式。《德国民法典》是一个完美工具,也许是德国国内政策中最后一个完美的、可以用来表达所向往的、超越经济区划的国家与社会统一愿景的工具。在魏玛共和国时期,这一愿景以及分歧都表现得愈加强烈或明显,而且这都被正冒头的纳粹运动充分加以利用。但是,这些将被大肆利用的"种子"被存储于自由主义的思想类型以及在 19 世纪最后 30 年所确立的政治实践中。[9]

自由主义在 20 世纪 20 年代的困境充分印证了,此处所描述的私法制度与自由主义政治之间的关联性问题。自由主义政党的选情衰落的主要原因是,在 1923 年发生的恶性通货膨胀使不同地区的自由主义选民心生怨恨,并制造了在魏玛共和国的民主架构下无法弥

〔9〕 关于这种关联性的精彩分析,参见 R. Koshar, *Social Life*, *Local Poltttcs and Nazism. Marburg* 1880 – 1935 (Chapel Hill/London, 1986)。

合的分歧。同样地,通过适用《德国民法典》的相关内容,也无法在有产阶级内部的债权人与债务人团体之间达成共识。那么多选区的团体疏远魏玛共和国,残酷地暴露了现存政治与法律秩序在合法性上的下降,并为纳粹党在随后的选举中获得成功提供了必需的(如果不是充分的)条件。在这点上,自由主义以及德意志私法未能认真地将社会分裂看成一个无可避免的现代生活特征,未能充分地与集体而非个人掌权的力量形式达成妥协,并回答关于战后世界的问题。[10]

在这个严重两极分化的时期,如果纳粹主义者想要利用自由主义者关于民族统一的热情做文章,无疑就会极度重视形式的合法性。 255
如同通常所指出的,自纳粹在 1933 年 1 月"攫取权力"之后,纳粹政权的合法性前提是其愿意在现行法律架构下运转。此时,在规范法(Recht)与制定法(Gesetz)之间所存在的矛盾实际上带着一种报复的意味,而且纳粹主义在很多领域成功地将自由主义颠覆了个遍。制定法的正式架构经常被用来摧毁自由主义的政治秩序的道德性。无论法律秩序的原则与纳粹统治秩序存在多大冲突,纳粹政府都相信,只要正确适用源自前政府的正式法律程序,而不用管新的法律在

---

〔10〕 L. E. Jones, 'The Dying Middle: The Fragmentation of the Bourgeois Parties', *CEH* 5 (1972), pp. 23-54; T. Childers, 'Inflation, Stabilization, and Political Realignment in Germany 1924-1928', in G. Feldman et al. (eds.), *Die deutsche Inflation: Eine Zwischenbilanz* (Berlin/New York, 1982), 409-31; D. B. Southern, 'The German Judiciary 1918-1933', D. Phil. thesis (Oxford, 1975), ch. 8; M. E. Hughes, 'Private Equity, Social Inequity: German Judges React to Inflation, 1914-1924', *CEH* 16 (1983), pp. 76-94.

内容上的道德性,则政权就会获得实质的合法性。[11]

这种对形式主义的强调是德国法律实证主义的中心特征。这种形式主义与自由主义未能更有效地抵制纳粹主义这个结果存在关联性。通过这种联系便能明白,在第二次世界大战后,为何实证主义传统得到的评价如此负面。如同观察到的,关于《德国民法典》的论战非常关注那些形式主义论据在何种程度上是站得住脚的。这产生了
256 一种可能性,在德意志政治体系中的自由主义价值观被削弱的过程中,《德国民法典》标志着一个重要的阶段,而方法是通过加强形式而非实质概念下的个体自由在德意志政治与法律文化中的地位。此即英国著名记者威克姆·斯蒂德(Wickham Steed)所欲表达的意思。他在第二次世界大战中对震惊了的塞巴斯蒂安·哈夫纳(Sebastian Haffner)说道:“《德国民法典》应为德国人的集体犯罪负主要责任,其所追求的系统性、形式主义的精确性摧毁了德国人直观的法感情。”哈夫纳对此论断颇感吃惊。[12]

当然,要是接受这一观点,那就显得太悲观主义了,而且也未能公正对待德意志自由主义。虽然语言以及辞藻表面上呈现延续性,却掩饰了19世纪80年代与20世纪20年代的政治语言在内涵上的

---

〔11〕 M. Broszat, *Der Staat Hitlers* (8th edn., Nördlingen,1979), ch. 10.

〔12〕 关于这一对话,参见 Schubert, ‘Der Ausbau der Rechtseinheit unter dem Norddeutschen Bunde: Zur Enstehung des Strafgesetzbuchs von 1870 unter besonderer Berücksichtigung des Strafensystems’, in A. Buschmann *et al.* (eds.), *Festchrift für Rudolf Gmür am 70. Geburtstag 28. Juli* 1983 (Bielefeld, 1983), pp. 188 f.。

基本分歧。希特勒的所谓“民族”(Volk)与俾斯麦时期的自由主义者抑或19世纪90年代日耳曼派学者所指的“民族”并非同一事物。当19世纪90年代的人谈论国家统一以及法律确定性,他们所反映的是残存的由来已久的自由主义愿景(多少还带点原初的解放意味)。而当19世纪的德意志自由主义者以正式的话语谈论法律,他们所指的是与受到冷嘲的机会主义相区分的,让众多的公职人员与法律人士在1933年自由政治体系坍塌之际抚慰自己的良心的方式。若非如此,左派缘何会将《德国民法典》对德意志大部分民事法律进行正式统一的做法褒扬为一种进步?很难说,作为一种政治价值观的自由主义是否已经在1914年前的德意志“死亡”。就那些自诩为自由党的党派的前途而言,似乎在第一次世界大战前就已经存在关于其未来选举运势的不吉利预兆。从事后来看,汉斯·德尔布吕克所做的总结无疑是正确的:尽管对于民族自由党人而言,《德国民法典》的通过是一个胜利,然而这也难以阻止该党在选举方面的持续衰落的颓势。不过,由于第一次世界大战及其余波的影响,需要针对重要区域的选民发动第二次动员,才能把自由党人赶下台。[13] 作为一种政治理论以及实践的德意志自由主义之所以失败了,是因为源自

〔13〕 H. Delbrück, 'Politischc Korrcspondenz', 24 July 1896, *Preussische Jahrbücher*, 85(1896), 397; J. Osmond, 'A Second Agrarian Mobilization? Peasant Associations in South and West Germany, 1918 – 1924', in R. G. Moeller (ed.), *Peasants and Lords in Modern Germany* (Boston, 1986), 168 – 97.

第一次世界大战的压力令人无法忍受。在魏玛共和国的情境中，构成其所继承的政治文化的复杂传统与加诸其上的要求水火不容。不过，如果要对这些传统进行评价，那么便需置身其所处的真实环境（受过教育的有产者精英所支配的政治架构），并考虑国家统一时期的优先政治事项。《德国民法典》是那种文化的最终产物，而且兴许
257 在其颁布之时就已经变得过时。然而，正如这一故事所具备的许许多多特征一样，要想更好地解读《德国民法典》的这一过时品性，势必无法脱离政治维度的分析。

参考文献

一、主要参考文献

1. 档案文献

Archiv der Hansestadt Lübeck

Senatsakten

Bayerisches Hauptstaatsarchiv, Munich

Ministerium des Aussern MA

Ministerium der Justiz MJu

Gesandtschaft Berlin

Gesandtschaft Dresden

Gesandtschaft Stuttgart

Bundesarchiv Koblenz

Prince Chlodwig zu Hohenlohe-schillingsfürst Papers

Kleine Erwerbungen 303, 319

Geheimes Staatsarchiv Preussischer Kulturbesitz, Berlin-Dahlem

Justizministerium Rep. 84a

Staatsministerium Rep. 90

Generallandesarchiv Karlsruhe

Staatsministerium Abt. 233
Justizministerium Abt. 234
Hessisches Staatsarchiv Marburg
Ludwig Enneccerus Papers
Hauptstaatsarchiv Stuttgart
Staatsministerium E 130a
Justizministerium E 74I
Gesandtschaft Berlin E 73
Gesandtschaft München E 75
Historisches Archiv, Cologne
Karl Bachem Papers
Niedersächsische Staats-und Universitätsbibliothek Göttingen
Gottlieb Planck Papers
Niedersächsisches Staatsarchiv Wolfenbüttel
Kanzlei des Staatsministeriums 12 A Neu
Staatsministerium 19 B Neu
Staatsarchiv Bremen
Senatsakten
Staatsarchiv Dresden
Aussenministerium
Gesandtschaft Berlin
Gesandtschaft München
Gesandtschaft Stuttgart
Staatsarchiv Hamburg
Senatsakten
Senatskommission für die Justizverwaltung
Akten des Bevollmächtigten zum Bundesrat
Staatsarchiv Schwerin
Ministerium der Justiz
Gesandtschaft Berlin
Zentrales Staatsarchiv Merseburg
Königliches Civil-Cabinet 2.2.1
Justizministerium 2. 5. 1
Ministerium der geistlichen, Unterrichts-und Medicinal-Angelegenheiten Rep. 76

Ministerium des Innern Rep. 77
Ministerium für die landwirtschaftlichen Angelegenheiten Rep. 87B
Handelsministerium Rep. 120
Gesandtschaft Dresden
Gesandtschaft Stuttgart
Friedrich Althoff Papers
Robert Bosse Papers
Adalbert Falk Papers
Zentrales Staatsarchiv Potsdam
Reichsjustizamt/-ministerium RJM
Reichskanzlei Rkz
Rudolf von Bennigsen Papers
Eduard Lasker Papers
Heinrich von Marquardsen Papers
Gustav Roesicke Papers

2. 印刷资料

（1）当代期刊

Archiv des deutschen Landwirthschaftsraths, 1880 – 90, 1893.

Deutsche Juristenzeitung, 1896 – 1900, 1909.

Frei-land Zeitschrift für friedliche Soziareform, 1892 – 4.

Preussische Gerichts-Zeitung (from July 1861 *Deutsche Gerichts-Zeitung*), 1860 – 3.

Schriften des Vereins für Sozialpolitik, 1882 – 1900.

Zeitschrift für deutsches Recht und deutsche Rechtswissenschaft, 1839 – 48.

（2）主要印刷资料

'Aus den Briefen Carl von Gerbers vom konstituierenden Reichstag des Norddeutschen Bundes', *Neues Archiv für Sächsische Geschichte*, 60(1939), 224 – 79.

BÄHR, O., *Der Rechtsstaat. Eine publicistische Skizze* (Cassel/Göttingen, 1864).

——*Das bürgerliche Gesetzbuch und die Zukunft der deutschen Rechtssprechung* (Leipzig, 1889).

——*Erinnerungen aus meinem Leben* (Cassel, 1898).

BAUMGARTEN, H. and JOLY, J., *Staatsminister Folly. Ein Lebensbild* (Tübingen, 1897).

BEKKER, E. I, *Die Reform des Hypothekenwesens als Aufgabe des Norddeutschen Bundes* (Berlin, 1867).

——*System und Sprache des Entwurfs eines Bürgerlichen Gesetzbuchs für das Deutsche Reich* (Berlin/Leipzig, 1888).

Bemerkungen der Grossherzoglich Mecklenburg-schmerinschen Regierung zu den Entwürfen eines Bürgerlichen Gesetzbuchs für das Deutsche Reich und eines Einführungsgesetzes zu diesem Gesetbuch. Als Manuskript gedruckt (2 vols., Schwerin, 1891/2).

Bemerkungen zum Entwurf eines Bürgerlichen Gesetzbuchs für das Deutsche Reich.

Bemerkungen des Königlich Preussischen Justizministers über die in dem Rundschreiben des Reichskanzlers vom 27. Juni 1889 *hervorgehobenen Punkte. Als Manuskript gedruckt* (Berlin, 1891).

Bericht der Reichstags-kommission über den Entwurf eines Bürgerlichen Gesetzbuchs und Einführungsgesetzes nebst einer Zusammenstellung der Kommissionsbeschlüsse (Berlin, 1896).

Bericht über die Verhandlungen der XIV. General-Versammlung der Vereinigung der Steuer-und Wirtschaftsreformer (Berlin, 1889).

Bericht über die Verhandlungen der XX. Haupt-versammlung des Congresses Deutscher Landwirthe zu Berlin am 26. *Februar 1889* (Berlin, 1889).

BESELER, G., Volksrecht und Juristenrecht (Leipzig, 1843).

——*Erlebtes und Erstrebtes, 1804 – 1859* (Berlin, 1884).

BETHMANN-HOLLWEG, M. A. v. *Ueber Gesetzgebung und Rechtswissenschaft als Aufgabe unserer Zeit* (Bonn, 1876).

Bismarck-erinnerungen des Staatsministers Freiherrn Lucius won Ballhausen (4th edn., Stuttgart/Berlin, 1921).

BLUM, H., *Auf dem Wege zur deutschen Einheit. Erinnerungen und Aufzeichnungen eines Mitkämpfers aus den Jahren* 1867 *bis 1870*, i (Jena, 1893).

BLUNTSCHLI, J. C, *Die neueren Rechtsschulen der deutschen Juristen* (Zurich/Frauenfeld, 1841).

——'Der bayerische und sächsische Entwurf eines bürgerlichen Gesetzbuchs', *Kritische Vierteljahresschrift für Gesetzgebung und Rechtswissenschaft*, 3(1861), 421 – 46.

——*Denkewürdiges aus meinem Leben* (3 vols., Nördlingen, 1884).

BRUNNER, H., 'Die Rechtseinheit' (1877), in K. Rauch (ed.)., *Abhandlungen zur Rechtsgeschichte. Gesammelte Aufsätze von Heinrich Brunner*, ii (Weimar 1931), pp. 361 – 77.

BUECK. H. A., *Der Centralverband deutscher Industrieller, 1876 – 1901* (3 vols., Berlin, 1902 – 5).

BÜRKEL, H, 'Ueber die Erzielung der Einheit des Privatrechts im deutschen Reiche', *AcP*, 55 (1872), 145 – 66.

BUSCH. M. Bismarck. *Some Secret Pages From His History* (3 vols., London, 1898).

CHRIST. A. *Ueber deutsche Nationalgesetzgebung* (Karlsruhe, 1842).

——*Die Verwirklichung der deutschen Nationalgesetzgebung* (Stuttgart/ Tübingen, 1850).

CONRAD, J., *Lebenserinnerumgen. Aus seinem Nachlass herausgegeben von Else Kesten-Conrad und Herbert Conrad. Als Manuskript gedruckt* (Berlin, 1917).

DAMASCHKE, A, *Aus meinem Leben*, i (Berlin, 1928).

——*Zeitenwende. Aus meinem Leben*, ii (Leipzig/Zurich, 1925).

DELBRÜCK, R. v., *Lebenserinnerungen 1817 – 1867*, ii (Leipzig, 1905).

DERNBURG, H. v, *Persönliche Rechtsstellung nach dem Bürgerlichen Gesetsbuch* (Berlin, 1896).

DOVE, A. and WIEDEMANN, T (eds) *Leopold von Ranke's Sämtliche Werke*, li/lii (Leipzig, 1888).

ENNECCERUS, L, *Friedrich Carl von Savigny und die Richtung der neueren Rechtswissenschaft nebst einer Auswahl ungedruckter Briefe* (Marburg, 1879).

——'Die parlamentarischen Aussichten des Bürgerlichen Gesetzbuchs', *DJZ*, I (1896), 6 – 8.

Der Entwurf eines Bürgerlichen Gesetzbuchs für das Deutsche Reich und der Rheinische Bauernverein (Cologne, 1890).

FISCHER, L. W. *Die teutsche Justiz. Für die Freunde des Rechts und der nationalen Einheit, auch zur Verständigung über Zweck und Ziel der bevorstehenden Mainzer Advocatenversammlung* (Stuttgart, 1844).

——'Ueber die Reformfrage, Acp, 31 (1848), 33 – 62.

FITTING, H, 'Ueber die Mittel zur Erzielung der Einheit des Privatrechts im deutschen Reich', *Acp*, 54 (1871), 263 – 79.

FRIESEN, R. v., *Erinnerungen aus meinem Leben. Aus dem Nachlass herausgegebem von H. V. Reisen*, iii (Dresden, 1910).

FULD, L., Das Erbrecht des code civil und der bäuerliche Grundbesitz', *Jahrbuch für Gesetzgebung, Verwaltung und Volkswirthschaft*, 12 (1888), 999 – 1027.

——'Der Entwurf eines bürgerlichen Gesetzbuches und das bäuerliche Erbrecht', *Zeitschrift für Agrarpolitik*, I (1888), 145 – 64.

——'Das bürgerliche Gesetzbuch und die Sozialpolitik', *Gruchots Beiträge zur*

Erläuterung des Deutschen Rechts, 35(1891), 635 -57.

GEIB. G., *Die Reform des deutschen Rechtslebens* (Leipzig, 1848).

GIERKE, O. v., 'Die Sttellung des künftigen bürgerlichen Gesetzbuches zum Erbrecht im ländlichen Grundbesitz', *Jahrbuch für Gesetsgebung, Verwaltung und Volksmirthschaft*, 12 (1888), 401 -36.

——*Der Entwurf eines bürgerlichen Gesetzbuchs und das Deutsche Recht* (Leipzig, 1889).

——'Georg Beseler', *ZRG GA*, 10 (1889), 1 -24.

——*Personengemeinschaften und vermögensinbegriffen in den Entwurf eines Bürgerlichen Gesetzbuchs für das Deutsche Reich* (Berlin/Leipzig, 1889).

——*Das Bürgerliche Gesetzbuch und der deutsche Reichstag. Sonderabdruck aus der Täglichen Rundschau* (Berlin, 1896).

——*Die historische Rechtsschule und die Germanisten* (Berlin, 1903).

——'Die soziale Aufgabe der Rechtswissenschaft', in E. Wolf (ed.), *Quellenbuch zur Geschichte der deutschen Rechtswissenschaft* (Frankfurt, 1949), pp, 478 -511.

GOLDSCHMIDT, L., *Die Nothwendigkeit eines deutschen Civilgesetsbuches. Sonderabdruck aus 'Im neuen Reich'* (Berlin, 1872).

GÖNNER, N. T. v., *Ueber Gesetzgebung und Rechtswissenschaft in unsrer Zeit* (Erlangen, 1815).

HACHENBURG, M., *Lebenserinnerungen eines Rechtsanwalts* (Düsseldorf, 1927).

HATTENHAUER, H. (ed.), *Thibaut und Savigny. Ihre programmatischen Schriften* (Munich, 1973).

HEYDERHOFE, J. and WENTZCKE, P., *Deutscher Liberalismus im Zeitalter Bismarcks: Eine politische Briefsammlung*, ii (Bonn/Leipzig, 1926).

HINSCHIUS, P., *Suarez, der Schöpfer des preussischen Landrechts und der Entwurf eines bürgerlichen Gesetbuches für das Deutsche Reich* (Berlin, 1889).

HOHENLOHE-SCHILLINGSFÜRST, Prince C. zu, *Memoirs*, ed. F. Curtius (2 vols., London, 1906).

——*Denkwürdigkeiten aus der Reichskanzlerzeit*, ed. K. A. v. Müller (Stuttgart/ Berlin, 1931).

HÖLDER, E., *Savigny und Feuerbach, die Koryphäen der deutschen Rechtswissenschaft. Ein Vortrag gehalten in Erlangen* (Berlin, 1881).

JAGEMANN, E. v, *Fünfundsiebzig Jahre des Erlebens und Erfahrens (1849 – 1924)* (Heidelberg, 1925).

JAKOBS, H. H. and SCHUBERT W., *Die Beratung des Bürgerlichen Gesetzbuches in Systematischer Darstellung der unueröffentlichen Quellen* (Berlin/ New York 1978 –).

JAKUBEZKY, K., *Bemerkungen zu dem Entwurfe eines Bürgerlichen Gesetzbuches für das Deutsche Reich* (Munich, 1892).

KETTELER, W. E. Frhr. V., *Die Centrums-Fraction auf dem ersten Deutschen Reichstag* (2nd edn., Mainz, 1872).

LABAND, P., 'Zum 18. Januar', *DJZ*, 1 (1896), 21 – 2.

LANGFELD, A., *Mein Leben. Erinnerungen* (Schwerin, 1930).

LANGEWIESCHE, D. (ed), *Das Tagebuch Julius Hölders 1877 – 1890* (Stuttgart, 1977).

LASKER, E. 'Einheitliches bürgerliches Recht. Eine Festrede Eduard Laskers und eine Preisaufgabe', in G. Hirth (ed.), *Annalen des Deutschen Reiches*, 7 (1874), 743 – 8.

——*Fünfzehn Jahre parlamentarischer Geschichte (1866 – 1880)*, ed. F. Hertnech (Berlin, 1901).

LEHMKUHL, A., 'Das neue Bürgerliche Gesetzbuch des Deutschen Reiches und seine bürgerliche Eheschliessung', *Stimmen aus Maria Laach* (1896), Heft 7, pp. 125 – 39.

LERCHENFELD-KOEFFERING, H. Graf, *Erinnerungen umd Denkwürdigkeiten* 1843 bis 1925 (Berlin, 1935).

LISZT, F. v., *Die Grenzgebiete zwischen Privatrecht und Strafrecht* (Berlin/Leipzig, 1889).

MARQUARDSEN, H. v, 'Die nationale Bebedeutung des Reichscivilgesetzbuchs', *DJZ*, I (1896), 325 – 8.

MENGER, A., Das *bürgerliche Recht und die besitzlosen Volksklassen* (5th edn., Tübingen, 1927).

MIASKOWSKI, A. v., *Das Erbrecht und die Grundeigenthumsvertheilung* (2 vols., Leipzig, 1882/4).

MINNIGERODE, L., *Bemerkungen über den Stand der Gesetzgebung und Jurisprudenz in Deutschland* (Darmstadt, 1836).

MITTERMAIER, K. J. A., 'Ueber die nothwendigen Vorarbeiten zur Verwirklichung einer allgemeinen deutschen Gesetzgebung mit besonderer Beziehung auf die Bearbeitung eines allgemeinen Gesetzes über eheliche Güterrechte', *Acp*, 31 (1848), 109 – 39.

——'Die neuesten Gesetzgebungsarbeiten auf dem Gebiete der Civil-gesetzgebung...', *AcP*, 36 (1853), 94 – 119.

MOHL, R. V., *Lebenserinnerungen*. 1799 – 1875 (2 vols., Stuttgart/Leipzig, 1902).

MUGDAN B. (ed.), *Die gesammten Materialien zum Bürgerlichen Gesetzbuch für das Deutsche Reich* (5 vols., Berlin, 1899).

NOELLNER, F. *Die deutschen Einheitsbestrebungen im Sinne nationaler Gesetzgebung und Rechtspflege* (Leipzig, 1857).

OECHSLI, W. (ed.) *Briefwechsel Johann Kaspar Bluntschli mit Savigny, Niebuhr, Leopold Ranke, Jakob Grimm und Ferdinand Meyer* (Frauenfeld, 1915).

OPITZ, H. G. *Gutachten über den Entwurf eines Bürgerlichen Gesetzbuchs für das Deutsche Reich. Erstattet für den Landeskulturrath des Königreichs Sachsens* (Leipzig, 1889).

Papst Leo XIII, *Feldmarschall Graf Moltke und ihre Bekämpfung der Sozialdemokratie durch Sicherung der Heimstätte* (Dresden, 1892).

PETERSEN, J, Der Entwurf zu einem bürgerlichen Gesetzbuch vor dem Reichstage', *Die Grenzboten*, 55(1896), 115 - 29.

PFEIFFER, D. B. W., *Ideen zu einer neuen Civil-gesetsgebung für Teutsche Staaten* (Göttingen, 1815).

PFIZER, G, 'Was erwartet Deutschland von dem bürgerlichen Gesetzbuch?', *Deutsche Zeit-und Streitfragen*, Neue Folge, 4, Heft 55 (Hamburg, 1889).

PLANCK, G. 'Zur Kritik des Entwurfes eines bürgerlichen Gesetzbuches', *Acp*, 75 (1889), 327 - 429.

——*Die rechtliche Stellung der Frau nach dem Bürgerlichen Gesetzbuch* (Göttingen, 1899).

——'Die soziale Tendenz des Bürgerlichen Gesetzbuches', *DJZ*, 4(1899), 181 - 4.

——'Das bürgerliche Recht und die arbeitenden Klassen', *DJZ*, 14(1909), 23 - 8.

——Windscheid als Mitarbeiter am Burgerlichen Gesetzbuch', *DJZ*, 14(1909), 951 - 4.

Protokolle über die Verhandlungen des Parteitages der SPD zu Breslau (Berlin, 1895), *Gotha* (Berlin, 1896).

PURGOLD, F., *Das nationale Element in der Gesetzgebung. Ein Wort zur deutschen Rechtseinheit* (Darmstadt, 1860).

REYSCHER, A. L. (ed.), *Vollständige, historisch und kritisch bearbeitete Sammlung der württembergischen Gesetze*, i (Stuttgart/ Tübingen, 1828).

RICHTER, E., *Politisches ABC-BUCH. Ein Lexikon parlamentarischer Zeit-und Streitfragen* (7th, 8th, 9th edns., Berlin, 1892, 1896, 1899).

RIEPENHAUSEN-CRANGEN, K. v., *Gesicherte Familienheimstätten im Deutschen Reich* (Berlin, 1890).

RODBERTUS-JAGETZOW, J. C. v, *Zur Erklärung und Abhülfe der heutigen Creditnoth des Grundbesitzes* (2nd edn., Berlin, 1893).

RÖDINGER, F., *Nationale Rechtserzeugung und Rechtsbildung in Deutschland. Ein Vortrag für die Versammlung der Advokaten in Mainz bestimmt* (Stuttgart/ Tübingen, 1844).

RÖHL, J. C. G. (ed), *Philipp Eulenburgs politische Korrespondenz*, iii (Boppard, 1983).

ROTH, P. v., 'Unifikation und Kodifikation', *Hauser's Zeitschrift für Reichs-und Landrecht*, I (1873), 1-27.

RUHLAND, G. and KROIDL, N., 'Zur Kritik des Entwurfes eines BGB. Vorträge und Aufsätze herausgegeben vom Bund der Landwirthe', *stimmen aus dem agrarischen Lager*, I (1896), 16-36.

RUNDE, C. L. *Patriotische Phantasien eine Juristen* (Oldenburg, 1836).

SCHUBERT W., *Materialien zur Entstehungsgeschichte des BGB. Einführung, Biographen, Materialien* (Berlin/New York, 1978).

——*Die deutsche Gerichtsverfassung (1867-1877)* (Frankfurt, 1980).

——*Die Vorlagen der Redaktoren für die erste Kommission zur Ausarbeitung des Entwurfs eines Bürgerlichen Gesetzbuches* (15 vols., Berlin/ New York, 1980-).

SCHWARTZ, E. 'Die Geschichte der privatrechtlichen Kodifikationsbestrebungen in Deutschland und die Entstehungsgeschichte des Entwurfs eines bürgerlichen Gesetzbuchs für das Deutsche Reich', *Archiv für bürgerlichen Recht*, 1 (1889), 1-189.

SEITZ, C. J., *Das praktische Bedürfniss der Rechtsreform gegenüber der historischen Schule* (Erlangen, 1865).

SINTENIS, C. F. F., *Zur Frage von den Gesetzbüchern. Ein Votum in Veranlassung des Entwurfs eines bürgerlichen Gesetzbuchs für das Königreich Sachsen* (Leipzig, 1853).

SOHM, R, 'Die deutsche Rechtsentwicklung und die Codificationsfrage', *Zeitschrift für das Privat-und öffentliche Recht der Gegenwart*, I (1874), 245-80.

——*Ueber den Eintwurf eines bürgerlichen Gesetzbuches für das Deutsche Reich in zweiter Lesung. Ein Vortrag* (Berlin, 1895).

——'Die Entstehung des deutschen Bürgerlichen Gesetzbuchs', *DJZ*, 5 (1900), 6-9.

——and WACH. A., 'Arnold Nieberding', *DJZ*, 14 (1909), 1345-8.

SPAHN, M., *Ernst Lieber as Parlamentarier* (Gotha, 1906).

——*Das deutsche Zentrum. Kultur und Katholizismus* (Mainz/Munich, 1906).

STAMMLER, R., *Die Bedeutung des deutschen Bürgerlichen Gesetzbuches für den Fortschritt der Kultur* (Halle, 1900).

Stenographische Berichte über die Verhandlungen des Reichstags, 1867-1896.

STOERK, F. , 'Das Bürgerliche Gesetzbuch und der Gesetzgebungsapparat des deutschen Reiches', in *Festgabe der Greifswalder Juristenfakultät für Ernst Immanuel Bekker zum 17. Februar 1899* (Greifswald, 1899), pp. 85 – 154.

THORNDIKE, A. , *Zur Rechtsfähigkeit der deutschen Arbeiterberufsvereine* (Tübingen, 1908).

VARRENTRAPP, C. , 'Briefe von Savigny an Ranke und Perthes', *HZ*, 100 (1908), 330 – 51.

Verhandlungen der Germanisten zu Frankfurt am Main am 24. , 25. *und* 26. *September 1846* (Frankfurt, 1847).

Verhandlungen der Germanisten zu Lübeck am 27. , 28. *und* 30. *September 1847* (Lübeck, 1848).

Verhandlungen der Neunten, Neunzehnten, Zwanzigsten, Dreiundzwanzigsten Deutschen Juristentage (Berlin, 1871, 1888, 1889, 1895).

Verhandlungen der Königlich Landes-oekonomie-kollegiums über den Entwurf eines bürgerlichen Gesetzbuches für das Deutsche Reich und andere Gegenstände. Ⅲ. Session der Ⅳ. Sitzungsperiode vom 11. bis 22. November 1889 (Berlin, 1890).

Verhandlugen des Westfälischen Bauernvereins über den Entwurf eines Bürgerlichen Gesetzbuchs für das Deutsche Reich (Münster, 1890).

VIERHAUS, F. , *Die Entstehungsgeschichte des Entwurfs eines Bürgerlichen Gesetzbuchs für das Deutsche Reich in Verbindung mit einer Uebersicht der privatrechtlichen Kodifikationsbestrebungen in Deutschland* (Berlin, 1889).

WÄCHTER, C. G. , 'Die neuesten Fortschritte der Civilgesetzgebung in Württemburg', *AcP*, 23(1840), 33 – 111.

——*Der Entwurf eines bürgerlichen Gesetzbuches für das Königreich Sachsen Ein Beitrag zur Beurtheilung desselben.* (Leipzig, 1853).

——'Gesetzgebung', in C. T. v. Welcker, *Staatslexikon*, vii (3rd end. , Leipzig, 1862), pp. 482 – 517.

WÄCHTER, O. v. , *Carl Georg von Wächter. Leben eines deutschen Juristen.* (Leipzig, 1881).

WENTZCKE, P. and KLÖTZER, W. (eds.), *Deutscher Liberalismus im Vormärz. Heinrich von Gagerns Briefe und Reden 1815 – 1848* (Göttingen / Berlin / Frankfurt, 1959).

WIGARD, F. (ed.), *Stenographische Berichte über die Verhandlungen der deutschen constituirenden Nationalversammlung* (9 vols. , Leipzig, 1848/9; Frankfurt, 1849/50).

WINDSCHEID, B. , *Gesammelte Reden und Abhandlungen*, ed. P. Oertmann (Leipzig,

1904).

WYDENBRUGK, O. v., *Briefe über deutsche Nationalgesetzgebung* (Jena 1848).

ZITELMANN, E., 'Zur Begrüssung des neuen Gesetzbuches', *DJZ*, 5(1900), 2-6.

Zur Kritik des Entwurf eines Bürgerlichen Gesetzbuches für das Deutsche Reich. Ergänzungsheft der Juristischen Rundschau für das katholische Deutschland, herausgegeben durch den katholischen Juristen-verein zu Mainz (2 vols., Frankfurt / M., 1890 / 1).

Zusammenstellung der gutachtlichen Aeusserungen zu dem Entwurf eines Bürgerlichen Gesetzbuchs gefertigt im Reichsjustizamt. Als Manuskript gedruckt (6 vols., Berlin, 1890 / 91).

Zusammenstellung der Aeuserungen der Bundesregierungen zu dem Entwurf eines Bürgerlichen Gesetzbuchs, gefertigt im Reichsjustizamte. Als Manuskript gedruckt (2 vols., Berlin 1891).

Zusammenstellung der Aeusserungen der Bundesregierung zu dem Entwurf eines Bürgerlichen Gesetzbuchs zweiter Lesung (5 vols., Berlin, 1895).

二、次级参考文献

ALBRECHT, W., *Fachverein-Berufsgewerkschaft-Zentralverband. Organisationsprobleme der deutschen Gewerkschaften 1870-1890* (Bonn, 1982).

ANDERSON, M. L., *Windthorst. A Political Biography* (Oxford, 1981).

——'The Kulturkampf and the Course of Geman History', *CEH*, 19 (1986), 151-96.

——and BARKIN, K. D., 'The Myth of the Puttkamer Purge and the Reality of the *Kulturkampf*: Some Reflections on the Historiography of Imperial Germany', *JMH*, 54 (1982), 647-86.

BACHEM, K, *Vorgeschichte, Geschichte und Politik der Deutschen Zentrumspartei*, v (Cologne, 1929).

BÄHR, U., 'Die berufsständischen Sonderinteressen und das BGB: Ein Beitrag zur Entstehungsgeschichte der Kodifikation', Jur. Diss. (Heidelberg, 1973).

BARK. T., *Vertragsfreiheit und Staat im Kapitalismus* (Berlin, 1978).

BARKIN, K. D, *The Controversy over German Industrialization, 1890-1902* (Chicago, 1970).

BEHMEN, M., *Das Preussische Wochenblatt* (1851 - 1861). *Nationalkonservative Publizistik gegen Ständestaat und Polizeistaat* (Göttingen, 1971).

BEHN, M., 'der Generalbericht der Badischen Kommission zur Begutachtung des Entwurfs eines Bürgerlichen Gesetzbuches für das Deutsche Reich Ein Beitrag zur Mitwirkung der Bundesländer bei der Ausarbeitung des Bürgerlichen Gesetzbuches', *ZRG G A*, 99 (1982), 113 -219.

BENÖHR H.-P., 'Konsumentenschutz vor 80 Jahren. Zur Entstehung des Abzahlungsgesetzes vom 16. Mai 1894', *Zeitschrift für das gesamte Handelsrecht und Wirtschaftsrecht*, 138 (1974), 492 -503.

——'Politik und Rechtstheorie: Die Kontroverse Thibaut-savigny vor 160 Jahren', *JuS*, 14 (1974),681 -4.

——'Die Grundlage des BGB: Das Gutachten der Vorkommission von 1874', *JuS*, 17 (1977), 79 -82.

——'Wirtschaftsliberalismus und Gesetzgebung am Ende des 19. Jahrhunderts', *Zeitschrift für Arbeitsrecht*, 8(1977), 187 -218.

——'Das Gesetz als Instrument zur Lösung sozialpolitischer Kanflikte: Das Beispiel des Bauforderungssicherungsgesetz von 1909', *ZRG GA*, 95 (1978) 221 -8.

BINDER. H.-O., *Reich und Einzelstaaten Während der Kanzlerschaft Bismarcks*, 1871 -1890. *Eine Untersuchung zum Problem der bundesstaatlichen Organisation* (Tübingen, 1971).

BLACKBOURN, D., 'The *Mittelstand* in German Society and Politics, 1871 -1914', *Social History*, 4 (1977), 409 -433.

——*Class, Religion and Local Politics in Wilhelmine Germany. The Centre Party in Württemberg before 1914* (New Haven, Conn., /London, 1980).

——'Between Resignation and Volatility: The German Petite Bourgeoisie in the Nineteenth Century', in G. Crossick and H.-G. Haupt (eds.), *Shopkeepers and Master Artisans in Nineteenth-century Europe* (London, 1984), pp. 35 -61.

——and ELEY, G., *The Peculiarities of German History. Bourgeois Society and Politics in Nineteenth-century Germany* (Oxford, 1984).

BLASTUS, D., 'Der Kampf und die Geschworenengerichte im Vormärz', in H.-U. Wehler (ed.), *Sozialgeschichte Heute. Festschrift für Hans Rosenberg zum* 70. *Geburtstag* (Göttingen, 1974), pp. 148 -161.

——'Bürgerliches Recht und bürgerliche Identität: Zu einem Problem-zusammenhang in der deutschen Geschichte des 19. Jahrhunderts', in H. Berding *et al.* (eds.), *Vom Staat des*

Ancien Regime zum modernen Parteistaat. Festschrift für Theodor Schieder zum 70. Geburtstag (Munich/Vienna, 1978), pp. 213 – 24.

——'Scheidung und Scheidungsrecht im 19. Jahrhundert: Zur Sozialgeschichte der Familie', *HZ*, 241 (1985), 329 – 60.

BLESSING, W. K., 'Staatsintegration als soziale Integration: Zur Entstehung einer bürgerlichen Gesellschaft im frühen 19. Jahrhundert', *Zeitschrift für bayerische Landesgeschichte*, 41 (1978), 633 – 700.

BOLDT, H., *Rechtsstaat und Ausnahmezustand. Eine Studie über den Belagerungszustand als Ausnahmezustand des bürgerlichen Rechtsstaates im* 19 *Jahrhundert* (Berlin, 1967).

BONHAM, G. J, 'Bureaucratic Modernizers and Traditional Constraints: Higher Officials and the Landed Nobility in Wilhelmine Germany 1890 – 1914', Ph. D. thesis (Berkeley, CA, 1985).

BORNKAMM, H., 'Die Staatsidee im Kulturkampf', *HZ*, 170 (1950), 41 – 72, 273 – 306.

BRANDT, D., 'Die politischen Parteien und die Vorlage des Bürgerlichen Gesetzbuches im Reichstag', Jur. Diss. (Heidelberg, 1975).

BREUILLY, J., Civil Society and the Labour Movement, Class Relations and the Law: A Comparison between Germany and England', in J. Kocka (ed.), *Arbeiter und Bürger im* 19. *Jahrhundert* (Munich, 1985), pp. 287 – 318.

BUCHHOLZ, S., *Abstraktionsprinzip und Immobiliarrecht. Zur Geschichte der Auflassung und der Grundschuld* (Frankfurt, 1978).

BULLOCK, N. and READ, J., *The Movement for Housing Reform in Germany and France 1840 – 1914* (Cambridge, 1985).

BÜTTNER, S., *Die Anfänge des Parlamentarismus in Hessen-darmstadt und das du Thilsche System* (Darmstadt, 1969).

CARONI, P., 'Savigny und die Kodifikation: Versuch einer Neudeutung des "Berufe"', *ZRG GA*, 86 (1969), 97 – 176.

COHN, E. J., *A Manual of German Law i* (London, 1968).

COING, H., Bemerkungen zum überkommenen Zivilrechtssystem', in E. v. Caemmerer *er al.* (eds.), *Vom deutschen zum europäischen Recht. Festschrift für Hans Dölle*, i (Tübingen, 1963), pp. 25 – 40.

——(ed.), *Handbuch der Quellen und Literatur der neueren europäischen Privatrechtsgeschichte* (3 vols., Frankfurt, 1973 – 82).

——and WILHELM, W. (eds.), *Wissenschaft und Kodifikation des Privatrechts im* 19. *Jahrhundert* (6 vols., Frankfurt, 1974 – 82).

CONRAD, H., 'Der parlamentarischer Kampf um die Zivilehe bei Einführung des Bürgerlichen Gesetzbuches für das Deutsche Reich', *Historisches Jahrbuch 62* (1952), 474 – 93.

——'Der Deutsche Juristentag', in E. v. Caemmerer et al. (eds.), *Hundert Jahre Deutsches Rechtslebens. Festschrift zum hundertjährigen Bestehen des Deutschen Juristentages, 1860 – 1960*, i (Karlsruhe, 1960), pp. 1 – 36.

DANN, O. (ed.), *Vereinswesen und bürgerliche Gesellschaft* (*HZ*, Beiheft 9 Neue Folge; Munich, 1984).

DILCHER. G., 'Genossenschaftstheorie und Sozialrecht: ein 'Juristensozialismus' Otto v. Gierkes?', *Quad. Fior.*, 3/4, t. 1 (1974/5), 319 – 65.

——'Der rechtswissenschaftliche Positivismus: Wissenschaftliche Methode, Sozialphilosophie, Gesellschaftspolitik', *Archiv für Rechts-und Sozialphilosophie*, 61 (1975), 497 – 528.

DILCHER, G., and KERN, B. -R., 'Die juristische Germanistik des 19. Jahrhunderts und die Fachtradition der Deutschen Rechtsgeschichte', *ZRG G A*, 101 (1984), 1 – 46.

DÖLEMEYER, B., Einflüsse von ALR, Code Civil und ABGB auf Kodifikationsdiskussionen und-projekte in Deutschland', Ius Commune, 7(1978), 179 – 225.

DÖRNER, H., *Industrialisierung und Familienrecht. Die Auswirkungen sozialen Wandels dargestellt an den Familienmodellen des ALR, BGB und des französischen Code Civil* (Berlin, 1974).

DUDING, D., *Der Nationalsoziale Verein. Der gescheiterte Versuch einer parteipolitischen Synthese on Nationalismus, Sozialismus und Liberalimus* (Munich/Vienna, 1972).

ELEY, G., *Reshaping the German Right Radical Nationalism and Political Change after Bismarck* (New Haven, Conn, / London, 1980).

——' State Formation, Nationalism and Political Culture in Nineteenth-century Germany', in R. Samuel and G. Stedman Jones (eds.), *Culture, Ideology and Politics. Essays for Eric Hobsbawm* (London, 1983), pp. 277 – 301.

——*From Unification to Nazism. Reinterpreting the German Past* (London, 1986).

ELSENER, F., 'Carl Georg von Wächter (1797 – 1880) und die Bemühungen Württembergs um eine Vereinheitichung des Privat-und Prozessrechtes in der Zeit des Deutschen Bundes (1847/8)', in K. Ebert (ed.), *Festschrift Herrmann Balt* (Innsbruck, 1978), pp. 193 – 209.

EPSTEIN, K., *The Genesis of German Conservatism* (Princeton, NJ, 1966).

ERDMANN, M., *Die verfassungspolitische Funktion der Wirtschaftsverbände in Deutschland, 1815 - 1871* (Berlin, 1968).

EVANS, R. J. (ed.), *Society and Politics in Wilhelmine Germany* (London, 1978).

——*Sozialdemokratie und Frauenemanzipation im deutschen Kaiserreich* (Bonn, 1978).

FABER. K.-G., *Die Rheinlande zwischen Restauration und Revolution. Probleme der rheinschen Geschichte von* 1814 *bis* 1848 *im Spiegel der zeitgenössischen Publizistik* (Wiesbaden, 1966).

FEHRENBACH, E., *Traditionale Gesellschaft und revolutionäres Recht. Die Einführung des Code Napoleon in den Rheinbundstaaten* (Göttingen, 1974).

——'Zur sozialen Problematik des rheinischen Rechts im Vormärz', in H. Berding et al. (eds.), *Vom Staat des Ancien Regime zum modernen Parteistaat. Festschrift für Theodor Schieder zu seinem* 70. *Geburtstag* (Munich/Vienna, 1978), pp. 197 - 208.

FENSKE, H., 'Reich, Bundesrat und Einzelstaaten 1867 - 1914. Ein Liter-aturbericht', *Der Staat*, 13(1974), 265 - 79.

FISCHER. W., *Wirtschaft und Gesellschaft im Zeitalter der Industrialisierung. Aufsätze-Studien-Vorträge* (Göttingen, 1972).

FRICKE, D. *et al.*, *Die bürgerlichen Parteien in Deutschland. Handbuch der Geschichte der bürgerlichen Parteien und anderen bürgerlichen Organisationen vom Vormärz bis zum Jahre 1945* (2 vols., Leipzig, 1968, Berlin-GDR, 1970).

FRENSDORFF, F., *Gottlieb Planck, deutscher Jurist und Politiker* (Berlin, 1914).

GALL, L., 'Die partei-und sozialgeschichtliche Problematik des Kulturkampfs', *Zeitschrift für die Geschichte des Oberrheins*, 113 (1966), 151 - 96.

——*Der Liberalismus als regierende Partei. Das Grossherzogtum Baden zwischen Restauration umd Reichsgründung* (Wiesbaden, 1968).

——'Liberalismus und "bürgerliche Gesellschaft": Zur Charakter und Entwicklung der liberalen Bewegung in Deutschland', *HZ*, 220 (1975), 324 - 56.

——*Bismarck. Der weisse Revolutionär* (pbk. edn., Frankfurt/Berlin/Vienna, 1983).

GETZ, H., *Die deutsche Rechtseinheit im* 19. *Jahrhundert als rechtspolitisches Problem* (Bonn, 1966).

GRIMM, D., 'Bürgerlichkeit im Recht', in J. Kocka (ed.), *Bürgerlichkeit im 19. Jahrhundert* (Göttingen, 1987), pp. 149 - 88.

GRUNER, W. D., 'Die Würzburger Konferenzen der Mittelstaaten in den Jahren 1859 - 1861 und die Bestrebungen zur Reform des deutschen Bundes', *Zeitschrift für bayerische*

Landesgeschichte, 36 (1973), 181 –253.

GUGEL, M., *Industrieller Aufstieg und bürgerliche Herrschaft. Sozioökonomische Interessen und politische Ziele der liberalen Bürgertums zur Zeit des Ver-fassungskonflikts 1857 – 1867* (Cologne, 1975).

HABERMAS, J., *Strukturwandel der Öffentlichkeit. Untersuchungen zu einer Kategorie der bürgerliche Gesellschaft* (11th end., Darmstadt/Neuwied, 1980).

HALL, A., 'By Other Means: The Legal Struggle Against the SPD in Wilhelmine Germany, 1890 – 1900', *Historical Journal*, 17(1974), 365 –86.

HARRIS, J. F., 'Eduard Lasker and Compromise Liberalism', *JMH*, 42(1970), 342 – 60.

HARTMANNSGRUBER, F., *Die Bayerische Patriotenpartei 1868 – 1887* (Munich 1986).

HEDEMANN, J. W., *Der Dresdner Entwurf von* 1866. *Ein Schritt auf dem Wege zur deutschen Rechtseinheit* (Berlin, 1935).

——*Die Fortschritte des Zivilrechts im* 19. *Jahrhundert. Ein Überblick über die Entfaltung des Privatrechts in Deutschland, Österreich, Frankreich und der Schweiz*, i (Berlin, 1910), ii/1 (Berlin, 1930), ii/2 (Berlin, 1935).

HENDON. D. W., 'The Center Party and the Agrarian Interest in Germany, 1890 – 1914', Ph. D. thesis (Emory University, Atlanta, Ga., 1976).

HERZFELD. H., *Johannes von Miquel. Sein Anteil am Ausbau des Deutschen Reiches bis zum Jahrhundertwende* (2 vols., Detmold, 1938).

HÖRNER, H., *Anton Menger. Recht und Sozialismus* (Frankfurt, 1977).

ISELE. H. G., 'Ein halbes Jahrhundert deutsches bügerliches Gesetzbuch', *AcP*, 150 (1949), 1 –27.

JOHN, M., "Liberalism and Society in German, 1850 – 1880: The Case of Hanover, *English Historical Review*, 102 (1987), 579 –98.

JOHN, M., 'The Peculiarities of the German State. Bourgeois Law and Society in the Imperial Era', *Past and Present*, 119 (1988), 105 –31.

KAELBLE. H., 'Industrielle Interessenverbände vor 1914', in W. Ruegg and O. Neuloh (eds.), *Zur Soziologischen Theorie und Analyse des 19. Jahrhunderts* (Göttingen, 1971), pp. 180 – 192.

KÄSTNER, K. H., *Anton Menger (1841 – 1906). Leben und Werk* (Tübingen, 1974).

KANTOROWICZ, H., 'Volksgeist und historische Rechtsschule', HZ, 108 (1912), 295 –325.

KAUFFMANN, E., 'Das, sittliche Wesen der Ehe' als Massstab für die inhaltliche Bestimmung der Normen bei der Kodifizierung des Bürgerlichen Gesetzbuches', in *Rechtsgeschichte und Kulturgeschichte. Festschrift für Adalbert Erler zum 70. Geburtstag* (Aalen, 1976), pp. 649 – 62.

KERN, B.-R., *Georg Beseler. Leben und Werk* (Berlin, 1982).

KIEFNER, H., 'Der Einfluss Kants auf Theorie und Praxis des Zivilrechts im 19. Jahrhundert', in J. Blühdorn and J. Ritter (eds.), *Philosophie und Rechtswissenschaft. Zum Problem ihrer Beziehung im 19. Jahrhundert* (Frankfurt, 1969), pp. 3 – 25.

——'Thibaut und Savigny. Bemerkungen zum Kodifikationsstreit', in A. Buschmann *et al.* (eds.), *Festschrift für Rudolf Gmür zur 70 Juli 1983* (Bielefeld, 1983), pp. 53 – 85.

KLEINE, G. H., *Der Württembergische Ministerpräsident Freiherr Herrmann von Mittnacht* (1825 – 1909) (Stuttgart, 1969).

KLEINE, H., *Die historische Bedingtheit der Abstraktion von der causa* (Berlin-GDR, 1953).

KNEMEYER. F.-L., *Regierungs-und Verwaltungsreform in Deutschland zu beginn des 19. Jahrhunderts* (Cologne / Berlin, 1970).

KÖGLER, P., *Arbeiterbewegung und Vereinsrecht. Ein Beitrag zur Entstehungsgeschichte des BGB* (Berlin, 1974).

KÖHNE. R., *Nationalliberale und Koalitionsrecht. Struktur und Verhalten der nationalliberalen Fraktion, 1890 – 1914* (Frankfurt, 1977).

KRAEHE, E. E., 'Practical Politics in the German Confederation. Bismarck and the Commercial Code', *JMH*, 25 (1953), 13 – 24.

KRIEGER, L., *The German Idea of Freedom. History of a Political Tradition* (Chicago/London, 1957).

KROESCHELL, K., 'Zur Lehre vom "Germanischen" Eigentumsbegriff', in *Rechtshistorische Studien. Hans Thieme zum 70. Geburtstag zugeeignet von seinen Schülern* (Cologne/Vienna, 1977), pp 34 – 71.

KUNTSCHKE, H., 'Zur Kritik Otto v. Gierkes am BGB', in A. Csizmadia and K. Keovacs (eds.), *Die Entwicklung des Zivilrechts in Mitteleuropa* (1848 – 1914) (Budapest, 1970), pp. 153 – 64.

KUCZINSKI, J., *Studien zu einer Geschichte der Gesellschaftswissenschaften*, vi (BERLIN-GDR, 1977).

LAUFKE, F., 'Der Deutsche Bund und die Zivilgesetzgebung', in P. Mikat (ed.), *Festschrift der Rechts-und Staatswissenschaftlichen Fakultät der Julius-Maximilians-Universität*

Würzburg zum 75. *Geburtstag von Hermanm Nottarp* (Karlsruhe, 1961), pp. 1 – 57.

LAUFS, A., 'Die Begründung der Reichskompetenz für das gesamte bürgerliche Recht', *JUS*, 12 (1973), 740 – 4.

LEBOVICS, H., '"Agrarians" versus "Industrialisers": Social Conservative Resistance to Industrialism and Capitalism in late 19th-century Germany, *International Review of Social History*, 12(1967), 31 – 65.

LEE, L. E., *The Politics of Harmony. Civil Service, Liberalism and Social Reform in Baden, 1800 – 1850* (Cranbury, N. J., 1980).

LENZ, M., *Geschichte des königlichen Friedrich-Wilhelms-Uniuersität zu Berlin*, ii/1 (Halle, 1910), ii/2 (Halle, 1918).

LOTH, W., *Katholiken im Kaiserreich. Der politische Katholizismus in der Krise der wilhelminischen deutschland* (Düsseldorf, 1984).

MARTINY, M., *Integration oder Konfrontation? Studien zur Geschichte der sozialdemokratischen Rechts-und Verfassungspolitik* (Bonn/Bad Godesberg, 1976).

MATTHIAS, E., 'Kautsky und der Kautskyanismus. Die Funktion der Ideologie in der deutschen Sozialdemokratie vor dem ersten Weltkriege', in I. Fetscher (ed.), *Maraxismusstudien*, ii (Tübingen, 1957), 151 – 97.

MERTENS, H.-G., *Die Entstehung der Vorschriften des BGB über die gesetzliche Erbfolge und das Pfichtteilsrecht* (Berlin, I970).

——'Heinrich Eduard Pape (1816 – 1888)', in R. Stupperich (ed.), *Westfälische Lebensbilder*, xi (Münster, 1975), 153 – 71.

MOELLER, R. G., 'The Kaiserreich recast? Continuity and change in modern German historiography', *Journal of Social History*, 17 (1984), 655 – 83.

MOMMSEN, W. J., 'Der deutsche Liberalismus zwischen "klassenloser Bürgergesellschaft" und 'organisiertem Kapitalismus'. Zu einigen neueren Liberalismusinterpretationen, *Geschichte und Gesellschaft*, 4(1978), 77 – 90.

MORSEY. R., *Die oberste Reichsverwaltung unter Bismarck 1867 – 1890* (Münster, 1957).

——'Die deutschen Katholiken und der Nationalstaat zwischen Kulturkampf und dem ersten Weltkrieg', *Historisches Jahrbuch*, 90 (1970), 31 – 64.

MÜLLER, E., *Anton Mengers Rechts-und Gesellschaftssystem* (Berlin, 1975).

MÜLLER, K., 'Zentrumspartei und agrarische Bewegung im Rheinland, 1882 – 1903', in K., Repgen and S. Skalweit (eds.) *Spiegel der Geschichte. Festgabe für Max Braubach zum 10. April 1964* (Münster, 1964), pp. 828 – 57.

NIPPERDEY, T., 'Interessenverbände und Parteien in Deutschland vor dem ersten Weltkrieg', in id., *Gesellschaft, Kultur, Theorie. Gesammelte Aufsätze zur neueren Geschichte* (Göttingen, 1976), pp. 319 - 37.

——*Deutsche Geschichte*, 1800 - 1866. *Bürgerwelt und starker Staat* (Munich, 1983).

NOLL. A., *Sozio-ökonomischer Strukturwandel des Handwerks in der zweiten Phase der Industrialisierung unter besonderer Berücksichtigung der Regierungsbezirke Arnsberg und Münster* (Göttingen, 1975).

O' DONNELL, A. J., 'National Liberalism and the Mass Politics of the German Right 1890 - 1907', Ph. D. thesis (Princeton, 1974).

OERTMANN, P., 'Bauforderungen, Sicherung der', *Handwörterbuch der Staatswissenschaften*, ii (4th edn., Jena, 1924), 417 - 30.

OFFERMANN. T., *Arbeiterbewegung und liberales Bürgertum in Deutschland, 1850 - 1863* (Bonn, 1979).

ONCKEN, H. *Rudolf von Bennigsen. Ein deutscher Liberaler nach seinen Briefen und hinterlassenen Papieren*, ii (Stuttgart/Leipzig, 1910).

ORRÙ, G., '"Idealismo" e "Realismo" nel socialismo di Menger', *Quad. fior.*, 3/4, t. 1 (1974/75), 182 - 272.

PERKINS, J. A., 'The Agricultural Revolution in Germany 1850 - 1914', *Journal of European Economic History*, 10 (1981), 71 - 118.

PFEIFFER-MUNZ. S., *Soziales Recht ist deutsches Recht. Otto von Gierkes Theorie des sozialen Rechts untersucht anhand seiner Stellungnahmen zur deutschen und schweizerischen Privatrechtskodifikation* (Zurich, 1979).

PLAT, W., 'Die Stellung der deutschen Sozialdemokratie zum Grundstaz der Gleichberechtigung der Frau auf dem Gebiet des Familienrechts bei der Schaffung des Bürgerlichen Gesetzbuches des Deutschen Reiches', Jur. Diss (Berlin-GDR, 1966).

POLLEY, R., *Anton Justus Friedrich Thibaut (A. D. 1772 - 1840) in seinen Selbstzeugnissen und Briefen* (3 vols., Frankfurt, 1982).

PUHLE, H.-J., 'Parlament, Parteien und Interessenverbände, 1890 - 1914', in M. STÜRMER [ED.], *Das kaiserliche Deutschland. Politik und Gesellschaft, 1870 - 1918* (Düsseldorf, 1970), pp. 340 - 78.

——*Agrarische Interessenpolitik und preussischer Konservatismus im wilhel-minischen Reich (1893 - 1914). Ein Beitrag zur Analyse des Nationalismus in Deutschland am Beispiel des Bundes der Landwirte und der Deutsch-Konservativen Partei* (2nd edn., Bonn/Bad Godesberg, 1975).

RACHFAHL, F. ,'Richter und der Linksliberalismus', *Zeitschrift für Politik*, 5(1912), 261 - 374.

RAUH, M. , *Föderalismus und Parlamentarismus im Wilhelminischen Reich* (Düsseldorf, 1973).

RETALLACK, J. N. *Notables of the Right, The Conservative Party and Political Mobilization in Germany, 1876 - 1918* (Boston, 1988).

REXIUS, G. ,'Studien zur Staatslehre des Positivismus', *HZ*, 107 (1911), 513 - 33.

RIEDEL, M. , 'Bürger, Staatsbürger, Bürgertum', in O. Brunner et al. (eds.), *Geschichtliche Grundbegriffe*, i (Stuttgart, 1972), 702 - 25.

——'Gesellschaft, bürgerliche', in O. Brunner et al. (eds.), *Geschichtliche Grundbegriffe*, ii (Stuttgart, 1975),719 - 800.

RITTER, G. A. , *Die Arbeiterbewegung im Wilhelminischen Reich. Die Sozial-demokratische Partei und die freien Gewerkschaften 1890 - 1900* (Berlin, 1959).

RÖHL, J. C. G. , 'Higher Civil Servants in Germany, 1890 - 1900', *Journal of Contemporary History*, 2(1967), 101 - 21.

——*Germany without Bismarck. The Crisis of Government in the Second Reich, 1890 - 1900* (London, 1967).

ROSENBERG, H. , *Grosse Depression und Bismarckzeit Wirschaftsablauf, Gesellschaft und Politik in Mitteleuropa* (pbk edn. , Frankfurt, 1976).

Ross, R. J. , *Beleaguered Tomer. The Dilemma of Political Catholicism in Wilhelmine Germany* (Notre Dame, Indiana, 1976).

RÜCKERT, J. , *August Ludwig Reyschers Leben und Rechtstheorie, 1802 - 1880* (Berlin, 1974).

——*Idealismus, Jurisprudenz und Politik bei Friedrich Carl von Savigny* (Edelsbach, 1984).

SCHMIDT, F. , The German Abstract Approach to Law. Comments on the System of the Bürgerliches Gesetzbuch', *Scandinavian Studies in Law*, 9 (1965), 131 - 58.

SCHMIDT, G. ,'Die Nationalliberalen-eine regierungsfähige Partei? Zur Pro-blematik der inneren Reichsgründung, 1870 - 1878', in G. A. Ritter (ed.), *Die deutschen Parteien vor 1918* (Cologne, 1973), pp. 208 - 223.

SCHRÖDER, R. , *Abschaffung oder Reform des Erbrechts. Die Begründung einer Entscheidung des BGB-Gesetzgebers im Kontext sozialer, ökonomischer und philosophischer Zeitströmungen* (Ebelsbach, 1981).

SCHUBERT, W. , *Die Entstehung der Vorschriften des BGB über Besitz und Eigen-*

tumsübertragung. Ein Beitrag zur Entstehungsgeschichte des BGB (Münster, 1966).

——'Der Code Civil und die Personenrechtsentwürfe des Grossherzogtums Hessen-darmstadt von 1842 bis 1847, *ZRG GA*, 88(1971), 110 – 71.

——'Franz von Kübel und Württembergs Stellung zur Erweiterung der Reichskompetenz für das gesamte bürgerliche Recht', *Zeitschrift für würt-tembergische Landesgeschichte*, 36 (1977), 167 – 98.

——'Windscheids Briefe an Planck und seine für Planck bestimmte Stellungnahmen zum Schuldrecht und zum Besitzrecht der I. BGB-Kommission', *ZRG RA*, 95 (1978), 283 – 326.

——Preussens Pläne zur Vereinheitlichung ders Zivilrechts nach der Reichs-gründung', *ZRG GA*, 96 (1979), 243 – 56.

——'Der Ausbau der Rechtseinheit unter dem Norddeutschen Bunde: Zur Entstehung des Strafgesetzbuchs von 1870 unter besonderer Berücksichtigung des Strafensystems', in A. Buschmann et al. (eds.), *Festschrift für Rudolf Gmür am 70. Geburtstag 28. Juli 1983* (Bielefeld, 1983), pp. 149 – 89.

SCWAB, D., 'Eigentum' in O. Brunner et al. (eds.), *Geschichtliche Grundbegriffe*, ii (Stuttgart, 1975), 65 – 115.

SCHWARZ, A., *Rechtsgeschichte und Gegewart. Gesammelte Schriften zur Neueren Privatrechtsgeschichte und Rechtsvergleichung*, ed. H. Thieme and F. Wieacker (Karlsruhe, 1960).

SHEEHAN, J. J., *German Liberalism in the Nineteenth Century* (Chicago/London, 1978).

SIEMANN, W., *Die Frankfurter Nationalversammlung 1848/49 zwischen demokratischem Liberalismus und konservativer Reform. Die Bedeutung der Juristendominanz in den Verfasssungsverhandlungen des* Paulkirchenparlaments (Frankfurt, 1976).

SMITH W. and TURNER, S. A., 'Legislative Behaviour in the German Reichstag', *CEH*, 14 (1981), 3 – 29.

STOLL, A., *Friedrich Karl v. Savigny. Ein Bild seines Lebens mit einer Sammlung seiner Briefe*, ii (Berlin, 1929).

STRUVE, W., *Elites against Democracy. Leadership ideals in bourgeois political thought in Germany, 1890 – 1933* (Princeton, NJ, 1973).

STÜHLER, H.-U., *Die Diskussion über die Erneuerung der Rechtswissenschaft von 1780 – 1815* (Berlin, 1978).

STÜRMER, M., *Regierung und Reichstag im Bismarckstaat 1871 – 1880. Cärismus oder Parlamentarismus* (Düsseldorf. 1974).

THIEME, H. , 'Aus der Vorgeschichte des Bürgerlichen Gesetzbuches. Zur Gesetzgebung des Positivismus' , *DJZ*, 39(1934), 968 – 71.

THIEME, J. , Zur Entstehung der Konkursordnung', in *Einhundert Jare Konkursordnung* (Cologne, 1975), pp, 42 – 75.

TOEWS, J. E. , *Hegelianism. The path toward dialectical humanism, 1805 – 1841* (Cambridge, 1980).

TRUBEK, D. M. , 'Max Weber on Law and the Rise of Capitalism' , *Wisconsin Law Review*, 3 (1972),720 – 53.

UNGER, R. M. , *Law in Modern Society. Tomards a Criticism of Modern Social Theory* (New York/London, 1976).

VOLKOV, S. A. , *The Rise of Popular Antimodernism in Germany. The Urban Master Artisans 1873 – 1896* (Princeton, NJ, 1978).

Vom Reichsjustizamt zum Bundesministerium der Justiz. Festschrift zum 100 – jährigen Gründungstag des Reichsjustizamt am I Januar 1877 (Cologne, 1977).

VORMBAUM, T. , *Die Rechtsfähigkeit der Vereine im 19. Jahrhundert. Ein Beitrag zur Entstehungsgeschichte des BGB* (Berlin/New York, 1976).

——*Sozialdemokratie und Zivilrechtskodifikation. Berichterstattung und Kritik der sozialdemokratischen Partei und Presse während der Entstehung des Bürgerlichen Gesetzbuchs* (Berlin/New York, 1977).

——*Politik und Gesinderecht im 19. Jahrhundert (vornehmlich in Preussen)* (Berlin, 1981).

WADLE, E. , 'Der Zollverein und die deutsche Rechtseinheit' , *ZRG GA*, 102 (1985), 99 – 129.

WALTHER. R. , 《... *aber nach der Sündflut kommen wir und nur wir.*》《*Zusammenbruchstheorie*》, *Marxismus und politisches Defizit in der SPD*, 1890 – 1914 (Frankfurt, 1981).

Wegner, K. , *Theodor Barth und die Freisinnige Vereinigung. Studien zur Geschichte des Linksliberalismus im wilhelminischen Deutschland (1893 – 1910)* (Tübingen, 1968).

WEHLER, H. -U. , *The German Empire 1871 – 1918* (Leamington Spa, 1985).

——*Deutsche Gesellschaftsgeschichte* (2 vols. , Munich, 1987).

WESENBERG, G. , 'Die Paulskirche und die Kodifikationsfrage. (Zu para 64 der Paulskirchenverfassung)' , *ZRG RA*, 72(1955), 359 – 65.

WHITE, D. , *The Splintered Party. National Liberalism in Hessen and the Reich,1867 – 1918* (Cambridge, Mass. , 1976).

WIEACKER, F., ‘Aufstieg, Blüte und Krisis der Kodifikationsidee’, in Festschrift Gustav Boehmer (Bonn, 1954), pp. 34 –50.

——*Privatrechtsgeschichte der Neuzeit unter besonderer Berücksichtigung der deutschen Entwicklung* (2nd edn., Göttingen, 1967).

——*Industriegesellschaft und Privatrechtsordnung* (Frankfurt, 1974).

——‘Vom linken zum rechten Nationalismus. Der deutsche Liberalismus in der Krise von 1878/79’, *Geschichte und Gesellschaft*, 4(1978), 5 –28.

WINKLER, H. A, Der rückversicherte Mittelstand: Die Interessenverbände von Handwerk und Kleinhandel im deutschen Kaiserreich’, in W. Ruegg and O. Neuloh (eds.), *Zur soziologischer Theorie und Analyse des 19. Jahrhunderts* (Göttingen, 1971), pp. 163 –79.

WINDELL, G. G., ‘The Bismarckian Empire as a Federal State 1866 – 1880: A Chronicle of Failure, *CEH*, 2(1969), 291 –311.

WROBEL, H., Rechtsgeschichte, Wirtschaftsgeschichte, Sozialgeschichte: die Thibaut-savigny Kontroverse’, *Kritische Justiz*, 6(1973), 149 –57.

ZEENDER, J. K., *The German Center Party 1890 –1906* (Philadelphia, 1976).

ZWEIGERT, K. and KÖTZ, H., *An Introduction to Comparative Law*, i (2nd edn., Oxford, 1987).

主要索引

agrarian law 土地法;另参见土地法(land law)

agrarian movement 土地运动 113,123 – 5,127 – 43,155 – 6,186,192,193,197,204,205,220 – 1,240,246 – 7;另参见农民联盟(Farmers' League);德意志农民联盟(German Peasants' League);莱茵流域农民协会(Rhenish Peasants' League)

Allgemeines Landrecht《普鲁士国家一般邦法》5,16,76,84,108,183,194

Almendingsen, Ludwig Harscher v. 路德维希·哈尔舍尔·冯·阿尔门丁森 17 – 18

Althaus, August 奥古斯特·阿尔特豪斯 147

Althoff, Friedrich 弗里德里希·阿尔特霍夫 166, 173

Anerbenrecht 继承法 112 – 14,127,137 – 9,156,177 – 8,184 – 6

annuity charge (*Rentenschuld*) 定期土地债务 111,127,128,130,132,136,154,176 – 7,221,246

anti-Semitism 反犹太主义 141 – 2,146,147 – 8,182,192,204,205,213,214,226

artisans 工匠 124 – 5,142,143 – 50,182,247;另参见建筑商(builders)、中小企业(*Mittelstand*)

Association of German Builders' Guilds 德意志建筑商行业协会 145

Association for the Preservation of Rhine Shipping Interests 莱茵船运权益保护协会 154

Association for the Protection of Berlin Building Interests 柏林建筑业权益保护协会 149

Associations, Law of 社团法 97 – 101,114 – 15,151 – 2,180,187 – 8,200,212 – 213,214,232,233,245

Auer, Ignaz 伊格纳茨・奥尔 236
Austria 奥地利 34 – 5

Bachem, Carl 卡尔・巴赫姆 210,211,213,214,218,219,220,221,222,226,231
Baden 巴登 16,17,25,98,99,165,172,202
Bähr Otto 巴哈尔・奥托
bankruptcy, law of 破产法 64 – 5
Bavaria 巴伐利亚 16,17,33 – 5,36,40,42,49,51,55 – 6,58 – 60,61 – 2,63,67,68,72,74 – 5,78,82,99,129,139,151,165,172,200,201,202 – 3
Bavarian Peasants' League 巴伐利亚农民联盟 204
Bebel, August 奥古斯特・倍倍尔 232,233,236,237,238,250
Bennigsen, Rudolf v. 鲁道夫・冯・本尼希森 167,206,211,213,214,223
Berlin Law Society 柏林法学会
Bernstorff, Andreas v. 安德烈亚斯・冯・伯恩斯托夫 228
Bernuth, August v. 奥古斯特・冯・贝尔努特 55
Beseler, Georg v. 格奥尔格・冯・贝泽勒 25,28,29,30,57
Bethmann Hollweg, Moritz August v. 莫里茨・奥古斯特・冯・贝特曼・霍尔维格 32,46
Beumer, Wilhelm 威廉・博伊默 152
bills of exchange, law relating to (*Wechselordnung*)证券交易法 30,34,40,241
bimetallism 金银二本位制 131,174
Bismarck-schönhausen, Otto v. 奥托・冯・俾斯麦 – 舍恩豪森 35, 51,60 – 1,66 – 7,69 – 70,83,108,112,134 139,164,166,186,205,218,221,223,240,241
Blackbourn, David 大卫・布莱克本 8, 155, 220, 251 – 2
Blasius, Dirk 迪尔克・布莱修斯 251
Bluntschli, Johann Caspar 约翰・卡斯帕・布伦奇里 23 – 4, 30
Böckel, Otto 奥托・博克尔 192
Boetticher, Karl v. 卡尔・冯・伯蒂歇尔 148 – 9, 180, 188, 206
Bonham, Gary 博纳姆・盖理 163, 196
Bosse, Robert 罗伯特・博斯 180, 183, 187, 188, 191,196,197,249
Braun, Karl 卡尔・布劳恩 53, 57 – 8
Brentano, Lujo 卢霍・布伦塔诺 121 – 2
Brunner, Heinrich 海因里希・布伦纳 49, 108, 115, 121
Buchka, Gerhard v. 格哈德・冯・布奇卡 207, 213, 214, 225,227,228,250
Builders 建筑商 125,143 – 50,154,179,181,182 – 3,191,197,249

Bundesrat 联邦参议院 9,50,55,58 – 72,73,77 – 9,83 – 4,99,165,167,168,170,171,172,187,188,198,200 – 3,22,239

Buol, Rudolf v. 鲁道夫·冯·布奥尔 223

bureaucracy 官僚主义 3, 5, 98, 160 – 98, 241 – 2

Bavaria 巴伐利亚 5, 16, 26;另参见 economic interests 经济利益 160 – 4;Prussia 普鲁士 5, 16, 26;rationalization of law 法律的合理化 4 – 5, 16 – 17,26,80 – 1;Reich 帝国 160 – 98;state formation 国家形成 5 – 6, 16 – 17, 26,190,192,243,254,248;自由主义(liberalism);普鲁士(Prussia);帝国司法办公室(Reich justice office);帝国内政部(Reich offce of the interior)

Caprivi, Leov 列奥·卡普里维 167,168,17,172,185,186,220

Catholic Church 天主教 61 – 2, 214,221 – 4

Central Association of German 德国中央协会

Central Committee of Berlin Commercial and Manufacturing Associations 柏林商业和制造业协会中央委员会 149

Central Union of German House and Landowners' associations 德意志住房和地主中央协会 149

Centre party 中心党 44,45,71,72,172,173,186,200,203,204,206,207,208,210,211,212,213 – 14,219 – 24,225,240,250

Cetto-Reichertshausen, Karl v. 卡尔·冯·塞托 – 赖歇尔茨豪森男爵 134, 138,139,172,173

chambers of commerce 商会 105 – 6, 123, 151,152 – 4

Christ, Anton 安东·克里斯特 25 – 6, 28

Christian-socials 天主教社会主义者 147, 225 – 7, 240

civil marriage 民事婚姻 57, 206, 207 – 8, 213 – 14,217,221,222,224 – 8,233 – 4,240

Code Civil《法国民法典》5, 16, 20

Commercial Code (1861)1861《商法典》15,34 – 5,40,241

common law 普通法 5, 75, 81, 84, 99

conceptual jurisprudence 概念法学 83 – 93, 94 – 104,158,169,197,243 – 4,248 – 9,254 – 7;另参见法律实证主义(legal positivism);自由主义(liberalism);意思自治(private autonomy);罗马法(Roman law);弗里德里希·卡尔·冯·萨维尼(Savigny, Friedrich Carl v.);伯恩哈德·温德沙伊德(Windscheid, Bernhard v.)

Congress of German Farmers 德意志农民代表大会 127, 131,136

Conrad, Johannes 约翰内斯·康拉德 129,172,174,178,179

conservative party 保守党

contract, freedom of 合同自由 11, 88, 110, 119,152 -3,182,251
conveyancing 产权转让 201
codification of court procedure 法院程序的编纂问题 36, 52,63 -4,103,205
codification of organization of courts 法院组织法的编纂问题 52,54 -6,63 -4,103,205
Criminal Code（1870）1870 年《刑法典》59, 64
Cuny, Ludwig v. 路德维希・冯・库尼 179,297,211,213,216 -7,218,224

Dahlmann, Friedrich 弗里德里希・达尔曼 30
Damaschke, Adolf 阿道夫・达马切克 147
Danckelmann, Bernhard 伯恩哈德・丹克尔曼 174,179
Delbrück, Hans 汉斯・德尔布吕克 219,256
Delbrück, Rudolf v. 鲁道夫・冯・德尔布吕克 67, 69
Dernburg, Heinrich v. 76 -7, 108, 115,166
Berscheid, Gustav 古斯塔夫・波斯切特 78
Divorce law 离婚法 203,214,217 -8,230
domestic servants, law relating to 佣仆 57,96 -7,230,234

Eichhorn, Karl Friedrich 卡尔・弗里德里希・艾希霍恩 24
Eley, Geoff 杰夫・埃利 8
Engel, Heinrich 海因里希・恩格尔 226
Engels, Friedrich 弗里德里希・恩格斯 103
Enneccerus, Ludwig 路德维希・艾纳瑟鲁斯 47 -8, 50, 190, 198,216 -17
Esser, Josef 约瑟夫・埃塞尔 152
Eulenburg, Philipp 菲利普・欧伦堡 240
Evangelical Social Congress 福音派信徒联谊会 147, 225

Falk, Adalbert 阿达尔贝特・福克 66
family entail（*Fideikommiss*）家庭信托 76,112,113
family law 家庭法 38,82,203,221,233
Planck, Gottlieb 戈特利布・普朗克
Farmers' league 农民联盟 124, 125, 136, 140 -3,146,155,247,250
Fäustle, Johannes v. 约翰内斯・冯・法尤斯特尔 55, 58 -9, 60, 62, 63,64,67,82
Feuerbach, Paul Joseph Anselm v. 保罗・约瑟夫・安塞姆・冯・费尔巴哈 7 -18,22
Flesch, Karl 卡尔・弗莱施 173

Förster, Franz 弗朗茨 · 福斯特 65, 73
Förster, Paul 保罗 · 福斯特 210
Frankfurt Parliament 法兰克福议会 28 – 9, 32, 38
Free Conservatives 自由保守党 51, 52, 54, 200, 204, 212, 213, 228
Freese, Johann Heinrich 约翰 · 海因里希 · 弗雷泽 147
Freisinnige Vereinigung 自由联盟党 148, 230 – 1
Freisinnige Volkspartei 自由人民党 212, 229 – 30, 234, 238
Friedberg, Heinrich v. 海因里希 · 冯 · 弗里德贝格 73, 79, 166
Friedenthal, Rudolf 鲁道夫 · 弗雷登塔尔 54
Friedrich I 弗里德里希一世 190
Friesen, Richard v. 理查德 · 冯 · 弗里森 59, 63, 66
Frome, Karl 卡尔 · 弗罗姆 209 – 210, 231, 234, 236, 237
Fuld, Ludwig 路德维希 · 富尔德 108, 116, 119, 131

Gagern, Friedrich Balduin v. 弗里德里希 · 巴杜因 · 冯 · 加格恩 173, 174, 178, 179
Gagern, Heinrich v. 海因里希 · 冯 · 加格恩 26
Gans, Eduard 爱德华 · 冈斯 22
Gebhard, Albert 艾伯特 · 盖哈德 81, 99 – 100
Geib, Georg 格奥尔格 · 盖布 29 – 30
General Congress of Artisans 工匠代表大会 146
Gerber, Carl Friedrich v. 卡尔 · 弗里德里希 · 冯 · 戈伯 53 – 4, 85
German Agricultural Council (Deutscher Landwirtschaftsrat) 德意志农业委员会 112, 123, 126, 132, 135, 138, 139, 176, 177
German Commercial Congress 德意志商业代表大会 126, 150, 152 – 3, 174
German Confederation (1815 – 66) 德意志邦联 32 – 41
German Conservative party 德意志保守党 45, 72, 178, 179, 200, 204, 206, 207 – 8, 212, 213, 214, 218, 224 – 9, 240
Germanist Congresses (1846 – 7) 日耳曼学者代表大会 28 – 30
Germanists:
in the 1840s: 19 世纪 40 年代 23 – 5, 26 – 30, 242
in the 1880s and 1890s: 19 世纪 80 年代至 90 年代 84, 108 – 16, 120, 121, 125, 126, 131, 133 – 4, 136, 140, 155, 157 – 8, 178, 244
German Lawyers Congress 德意志法律人代表大会 36 – 8, 41, 42, 43, 54, 109, 114, 178, 194, 198, 249

German Peasants' League 德意志农民联盟 136, 140
German Reform Party 德意志改革党 210
German-social Party 146 德意志社会党
Gierke, Otto 奥托·基尔克 v. 99, 106, 108 – 16, 117 – 18,125,126,127,131,133,134, 136,137,138,139,140,142,153,155,157 – 8,166,168,174,175,179,190,194,195,198, 272,240,244,245,246,248,249
Gneist, Rudolf v. 鲁道夫·冯·格奈斯特 43, 107
Göhre, Paul 保罗·格尔河 225
Goldschmidt, Levin 莱温·戈尔德施米特 34 – 5, 47, 74 – 5
Goldschmidt, Ludwig 路德维希·戈尔德施密特 173
Gönner, Nikolaus Thadäus v. 尼古劳斯·塔德乌斯·冯·根纳 17 – 18, 22
Grimm, Jakob 雅各布·格林 28
Gröber, Adolf 阿道夫·格勒贝尔 211, 220 – 1, 234, 235
Grundschuld 土地债务 132,176,227
Gültlingen, Wihelm v. 威廉·冯·顾特林根 228

Haffner, Sebastian 塞巴斯蒂安·哈夫纳 256
Hagens, Carl 卡尔·哈根斯 166 – 7, 168, 175
Hahn, Diederich 迪德里希·哈恩 204
Hammacher, Friedrich 弗里德里希·哈马赫尔 211
Hammerstein-loxten, Ernst v. 187
Hammerstein-schwartow, Wilhelm v. 226 – 7
Hanauer, Karl 卡尔·哈瑙尔 196, 197
Hanover 汉诺威 35,36,39,51 – 2,129
Hartmann, Dr 哈特曼博士 152 – 3
Helldorf-bedra, Otto v. 奥托·冯·赫尔多夫·贝德拉 178, 179,226
Herzfeld, Hans 汉斯·赫兹菲尔德 195
Hesse-darmstadt 黑森 – 达姆施塔特 16,17,25,26,27,34,40,200
Hessian Peasants' association 黑森农民协会 128
Heyden-Cadow, Wilhelm v. 威廉·冯·海登 – 卡多 182, 185
Hinschius, Paul 保罗·欣席乌斯 108
hire purchase 分期付款买卖 101, 181 – 2
Historical School of law 历史法学派 19 – 31, 38,44 – 5,47 – 8,75,84,116,242
Hoffmann, Adolf 阿道夫·霍夫曼 174, 179

Hohenlohe-schillingsfürst, Chlodwig zu 55 –6,188,204,205,209,223,240
Hölder, Eduard 爱德华 · 赫尔德 47
homestead legislation, campaign for《宅地法》斗争 127 –8,134 –7,140,184
Huene, Karl v. 卡尔 · 冯 · 许纳 173
hunting law 狩猎法 228, 237

Industrial Code (*Gemerbeordnung*)工业法典 57, 96,182,234
inheritance law 继承法 38, 82, 87 –8, 101, 112 –14,115,120,137 –9,177 –8,184 –6, 201 –3
interest groups 利益团体 122 –57, 245 –6

Jacubezky, Karl 卡尔 · 雅库贝斯基 176
Jhering, Rudolph 鲁道夫 · 耶林 95
Johow, Reinhard 赖因哈德 · 乔霍 81 –2, 87, 92, 96
judges 法官 107, 126
Junkers 容克

Kardorff, Wilhelm v. 威廉 · 冯 · 卡多夫 174, 219, 228
Kauffmann, Gustav 古斯塔夫 · 考夫曼 212
Kehr, Eckart 埃卡特 · 克尔 160 –2
Ketteler, Wilhelm Emmanuel v. 68
Kohler, Josef 约瑟夫 · 科勒 166
Kölnische Zeitung《科隆时报》120, 158, 204 –5
Kopp, Georg Ignaz 柯普 · 格奥尔格 · 伊格纳茨 222
Koselleck, Reinhard 赖因哈德 · 科塞雷克 5
Kreuzzeitung《十字架报》(《新普鲁士报》)109, 135, 146,225,226,227,239
Kroidl, Lorenz 洛伦茨 · 克罗迪尔 141 –2
Kropatschek, Hermann 赫尔曼 · 克罗巴查克 225
Kübel, Franz v. 弗朗茨 · 冯 · 库贝尔 74 –5,76,79,81
Kulturkampf 文化斗争 51, 61 –2,69,70,102,218,224;另参见天主教(Catholic Church); 中心党(Centre party);民事婚姻(civil marriage); 各邦自主主义(particularism)

labour law 劳动法 119, I53, 231, 234 –5
landed indebtedness 土地负债 91, 128 –31, 143

land law 土地法 38,45 -6,76,81 -2,92 -3,101,111 -4,115,119,121 -2,125,127 -43,176 -7,184 -6,227 -8
landowners 地主 90 -1,93 -4,109,129,136,143,160,162,163 -4,196,227
langfeld, Adolf 阿道夫・朗费尔德 181, 231
Lasker, Eduard 爱德华・拉斯克 45,51,53,56,57,58,60,65,67,71,141 -2,235
Lasker-miquel motion 拉斯克・米克尔议案 44 -72,74,76,242,243
League for the Reform of Landownership 土地所有权改革联盟 146 -7, 183
left-liberals 左翼自由主义者 51,52,90,147,158,204,205,207,210,212,229 -31
legal positivism 法律实证主义 82 -104
Lehmkuhl, August 214, 233
Lenzmann, Julius 229, 230
Leonhardt, Adolf 64,66,76,78,79
Leonrod, Leopold v. 166
Lerchenfeld-koefering, Hugo 雨果・莱兴费尔德 - 科费林 60
Leuschner, Ernst 恩斯特・洛伊什纳 173, 179, 207
Liberal Imperial Party 帝国自由党 55 -6
liberalism 自由主义 3 -4,7,71,89 -90,94 -100,158,243 -4,254 -7
bureaucracy 官僚主义 3, 72, 248
codification 法典化 25 -30, 38, 157, 248
French law 法国法 26 -7
    nationalism 民族主义 7, 15, 25 -30, 43, 51
    state formation 国家形成 43, 51, 63, 72, 164,190,243,245,248
Liebe, Friedrich August v, 弗里德里希・奥古斯特・冯・利伯 61, 77, 78
Lieber, Ernst 恩斯特・利伯 211,214,219,220,221,223,238
Lieber, Heinrich 海因里希・利伯 204
Liszt, Franz v. 弗朗茨・冯・李斯特 106
Löe-terporten, Felix v. 菲力克斯・冯・洛 - 特波滕 220 -1, 240
Lucius-Ballhausen, Robert v. 罗伯特・冯・卢修斯 - 巴尔豪森 182, 184
Lutz, Johannv. 约翰・冯・卢茨 60, 61, 62, 66

Maitland, Frederic William 弗雷德里克・威廉・梅特兰 105
Mandry, Gustav 古斯塔夫・曼德里 174
Manteuffel-Crossen, Otto v. 178, 179,207 -8,226
marriage law 婚姻法 38,187,203,233 -4,246

亦参见中心党(Centre party);民事婚姻(civil marriage);离婚法(divorce law)
Maucler, Paul Theodor Eugen v. 保罗·特奥多尔·尤金·冯·毛克勒 18
Mecklenburg 梅克伦堡 36,48,78,92,93,165 – 6,174,176,181,200,202
Mehring, Franz 弗兰茨·梅林 205, 230
Menger, Anton 安东·门格尔 116 – 20
Miaskowski, August v. 奥古斯特·冯·米亚斯科夫斯基 112 – 14, 139, 248
mining law 采矿法 75 – 6, 234
Miquel, Johannes v. 43, 46, 49, 53, 56,166,167,169,171,173,180,185,187,188
Mirbach-Sorquitten, Julius v. 朱利叶斯·冯·米尔巴赫 – 索奎特 227 – 8
Mittelstand 中产阶级 124 – 5,142,149,155 – 7,226,246,247
Mittermaier, Karl Josef Anton 卡尔·约瑟夫·安东·米特迈尔 24, 28 – 9
Mittnacht, Hermann v. 赫尔曼·冯·米特纳赫特 59 – 72, 79
Mohl, Robert v. 罗伯特·冯·莫尔 29

National Association 民族协会 37
National Liberals 民族自由党人 42 – 58, 71 – 2, 78, 90,102,106 – 7,120,157 – 8,167,169, 189 – 90,200,204,206,211,212,214,215 – 18,230,244,256
National-socials 民族社会党人 147
National-zeitung 民族时报 64, 73, 106, 150, 158, 217
Naumann, Friedrich 弗里德里希·瑙曼 147, 238
Nazism 纳粹主义 254 – 7
Nieberding, Arnold 阿诺德·尼贝丁 183, 186, 187 – 90,191,192,196,198,200,201,202, 203,204,206,212,214,224,226,230,231,239,246
Noellner, Friedrich 弗里德里希·诺尔纳 33 – 4
notaries 公证员 202

obligations, law of 债法 36, 38, 45 – 6, 118 – 19
Oehlschläger, Karl v. 卡尔·冯·奥尔施拉格 167 – 71, 172, 173,175,178,180,182, 186,196
Opitz, Hugo 雨果·奥皮茨 131, 132, 138

Pape, Heinrich v. 海因里希·冯·佩普 80 – 1, 83, 102, 224
particularism 各邦自主主义 45, 47, 49, 51, 60 – 3, 67, 69,72,73,90,202,247
Patriotic Party (Bavaria) 巴伐利亚爱国党 61

Patzig, Carl 卡尔·帕齐格 216
Pfeiffer, Burchard Wilhelm 布尔夏德·威廉·普菲弗 22
Pfeuler, Sigmund v. 西格蒙德·冯·普佛伊费尔 61
Pfordten, Ludwig v. d. 路德维希·冯·德尔·普福尔登 35,38,39,41
Planck, Gottlieb 戈特利布·普朗克 44, 53, 57, 80 - 1, 83,84 - 85,101,102,109,121,175, 188,206,217,218,224,243
Ploetz, Bernhard v. 伯恩哈德·冯·普勒茨 130, 137, 227, 229
practising lawyers 执业律师 27, 107, 126
Pinciple of abstraction 抽象原则 91 - 3,94,118
pinciple of publicity 公示原则 183
private autonomy 意思自治 86 - 8,101,103, 252
property, freedom of disposition of 财产自由 11,87,251
Prussial 普鲁士 6,42,70,73,129,170,172,176,200
    desire for centralization 中央集权的渴望 65 - 6
    and German Confederation 德意志邦联 35 - 6
    ministry of agriculture 农业部部长 128, I78, 182,185,193
    ministry of education 教育部部长 188
    ministry of justice 司法部长 64, 65, 73, 170, 105,249
    ministry of state 内政部长 168, 171, 180, 187,188,195
    relations with southern states 与南方邦国的关系 42, 60,66 - 7,69 - 70,77 - 9,202 - 3
Puchta, Georg Friedrich v. 格奥尔格·弗里德里希·冯·普赫塔 24 - 5, 85
Puhle, Hans-jürgen 汉斯 - 尤尔根 - 普勒 123
Puttkamer, Robert v. 罗伯特·冯·普特卡默 161, 162, 227

Rampolla del Tindaro, Cardinal Mariano 马里亚诺·拉姆波拉枢机 222
Ranke, Leopold v. 利奥波德·冯·兰克 22
Rechtsstaat 法治国 2,4,43,8990,102,243
National Liberals 民族自由主义党
Rehberg, August Wilhelm 奥古斯特·威廉·雷贝格 20
Reich justice offce 帝国司法办公室 8,165,166 - 9,175,180,181,188,195,196,197,247,249
Reich office of the interior 帝国内政部 148,182,196
Reichstag 德意志帝国国会 9,42 - 58,99,167,168 - 71,187,188,199 - 200,203 - 40
Rentenschuld 定期金债务
Reyscher, August Ludwig 奥古斯特·路德维希·莱舍尔 24 - 5, 28

Rhenish law 莱茵流域法律 26, 78, 216
Rhenish Peasants' association 莱茵流域农民协会 132, 220
Richter, Eugen 尤根·里希特 148,205,215,229,234,238,240
Rickert, Heinrich 海因里希·里克尔特 230, 231
Riepenhausen-Crangen, Karl v. 卡尔·冯·里彭豪森－格兰恩男爵 135－6, 137
Rintelen, Viktor 维克托·林特伦 208－9, 223, 240
Rodbertus-jagetzow, Johann Carl v. 约翰·卡尔·冯·罗德贝图斯－贾格佐夫 130－1, 132,136
Roesicke, Gustav 古斯塔夫·罗西克 142, 246－7
Romanists 罗马派学者 23, 84, 126, 242
Roman law 罗马法 86, 98－9, 101, 108, 110, 113,121,127,13I,133,134,137,141,155, 184,243,244,249
Roon, Albrecht v. 阿尔布雷希特·冯·罗恩 214, 225, 227, 250
Rosenberg, Hans 汉斯·罗森伯格 129
Roth, Paul v. 保罗·冯·罗斯 82, 102
Ruhland, Gustav 古斯塔夫·鲁兰 141－2
rural labourers 农业劳动者
Russell, Emil 埃米尔·拉塞尔 174, 179

Savigny, Friedrich Carl v. 弗里德里希·卡尔·冯·萨维尼 6,18－31,32,38,44,46,47,58, 70,82,84－7,91,99,242,253
Saxon Agricultural Council 萨克森农业协会 137
Saxony, Kingdom of 萨克森王国 30,33,40,42,49,58－9,63,74－5,138－9,151,172,200
Schädler, Franz 弗朗茨·舍德勒 221
Schall, Martin 马丁·沙尔 225,226
Schelling, Heinrich v. 海因里希·冯·舍林 166,167,170,171,181,182,183,184,197,249
Schmitt, Gottfried v. 戈特弗里德·冯·施密特 87,92
Schmoller, Gustav 古斯塔夫·施默勒 172
Schöneberg House and Landowners' Association 舍恩贝格地区房屋与地主协会 149
Schönstedt, Karl Heinrich v. 卡尔·海因里希·冯·舍恩施泰特 187,188
Schröder, Hugo 雨果·施罗德 213,230
Schulze-Delitzch, Hermann v. 赫尔曼·冯·舒尔茨－德利奇 99
Schwarze, Friedrich v. 弗里德里希·冯·施瓦策 54
Sering, Max 马克思·泽林 122

Singer, Paul 保罗・辛格 236
Social Democratic party 社会民主党 100,114,116,192,199,200,204,205,206,209 – 10,212,215,230,231 – 8,239,246
Sohm, Rudolf 鲁道夫・索赫姆 48,152,172,174,176, 178,179,188,190
Spahn, Martin 马丁・施潘 219
Spahn, Peter 彼得・施潘 173,174,177,179,206,208,211,214,215,218,219,220,224,250
Stadthagen, Arthur 亚瑟・施塔特哈根 209 – 10, 211, 231,232,233,235,236,237,250
Stammler, Rudolf 鲁道夫・施塔姆勒 231
Steed, Wickham 威克姆・斯蒂德 256
Stenglein, Melchior 梅尔希奥・施滕格莱因 106, 215 n.
Stoecker, Adolf 阿道夫・施特克尔 145, 147, 157, 225 – 7
Struckmann, Hermann 赫尔曼・施特鲁克曼 109, 127, 175,176,197
Stumm-halberg, Carl Ferdinand 卡尔・费迪南德・斯塔姆 – 哈尔贝格 210,228

Tal, Uriel 乌列・塔尔 50
tariffs 关税 123 – 5,131,142 – 3,161
tenancy law 租赁法 101, 116, 119, 153, 175 – 6
Thibaut, Anton Friedrich Justus 安东・弗里德里希・尤斯图斯・蒂堡 18,20 – 1,22,23
Thüngen-Rossbach, Karl v. 卡尔・冯・图恩根・罗斯巴赫 127

Union of Tax and Economic Reformers 税收与经济改革者协会 124,127,128,131,132,134,136
usury 高利贷 119,127,133,153

Verein für Sozialpolitik 社会福利政策协会 112, 122, 128
129,145,147, 182
Vielhaben, Georg 格奥尔格・菲尔哈本 212, 213
Volk 民族 *Volksgeist* 民族精神 7, 21, 28, 32, 44 – 5, 47 – 8,71,242,253
Vorkommission 预备委员会
帝国司法办公室(Reich justice office) 175
Vorwärts 前进报 109, 209, 212, 215, 228, 236

Wächter, Carl Georg v. 卡尔・格奥尔格・冯・瓦赫特 30, 39, 53 – 4
Wagner, Adolf 阿道夫・瓦格纳 122

Weber, Max 马克思 · 韦伯 4, 121,148,162,225,252
Wehler, Hans-Ulrich 汉斯 – 乌利齐 · 韦勒 8. 161
Welcker, Carl Theodor v. 卡尔 · 特奥多尔 · 冯 · 威尔克 23, 31
Westphalian Peasants' association 威斯特伐利亚农民协会 98,123,126,132,135,138,139
Wieacker, Franz 弗朗茨 · 维亚克尔 10, 20, 94, 96, 252
Wihelm II 威廉二世 164,182 – 3,190 – 1,209,223,240
Wilke, Richard 理查德 · 维尔克 174, 176, 178, 179
Windscheid, Bernhard v. 伯恩哈德 · 冯 · 温德沙伊德 46, 80 – 1, 83,84 – 7,95,102,243
Windthorst, Ludwig 路德维希 · 温特霍斯特 39, 45, 48, 50, 54,173,219
Wolffson, Isaac 艾萨克 · 沃尔夫森 176
Württemberg 符腾堡 17, 30, 33, 36, 42, 51, 58 – 9,62,63,64,67,68,71,74 – 5,76,200
Würzburg Conference 维尔茨堡会议 36
Wydenbrugk, Oskar v. 奥斯卡 · 冯 · 怀登布鲁克 29

Zetkin, Clara 克拉拉 · 蔡特金 234
Zollverein 关税同盟 30,33,34,35,241

学思译程

值此定稿之际，笔者聊记翻译心路之一二，追忆学思历程之点滴，感恩家人前辈友朋之勉励，以留作笔者日后继续奋斗的缘起。

殊值纪念的是，全国人大在 2020 年 5 月 28 日审议通过《民法典》。随着我国《民法典》的诞生，几代人终于得以梦圆。自此，我国结束了民事法律零散的状态，而老百姓多了一部统一的大百科全书、权利法典。就我国而言，《民法典》还具有丰富的政治、社会意义。不过，这并不意味着我国就已经一劳永逸地完成了民事立法的使命。因为，徒法不足以自行，而《民法典》的生命在于适用。随着时代发展，我国《民法典》有必要不断因应时代之变而进行增补、修订、解释，也还有必要了解大陆法系主流国家民法典的立法史。

长久以来，我国有部分研究者对《德国民法典》充满了敬意，甚或有的人带着朝圣的心态。无可否认,德国民法学以及《德国民法典》帮助中国民法学人晤面法学传统,开拓民法学未来。然而,过分神圣化一样东西会令我们产生一种盲目:将德国法学等同于金科玉律。实际上,在德国民法统一的历史长河里也充满了困惑、挣扎、争执、偏见、退缩……由此观之,我们势有必要追根溯源,揭橥《德国民法典》之产生历程,如此,方能更真切地领会《德国民法典》缔造者们的挣扎与妥协,更好认知《德国民法典》的进步与缺失,更妥善地辨识这部法典。这便是笔者翻译此书的最重要原因。

在笔者看来,《德国民法典》的诞生不仅凝结了先贤们关于法教义学的成就,更浓缩了百年以前民众的生活画卷与喜怒哀乐。相似地,我国《民法典》亦将不仅需要对中国民法传统进行取舍,也必然体现立法者对现时中国社会生活的描绘以及对未来的憧憬。

就笔者而言,本书既是一座难以攀登的高山,也是充满魅惑的宝藏。实际上,笔者在翻译中遇到的困难并不仅是法律方面的。在艰难与愉悦中,笔者开始了这一段译事跋涉。2015 年 9 月至今,时停时续,一晃庶几五载。在此期间,笔者经历了太多困顿,其中滋味,概非数语可以尽道。不过,每每想到自己所选择的学术与人生道路,笔者便感到一种作为普通民法学人的义务甚或使命。虽然研习了多年法律,憾觉仍未进入法学以及民法学的殿堂,不是合格的民法人。在我国矢志编纂民法典的时代背景下,既有必要补自己知识之阙,也有必要与学友分享本书所描述的关于《德国民法典》的立法得失。

此外,父母家人与师友的无尽关怀与包容,也是笔者坚持翻译完本书的重要支柱。妻子既要一边忙于工作,一边照顾咿呀学语的小儿,还要一边关心我是否吃饱睡暖,亦曾帮忙校对脚注,备极辛苦。岳父母为照顾我的小家庭费尽心力,令我深感不安。辞别父母漂游北国,虽承养育之恩,却难尽孝心之一二,时常深感痛疚。

谨此感谢法律出版社王晓增编辑的引荐,感谢陈妮编辑的宽容,给予充足的时间打磨译稿。自签署出版合同以来,疲于温饱,束于琐事,无法腾出手来了此心头文债,寝食难安。

谨此感谢徐钢律师、薛军福律师、陈夏红副教授、刘承韪教授、孟强副教授、张建文教授、李宏弢教授、张莉副教授、王焜教授伉俪在我学业与工作上的教诲与引导,使我热情向上,勇毅向前。谨此感谢于亮、彭耀进等友人的砥砺。谨此感谢周密对译事的支持,即使是毕业多年,各奔东西,也不妨碍友谊的温度与信任,此番算是抚今追昔,一起前行。

学术是一种神圣的志业,在困境下依然有机会写作,笔者唯存感恩。令笔者难以入寐的是,虽已竭尽全力,奈何学识浅薄,谬误或存而未知。谨此伏请前辈师长与学友斧正,此情切切,感激于心!

浏虎敬笔

2020 年于北京丰台张郭庄　初稿

2021 年　定稿

图书在版编目(CIP)数据

《德国民法典》起源：十九世纪末德国政治与法律 / (英) 迈克尔·约翰著；罗浏虎，周密译. -- 北京：法律出版社，2023

书名原文：Politics and the Law in Late Nineteenth-Century Germany：The Origins of the Civil Code

ISBN 978-7-5197-6754-9

Ⅰ. ①德… Ⅱ. ①迈… ②罗… ③周… Ⅲ. ①民法-法典-研究-德国 Ⅳ. ①D951.63

中国版本图书馆 CIP 数据核字(2022)第 091084 号

《德国民法典》起源
——十九世纪末德国政治与法律
《DEGUO MINFADIAN》QIYUAN
—SHIJIU SHIJI MO DEGUO ZHENGZHI YU FALÜ

[英]迈克尔·约翰 著
罗浏虎 周 密 译

策划编辑 陈 妮
责任编辑 陈 妮
黄 筝
装帧设计 马 帅
臧晓飞

出版发行 法律出版社
编辑统筹 法治与经济出版分社
责任校对 王晓萍 王语童 郭艳萍
责任印制 吕亚莉
经 销 新华书店

开本 A5
印张 13.5 **字数** 317 千
版本 2023 年 3 月第 1 版
印次 2023 年 3 月第 1 次印刷
印刷 北京中科印刷有限公司

地址:北京市丰台区莲花池西里 7 号(100073)
网址:www.lawpress.com.cn
投稿邮箱:info@lawpress.com.cn
举报盗版邮箱:jbwq@lawpress.com.cn

销售电话:010-83938349
客服电话:010-83938350
咨询电话:010-63939796

书号:ISBN 978-7-5197-6754-9
定价:120.00 元

凡购买本社图书,如有印装错误,我社负责退换。电话:010-83938349